2판

사회복지 사례관리의 이론과 실제

정성배 • 장연식 • 조승석 • 김학재 • 맹두열

창지사

머리말

사례관리의 대표적인 등장배경은 탈시설화, 복합적 욕구를 가진 클라이언트 확대, 사회복지 비용 절감, 지방자치제도, 사회적 지지체계의 중요성 강조 등입니다. 이러한 등장배경을 보면 우리나라의 현 상황과 매우 밀접함을 알 수 있습니다. 즉, 우리나라의 사회복지 환경에서 사례관리라는 실천기법은 점점 확장되어 이제는 필수 요인으로 자리매김되어가고 있다고 할 수 있습니다.

사례관리 실천기법은 미국을 중심으로 영국, 일본 등 사회복지를 선도하는 국가에서도 가장 유행하는 실천기법이라 해도 과언이 아닐 정도로 그 위상이 있습니다. 사례관리 실천기법은 사회복지 현장에서나 사회복지를 배우는 학생이라면 반드시 알아두고 공부해야 할 필수 요인이기 때문에 그에 대한 체계적인 습득은 피할 수 없는 사안으로 보입니다.

따라서 사례관리 실천기법을 적용하는 우리나라 사회복지현장에서 활용되는 실학적 차원에서 본 교재가 기초자료가 되기를 기대하면서 다음과 같이 세 가지 방향에 주목하고자 하였습니다.

첫째, 교재 내용을 최대한 핵심적인 부분만 소개하였습니다. 기존의 수많은 사례관리 관련 교재가 있으나, 본 교재는 실제 학습 상황에서 가장 중요하게 다루는 내용을 중심으로 본문의 양을 최소화하여 핵심적인 내용을 담을 수 있도록 노력하였습니다.

둘째, 각 장마다 해결문제와 토론문제를 제시하였습니다. 이는 본 교재에서 습득된 내용을 이론에 그치지 않고, 실제 사회복지 현장에서 나타날 수 있는 다양한 쟁점을 사례관리 실천기법에 적용하여 그 활동 근거를 마련하도록 노력하였습니다. 또한, 본 교재에서 제시한 해결문제와 토론문제가 참고가 되어 각 대학 강의에서 시도되는 다양한 교수학습 방법에 적용되기를 기대합니다.

셋째, 다양한 사례관리 실천의 실제 사례를 소개하였습니다. 실제 사회복지현장에선 사례관리 실천기법을 동일한 방법과 동일한 메뉴얼을 사용하지는 않습니다. 즉, 다양한 방법과 다양한 메뉴얼 작성 방법이 진행되기 때문에 사례관리 실천기법을 배우는 학생의 입장에서는 다양하고 구체적인 사례관리 실천기법의 사례를 습득하는 것이 필요할 것으로 보고, 최대한 많은 실제 사례를 소개하기 위해 노력하였습니다.

본 교재의 구성은 3부 16개 장으로 구성되었으며, 그 내용을 좀 더 구체적으로 살펴보면 다음과 같습니다.

제1부에서는 사회복지 사례관리의 개관이라는 주제를 선정하였습니다. 이 주제의 내용 중 1장은 사례관리의 개념과 이해를 다루었고, 2장은 사례관리복지의 등장과 발달과정, 3장은 사례관리의 구성요소, 4장은 사례관리 기능과 사례관리자의 역할, 5장은 사례관리의 이론과 모델을 다루었습니다.

제2부에서는 사회복지 사례관리의 실천과정이라는 주제를 선정하였습니다. 이 주제의 내용 중 6장은 사례관리 실행체계 구축을 다루었고, 7장은 접수(인테이크), 8장은 통합적 욕구사정, 9장은 개입 계획 수립, 10장은 실천과정, 11장은 조정과 점검(모니터링), 12장은 평가와 종결을 다루었습니다.

제3부에서는 사회복지 사례관리복지의 실제라는 주제를 선정하였습니다. 이 주제의 내용 중 13장은 가족복지 영역, 14장은 아동복지 영역, 15장은 노인복지 영역, 16장은 장애인복지 영역, 17장은 청소년복지 영역을 다루었습니다.

본 교재가 사회복지현장 종사자나 사례관리복지를 공부하는 학생들에게 유용한 참고 서적으로 활용되기를 바라지만, 출판이 임박하다 보니 부족한 점이 많아 부끄러운 생각이 더 큼을 밝히지 않을 수 없습니다. 아쉽고 부족한 부분은 추후 수정하고 보완할 것이니 여러분들의 아낌없는 지적과 충고를 바랍니다. 끝으로 본 교재 집필에 참여해 주신 교수님들께 진심을 다해 감사를 드립니다. 또한, 여러 작업을 도와준 학생들과 창지사 임직원 여러분들께도 진심을 다해 감사의 인사를 전합니다.

2025년 8월

대표저자 정성배

목차

PART 2 사회복지 사례관리의 실천과정

PART 1

사회복지 사례관리의 개관

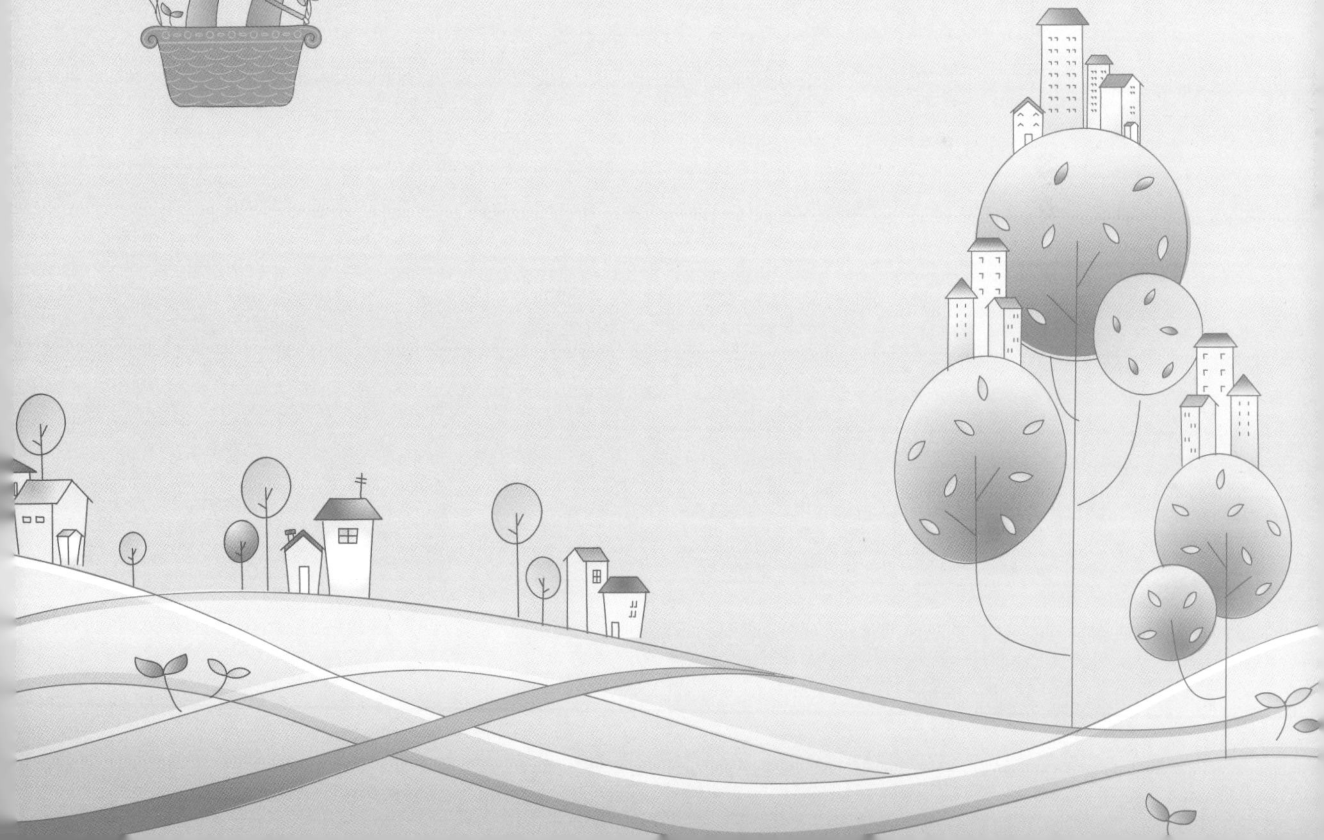

C·H·A·P·T·E·R 01

사례관리의 개념과 이해

01 사례관리의 정의

사례관리(case management)라는 용어는 보호관리(care management), 관리된 보호(managed care)의 용어로도 사용되고 있다. 보호관리는 사례관리보다 보호 서비스에 더 초점을 두는 개념으로 클라이언트의 능동적 역할보다는 사례관리자에 대한 의존성을 강조한다. 관리된 보호는 건강보호의 영역에서 발달한 개념이며, 사례관리는 장기요양보호 영역에서 발전되어 온 개념이다. 두 용어 모두 시설에서 불필요한 보호의 비용을 줄이고, 시설의 보호보다는 지역사회의 보호에 초점을 둔다. 그러나 사례관리는 관리된 보호보다 더 큰 개념으로 의료 서비스를 넘어 사회적 서비스를 포함하는 개념으로 확장되어 사용되기도 한다. 사례관리(case management)는 시대적 변화에 따라 클라이언트에게 발생하는 욕구와 문제를 보다 효과적이고 효율적으로 해결하기 위하여 개발된 사회복지실천의 접근방법이다.

사례관리와 관련된 정의는 그동안 많은 학자에 의해 다양하게 제시되었다. 존슨(Johnson, 1981)은 사례관리를 클라이언트가 적절한 서비스를 받게 하는 것으로 서비스의 방법은 사회복지사가 책임을 지고, 클라이언트를 다양한 서비스체계에 연결시켜 문제를 해결하는 것이라고 하였다.

웨일과 칼(Weil & Karls, 1985)은 사례관리란 클라이언트가 지지적 · 효과적 · 효율적 및 비용 효과적인 방식으로 필요한 서비스를 제공받을 수 있도록 보장하는 서비스망 내의 상호작용의 과정이며, 접근성(accessibility), 보호의 연속성(continuity of care), 책임성(accountability) 등을 보장하기 위한 수단이라고 정의하고 있다. 미국사회복지사협회(NASW, 1984)는 사례관리란, 서비스를 연결하고 조정하여 개인의 욕구를 충족시킬 수 있는 포괄적인 프로그램이라고 말하고 있다. 로스만(Rothman)은 사례관리란 지역사회에 거주하는 장기보호를 필요로 하는 클라이언트를 대상으로 개별적인 상담, 치료와 옹호를 제공하며, 다양하고 지속적인 보호를 제공하기 위하여 지역사회기관 및 비공식적인 지원망과 연결시키는 대인 서비스의 실천방식이라고 정의하고 있다. 사례관리는 두 가지 핵심적인 기능을 갖고 있다. 하나는 지역사회에 있는 클라이언트에 대한 개별적인 조언, 상담, 치료 서비스를 제공해 주는 것과 다른 하나는 클라이언트와 공식적인 지역사회 기관 및 비공식적인 원조관계망에서 지원될 수 있는 서비스와 원조를 연계하는 것이다(Rothman, 1991).

목슬레이(Moxley, 1989)는 사례관리를 복합적인 욕구를 가진 사람들의 기능을 향상시키고 그들의 복지를 위해 공식적 · 비공식적 자원과 활동의 관계망을 조직 · 조정 · 유지시키는 활동으로 정의하였다.

사례관리의 정의에서 나타나는 특성을 정리해 보면 첫째, 사례관리의 주 대상은 복합적이고 장기적인 욕구를 가진 취약계층의 개인과 가족이다. 둘째, 사례관리의 궁극적인 목적은 클라이언트의 자립과 자활을 위한 사회 기능의 회복과 역량 강화이다. 셋째, 사례관리는 생태체계 사정인 임상적 접근과 자원의 개발 및 연계라는 행정적 접근이 공히 중시되는 방법이다. 넷째, 사례관리는 개입의 효과성과 책임성을 중시한다. 다섯째, 사례관리 서비스 제공의 범위는 사례관리자가 속한 기관의 범주를 넘어 타 기관과의 서비스 연계가 중시되고, 지역사회의 인적 · 물적 자원을 개발하고 활용한다. 여섯째, 서비스의 방법은 상담, 지원, 연계 등의 직접 서비스 제공과 프로그램 개발, 옹호, 자원 개발 등의 간접 서비스가 통합적으로 제공된다. 일곱째, 사례관리는 체계화된 운영체계를 통하여 다양한 전문체계에 의해 종합적으로 점검되고 관리되는 책임 있는 실천방법이다(권진숙 외, 2012, 재인용).

따라서 사례관리란 다양하고 복합적이며 장기적이고 다양한 욕구와 문제를 가진 클라이언트를 대상으로 사례관리자가 클라이언트의 욕구를 충족시키고 문제를 해결하며 사회적 기능을 회복하고 향상시키기 위해 클라이언트와 지역사회자원과의 연계를 통하여 클라이언트에 대한 서비스를 개별적이고 연속적으로 관리하는 대인 서비스의 실천방법이라고 할 수 있다.

02 사례관리의 목적

사례관리는 욕구의 사정, 계획, 지원과 서비스를 찾고 확보하는 것, 모니터하고 그에 따라 수행하는 것을 포함하는 과정이다. 사례관리는 다양하고 복합적 욕구를 가진 클라이언트를 대상으로 그들의 욕구를 충족시키고 사회생활의 어려움을 극복할 수 있도록 돕기 위해 자원 및 서비스의 조정을 통하여 연속적이고 포괄적인 서비스 제공과 효율적 서비스를 전달하는 데 목적이 있다.

우드사이드와 맥클램(Woodside & McClam, 2016)은 사례관리의 목적을 서비스의 통합, 보호의 연속성, 평등한 서비스의 제공, 보호의 질, 클라이언트의 역량 강화, 평가 등으로 제시하였다. 이러한 요소를 바탕으로 크게 보호의 연속성, 서비스의 통합성, 서비스 접근성, 사회적 책임, 클라이언트 역량 강화, 평가라는 6가지 측면으로 사례관리의 목적을 제시하였다. 이를 구체적으로 살펴보면 다음과 같다.

첫째, 보호의 연속성이다. 일정한 장소나 기간 동안 계속해서 서비스의 지속성을 보장하는 것이다.

둘째, 서비스의 통합성이다. 복합적이고 변화하는 클라이언트의 욕구 해결을 위해 여러 기관의 서비스와 기능을 통합적으로 확보해야 한다.

셋째, 서비스의 접근성이다. 지역사회 내에 흩어져 있는 서비스는 기관이나 프로그램의 복잡성과 클라이언트의 지리적 한계, 서비스 구매력 한계, 서비스에 대한 정보 한계 등으로 인해 클라이언트에게 접근이 제한되는 경우가 있다.

넷째, 사회적 책임, 즉 서비스의 책임성이다. 지역사회 내에서 다양한 기관이 각기 서비스를 제공할 때 복잡한 서비스 전달체계가 작동된다. 이때 서비스가 클라이언트의 욕구에 적합하고, 적절한 방식과 시기에 제공됨과 동시에 중복되지 않도록 관리하며, 클라이언트에게 제공될 수 있도록 책임성을 다하는 것이다.

다섯째, 클라이언트의 역량 강화이다. 사례관리 목적은 클라이언트가 직면한 장애를 극복할 수 있도록 직 · 간접 서비스를 충분히 제공하여 클라이언트가 사례관리자의 도움 없이 다양한 자원과 연결을 유지할 수 있도록 하는 것이다.

마지막으로 평가이다. 사례관리에서 평가란 과정과 성과 그리고 과정의 질에 대해 사정하는 것으로 이는 사례관리 전 과정을 통해 수행된다. 이때 평가의 초점은 사례관리가 적절히 제공되는지의 여부, 클라이언트의 변화와 만족, 서비스의 통합, 서비스와 성과의 질이다(권진숙 외, 2016).

사례관리는 다양하고 복합적인 문제를 가진 개인과 그들의 가족에게 효율적 서비스를 전달하기 위한 실천방법이다. 과거에는 사례관리를 사회복지실천현장과 타 전문직에서 서비스 전달체계의 일부로 활용하였으나 최근 들어 사회복지실천의 모든 영역에서 중추적 실천모델이 되고 있다. 사례관리는 특히 재가보호 영역, 정신보건 영역, 직업재활 영역, 노인복지 서비스 영역, 발달장애 영역 등에서 활발히 활용된다.

사례관리는 여러 사람의 원조자로부터 동시에 도움이 필요한 다양한 문제가 있기 때문에, 삶이 만족스럽지 못하거나 생산적이지 못한 사람을 돕는 하나의 과정이다. 즉, 사례관리는 지지망을 개발하거나 증진시키는 것에 노력을 집중한다. 사례관리를 통해 지지망은 특별한 목적을 필요로 하는 클라이언트를 돕기 위하여 사례관리자에 의해서 클라이언트의 활동이 조정되길 바라는 공통된 욕구를 통합한다. 또한, 사례관리란 클라이언트의 지식, 기술, 태도를 증진시킬 뿐만 아니라 지지망을 활용할 수 있는 클라이언트의 능력을 강화하는 것에 초점을 두고 있다.

03 사례관리의 가치와 윤리

사회복지사는 가치와 윤리적 이슈에 대해 오랫동안 관심을 가져왔고, 가치는 사회복지의 중요한 본질로 간주되어 왔다(Gordon, 1965; Congress, 1999, 재인용). 반면, 윤리적 이슈의 본질은 시대에 따라 변화하였으며, 이에 따라 사회복지 가치도 영원불변의 가치가 아니라는 것에 대한 관심을 갖게 되었다(Congress, 1999). 그리하여 사회복지 실천은 가치 상충의 문제와 끊임없는 윤리적 딜레마에 빠지게 되었다. 가치란 어떤 대상이나 생각(idea)에 부여하는 개인적인 보람(worth)을 말하는 것으로, 바람직한 것(desirable), 우선적인 것(preferable), 가치 있는 것(valuable), 선한 것(good) 등의 의미로 이해된다(이현주, 2000).

윤리란 도덕적으로 좋은 것과 나쁜 것, 옳은 것과 그른 것에 관한 것으로 가치와는 구분되는 개념이다. 윤리는 근본적으로 가치로부터 추론된 것으로 가치와 일치해야만 한다. 그러나 모든 가치가 윤리가 되는 것은 아니며, 가치가 행동으로 전환되어 행동의 규범적 기준을 대표할 때만 윤리가 된다(Loewenberg et al., 1988). 따라서 가치가 일차적인 것으로 가치에 기반한 행동이 윤리가 된다. 즉, 가치에 기반해 있을 때 행동도 윤리적이라고 말할 수 있는 것이다. 윤리의 개념은 인간관계로부터 발생한 행동에 제한되는 것으로 윤리는 타인에 대한 혹은 타인을 위한 개인적 내지는 집단적 책임에 대한 정의에서부터 나온다. 행동이 윤리적이라고 할 때에는 오직 그것이 타인에게 영향을 주고 사회적 맥락에서 가치적일 경우이다(Linzer, 1999). 따라서 윤리라는 용어는 보다 특정한 행위의 기준, 일반적인 도덕적 판단의 기준, 그리고 체계에 대한 지역 공동체와 집단 그리고 전문직 등의 도덕 규범이나 전형을 의미한다(Speicher, 1998).

가치(value)와 윤리(ethics)는 종종 혼용되지만, 그 뜻은 같지 않다. 가치란 무엇이 좋고 바람직한 것에 관심을 두는 반면, 윤리란 무엇이 옳고 바른지에 관심을 둔다. 가치는 여러 가지 인간문제에 관하여 바람직한 것, 또는 해야 할 것에 관한 일반적인 생각 또는 관념이며, 가치 내지 가치관이 그 사람의 행동을 결정함에 있어서의 중요한 역할은 다음과 같다. 첫째, 가치는 그 사람의 동기와 포부를 크게 결정한다. 둘째, 가치는 우리의 지각과 해석을 크게 좌우한다. 셋째, 가치는 우리가 인생 어디에서 그 만족과 의의를 얻느냐는 문제와 직결되어 있다. 넷째, 가치는 우리에게 여러 가지 평가의 기준을 준다.

가치는 몇 가지 중요한 속성이 있으며, 몇 가지 중요한 기능을 수행한다. 즉, 가치는 바람직한 것에 대한 일반화되고 감정적으로 부화된 개념이다. 또한, 역사적으로 형성되고 경험으로부터 추출된 것으로, 특정 대상층이나 그 대상층 내부의 집단이 공유하고 있다. 그리고 가치는 행동양식을 조직하거나 구조화하는 수단을 제공한다(Williams, 1968; Meinnert, 1980; Reamer, 2000, 재인용).

사회복지 전문직의 가치가 가장 간결하고 확실하게 명시되어 있는 것이 사회복지 전문직 윤리강령이다(이현주, 2000). 거의 모든 전문직은 윤리적 딜레마에 직면하는 실천가를 도와주기 위해 각각의 전문직에 맞는 윤리강령을 개발하였다. 그리고 윤리강령은 윤리적 딜레마에 빠진 실천가에게 행동의 지침 역할을 해 주고 있다(Reamer, 2000).

리머(Reamer, 2000)는 사회복지실천에서 가치는 다음 네 가지의 측면에서 중요성을 갖는다고 하였다. 첫째, 사회복지실천 사명의 본질은 삶의 어려움을 겪고 있는 사람을 돕는다는 가치에 관심을 갖고 있었던 사회복지 전문직의 창시자들과 현대의 실천가들의 뿌리 깊은 신념에 근본을 누고 있다. 사회복시 실천은 취약한 사람을 돕기 위해 고안된 가치에 기초하여 사회에 내재하는 집단적 책임을 표준화하여 반영하고 있다. 둘째, 사회복지사와 클라이언트, 동료, 사회 구성원과의 관계이다. 사회복지사는 함께 일하고 싶은 사람을 선택하는 것에 가치의 영향을 받는다. 예를 들면, 어떤 사회복지사는 노인을 위해 일을 하고자 하고, 또 다른 사람은 아동이나 장애인 등 자신의 가치에 의해 분류된 클라이언트를 위해 일하고자 한다. 셋째, 사회복지사가 사용하는 개입의 방법이다. 가치는 사회복지사가 다양한 형태의 문제를 갖고 있는 클라이언트를 대상으로 사용할 개입방법을 결정할 때 영향을 미치게 된다. 넷째, 실천에 있어서 윤리적 딜레마의 해결이다. 가치는 전문직의 의무들이 서로 갈등을 일으킬 때, 윤리적 딜레마를 해결하기 위한 노력의 열쇠가 된다(심재룡, 2012, 재인용).

사회복지학이 가치의 문제를 중요시하고 윤리는 사람이 지켜야 할 도리나 바람직한 행동 규범으로 사례관리에서 가치와 윤리는 특정한 가치와 윤리를 매우 중요시한다. 사례관리에서 가치와 윤리는 불가분의 관계에 있다.

해결문제

사회복지실천에서 개인의 가치와 사례관리자의 가치 그리고 사회복지기관의 가치가 갈등을 일으키는 경우가 종종 발생할 수 있다. 예를 들어, 고등학교에 다니는 여학생이 임신하고 지역주민의 의뢰로 클라이언트와 상담하는 과정에서 사회복지관에서 근무하는 사례관리자(천주교, 경력 2년)는 가치갈등을 경험할 수 있다. 이 경우, 가치갈등은 무엇이고 어떻게 접근해야 하는지 그 해결점을 찾아보자.

토론문제

사례관리란 다양하고 복합적이며 장기적이고 다양한 욕구와 문제를 가진 클라이언트를 대상으로 사례관리자가 클라이언트의 욕구를 충족시키고 문제를 해결하며, 사회적 기능을 회복하고 향상시키기 위해서 클라이언트와 지역사회자원과의 연계를 통하여 클라이언트에 대한 서비스를 개별적이고 연속적으로 관리하는 대인 서비스의 실천방법이다. 사례관리 대상의 범위를 구체적으로 설명해 보자.

C·H·A·P·T·E·R 02

사례관리의 등장과 발달과정

01 사례관리의 등장과 배경

클라이언트의 권리를 강조하는 시점에서 사회복지 분야에서의 사례관리의 중요성이 강조되고 있다. 복합적이고 만성적인 욕구를 가진 현대사회의 클라이언트를 위한 사회복지실천방법은 매우 효율적이고 효과적이기 때문이다.

사례관리가 사회복지실천 분야에서 본격적으로 활용되기 시작한 것은 1970년대로 미국의 정신보건 영역에서 복합적 욕구를 지닌 클라이언트가 탈시설화하여 지역사회에서 보호를 받기 위한 방법으로 활용되었다.

미국에서는 1970년대 후반 만성 정신장애인을 위해 지역사회 내에서의 재활을 지원하기 위한 사회적 접근방법 중 하나로 사례관리 서비스가 시작되었다. 그 후 탈시설화, 정상화라는 가치의 파급에 힘입어 정신장애인뿐만 아니라 노인, 빈곤가정, 약물남용 등 복합적인 욕구를 지닌 사회복지 서비스 이용자에게 확대 · 적용되어 이제는 모든 개별사회사업을 대체하는 개념으로까지 사용되고 있다(Rubin, 1987; 장창호, 2007; 김영숙 외, 2009, 재인용).

지역복지 차원에서 사례관리가 중요한 사회복지실천 방법론으로 등장하게 된 것은 1970년대 중반부터이며, 그 주된 요인은 다음과 같다.

첫째, 탈시설화이다. 시설에 수용하는 것이 효과적인 문제해결 방식이 아니라는 점을 인식하고 지역사회 지지 프로그램의 필요성이 대두되었다.

둘째, 복잡하고 분산된 서비스체계이다. 서비스 전달체계와 서비스망이 점차 복잡해지고 분산됨으로써 서비스가 중복되거나 연계성을 가지지 못하게 되었다. 사례관리는 이러한 서비스체계에 연계성을 부여하기 위해 나타났다.

셋째, 클라이언트와 그 가족에게 부과되는 과중한 책임 때문이다. 지역사회 내 적절한 환경자원의 미비함 때문에 클라이언트와 그 가족은 과중한 책임을 지게 되었고 이는 과도한 스트레스를 발생시키는 이유가 되었다. 그리하여, 환경자원을 개발하고 연결하는 사례관리를 통해 클라이언트와 그 가족의 과중한 책임을 경감시켜 줄 필요성이 대두되었다.

넷째, 다양한 문제와 욕구를 가진 클라이언트가 증가하였다. 클라이언트는 지역사회에서 생활하기 위해 생활 전반에 걸친 다양한 욕구와 해결해야 할 문제를 안게 된다. 지역사회에서 살아가는 데 필요한 서비스를 조직화함으로써 그 욕구를 충족시키는 사례관리의 기능이 필요하게 되었다.

다섯째, 사회적 지지체계의 중요성에 대한 인식이 심화되었다. 공식적인 서비스 자원도 중요하지만, 실제로는 가족과 친척, 친구 등의 사회적 지지망이 클라이언트에게 필요한 도움을 준다. 이러한 비공식적 지지망을 포괄한 사회적 지지체계에 대한 인식이 대안 서비스 전문가들 사이에서 증가함에 따라 사례관리의 필요성에 대한 인식이 높아지고 외연이 확장되기에 이르렀다.

여섯째, 늘어나는 서비스 비용을 절감해야 할 필요성이다. 시설을 중심으로 한 서비스체계는 막대한 재원이 들 수밖에 없고, 공식적 서비스 비용이 증가함에도 복지 서비스 만족도와 클라이언트의 자활 가능성은 작아지는 상황에서, 체계적이고 개별화된 서비스와 자원의 효율적 활용, 비공식적 지지망을 포함하는 사례관리모델은 서비스 비용의 절감 차원에서도 중요하게 되었다(김통원 · 김용득 외, 1998).

1990년대에 들어서 사례관리는 특정 대상자(혹은 대상 집단)의 욕구를 충족시키기 위하여 서비스 공급자를 연계하는 시스템으로 조망되고 있다. 사례관리라는 용어가 빈번하게 사용되면서 1990년 『사회사업 백과사전(*Encyclopedia of Social Work*)』에는 기존의 사회사업 실천을 의미하는 'casework'라는 단어가 사례관리를 의미하는 'case management'로 대체되어 미국 사회사업계의 변화를 상징적으로 보여 주었다(박영숙, 2008).

미국의 사례관리는 다양하고 전문적인 복지 서비스 공급체계와 복합적인 욕구를 가진 이용자(클라이언트)를 연계하여 공급자적 측면에서는 서비스의 효율성을 도모하고 이용자적 측면에서는 욕구 맞춤형의 양질의 서비스를 이용할 수 있도록 하는 서비스 전달의 한 방법으로 정리할 수 있다(이주연, 2011).

그 후 영국, 일본, 우리나라 등으로 소개되면서 다양한 용어로 불리게 되었다. 미국에서는 사례관리가 케이스 매니지먼트(case management)로 불리고 있으며, 영국에서는 케이스 매니지먼트로 불리다가 현재는 케어 매니지먼트(care management)로 사용되고 있다.

02 사례관리의 역사적 발전 과정

사례관리가 본격적으로 등장하게 된 것은 1970년대부터였다. 1976년 5월 매디슨과 1979년 5월 시카고에서 열린 미국 사회복지사협회 학술대회에서 사례관리에 대한 개념이 사회사업의 중요한 개념으로 언급되기 시작하였고, 1975년 개정된 모든 장애아동을 위한 교육법에 의해서 학교에 사례관리가 도입되면서 사례관리라는 용어가 만들어졌다(Netting, 1992). 사례관리는 정신보건, 사회복지 분야에 적용하기 시작하더니 1990년대 들어서 미국간호사협회를 통해 더욱 발전하였다.

무어(Moore, 1990)는 사례관리를 오래된 사회복지 실천에 새로운 옷을 입힌 것이라고 하면서 사례관리의 개념과 기능의 역사적 근거는 사회복지 실천의 초창기 저술이나 활동에서 발견할 수 있다고 하였다. 처음으로 사례관리가 시작된 곳은 시설보호기관이었다. 시설보호기관은 인테이크와 욕구 사정을 한 후 보호 서비스가 필요한 대상자에게 생활공간을 정해 주기 시작했다. 1848년에 설립된 매사추세츠 정신장애인시설에서는 장애아동의 기능 향상을 위해 정신기능, 영성, 신체활동 등 세 가지 영역을 통합적으로 조정하며, 오늘날의 사례관리 서비스를 제공하였다. 이후 18세기 중엽 영국에서 산업화 · 도시화가 진행되면서 많은 인구가 도시로 유입되었고 그에 따라 빈민들이 발생하기 시작하였다. 이러한 도시 빈민의 문제를 해결하기 위하여 1877년 영국의 자선조직협회(Charity Organization Societies : COS)의 영향을 받아 뉴욕 버펄로에서 자선조직협회가 조직되었는데 이들은 단순한 구호활동을 넘어 자선단체별로 이루어지던 자선활동을 조정하여 자선활동의 중복과 누락을 막기 위하여 노력하였다. 우애방문단의 개별 면접과 환경조사에 따른 자료는 개별적으로 작성하고 관리되었는데 이러한 자선조직협회의 활동은 사회복지실천의 토대가 되었다.

1884년 바네트(Barnett) 목사에 의해 런던에서 시작한 인보관운동(settlement house movement)은 자선조직협회와는 달리 구제나 부조보다는 사회 개혁을 강조하였다. 지역사회문제를 해결하기 위해서는 문제가 있는 지역사회에서 직접 빈민들과 함께 생활하면서 지역사회의 환경 및 빈민의 도덕적 교화에 힘써야 한다고 믿었던 사람들에 의해 주도되었다. 또한, 빈민들의 욕구와 지역사회문제를 해결하고자 다양한 서비스를 개발하고 조정하였으며, 옹호 및 조직 활동을 전개함으로써 오늘날 사례관리의 형태를 갖추기 시작하여 사례관리 발전의 토대가 되었다. 이 시기 사례관리의 발전에 지대한 영향을 미친 인물로 메리 리치먼드(Mary Richmond)가 잘 알려져 있다. 그녀는 케이스워크(case work)와 인간환경의 중요성을 역설하면서 사회진단(social diagnosis)이라는 개념하에 클라이언트 문제에 관한 자료수집과 조사를 거쳐 치료를 결정하는, 이른바 개별사회사업의 고정을 확립하였고 이것이 오늘날 사례관리의 한 요소로 인정되고 있다(한국사례관리학회, 2012).

03 한국에서의 사례관리 발달

우리나라는 사례관리라는 용어로 사용되고 있다. 1992년에 우리나라에 처음 소개되었고, 2008년에야 한국사례관리학회가 발족될 만큼 역사가 매우 미약하다.

우리나라의 경우, 1993년에 김만두 교수가 『사례관리』라는 편역서를 발간하면서 현장에서 사례관리에 대한 이해를 확산시켰다. 사례관리 실천에서는 1997년 「정신보건법」 시행을 계기로 한국정신보건사회복지학회가 정신보건전문요원 인턴십 과정에 사례관리를 정식과목으로 포함시키면서 시작되었다. 그중 특히 지역정신보건센터의 설치는 만성 정신장애인의 재활과 사회복귀에 핵심적인 역할을 담당하였었으며, 정부에서는 정신보건센터의 업무를 규정하면서 사례관리를 필수 업무 중 하나로 지정하게 되었다(보건복지부, 2006).

황성철(1995)은 우리나라가 1980년대 이후 「아동복지법」, 「장애인복지법」, 「노인복지법」 등의 법적 · 제도적 기초 아래 꾸준히 사회복지 서비스가 확대되었고, 재가복지에 대한 정부 지원이 증가하면서 지역사회 내에 거주하는 노인, 아동, 장애인에 대한 서비스 조정과 통합이 필요하다는 목소리가 높아졌다고 하였다. 뿐만 아니라, 노인과 장애인은 복합적인 사회복지 욕구를 가진 인구집단으로서 그들의 욕구를 효과적으로 해결하기 위해서는 서비스의 연계와 조정이 중요한 과제가 되었다는 점을 언급하고 있다. 이러한 배경에서 1990년대 들어서면서 간호학, 사회복지학 분야에서 사례관리가 학문적 관심을 받기 시작했다(장인협 · 우국희, 2001). 사례관리가 사회복지현장에 정착하여 발전하면서 사례관리에 대한 정확한 이해와 필요성에 대한 인식이 확산되는 과정에서 사례관리가 중요하게 인식된 것은 평가와 관련이 있다. 우국희(2007)는 흐름과 동시에 한국에서 사례관리에 대한 관심의 급증이 사례관리 평가제와 관련이 깊다고 지적하였다.

보건복지부는 2007년 보건복지부 훈령으로 '의료급여사례관리사업지원단 설치 · 운영에 관한 규정'을 만들어 설립 근거를 마련하고 「의료급여법」에 따른 의료급여 적정 이용 등의 사례관리 업무에 대한 기술 지원, 사업평가, 교육훈련 등을 효율적으로 추진하기 위하여 의료급여사례관리사업지원단을 설치 · 운영하는 데 필요한 사항을 규정함을 목적으로 한다. 그리고 2009년 서비스의 효과를 높이기 위해 위기 가구 지원을 위한 사례관리사업으로 발전시켰다.

보건복지부 「의료급여법」 제5조의 2에 의거하여 보건복지부장관, 특별시장 · 광역시장 · 도지사 및 시장 · 군수 · 구청장은 수급권자의 건강관리능력 향상 및 합리적 의료이용 유도 등을 위하여 사례관리를 실시할 수 있다. 사례관리는 의료급여 수급권자의 삶의 질 향상과 적정 의료 이용을 목적으로 수급권자의 욕구를 사정하고 건강 상담 및 필요한 정보를 제공하는 일련의 과정이라고 정의하였다(보건복지부 · 의료급여사례관리업무매뉴얼, 2018).

해결문제

클라이언트의 권리를 강조하는 시점에서 사회복지 분야에서 사례관리가 중요하게 인식되고 있다. 복합적이고 만성적인 욕구를 가진 현대사회의 클라이언트를 위한 사회복지 실천방법은 매우 효율적이고 효과적이기 때문이다. 클라이언트의 권리는 무엇인지 설명해 보자.

토론문제

인보관운동과 자선조직협회의 차이점은 무엇이고, 사례관리에 어떻게 영향을 줬는지 설명해 보자.

C·H·A·P·T·E·R 03

사례관리의 구성요소

01 사례관리 대상자

사례관리 대상자는 사회를 구성하는 개인, 가족, 집단, 지역사회로 매우 다양하고 광범위하다. 보통 클라이언트로 불리는 대상자는 복지 서비스에서 사용되는 보편적인 용어이다.

사례관리의 대상이 되는 클라이언트는 다양하고 복잡한 욕구를 가지고 있으면서도 신체적 · 사회적 · 기능상의 여러 가지 문제로 인해 스스로 욕구를 충족하기 어려운 사람이다.

클라이언트의 일반적 특성으로 첫째, 복합적인 욕구를 충족할 수 있는 사회자원의 존재를 모르거나, 사회자원과의 연결에 어려움을 가지고 있거나 사회자원의 이용방법을 알지 못한다. 둘째, 만성질환을 가지고 있으며, 신체적 · 정서적으로 심하게 손상되어 있다. 셋째, 자신을 보호해 줄 가족이 없거나 가족이 있어도 적절하게 보호받지 못하고 있다. 넷째, 공적 서비스뿐만 아니라 비공식적 지원체계의 보호를 필요로 한다. 다섯째, 자기보호능력이 상실되어 있으며, 개별적인 옹호가 필요하다는 것 등을 들 수 있다.

02 사회자원

사회자원은 사례관리에서 가장 중요한 구성요소이며, 클라이언트의 복합적이고 만성적인 욕구를 충족시키고 문제를 해결하기 위해 필요로 한다. 사회자원은 인적 · 물적 서비스를 제공하고 지원하는 다양한 차원의 공급 주체를 말한다. 사회자원은 인간의 욕구를 충족시키기 위해 동원되는 시설, 설비, 자금이나 물자 또는 개인이나 집단의 지식과 기능 등을 의미한다.

현대화로 인해 다양하고 복잡한 클라이언트의 문제와 욕구를 충족하기 위해서는 사회자원의 확대와 질적 향상을 도모하기 위한 공급 주체의 다원화가 필요하다.

사회자원은 공적 부문과 사적 부문으로 구분되며, 공적 부문은 국가, 지방단체 등을 말하고 사적 부문은 행정가, 행정기관, 공공복지시설, 법인 등 공식적인 체계와 가족, 친척, 동료, 이웃, 자원봉사자 등의 비공식적 체계로 구분된다. 공식적인 체계는 클라이언트에게 직접적인 서비스를 제공하거나 다른 사회체계와 연계를 통해 서비스를 제공하는 체계이며, 비공식적인 체계는 정서적 지지와 충고, 정보 제공 등과 같은 서비스를 제공하는 체계이다. 클라이언트의 문제를 해결하기 위해서는 비공식적인 체계와 공식적인 체계를 조정하고 통합하여 필요한 서비스를 제공하기 위해 자원을 동원해야 한다.

03 사례관리자

사례관리자는 사례관리의 가장 중요한 구성요소이다. 서비스 공급 주체에 의한 사회자원을 클라이언트가 활용하여 욕구를 충족해 갈 수 있도록 촉진하고, 조정하고, 연결시켜 나감으로써 클라이언트 자신의 능력을 향상시키고 서비스 공급 주체의 능력 또한 발전시키는 것이 사례관리자의 역할이다(서울복지재단, 2005).

웨일과 칼(Weil & Karls)에 따르면 사례관리자는 클라이언트에게 접근성과 책임성을 보장하면서 그들이 적절하게 조정된 연속적인 보호를 받을 수 있도록 출장원조자, 사정자, 계획자, 중개자, 조정자, 점검자, 평가자, 교사, 지도감독자, 행정가, 경계 범주자 및 옹호자의 역할을 수행한다. 또한, 서비스 제공자와 클라이언트 또는 서비스 제공자 사이의 갈등과 분쟁을 해결하는 상담자, 분쟁 조정자 및 문제해결자의 역할을 수행하며, 클라이언트를 위한 다양한 자원을 개발하거나 동원하는 자원개발자 및 지역사회조직가의 역할을 수행하기도 한다. 사례관리자는 사회복지사 개인이 될 수도 있고 전문가로 이루어진 팀이 될 수도 있다. 사례관리자는 사례관리를 실천하는 과정에서 세 가지 핵심적인 기능을 수행한다(이근홍, 2001). 첫째, 클라이언트의 포괄적 욕구를 충분히 인식한다. 이것이 중요한 이유는 사례관리자가 전체로서의 클라이언트 복리를 책임지는 유일한 서비스 제공자이기 때문이다. 둘째, 클라이언트와 그들의 욕구에 적합한 서비스 체계를 조정 · 연결한다. 셋째, 클라이언트에게 제공되는 서비스에 대해 지속적으로 점검(monitor)한다.

04 사례관리 기관

사례관리의 구성요소를 제시할 때 사례관리 기관은 대부분 사례관리자에 포함된다. 하지만 실제 사례관리 실천에서 사례관리 기관의 역할과 영향은 매우 크다.

사례관리 기관이란 지역 수준에서 권위를 가지고 일정한 표적인구집단에 서비스의 체계적인 통합을 보장하는 조직이나 기관을 말한다. 이러한 기관은 서비스 제공자를 결속시키는 일련의 공식적인 계약이나 협정 및 법률을 바탕으로 클라이언트에 대한 서비스의 통합과 조정을 행하며, 사례관리자가 그들의 역할을 효과적으로 수행할 수 있도록 서비스 체계의 안정성을 보장하고, 새로운 서비스 제공자를 개발하기도 한다(류명원, 2005).

스테인버그와 카터스(Steinberg & Carter)에 따르면, 사례관리 프로그램을 실천하는 장소와 제공자에 따라 7가지 범주의 기관으로 나눌 수 있다. 이러한 기관들에는 독자기관, 기획기관 내의 특수 단위, 안내와 의뢰기관 내의 특수 단위, 직접 서비스기관 내의 특수 단위, 시설 또는 복합기능기관 내의 특수 단위, 조합이나 연합 및 회원협회가 있다(류명원, 2005).

사례관리자가 클라이언트 수준에서 서비스를 조정하고 통합하는 역할을 수행하는 사람이라면, 체계 및 조직 수준에서의 서비스 조정과 연계를 책임지는 주체는 사례관리 기관이다. 탈시설화 이후 지역사회 기반 서비스 전달에 다양한 기관이 참여함에 따라 이들 서비스 공급 기관을 조정 · 관리할 핵심기관의 필요성이 증대되었다.

서비스의 통합과 조정을 효율적으로 달성하기 위해 사례관리 기관은 한 지역사회 내에 하나의 기관으로 존재하는 것이 일반적이다. 그래서 사례관리 기관은 일명 그 지역사회 내에서 핵심기관(core agency)으로 지칭된다(장인협 · 우국희, 2003).

사례관리 기관은 체계 및 조직 수준에서 서비스의 조정과 연계, 사회자원 동원의 역할을 수행한다는 점에서도 중요하지만, 사례관리 운영체계를 조직하고 관리한다는 점에서도 중요하다. 사례관리 기관의 지역사회 기반, 전문성, 운영의 합리성과 개방성 등은 사례관리자와 사례관리의 질적 수준에 직접적인 영향을 미치게 된다. 이런 점에서 사례관리 기관의 운영체계에 대한 점검과 방안 제시가 필요하지만 아직 충분한 연구와 효율적 운영방안에 대한 제안이 부족한 형편이다.

05 사례관리 과정

사례관리의 실천은 연속적 · 복합적 기능을 가진 하나의 과정으로 가장 잘 이해될 수 있지만, 사례관리 프로그램은 특정 기능을 수행하는 방법이나 서비스에 대한 통제나 접근에 따라 달라진다. 학자에 따라 그 단계가 다양하게 제시되고 있지만, 사례관리 실천의 핵심적 요소에 대한 일반적인 합의는 존재한다.

사례관리가 실천되기 위해서는 개인과 가족 및 집단에 대한 전문적인 지식과 기술을 갖춘 사회복지사가 계획된 방법을 단계적으로 제공하여 문제해결을 돕는 일련의 과정을 필요로 한다. 따라서 사례관리의 도움을 필요로 하는 클라이언트, 클라이언트의 문제해결과 욕구를 충족시키기 위한 사회자원, 사례관리를 실시하는 사례관리자 그리고 사례관리자가 속해 있는 기관이 필요하다.

스테인버그와 카터스(1983)는 사례관리과정을 사례발견, 사전적격심사, 접수를 포함한 가입, 사정, 목표 설정 및 서비스 기획과 능력 조성, 보호계획의 수행, 재사정, 종결 및 관계 유지로 기술하고 있다.

화이트와 골디스(White & Goldis, 1986)는 전형적인 사례관리 과정을 사례발견, 사정, 보호 및 서비스 계획, 모니터링, 사후추적, 재사정의 6단계로 기술했으며, 웨일과 칼(1985)은 사례관리 과정을 클라이언트의 확인과 출장원조, 개별적 사정과 진단, 서비스기획, 자원 확인, 서비스 연결, 서비스 실행과 조정, 서비스 전달의 점검, 옹호, 평가로 정리하고 있다.

인티글리티어(Intagliata, 1982)는 사례관리를 연속적인 일련의 과정으로 보고 특별한 대상이나 구조와 관계없이 공통적으로 5가지 복합적 기능을 가진 과정으로 보았다. 따라서 클라이언트 욕구 사정, 포괄적 서비스 계획 개발, 서비스 배치, 서비스 점검 및 사정, 평가 및 사후관리를 수행단계로 제시하였다.

목슬레이(Moxley, 1989)는 사례관리 실천단계를 사정, 서비스 계획, 실행, 점검, 검토 및 평가의 5단계로 분류했다. 이러한 사례관리단계는 사례관리의 핵심을 개발하는 결정적 요소로 과정을 서술한 것으로 볼 수 있다.

로스만(1991)은 기관에의 접근(의뢰 및 대외추적), 사정 및 목표 설정, 개입계획 또는 자원 확인, 클라이언트 연결, 모니터링 및 재사정, 그리고 결과 평가의 6단계를 일직선상에 놓인 하나의 과정이라기보다는 순환적인 시간연속과정 속에서 이루어지는 것으로 제시하였다. 즉, 기관에 들어온 클라이언트는 한 번의 사정과 진단 개입 그리고 점검 및 평가로 끝나는 것이 아니고 점검단계에서 재사정이 필요하면 재사정을 하여 그 결과를 기반으로 하여 새로운 서비스 계획을 세우고 새로운 개입을 해나가는 순환적 단계를 밟으면서 사례의 상황 변경에 대처해 나가도록 하는 것이다.

한국사례관리학회(2012)가 제시한 사례관리 실천과정은 초기과정, 사정, 계획, 실행과정(점검 과정 포함), 종결과 평가 5단계로 다음과 같이 이루어진다.

첫째, 초기과정은 다양한 경로와 과정을 통해 확인하거나 발견한 이용자와 초기

면접을 하고, 이용자의 문제가 무엇인지 파악하여 각종 사례회의를 거쳐 이용자의 서비스 수혜 적격 여부를 판단한다.

둘째, 사정 단계에서는 이용자 개인 또는 가족, 주변 자원으로부터 정보를 얻어 현재 해결해야 할 욕구와 우선순위를 결정한다. 이때, 표준화된 사정도구를 활용하여 이용자와 그 가족이 제시한 문제 외에 신체적 · 인지적 · 사회적 · 정서적 욕구뿐만 아니라 재정적 · 환경적 욕구를 파악한다.

셋째, 사례관리자는 사정을 통해 얻은 자료를 토대로 서비스 유형, 보호에 필요한 시간, 지역사회자원과 가족 구성원이 담당할 역할을 구체화하는 계획을 수립한다.

넷째, 실행단계에서는 계획한 서비스를 조정하고 연계한다. 사례관리자나 사례관리 기관이 보유한 자원을 활용할 뿐만 아니라 지역사회 내의 다양한 공적 · 비공식적 자원을 연계하며, 점검을 통해 제공된 서비스가 적절한지, 서비스의 질이 높은지, 이용자의 욕구를 충족하였는지 등을 평가한다. 특히, 사례관리자는 정기적인 재사정을 통해 늘 변화하는 이용자의 상황과 욕구에 대응해야 한다.

다섯째, 이용자의 요청, 사망이나 이사 등 물리적 환경의 변화를 비롯한 다양한 이유로 사례관리에서 종결이 이루어진다. 1년에 1회 이상 정기적으로 시행하는 평가 결과에 따라 의뢰, 사정과 개입 계획단계로 환류하거나 종결하는 단계를 수행하며, 사후관리에 대한 방안도 수립한다.

해결문제

클라이언트의 일반적 특성은 첫째, 복합적인 욕구를 충족할 수 있는 사회자원의 존재를 모르거나, 사회자원과의 연결에 어려움을 가지고 있거나, 사회자원의 이용방법을 알지 못한다. 둘째, 만성질환을 가지고 있으며, 신체적 · 정서적으로 심하게 손상되어 있다. 셋째, 자신을 보호해 줄 가족이 없거나 가족이 있어도 적절하게 보호받지 못하고 있다. 넷째, 공적 서비스뿐만 아니라 비공식적 지원체계의 보호를 필요로 한다. 다섯째, 자기보호능력이 상실되어 있으며, 개별적인 옹호가 필요하다는 것 등을 들 수 있다. 지역사회에는 어떤 유형의 대상자가 있는지 조사해 보자.

토론문제

사례관리와 사회복지실천의 구성요소를 비교하여 설명해 보자.

C·H·A·P·T·E·R **04**

사례관리의 기능과 사례관리자의 역할

01 사례관리 기능에 대한 이해

사례관리의 기능은 사례관리자에게 요구되는 수행과업과 밀접하게 연관되어 있으며, 클라이언트의 특성, 사례관리 프로그램, 서비스 분야에 따라 다양하게 나타날 수 있다.

무어(Moore, 1990)는 ① 개인의 능력을 사정해서 환경적 도전과 맞닥뜨리게 하는 것, ② 개인의 가족과 1차 집단의 보호능력을 사정하는 것, ③ 공식적인 보호체계 내의 자원을 사정하는 것, ④ 개인의 환경적 도전에 맞닥뜨릴 때 그들 개인적인 자원을 활용할 수 있도록 하는 것, ⑤ 가족들과 1차 집단의 보호수행능력을 확장할 수 있도록 하는 것, ⑥ 개인으로 하여금 공식 · 비공식 자원 활용을 위한 효과적인 교섭을 촉진하는 것, ⑦ 가족이나 1차 집단과 공식보호체계 간에 효과적인 상호 교환을 촉진하는 것, ⑧ 개인의 욕구를 지속적으로 평가하는 일, ⑨ 개인이 가족이나 1차 집단뿐만 아니라 공식보호체계에 의해 적절하게 지원받고 있는 정도를 평가하는 일, ⑩ 가족이나 1차 집단의 노력이 공식보호체계의 노력과 통합되어 있는 정도를 평가하는 것이라고 분류하였다.

전미사회복지사협회(NASW)는 ① 관여: 클라이언트 확인과 아웃리치, ② 사정: 욕구 사정, 기능 사정, 생리적 · 심리적 · 사회적 사정, 강점, 포괄적 인테이크 사정, 사회문화적 사정, 자원과 재정 사정, ③ 계획: 개입, 치료, 보호, 재활, 전략, 지원, 위기개입 계획, ④ 실행 · 조정: 서비스 연계, 서비스 점검, 서비스 전달, 프로젝트 실행 및 클라이언트 지원, ⑤ 옹호: 체계 향상, 클라이언트 복지와 기능, 연계와 중재, ⑥ 재사정과 평가: 서비스 점검, 효율성, 효과성, 자료수집 및 분석, ⑦ 분리: 서비스 분리 계획, 의뢰, 종결로 분류하였다.

로스만(Rothman, 1991)은 ① 사례발견과 의뢰, ② 적극적인 클라이언트 발굴, ③ 인테이크, ④ 사정, ⑤ 목표 설정, ⑥ 서비스 계획 및 개입, ⑦ 자원 파악 및 목록 작성, ⑧ 클라이언트와 서비스 또는 자원 간의 연계, ⑨ 서비스 제공의 점검,

⑩ 재사정, ⑪ 결과 평가, ⑫ 기관 상호 간의 조정, ⑬ 상담, ⑭ 치료, ⑮ 클라이언트 옹호라고 하였다.

솔로몬(Solomon, 1992)은 ① 클라이언트의 가족 및 중요한 타인에 대한 원조, ② 사회적 지지망 형성을 위한 원조, ③ 사회적 기술 습득을 위한 교육 및 지도, ④ 투약 관리로 제시하였다.

사례관리 기능으로는 첫째, 클라이언트에게 필요한 서비스를 연계하여 욕구를 충족하고 문제를 해결하며 사회적 기능을 회복할 수 있도록 하는 기능이다. 둘째, 클라이언트에게 서비스를 제공할 수 있는 사회적 관계망을 통해 정서적 지지, 상담, 옹호 등이 제공하여 사회적 적응과 삶의 질에 영향을 주는 것이다. 셋째, 클라이언트와 가족이 지역사회 내에서 욕구를 충족할 수 있는 자원을 확보할 수 있도록 정보를 제공하며, 문제해결능력을 높일 수 있도록 대인관계기술을 익히고 자기결정권을 행사할 수 있도록 지원하여 역량을 강화하는 것이다. 넷째, 공식적인 정책이나 비공식적인 기관의 상호 연계를 통해서 사례관리의 효과성을 높이는 기능이다. 통합적인 사례관리는 정보의 교류와 전문가의 참여로 다양한 서비스를 제공할 수 있다. 다섯째, 문제해결능력이 부족한 클라이언트가 권리를 행사할 수 없을 때 서비스 또는 자원을 획득할 수 있도록 옹호하는 것이다.

02 사회복지실천에서 본 사례관리 기능

사례관리와 기존 사회복지실천방법의 다른 점을 살펴보면 첫째, 사례관리는 개인 대상 실천 접근방법을 수용하면서 더 확장된 서비스를 실천한다. 즉, 개인 대상 실천, 집단사회사업에서 수행해 왔던 많은 기능과 방법이 사례관리에 통합되어 있다. 개별과 집단사회사업의 개입 범위는 클라이언트와 가족이고, 상담과 치료가 주요 기법이지만 사례관리는 클라이언트의 모든 체계에 개입하며, 상담과 치료는 물론 환경적 개입과 서비스 연계 등을 포함하게 된다. 둘째, 서비스의 목적은 개인 대상 실천에서는 인격의 성장과 사회적 기능의 회복이며, 사례관리에서는 클라이언트에 대한 적극적인 지역사회의 보호를 강조하기 때문에 범위가 더 넓다. 셋째, 서비스 제공 장소를 보면 개인 대상 실천의 경우 사회복지사가 근무하는 기관 중심으로 서비스가 제공되는 데 반해 사례관리에서는 사회복지사가 근무하는 기관 외에도 다양한 기관과 사회환경에서 서비스를 제공받게 된다.

03 사례관리자의 역할과 자질

사례관리자는 클라이언트의 다양하고 복잡한 문제를 극복하는 데 있어서 클라이언트를 지역의 기관과 자원에 연계함으로써 서비스 지원계획을 실행하기도 하고 클라이언트를 원조함에 있어서 장애요소를 제거하고 문제해결을 위해 필요한 서비스와 연계시키기 위한 전략이며, 클라이언트의 중요한 정보와 함께 의뢰를 통해 이루어진다. 또한, 클라이언트의 입장에서 서비스를 조정하는 것으로 그 목적은 클라이언트의 욕구를 충족시키기 위해 휴먼 서비스 제공자와 사회적 지지망의 구성원에 의한 서비스가 조화롭게 실행되도록 하는 것이다. 사례관리자는 기관의 결정자보다는 약자의 입장에 있는 클라이언트의 욕구를 그 기관에 대해 대행하는 역할을 수행하는 것을 한다.

사례관리자는 사례관리의 전 과정을 통해 핵심적인 역할을 한다. 클라이언트의 욕구와 문제, 능력과 사회자원을 사정하거나 문제해결을 위해 클라이언트에게 유익한 정보를 제공하고 서비스 제공과 관련하여 상담하고 서비스 전달 과정을 기록하며, 클라이언트가 서비스에 쉽게 접근할 수 있도록 그들을 옹호하기도 한다.

사례관리자의 역할과 자질을 요약하면 다음과 같다.

〈표 4-1〉 사례관리자의 역할과 자질

사례관리자의 역할	① 사정자: 클라이언트의 강점, 능력, 상장과 발전 가능성, 자원, 잠재력 등 긍정적인 요소에 중점을 두고 욕구 수집 및 분석 ② 계획자: 사례계획, 치료, 서비스 통합, 기관의 협력 및 서비스망 설계 ③ 상담자: 클라이언트 자신에 대한 이해와 클라이언트 스스로 지지망과 자원을 개발하고 유지하는 방법을 가르침 ④ 중재자: 클라이언트가 지식이나 자원이 부족하여 자원을 제공받지 못하거나 활용하지 못할 때 자원 연결 ⑤ 조정자: 클라이언트 문제에 도움이 되는 필요한 욕구를 사정하고 원조를 수행하는 과정에서 클라이언트와 원조자 간의 조정과 타협 ⑥ 평가자: 효과성과 효율성을 검토하기 위하여 사례관리 전반에 관한 정보를 수집하고 분석 ⑦ 옹호자: 클라이언트 스스로 자신을 대변하고 옹호할 수 있는 능력이 부족할 때 클라이언트의 권리를 회복하고 제공하기 위한 노력
사례관리자의 자질	① 사례관리자가 갖추어야 할 인격적 자질 ② 사례관리자가 추구해야 할 가치 ③ 사례관리자의 대인관계기술 ④ 사례관리자의 인지기술 ⑤ 사례관리자가 갖추어야 할 기본적인 지식 ⑥ 사례관리에 어울리지 않는 인격적 자질

해 결 문 제

경제 발전에 따른 생활 향상으로 평균 수명이 연장되면서 노인층은 더욱 많아졌으나 육체적 노화 현상, 정년퇴직, 경제적 수입능력 감퇴 등으로 사회적 기능을 수행하는 데 많은 영향을 받게 된다. 이에 따라, 경제적 고충, 고독감, 무력감 등에 빠지는 노인층이 확대되면서 노인문제는 커다란 사회문제로 대두되었다. 로스만(Rothman)의 사례관리의 기능을 중심으로 노인문제를 설명해 보자.

토 론 문 제

사례관리자는 클라이언트의 다양하고 복잡한 문제를 극복하는 데 있어서 클라이언트를 지역의 기관과 자원에 연계함으로써 서비스 지원계획을 실행하기도 하고 클라이언트를 원조함에 있어서 장애요소를 제거하고 문제해결을 위해 필요한 서비스와 연계시키기 위한 전략이며, 클라이언트의 중요한 정보와 함께 의뢰를 통해 이루어진다. 예를 들어, 국민기초수급자이면서 알코올 중독인 아버지(55세, 실직), 지체장애인 어머니(50세, 일용직, 지체장애 3급)와 아들(5세), 딸(3세)로 구성된 가족이 부부갈등, 아동학대와 함께 경제적으로 어려운 상황이 되자 지역사회복지관에 의뢰되었을 때 사례관리자에게 필요한 역할과 자질은 무엇인지 토론해 보자.

C·H·A·P·T·E·R 05

사례관리의 이론과 모델

01 사례관리 이론

사례관리는 장기적이고 복합적인 문제 및 욕구를 가지고 있는 모든 사람을 대상으로 공식적 · 비공식적 자원을 연계하고 활용함으로써 그들의 문제를 보다 효과적이고 효율적으로 해결하기 위한 통합적 사회복지실천방법이다.

여기에서는 클라이언트의 복합적인 문제와 욕구의 해결을 위해 종합적인 사정과 개입을 강조하는 생태체계이론과 클라이언트의 잠재력을 극대화함으로써 문제를 해결하고 환경체계를 활용할 수 있는 임파워먼트 관점과 강점 관점을 제시하고자 한다.

1) 생태체계적 관점

사회복지 실천에서의 체계론적 관점은 1970년대 초부터 시작되었다. 이 관점은 인간을 환경과 유리된 존재가 아니라 사회적 · 물리적인 외부 환경과 상호작용을 하는 개방체계로 보았다. 그 결과, 개인에게서 발생하는 문제의 원인을 개인뿐만 아니라 환경에도 있는 것으로 보고 개인과 환경에 동시에 개입하는 접근법이 개발되었다. 생태체계이론은 일반체계 이론의 기본요소에 생태학적 관점이 결합된 이론으로 유기체가 환경 속에서 어떻게 역학적인 평형 상태를 유지하고 성장해 가는지에 관심을 두고 있다.

생태체계 관점은 실천모델이라기보다는 이론적인 배경으로서 개인의 상황을 보는 눈을 확대시켜 주는 관점이라고 볼 수 있다. 팔리와 그의 동료들(Farley et al., 2006)은 생태체계를 미시체계(microsystem), 중간체계(mesosystem), 거시체계(macrosystem)의 세 가지 수준으로 정의하고 있다. 개인은 미시체계, 집단(가족, 직장 동료, 그 외 집단)은 중간체계, 조직, 제도, 지역사회, 문화는 거시체계로 분류된다. 이 분류는 브론펜브레너(Bronfenbrenner)의 분류보다 구조적인 특성으로 구분된 것으로 볼 수 있다. 브론펜브레너(1979)는 인간과 환경과의 관계를 미시체계(microsystem), 중간체계(mesosystem), 외체계(exosystem), 거시체계(macrosystem), 시간체계(chronosystem)의 5가지로 구분하였다(Stever, 1994; Hwang, 2001).

미시체계는 개인, 가족을 포함하고 중간체계는 미시체계에 속해 있는 하위체계 간의 관계를 말하며, 외체계는 제도적 조직, 지방정부, 지역사회 등을 포함한다. 거시체계는 국가 및 사회제도를 포함한다. 시간체계는 시간의 흐름에 따라 일어나는 변화의 사회적 · 역사적 환경으로 설명하고 있다. 생태체계적 관점은 다음의 예를 적용하여 설명할 수 있다.

첫째, 미시체계는 개인의 성장 단계에 따라 달라진다. 집의 크기, 공원의 시설물, 지역 도서관의 도서와 같은 물리적 특성으로 구성되며, 가족, 친구, 이웃, 동료 등의 직접적인 상호작용이 이 체계에서 이루어진다.

둘째, 중간체계는 개인에게 다양하게 중복되어 상호작용하는 미시체계 간의 관계망으로 구성된 가족과 학교 간의 관계, 지역교육기관과 직장 간의 관계, 이웃 · 친구와의 관계 각각에 존재한다.

셋째, 외체계는 중간체계가 확장된 것으로서 개인에게 직접 영향을 미치는 환경은 아니지만, 개인의 삶에 영향을 미치는 환경을 의미한다. 부모의 환경, 근무 조건, 이웃, 사회복지기관, 지역위원회, 대중매체, 취업지원, 정부기관, 사회적 관계망이 있다.

넷째, 거시체계는 개인이 소속한 문화와 그 하위문화로, 개인에게 간접적 영향을 미치는 교육적 · 사회적 · 경제적 · 법적 · 종교적 체계를 의미한다. 관습과 일상생활 습관으로 표현되는 이데올로기로 비록 간접적이기는 하나 매우 강력한 영향력을 발휘한다(Bronfenbrenner, 1979).

시간체계(chronosystem)는 시간에 따라 일어나는 변화의 사회역사적인 환경을 의미하며, 그 예로 가족제도의 변화, 결혼관의 변화, 직업관의 변화를 들 수 있다(Hwang, 2001). 시간체계는 발달적 변화에서 촉발되는 외부 환경(입학, 이혼, 입사, 퇴사, 복권 당첨 등)의 개인 변화(사춘기, 갱년기, 만성질병 등)의 경험을 통해 관계의 변화를 가져온다(Bronfenbrenner, 1989).

브론펜브레너(1979)는 생태체계적 관점이 가설 검증보다는 인간의 행동과 발달에 영향을 주고받는 체계들의 속성과 과정을 규명하는 발견에 의의가 있다고 하였다.

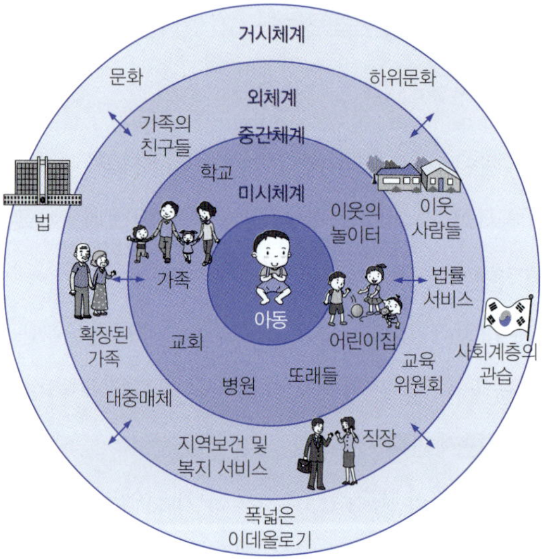

[그림 5-1] 브론펜브레너의 생태체계 모형

2) 임파워먼트 관점

임파워먼트(Empowerment)는 경영학, 사회복지학, 간호학, 교육학 등 여러 분야에서 다양하게 쓰이고 있으며, 분야별로 서로 조금씩 다른 의미를 제시하고 있다. 임파워먼트 관점은 권한 부여, 역량 강화, 세력화 등으로 표현되며, 사회복지 실천영역에서 매우 의미 있게 사용되고 있다. 임파워먼트는 학문 분야에 따라 다양한 의미로 사용된다. 임파워먼트(empowerment)에 대한 사전적 정의를 살펴보면, 접두어 em에 power를 더한 단어이다. 접두어 em은 in, into의 뜻으로 동사에 붙어 '무언가에 넣다', '특정한 상태로 '만들다', 명사, 형용사에 붙어 '~으로 하게 하다', '~이 되게 하다'의 뜻을 나타내는 동사를 만들기도 한다. 따라서 empowerment란 '~에게 권능[권한]을 부여하다', '~할 권력을 위임하다(authorize)', '~할 수 있도록 하다(enable)', '~할 능력을 주다'라는 뜻(프라임 영한사전, 2009)으로, '어떤 일을 수행할 수 있는 능력을 갖추게 하는 것'으로 생각할 수 있다. 이렇게 보았을 때 임파워먼트는 한 개인이나 집단이 다른 사람에게 힘을 전달하거나 나누어 주는 과정이라고 할 수 있다(홍혜경, 2016).

임파워먼트는 다음과 같은 성격을 가진다.

첫째, 임파워먼트는 개개인 내부의 힘을 전제로 한다. 이 힘은 임파워먼트를 지니는 개개인의 자율성과 능동성을 바탕으로 삶에 영향을 미치는 문제에 활발히 참여하며 적극적인 변화를 추구한다.

둘째, 임파워먼트는 자신을 믿고 스스로를 책임지는 능력과 자기통제적인 힘을 가진다. 임파워먼트는 스스로의 노력을 통하여 힘을 인식하고 발현하여, 그 결과 어떤 일에 대한 개인적인 능력과 권한 및 자긍심에 대한 신념이 증가되는 것이다.

셋째, 임파워된 개인은 자신과 타인의 힘을 인식하고 각자의 가치에 대해 인정하게 한다. 이를 통해 서로를 존중하여 협동하는 태도를 지니게 된다. 이러한 과정에서 긍정적이고 역동적인 상호작용을 통해 문제해결 및 의사결정에 있어 시너지 효과의 추구에 관심을 갖는다. 이는 개인의 자율성과 책임감을 바탕으로 한다.

임파워먼트에 관한 이론은 타인에게 힘을 주는 것에 초점을 두는 것과 자기 자신의 내부 힘을 키우는 데 초점을 두는 이론으로 구분할 수 있다(Zimmernan, 1995). 타인에게 힘을 주는 것에 초점을 두는 임파워먼트는 자원과 기회가 부족한 사람에게 자원 연결, 기회 제공 등 그들의 환경을 변화시켜 그들이 상실한 자원과 기회를 다시 회복하고 통제하고 변화시킬 수 있도록 하는 것이다. 자기 자신의 내부 힘을 키우는 데 초점을 두는 이론은 자신의 내적인 힘을 스스로 찾아서 키우는 것이다. 이는 심리적 · 대인적 · 정치적인 수준으로 나누어서 설명할 수 있는데, 이들을 스스로 키울 수 있도록 개입하는 것이 실천의 초점이 된다(전종미, 2011).

임파워먼트는 개인의 다양한 부분을 설명하는데, 선행연구에서는 개인 내적, 대인관계, 정치사회적인 부분으로 분류하였다. 개인 내적 임파워먼트는 개인의 효능감, 행동, 감정, 판단, 인식, 기술과 같은 개념을 통합하는데, 단순히 개인만이 아닌 타인과 환경 안에서의 개인을 본다. 하위개념으로는 개인적 능력(Personal Competence), 집단인식(Group Orientation), 자기결정(Self-Determination)이 있다(김희성, 2002).

대인관계 임파워먼트는 집단 내 상호작용과 역동 안에서 개인의 능력에 대한 믿음을 의미하는데, 다른 이들과 조화롭게 살아가고, 도와주고, 대인관계를 형성할 수 있는 능력에 대한 믿음이 여기에 속한다(전종미, 2011).

솔로몬(1976)은 미국의 흑인 임파워먼트에 관한 연구를 통해 사회복지실천에서 임파워먼트 용어를 처음으로 사용하였다. 임파워먼트란 낙인을 받은 집단에 속한 클라이언트의 문제, 즉 개인에 대한 부정적인 평가로 인한 무력감을 감소하는 데 목적을 두는 것이며, 클라이언트가 자신의 힘을 보강하고 치유하는 것을 전문가가 돕는 과정으로 정의함으로써 사회복지실천에서 임파워먼트는 클라이언트 개인적 차원을 넘어서서 외부자원인 전문가와의 상호작용 측면에서 논의될 수 있는 가능성을 제시하였다.

라파포트(Rappaport, 1987)는 임파워먼트를 개인, 조직, 지역사회가 자신의 삶을 조정하고 지배권을 갖는 일종의 과정으로 자신의 환경에 영향을 미치기 위해 평등하게 참여하는 것으로 정의하였고, 구티에레즈(Gutierrez, 1990)는 개인, 대인관계, 정치적 힘을 증진시켜 개개인이 자신의 환경을 개선하는 데 행동을 취할 수 있도록 돕는 과정으로 규정함으로써 공통으로 힘을 획득하는 일련의 과정으로서의 임파워먼트에 대해 정의하고 있다.

짐머만과 자니저(Zimmerman & Zahniser, 1991)는 타인과의 상호작용에서 타인과 나의 관계 설정, 타인과 감정을 공유하고 받아들이는 것, 대인관계 문제해결능력, 자신의 의견을 전달하는 것 등을 포함하는 것으로, 지각관계, 표현 · 정서관계,

역할관계, 자율 · 통정관계의 하위개념을 가지고 있다. 개인 차원에서 자신의 삶에 통제감을 갖고 사회의 생활영역에 민주적으로 참여하며, 조직 차원에서 자원과 기회를 획득하여 역량을 강화시키고, 지역사회 차원에서 지역사회의 정치사회적 구조 변화와 사회 변화를 가져오는 데 힘을 갖는 것으로 정의하였다.

3) 강점 관점

강점(Strength) 개념의 기본적 핵심은 우리가 우리의 일에 대해, 그리고 함께 일하는 사람들에 대해 다른 태도를 갖자는 것이다. 즉, 개인, 가족, 지역사회를 바라봄에 있어 지금까지와는 다른 시각을 가지고 바라보는 것이다. 여기서 다른 시각은 가능성, 재능, 능숙함, 능력, 비전, 가치, 희망 등의 긍정적 시각을 의미한다(정순둘, 2006). 따라서 강점 관점(Strength Perspective)이란 클라이언트를 독특한 존재로서 다양성을 인정하고 존중하면서 클라이언트의 결점보다는 강점에 초점을 두어 가능한 모든 자원을 활용하여 역량을 실천해 나가도록 돕고자 하는 것이다. 이러한 시각에 기초한 강점 관점은 문제 자체에 대한 관심보다는 해결점을 발견하고 강점을 강화시키는 데 주요 초점을 둔다(황선희, 2005).

셀리베이(Saleebey, 1996)에 의하면 모든 클라이언트는 장점을 가지고 있으므로 사회복지사는 원조과정에서 클라이언트의 장점, 능력, 재능, 자원과 열망 등에 대한 깊은 이해와 존중이 우선적으로 이루어져야 한다고 하였다. 이는 모든 개인과 집단이 능력, 에너지, 용기, 저항력, 통합능력 그리고 다른 많은 강점을 가지고 있다는 것을 간과하지 않아야 한다는 것이다. 또한, 강점 관점은 인간의 존엄성과 사회정의를 실천하고자 하는 사회복지의 기본적인 가치와 맥을 같이 하는데, 이러한 맥락에서 셀리베이(1996)는 "강점 관점이 사회복지의 전문적 가치를 실천하는 데 필수적이다."라고 지적하였다. 즉, 인간의 존엄성, 가치, 자기결정을 증진시키고자 하는 사회복지의 가치는 클라이언트의 내재된 잠재력, 능력, 강점을 인지하여 이를 발견한다. 이러한 시각에서 강점 관점은 문제 자체에 대한 관심보다는 해결점을 발견하고 강점을 강화시키는 데 주요 초점이 있으며, 강점을 찾기 위해 사회복지사는 진정으로 클라이언트의 삶의 이야기와 설명에 관심을 갖고 존중해야만 한다(황선희, 2005, 재인용).

클라이언트의 강점, 관심, 열망에 초점을 두고 성장과 변화의 잠재력을 가진 클라이언트와의 협력적인 관계를 유지하여 문제를 해결하는 데 주변에 많은 자원을 활용할 수 있는 힘을 키워 주는 것에 관심을 두고 있는 강점모델은 다음과 같이 몇 가지 전제로 이루어진다.

먼저, 강점 관점에서는 클라이언트의 강점, 관심과 열망, 욕구에 초점을 둔다. 강점 관점에서는 무엇보다도 클라이언트의 긍정적인 면과 능력, 재능과 자원, 욕구와 열망, 더 나아가서는 그들의 삶의 이야기에 귀 기울이고 존중하는 것이 필요하다. 강점 관점에서는 클라이언트를 '무엇인가를 알고 있고, 자신의 경험으로부터 교훈을 얻으며, 아이디어를 갖고 있고, 다양한 에너지를 갖고 있으며 무엇인가를 꽤 잘할 수 있는 사람'으로 보고 있는데, 강점모델에 따르면 발달장애 청소년 또한 긍정적인 경험으로부터 교훈을 얻고, 다양한 에너지를 가지고 문제를 해결할 수 있는 존재로 여겨진다.

또한, 강점 관점은 클라이언트를 배우고 성장하며 변화할 수 있는 잠재력을 갖고 있는 존재로 인식한다. 클라이언트는 자신의 문제로 인해 꿈과 희망을 잃은 것은 아니며, 그들에 의해 보여지는 목표 도달에 대한 긍정적인 기대를 존중한다. 강점을 지향하는 사회복지사는 클라이언트가 자신의 미래에 대해 희망과 계획을 세우도록 도우며 정상적인 인간발달에 대한 믿음은 그들과 함께 일을 할 때 부딪치는 여러 장애를 제거해 준다고 본다. 사회복지사는 장애가 있음에도 불구하고 발달장애 청소년은 성장하고 있고, 잠재된 에너지를 활용해 더 나은 미래를 꿈꾸고 있다는 것을 전제로 하고 있으며, 이에 발달장애 청소년이 매일매일 결정을 해야 할 때 그들에게 결정을 할 수 있는 권한이 있다는 사실을 알게 하고 이를 지지해 주는 것이 필요하다.

강점 관점 실천원리에 입각한 사례관리에 이용자가 자신이 원하는 해결책을 찾을 수 있도록 돕는 데 유용한 해결중심 접근의 면접기술을 적용한 실천방법이 강점 관점 해결 중심 사례관리이다. 강점 관점 사례관리는 1980년대 초반 지역사회 내 거주하고 있는 정신장애인을 위해 개발되어 욕구 사정, 계획, 조정, 점검 그리고 옹호와 같은 기본적 사례관리의 기능을 강점 관점 실천원리에 따라 수행하는 실천방법을 의미한다(Rapp, 2006). 그러나 강점 관점은 이론이나 모델이 아닌 사고의 방식으로, 세계를 바라보고 이해하기 위한 관점이기 때문에 강점 관점을 실천에 적용하기 위해서는 구체적인 실천방법이 필요하다. 이와 관련하여, 해결 중심 접근이 강점 관점을 현장에 적용할 수 있는 유용한 실천방법으로 인정받고 있다(김수영, 2012).

강점 관점은 사회복지실천에서 병리학적 접근에 대한 반성으로부터 출발하여 이용자와 지역사회가 가진 강점과 변화 가능성, 자원에 초점을 두는 패러다임의 전환을 가져왔다. 강점모델에서는 기존의 병리모델과 달리 원조과정의 주인은 전문가가 아닌 클라이언트라고 믿는다.

강점 관점에서는 문제해결 이상의 바람직한 상태인 삶의 질을 올리기 위한 주요과정으로서 소비자의 적극적인 관여와 관계를 중심으로 하여 강점 사정을 시행한다. 그리고 이러한 과정에서 인식된 소비자의 내적 · 외적 강점을 강화하기 위한 계획과 개입을 하며, 소비자 중심의 모니터링 및 평가를 한다. 강점 관점에 의한 개입의 예로는 일상생활영역에서 지역사회 내 자원 획득 등이 있다(Rapp, 1998a). 이러한 강점이론은 철학 기반, 초점, 궁극적 목적, 주요과정 등에서 향정신병 의약물의 개발과 함께 등장한 전통적인 개입 유형인 의료모델과 차이점이 있다.

02 사례관리 모형

사례관리 모형의 공통적인 원칙을 살펴보면 모든 사례관리 프로그램에는 다음과 같은 사항이 포함되어야 한다(Steinberg, 1983). ① 확실한 목표와 표적집단이 서비스 제공자의 기술과 기관의 능력 수준에 적절해야 한다. ② 사례발견 및 클라이언트 스크리닝에 대한 체계적 과정이 있어야 한다. ③ 클라이언트가 필요로 하는 서비스와 다른 자원을 동원함에 능숙해야 한다. ④ 프로그램은 클라이언트의 사회적 · 환경적 · 경제적 상태뿐만 아니라 신체적 · 정신적 건강에 대한 내용이 포함되어야 한다. ⑤ 종합적 사정 과정이 있어야 한다. ⑥ 보호계획은 클라이언트의 독특

〈표 5-1〉 사례관리의 복합성 수준에 따른 모형

구분	단순형	기본형	종합형	전문관리형
사례관리의 근본 목적	지역사회의 자원 및 서비스 연계	지역사회자원 및 서비스 연계와 기초상담 및 조언	지역사회의 자원 및 서비스 연계와 심층상담 또는 치료	직접적 · 간접적 서비스 제공과 관리자로서 서비스 관리
사례관리의 기능	욕구 인식 및 사정 사례계획과 서비스 연계 서비스 점검	적극적 사례발굴, 사정, 사례계획 및 서비스 연계, 상담, 서비스 점검	로스만의 15개 기능을 수행	기본적인 사례관리 기능과 자원 배분, 통솔, 의사결정 포함
사례관리자의 역할	자원과 서비스 중개자	중재자, 상담자, 교육자, 지지자, 서비스 점검자	자원 및 서비스 중재자, 상담 또는 치료자, 교육자, 옹호자	연계자, 상담자, 치료자, 교육자, 관리자
사례관리자의 교육 및 전문성	준전문가, 비전문가(전문대 졸업자 또는 훈련된 자원 봉사자)	준전문가, 전문가(전문대 졸업자 또는 초년생 사회복지사)	전문가(경력이 풍부한 선임 사회복지사)	특수분야별 전문가
조직 내 사례관리자의 위치와 슈퍼비전	기존의 조직과 업무 수행부서에서 수행. 전문가에 의한 엄격한 슈퍼비전	기존의 조직 내에서 수행. 경험 많은 사회복지사의 슈퍼비전이 필요	독립된 사례관리 부서. 최소한의 슈퍼비전	독립된 팀 형성. 슈퍼비전 필요 없음
사례관리자의 담당사례 수	비교적 많음	적절한 사례(30 사례 내외)	비교적 적은 사례(10~20 사례)	최소한의 사례(10 사례 미만)
개별/팀 접근	팀 접근 가능. 그러나 주로 개별적 접근	개별적 접근	개별적 접근	팀 형성에 의한 접근
사례관리자의 업무에 관한 자율성 및 권위 정도	자율적인 결정권이 없음. 전문가와 협의 요망	어느 정도 자율성이 보장	자율적인 의사결정이 보장	전문분야별 자율성 보장. 그러나 공동 결정 요망

한 욕구, 조건, 참여로부터 나와야 한다. ⑦ 사례기록은 계획, 활동단계, 제공된 서비스가 잘 나타나야 한다. ⑧ 클라이언트와 환경에 대한 사후관리, 지지적 관계, 재평가가 제공되어야 한다. ⑨ 서비스 제공 조직 간 연계가 중요하다. ⑩ 행정가와 사례관리자는 클라이언트 개인의 목표뿐만 아니라 서비스 제공 체계에 대한 향상 목표를 위하여 노력해야 한다.

〈표 5-1〉에서 알 수 있듯이 황성철이 개발한 4가지 실천모형은 클라이언트에게 제공되는 서비스의 복합성 수준에 따라 단순형, 기본형, 종합형, 전문관리형으로 구분하고 있으며, 개별 기관에서의 사례관리기능과 사례관리자의 역할을 제시함으로써 실천적인 모델로서의 의의가 있다(홍선미 2010). 또한, 각 모형에 따라 제시된 각 차원의 특성은 절대적일 수 없으므로 사회복지 실천현장에서 적용할 때는 그 모형이 갖는 특성을 고려하여야 한다.

로스만과 세이거(Rothman & Sager, 1998)는 사례관리 수행에 체계적 모형을 제시하며 기관으로의 접근, 인테이크, 사정, 장·단기 목표 설정, 개입계획, 자원 확인 및 색인화, 공식적·비공식적 자원 연계, 모니터링, 재사정, 종결평가, 기관 간 조정, 상담, 치료, 옹호 등을 포함하는 총 14개의 기능을 제시하였다. 이 기능은 연속적인 활동으로서 서로 중첩되어 진행된다고 언급하면서 사례관리 과정을 기관 접촉 및 인테이크, 사정, 목표 설정 및 개입 계획, 연결, 점검과 재사정, 결과 평가 등의 6단계로 구분하였다.

보건복지부는 「의료급여사례관리 업무매뉴얼」(2018)에서 고위험군 사례관리의 정의를 "외래진료를 이용하는 의료급여수급자를 대상으로 부적정 의료 이용 행태를 보이는 대상자를 선정하여 제도 안내, 의료이용 정보 제공, 건강 상담, 자원연계 등을 수행하는 일련의 과정"이라고 정의하였다. 정의의 목적으로는 "질병 대비 과다 의료이용자를 대상으로 자가 건강관리능력 향상, 합리적 의료 이용 유도, 지지체계 구축을 통하여 건강 삶의 질 향상과 재정 안정화 기여"라고 하였다. 업무의 흐름은 다음과 같다.

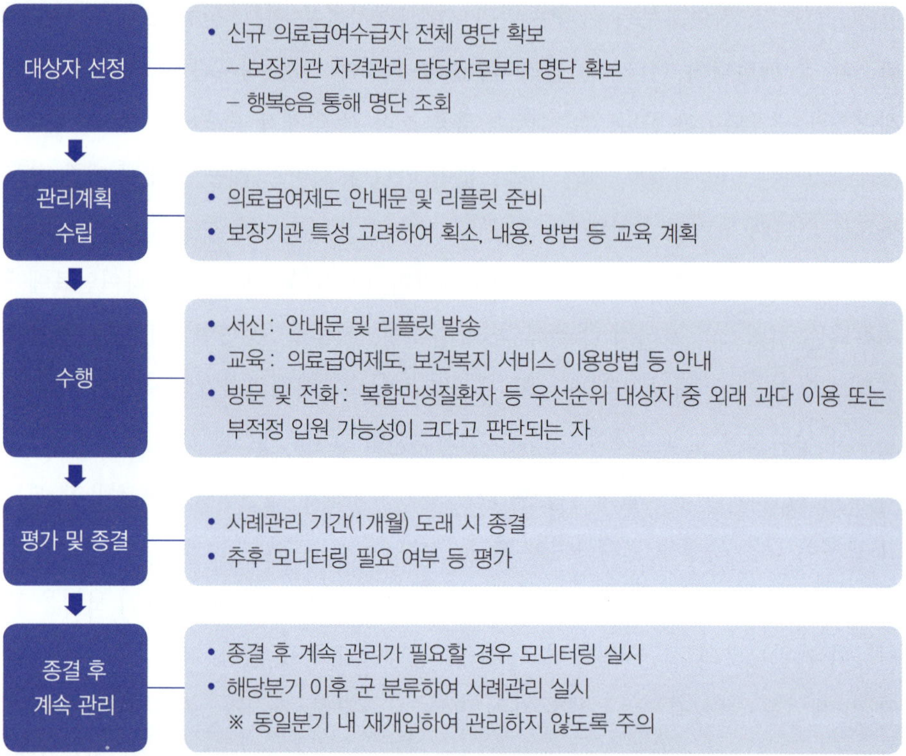

[그림 5-2] 신규 의료급여 수급자 관리 업무흐름도

출처: 보건복지부(2018).

03 사례관리 과정

사례관리 모델은 연속적인 원조 과정을 활용한다. 이 연속적인 원조 과정은 클라이언트와 함께하는 자연스러운 활동 과정이다. 이 과정에는 클라이언트를 개입시키고, 포괄적인 사정을 수행하고, 서비스 계획을 개발하며, 서비스를 접근시키고 장애물을 극복하며, 서비스를 조정하고 추적하며, 계획의 변경이나 철수를 결정하기 위해 클라이언트와 함께 재평가하는 것 등이 포함된다.

한국사례관리학회(2016)는 사례관리의 주요 과정을 사례관리 도입 전 준비작업, 초기상담, 사정, 계획 수립, 계획 실행, 점검 및 조정, 평가 등으로 구분하였다. 그러나 각 과정은 단선적이지 않고 순환적인 과정이며, 각각의 단계가 논리적 연관성을 갖고 전후 단계의 맥락을 잘 유지할 필요성이 있다고 제시하였다. 한편, '사회복지 사례관리 표준 실천지침'에 따르면 크게 초기면접, 사정, 목표 수립 및 계획, 실행 및 점검, 평가 및 종결 단계로 구분하였다.

사례관리의 과정을 단계적으로 설명하면 [그림 5-3]과 같다.

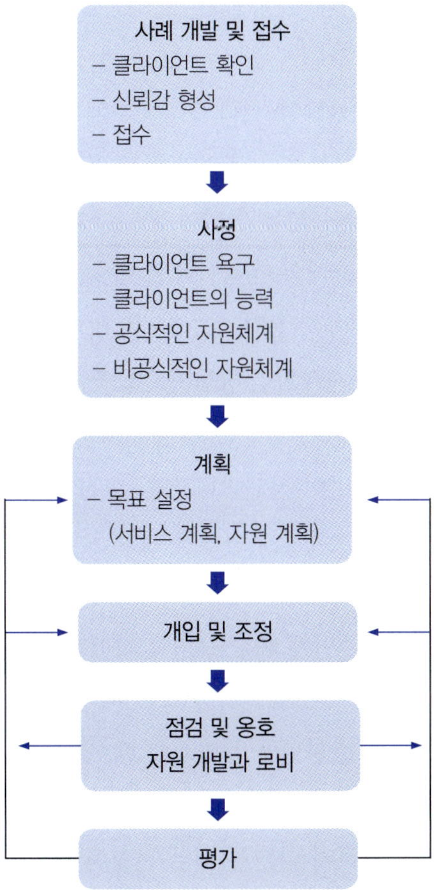

[그림 5-3] 사례관리 과정

출처: Rothman, J. (1991). p. 523.

1) 사례관리 개발과 접수

사례관리 개발과 접수단계는 사례관리의 첫 단계로 사례를 발견하고 스크리닝을 통해서 사례관리 대상이 되는 클라이언트를 판단하고 사정을 위한 자료를 수집하는 과정을 말한다. 이 단계는 사례발견과 인테이크로 구성된다.

클라이언트는 가족, 지역사회, 기관 등으로부터 의뢰 과정 및 스스로 방문하는 과정 그리고 찾아가는 서비스를 통해 기관과 접촉하게 된다. 이 단계에서는 클라이언트의 주요 욕구를 파악하고 기관 서비스의 적합성을 판정하며, 클라이언트와 신뢰 관계를 구축하여 협력 관계를 형성하는 목적을 가지고 진행한다.

사례발견은 사례관리가 요구되는 클라이언트를 발굴하는 것으로 다양한 방법이 활용된다. 기관에 방문하는 클라이언트나 공공기관에서 의뢰받은 클라이언트 이외에도 대외 추적이나 주변 인물로부터 의뢰받아 잠재적 클라이언트를 확보하게 된다. 특히, 복합적이고 위축되어 있는 클라이언트는 공적인 접근방법으로는 잘 발견되지 않는 경우가 많으므로 대외 추적이나 주변 인물의 활용이 중요하다. 사례관리에서는 다양한 서비스 체계의 통합 · 조정으로 보다 많은 클라이언트가 서비스 체계에 들어오도록 격려하는 적극적인 방법이 강조되고 있다.

접수단계에서 또 하나의 중요한 역할은 협력적인 노력을 기울여야 하는 것에 대한 계약이 필요하다. 이는 계약이 사례관리자와 클라이언트 사이에 신뢰감을 형성하고 상호 간에 역할을 명료화하여 서비스에 대한 클라이언트의 기대를 파악하고 협상하는 것을 의미하는 것이기 때문이다. 사례관리자는 클라이언트가 사례관리 서비스를 제공받기를 원하며, 이에 대한 근거로 사례관리자와 함께 서비스 제공에 동의하는 서식에 서명하는 것으로 효과적인 업무 관계를 수립하는 것이다.

인테이크는 클라이언트가 발견되거나 의뢰를 받으면 시작되는 것으로 인테이크 초기에는 클라이언트가 사례관리 대상으로 적합한가를 스크리닝해야 한다. 스크리닝 과정에서 그 기관에 적합하지 않은 사례로 판정이 되면 그 사례를 다른 기관에 의뢰하게 되는데, 철저한 스크리닝을 위해서는 다음과 같은 내용이 포함되어 있어야 한다(Quinn, 1993; 장인협, 1995, 재인용).

- 이름, 나이, 결혼 여부, 주거 상태와 같은 배경 정보
- 의뢰 또는 원조 추구 이유
- 이미 이용하고 있는 지지 내용(공식적 · 비공식적 자원)
- 즉각적인 조처의 필요 여부 평가(위기개입, 혹은 보호 서비스)
- 수입, 연령, 다른 요구 조건과 관련하여 수혜자격 여부 결정

접수 면접의 기능은 클라이언트 문제와 상황을 밝혀내는 것이다. 사례관리자는 적합한 기관에 클라이언트의 배치가 이루어지도록 노력해야 한다. 클라이언트가 사례관리 대상으로 적합하다고 판단되면, 사정을 위한 정보 수집이 시작된다. 클라이언트의 문제인 장애나 욕구가 무엇인지를 개괄적으로 파악하고, 재정적 능력도 평가하여 서비스를 받을 자격이 있는가를 판단한다. 사정을 할 수 있는 수준의 정보 수집을 위해 충분한 면담을 하면서 개인 및 가족 배경, 사회환경 등의 객관적 사실과 클라이언트가 경험하고 있는 문제뿐만 아니라 클라이언트가 인식하지 못하는 문제에 대해서도 알아보아야 한다. 또한, 클라이언트가 사례관리를 수용할 의향이 있는지 확인하고 계약하는 일이 중심이 된다. 사례관리자는 클라이언트에게 도움을 제공하는 목적, 클라이언트와 가족에게 기관이 제공하는 서비스 내용, 기관이 클라이언트에게 요구하는 역할과 책임, 그리고 기관이 갖는 제한점에 대하여 설명을 해 준다(서울복지재단, 2005).

2) 사정 단계

사정 단계에서는 초기 접촉을 통해 일상생활 기능상의 장애를 가지고 있거나 장기간 보호를 필요로 하는 클라이언트의 다양한 상황을 통해 클라이언트를 이해하는 과정이다. 자료수집이 끝나고 이를 기초로 클라이언트와 그의 문제를 이해하는데 도움이 될 만한 정보를 분석하고 해석하여 문제를 규정해 내는 작업이다.

이 단계는 개입 방식을 선택하기 위하여 클라이언트의 문제와 상황을 검토하는 절차이며, 이 과정을 통하여 서비스 수준과 성격에 관한 결정이 내려지고, 서비스

전달의 양과 질에 대한 청사진이 마련된다. 클라이언트와 그 가족에 의해 제시된 문제 외에도 신체적 · 인지적 · 사회적 · 정서적 욕구는 물론 재정적 · 환경적 욕구도 파악되어야 한다. 또한, 공식적 · 비공식적 서비스 제공자로부터 클라이언트에게 제공될 수 있는 도움에 대한 면밀한 검토도 실시되어야 한다.

사정은 우선순위를 결정하는 데 가장 중요한 자료가 되므로 사례관리실천에서는 이 단계를 중요하게 여긴다. 사정에서의 사례관리자는 클라이언트가 함께 클라이언트의 문제나 욕구에 관한 정보를 수집하고 분석하고 탐색하는 것에 목적을 두고 있다. 사례관리자는 클라이언트나 관계있는 자들의 이야기를 듣고 이를 바탕으로 중요한 정보를 수집한다. 클라이언트와 신뢰 관계를 지속적으로 형성하여 클라이언트의 경험을 탐색하고 변화를 끌어낼 수 있는 부분이 무엇인지 파악하며 그에 따른 장애물은 무엇이 있는지도 파악하는 단계이다.

또한, 사정은 클라이언트의 욕구와 자원을 전반적이고 다차원적으로 파악할 뿐만 아니라, 앞으로 진행될 개입의 효과성을 결정짓는 중요한 역할을 담당한다. 다차원적 욕구의 충족을 강조하는 사례관리는 사정 과정에 대해 훨씬 중요한 비중을 부여하고 있으므로, 이 단계에서는 클라이언트를 총체적 인간으로 바라보고, 개인의 다양한 문제 및 욕구영역을 확인해야 한다(Kirst-Ashman & Hull, 1993; 장인협, 1995).

전문적 케어의 능력에 대한 보다 질적인 사정에는 서비스의 이용 가능성, 서비스양의 적당성, 욕구에 대한 서비스의 적절성, 클라이언트에 의한 서비스의 수용 가능성, 서비스에 대한 접근 가능성에 대한 정보 수집이 포함되어야 한다.

사정 단계에서는 자료 조사나 수집 과정을 통해서 클라이언트에게 제공 가능한 서비스에 대한 사정과 함께 클라이언트의 능력 등이 세심하게 적용되어야 한다. 이 과정은 일방적이어서는 안 되고 클라이언트의 적극적인 참여가 이루어져야 한다.

사정은 문제를 규정하고 우선순위를 결정하는 실행계획의 첫 단계로서 사정의 대상 영역에서 클라이언트의 정서 심리상태, 역할수행상의 문제, 클라이언트의 생활력, 자기방어기제, 사회적 지지 등이 있다.

사정 과정에서 사례관리자는 클라이언트의 문제에 접근하기 위한 욕구 사정을 하게 된다. 이 과정은 욕구 사정에 직접 클라이언트가 참여함으로써 클라이언트 자신의 욕구에 대한 인식이 있을 때 문제해결에 대한 의지와 해결과정에서 매우 중요하게 작용한다.

3) 개입 계획(목표설정) 단계

개입 계획은 사정에 기초한 종합적인 서비스 계획을 수립하는 단계로 이 과정에서 무엇보다 중요한 것은 기관과 사례관리자, 클라이언트의 능력의 한계를 고려하는 등 현실적인 면을 이해하고 목표를 수립하는 것이다.

계획 단계는 목표의 공식화, 우선순위의 결정, 서비스 계획의 수립, 시간 활용의 확인 절차를 거치게 된다.

사례관리 목표는 사정에 기초하여 서비스 계획을 수립한다. 개입을 위한 계획 단계를 통해 적절한 서비스의 유형, 보호에 필요한 시간, 그리고 지역사회기관과 가족 구성원이 취할 역할을 구체화하는 계획을 수립한다. 적절한 보호를 위한 계획은 사례관리의 핵심이 되므로 사례관리자는 그 계획에 대하여 잘 알고 있어야 한다(Schneider, 1988). 사정이 해결되어야 할 문제와 보호의 목적을 확인하는 데 초점을 둔 것이라면, 서비스 계획은 이들 욕구를 충족시킬 수 있는 적절한 수단의 실질적 선택에 초점을 둔다(Challis & Davis, 1989). 즉, 사정은 보호의 목적과 맞닿아 있는 문제의 명확화에 초점을 맞추며, 계획은 적절한 수단을 구체적으로 선택하는 것에 초점을 맞추는 것이다.

이 단계는 사례관리자가 클라이언트와 상의하여 클라이언트의 문제나 욕구를 바탕으로 우선순위와 중요순위를 수립했는지, 클라이언트가 얼마나 변화할 수 있는지의 변화목표를 수립했는지, 서비스의 양, 시간, 횟수 등 구체적으로 계획을 수립했는지, 이를 위한 자원을 얼마나 갖고 있는지 또는 개발할 수 있는지를 파악하고 수립하는 과정이다. 또한, 계획을 바탕으로 클라이언트가 이 모든 서비스에 참여한다는 참여 동의서 계약을 수립했는지를 확인한다.

개입계획을 수립하는 과정에서 클라이언트는 자신의 욕구를 정확히 밝히고 좀 더 효율적인 개입 계획 수립을 가능하게 하여 클라이언트의 문제, 성취된 결과, 목표 달성을 위해 추구되는 서비스 등에 관해 클라이언트, 사회적 관계망, 다른 전문가, 사례관리자가 합의를 발달시켜 나가는 일련의 과정을 통해 바람직한 결과가 나올 수 있도록 노력하여야 한다.

계획은 욕구가 변할 수 있음을 감안하여 계획은 충분한 융통성을 갖고 마련되어야 한다. 또한, 서비스 계획은 클라이언트, 가족 구성원, 다른 전문가, 사례관리자를 통합하는 팀워크 과정을 통해 발달된다. 따라서 사례관리자는 계획 과정에 클라이언트가 적극적으로 참여하도록 격려하는 것이 무엇보다 중요하다. 사례관리자는 클라이언트의 욕구와 강점을 확인하고, 욕구의 우선순위를 정하고, 관련된 서비스와 지지를 개발하는 전 과정에 클라이언트를 동반자로서 관여시켜야 한다. 사회적 관계망의 관여는 주로 사정 단계에서 발견된 핵심 인물이 중심이 되며, 물론 이것 또한 클라이언트의 동의를 받은 후에 팀 과정에 참여시키는 것이 중요하다.

마지막으로, 사례관리자는 하나의 계획 과정에 많은 전문가의 다양한 관점을 조합하고 조정하는 노력을 수행한다. 즉, 클라이언트의 욕구에 관해 관련된 사람들이 검토와 논의를 하고 서로 정보를 공유하는 통합적인 과정을 이끌어 간다. 사례관리자는 이 과정을 통해서 서비스의 동원 계획 수립과 전달 과정에서 동원자의 역할이 필요하고 다양한 정보를 투입해야 하는 경우 정보의 양을 조정하는 조정자의 역할이 요구된다.

4) 개입과 조정 단계

개입과 조정단계는 서비스계획을 실행하는 단계로서 클라이언트에게 필요하고 유익한 서비스를 연결하며, 서비스의 획득과 활용에서 장애를 극복하고 적절하게 서비스를 조정하는 과정이다. 즉, 사례관리자와 클라이언트가 상호 합의하여 결정한 문제해결을 위한 계획을 구체적인 행동으로 실천하는 단계로 클라이언트에게 필요하고 유용한 서비스를 연결하며, 개입을 통하여 서비스의 획득과 활용에서의 장애를 극복하고 적절하게 서비스를 배열하고 정리하는 것이다.

개입과 조절은 서비스의 계획에 맞춰 직 · 간접적으로 개입을 실행하는 것이다. 클라이언트의 사회관계망과 서비스 제공자 등을 변화시키기 위해 관여하는 것으로 양질의 서비스나 자원을 확보하여 직접적 · 간접적 서비스를 제공하게 된다. 직접 개입은 사례관리자가 직접 클라이언트에게 서비스를 제공하는 것이다. 이때 사례관리자는 임상전문가의 역할을 통한 직접적인 활동을 하거나 기관 내 갖춰진 서비스나 프로그램이 있다면 이를 조정 · 옹호하여 클라이언트에게 제공한다. 즉 직접적 서비스는 클라이언트의 단기 개별사업에 초점을 두어 제공하는 것이다. 직접적 개입은 사례관리자가 클라이언트의 기술과 능력을 향상시키거나 문제를 경감시키기 위한 직접적인 활동을 의미하며, 구체적으로는 대인관계 증진을 위한 상담, 치료의 방법이 있다. 간접개입은 사례관리자가 클라이언트의 문제나 욕구에 맞춰 지역사회 내 다른 기관과의 연계나 자원의 연계를 통해 제공하는 것이다. 기관에서 가지고 있는 서비스로 클라이언트의 모든 욕구나 문제를 충족시키거나 해결할 수 없기 때문에 사례관리자는 자원개발을 할 수밖에 없다. 간접개입은 서비스 연결, 중재, 옹호, 사회적 지지 등을 포함하는 활동으로 클라이언트와 서비스 체계와의 연결을 위한 핵심적인 활동이다. 이때 사례관리자는 지역사회 내의 운영체계와 서비스를 연계하고 조정할 수 있는 환경의 지원 그리고 이를 개발하고 활용할 수 있는 충분한 역량을 갖춰야 한다.

또한, 클라이언트의 사회관계망과 서비스 제공자 등을 변화시키기 위해 관여하는 것으로 양질의 서비스나 자원을 확보하여 직접적 · 간접적 서비스를 제공하게 된다. 직접적 개입은 사례관리자가 클라이언트의 기술과 능력을 향상시키거나 문제를 경감시키기 위한 직접적인 활동을 의미하며, 구체적으로는 대인관계 증진을 위한 상담, 치료의 방법이 있다. 간접 개입은 서비스 연결, 중재, 옹호, 사회적 지지 등을 포함하는 활동으로 클라이언트와 서비스 체계와의 연결을 위해 핵심적인 활동이다.

개입 과정에서 클라이언트와의 계약은 목적을 분명히 함으로써 클라이언트와 사례관리자와의 갈등을 줄일 수 있으며, 우선순위를 정하고 역할과 책임을 설명하고, 측정과정에 합의된 방법을 제공할 수 있다.

개입 과정의 주요한 기술로는 정서적 지지, 직면기술, 재명명기술 등이 있다. 정서적 지지는 클라이언트가 불안감, 공포감, 낙인감 등과 같은 심리적 고통이나 스트레스가 있을 경우 클라이언트가 잘 대처하고 극복하도록 격려하고 안도감을 제공하는 것을 말한다. 직면기술은 사례관리자가 클라이언트의 행동, 사고, 감정에 있는 어떤 불일치나 모순을 발견했을 때 그것을 지적해 주는 피드백의 일종으로, 보다 정도가 강한 피드백을 의미한다. 직면은 클라이언트의 언행 또는 말의 앞뒤가 불일치할 때, 이러한 모순점을 사례관리자의 말로 드러내 주는 기술이다. 이 기술은 클라이언트의 통찰을 유도하고 변화의 가져오는 데 필수적이다. 재명명기술은 특정 문제에 대해 클라이언트가 부여하는 의미를 수정해 줌으로써 클라이언트의 시각을 긍정적인 방향으로 변화시키는 기술이다.

5) 점검 및 재사정

점검(monitoring)은 개입 계획 다음으로 이루지는 것으로 점검의 목적은 개입전략의 효과성을 평가하기 위한 것이다. 점검은 클라이언트에게 서비스가 적시에 적절하게 제공되었는지, 서비스의 질이 높은지, 서비스가 연속적으로 제공되었는지 등의 여부를 보장하기 위해 실시된다.

점검은 사례관리에서 사정 다음으로 중요한 부분에 해당한다. 개입이 효과적인지 아닌지를 알아보는 단순한 초점이 아니라 다른 기관이 약속된 서비스를 제공하는지, 질적인 서비스를 제공하는지를 알아보는 것이다. 더 나아가 장기적으로 서비스 계획이 수정되어야 하는지, 재사정을 통한 수정이 좀 더 필요한지 알아보는 과정이다. 또한, 클라이언트가 만족하고 있는지 알아보는 것도 중요하다. 즉, 점검은 과정의 평가라고 볼 수 있다. 이 단계 역시 사례관리자와 함께 클라이언트가 수립한 변화목표를 잘 달성하기 위해 나가고 있는가의 정도를 파악한다. 또한, 처음 클라이언트가 갖고 있는 문제나 욕구에 맞춰 목표가 제대로 수립되어 있는지도 점검하는 단계이다. 점검 단계에서 사례관리자는 클라이언트와의 전화, 클라이언트 방문, 서비스 이용 시 동행, 서비스 제공기관 담당 직원과의 전화, 사례관리 기록지 검토, 통합사례회의 같은 회합 등의 행동을 통해 실천으로 이루어진다.

이 단계는 서비스가 전달되는 실제적 과정 동안, 기존의 계획이 클라이언트에게 만족스러운지 또는 어떤 변화가 필요한지를 지속적으로 점검하고, 기존의 계획이 제대로 수행되고 있는지를 점검하기 위해 서비스의 전달과 실행을 추적하는 과정이다. 이 단계의 목적은 계획이 어느 정도 적절히 실시되고 있는지를 확인하며, 계획에 담고 있는 케이스 목표가 달성되고 있는지, 개개의 서비스나 지지의 내용이 적절한지, 계획의 변경을 요하는 클라이언트의 새로운 욕구가 생겨나고 있는지 등을 점검하는 데 있다. 이런 점검을 통해 클라이언트의 욕구에 변화가 보일 경우 재사정을 한다.

재사정 단계에서는 최초의 계획 과정에 참여했던 모든 사람이 관여해야 한다. 재사정의 범위는 욕구의 복잡성과 투입되는 자원의 수준에 달려 있으며, 재사정의 빈도는 욕구가 변화된 정도에 좌우된다. 이 단계는 일반적으로 사례계획의 목적 달성 여부, 성공과 실패의 원인 분석, 제공된 서비스의 질과 비용 평가, 개인의 대처능력 증대에 따른 원조를 받을 자격 여부, 욕구 달성 정도에 따른 목표의 수정, 서비스의 양과 형태 등 욕구사항에 대한 재규정, 비용 재계산, 서비스의 결함 혹은 미충족된 욕구에 대한 서비스 계획의 질적 보증, 재평가 날짜 설정 등의 내용에 관한 재사정 보고서가 작성되고(SSI, 1991) 그에 따라 사례관리의 수준이나 서비스 내용과 질의 변화 등을 적시하여 보호계획을 다시 세우도록 하고 있다. 모든 사례가 재사정 단계를 밟는 것은 아니며, 점검 과정에서 클라이언트의 상황과 욕구에 큰 변화가 와서 개입 수준이나 개입의 내용을 변경해야 할 경우 재사정을 하게 된다. 대부분의 사례는 정규적인 평가를 통해 서비스가 유지되거나 종결을 한다(서울복지재단, 2005).

6) 종결 및 평가 단계

종결은 사례관리자의 개입활동을 계획에 따라 마무리하는 단계이다. 또한, 평가는 궁극적으로 사례관리의 효과성을 제시하는 중요한 근거가 된다. 이 단계에서는 서비스와 지지계획이 일치되었는지, 서비스의 구성요소와 사례관리자에 의해 동원 · 조정된 서비스 활동이 가치 있는 것이었는지를 결정하기 위해 이용된다.

재사정과 평가가 다른 점은 재사정이 클라이언트의 보호계획의 적합성을 판단하여 서비스에 대한 변화의 필요성 여부를 결정하는 과정이라면, 평가는 가치와 종결을 포함하는 개념으로 보호계획이 클라이언트의 삶에 어떠한 변화를 가져왔는가를 판단하는 효과성에 초점을 둔다.

평가는 클라이언트에 대한 사례관리의 적용을 지속시킬 것인지 여부를 결정짓게 해 주는 만큼 상당히 신중하고 객관적으로 수행되어야 한다(서울복지재단, 2005).

쉬퍼(Sheafor)는 종결 시 판단해야 할 몇 가지를 다음과 같이 제시하였다.

- 개입 목적의 달성 정도
- 서비스 시간 내 제공 완료 여부
- 클라이언트 문제 상황 해결 정도
- 사회복지사와 기관의 투자 노력
- 이득 체감에 대한 사회복지사와 클라이언트의 합의 여부
- 클라이언트의 의존성
- 클라이언트에 대한 새로운 서비스의 적합성 여부

평가는 사례관리실천 단계의 마지막 단계로 목적이 제대로 달성되었는지를 보는 과정이다. 점검이 계획된 대로 수행되고 있는지 알아보는 것이라면 평가는 결과가 바람직하게 달성했는지를 알아보는 것이다. 즉, 클라이언트에게 제공된 서비스나 서비스체계의 효과성을 종합적으로 판단하여 더 이상 필요하지 않을 때 사례관리 과정을 종결하는 단계라고 할 수 있다. 클라이언트가 앞서 계획했던 대로 분명한 달성목표를 수립하였다면 종결로 이루어지는 것이다.

하지만 종결이 어려운 경우가 발생하기도 한다. 지속적인 보호 관리를 목적으로 하는 사례관리 대상이 갖고 있는 문제나 욕구가 만성적이고 상태가 점점 악화되어 가는 경향이 있는 경우다. 또한, 계획했던 대로 진행은 되었지만 클라이언트의 자발적 변화 노력이 없는 경우이다. 이는 서비스의 진행 및 제공 횟수, 자원연계, 참여 빈도 등이 제대로 투입되어 수치의 달성은 있지만, 목표 달성으로 볼 수 없기 때문이다. 따라서 이때는 점검의 연속선상에서 사례회의를 통해 다시 재사정의 과정으로 진행해야 한다. 종결에 대한 결정은 사례관리자와 클라이언트 양자 간에 이루어지는 것이며, 종결 전에 사례관리자는 재사정을 실시하고 종결 후에도 다시 클라이언트를 도울 수 있다는 것을 알려야 한다.

종결 시에는 클라이언트의 주위를 둘러싼 공식적 · 비공식적 자원이 잘 구축되어 관계를 맺고 있는지 협력을 점검하여 종결 후에도 지속적으로 연계가 될 수 있도록 조정과 옹호를 할 필요가 있다.

종결 과정에서는 적절한 종결 시기를 결정하고, 클라이언트와 사회복지사의 정서적 반응 해결, 개입을 통해 획득한 효과의 유지와 강화, 필요시 클라이언트를 다른 기관에 의뢰하는 것을 결정한다.

04 사례관리 개입기술

1) 사회복지실천관계의 원칙

사회복지실천과 관련하여 사례관리자와 클라이언트의 관계의 중요성을 강조하면서 원조관계의 기본원리를 비에스텍(Biestek, 1957)은 다음과 같이 관계의 7가지 원칙으로 설명하고 있다.

첫째, 개별화의 원칙이다. 이는 인간 누구나 개별적인 특징을 가지고 있는 독특한 개인으로 취급되어야 할 인간의 권리에 기초한다. 개별화는 클라이언트의 독특한 차이를 인정하고 이해하며, 클라이언트를 원조하는 내용과 방법에서도 개별적으로 다루어져야 한다.

둘째, 의도적인 감정표현이다. 의도적인 감정표현이란 클라이언트가 자신의 감정을 자유롭게 표현하는 것으로 자신이 비판받을 수 있는 감정을 자연스럽게 표현하는 것이다. 자유로운 감정의 표현은 클라이언트가 스트레스와 긴장으로부터 해방되고, 자신의 문제를 보다 명확하고 객관적으로 인식할 수 있도록 원조하기 위함이다. 클라이언트는 자유로운 감정을 통하여 클라이언트가 진술한 문제가 무엇을 의미하고 있으며, 어떻게 문제를 보고 있는지 그리고 문제에 대해서 어느 정도 집착하고 있는지 등을 파악할 수 있다.

셋째, 통제된 정서적 관여이다. 통제된 정서적 관여는 사례관리자가 클라이언트의 감정에 민감성과 이해로 반응하는 것이다. 민감성은 인간의 존엄성에 기초하는 것으로 클라이언트가 무엇을 생각하고 무엇을 행하고자 하는지에 대해 감각적으로 파악하고 이에 적절히 대처하는 것을 뜻한다. 사례관리자가 클라이언트의 감정에 민감하게 반응하기 위해서는 인간행동 발달과정에 대한 지식이 선행되어야 한다.

넷째, 수용이다. 수용은 인간의 존엄성과 가치, 인간에 대한 사랑에서 비롯되는 것으로 여러 가지 약점을 가진 개인을 존재하는 그대로 편견 없이 받아들이는 것이다. 사례관리자가 현재 존재하는 그대로의 클라이언트를 이해함으로써 클라이언트의 문제해결에 도움이 되고, 결국 개입을 담당하는 사례관리자에게도 긍정적으로 영향을 미치는 것이다.

다섯째, 비심판적인 태도이다. 이는 클라이언트를 돕는 과정에서 문제의 원인을 클라이언트에게 언어 혹은 비언어적인 것으로 표현하지 않는 것을 의미한다.

여섯째, 클라이언트의 자기결정이다. 클라이언트가 모든 의사결정과정에 참여하고 스스로 선택하고 결정하는 자유를 누리는 것을 뜻한다. 사례관리자는 클라이언트가 자기결정을 하는 데 도움이 되는 다양한 정보를 제공하고 그 정보를 기초로 클라이언트 스스로 최종적인 의사결정을 하도록 한다. 사례관리자는 클라이언트의 문제와 욕구를 전체적인 관점에서 관찰하고 이해하도록 도우며, 클라이언트가 지역사회 내 인적 자원을 포함한 활용 가능한 자원이 있음을 알려 주어야 한다.

일곱째, 비밀보장이다. 이는 사회복지실천과정에서 알게 되는 클라이언트에 관한 정보를 전문 치료 목적 외에 타인에게 공개해서는 안 된다는 원칙에 바탕을 두고 있다. 클라이언트의 비밀을 보장하는 것은 사례관리자의 의무이고, 성공적인 관계 유지를 위해 반드시 필요한 책임이다.

2) 개입기술

사회복지실천에서 관계원칙을 바탕으로 개입기술을 나열하면 다음과 같다.

(1) 공감하기

공감하기란 상담자가 내담자의 마음을 감지하여 이를 반영해 주는 것을 말한다. 즉, 상담자의 선입견으로 내담자를 판단하지 않고 있는 그대로 내담자의 비언어적 표현, 언어적 표현, 표현되지 않은 감정 및 동기 등에 최대한 주의를 집중하여 듣고 그 내용을 상담자의 언어로 표현하는 것, 다시 말하면 내담자의 심정을 읽어 주는 것을 공감이라고 말한다. 사례관리자가 효과적인 공감을 하려면 자신을 상대방, 즉 클라이언트의 위치에 놓고 그의 입장에서 생각하고 느끼고, 그의 생각과 느낌을 가장 잘 나타내는 단어를 찾아 클라이언트의 심정과 입장을 이해하고 있음을 구체적으로 표현해 주어야 한다.

(2) 관계 형성 기술

사례관리는 클라이언트와 특수한 목적을 달성하기 위한 전문적이고 특수한 역할관계를 수반한다. 사례관리자와 클라이언트와의 전문적 관계는 진실하여야 하고 개인적인 감정에 의하지 않고 객관적이고 신뢰를 바탕으로 이루어져야 한다.

(3) 관심 기울이기와 경청하기

관심 기울이기란 내담자에 대한 상담자의 관심을 언어적 · 비언어적 방법을 통해 효과적으로 전달함으로써 내담자의 자기 개방 및 탐색이 이루어지도록 촉진하는 상담 기법을 말한다.

경청은 상대방이 말하는 이야기의 내용, 목소리, 말하는 사람의 몸짓, 표정 등에 적극적으로 집중하며 잘 듣는 것을 의미한다. 이것은 우리가 듣는 것을 통해 진심으로 화자와 소통하는 것을 말한다. 즉, 경청하기는 클라이언트가 표현하는 신체언어와 음성언어를 잘 관찰하고 경청해서 그들이 전달하고자 하는 의미를 이해하는 것을 말한다. 사례관리자가 미리 판단하거나 평가하지 않고, 클라이언트가 표현하는 언어적 · 비언어적 내용을 정확히 이해하기 위해 주의를 집중해서 눈으로 관찰하고 귀로 경청하는 것을 의미한다.

(4) 지역사회자원 활용

클라이언트가 자신의 욕구를 충족하고 잠재능력을 개발할 수 있도록 필요한 자원을 개발하고 연결하는 것이다. 사례관리자는 클라이언트가 필요로 하는 자원을 파악하여 접근할 수 있도록 하고 자원 획득을 위한 클라이언트의 노력에 적극적으로 협력해야 한다.

(5) 명료화 · 요약 · 질문하기

명료화는 클라이언트 자신의 진술을 명료하게 하도록 도와주는 것으로, 사례관리자가 클라이언트로 하여금 혼란스러운 생각이나 감정을 명확히 파악하고 이해하도록 도와주는 기술이다. 클라이언트가 표현하는 정리되지 않은 여러 감정과 사고 중에서 메시지의 핵심을 파악하거나, 저변에 깔린 갈등과 혼란스러운 감정을 분명하게 정리하는 반응으로, 핵심 주제 및 이야기에 초점을 두게 하는 역할을 한다.

요약하기는 사례관리자에게 필수적인 기술이다. 요약하기는 집단이 방향을 잃고 혼란에 빠졌을 때 클라이언트가 동료 클라이언트에게 각자의 느낌을 간략하게 이야기한 후 이를 요약하고 바람직한 대안을 제시하는 기술이다.

질문하기는 클라이언트가 구체적으로 더 많은 자기개방을 할 수 있도록 도와주기 위해 그리고 사례관리자가 클라이언트를 더 명확하게 이해하기 위해서다. 질문하기는 개방형 질문과 폐쇄형 질문이 있다. 개방형 질문은 '어떻게'를 사용해서 질문하기 때문에, 클라이언트에게 다양한 대답을 기대할 수 있다. 폐쇄형 질문은 주로 '왜'를 사용해서 질문하거나, 클라이언트에게 '예' 혹은 '아니오'와 같은 제한적인 대답과 반응을 하도록 유도한다.

해결문제

정신보건센터의 사례관리는 재활 중심, 강점 중심, 그리고 연계 중심의 각기 다른 접근 형태를 보이나 광범위한 공통점이 나타난다. 작은 규모의 사례관리자로 많은 수의 클라이언트를 담당해야 하며, 팀 접근보다는 개별적 접근의 형태를 보인다. 또한, 지역사회로 찾아가는 서비스보다는 오피스 내에서의 서비스 접촉이 빈번하게 일어나고, 그에 따른 다양한 프로그램이 종합적으로 운영된다. 이러한 우리나라 정신보건센터 상황에 적용 가능한 사례관리 모델이 무엇인지 모색하고, 어떤 모델이 가장 적절한 모델인지 설명해 보자.

토론문제

국민기초수급자인 김○○ 어르신(78세)은 웰다잉 프로그램을 수강하던 중 낙상으로 대퇴골이 골절되어 치료를 받다가 병원에서 퇴원한 지 두 달이 되었다. 하지만 아직도 거동이 불편하여 외출을 못 하고 있다. 외동딸은 같은 지역에 살고 있지만, 소식을 전혀 들을 수가 없으며, 자원봉사단체에서 월 2회 방문하여 청소와 밑반찬을 제공하는 것이 전부이다. 최근에는 치매증세도 있다고 한다. 사례관리의 과정을 토대로 설명해 보자.

PART 2

사회복지 사례관리의 실천과정

C·H·A·P·T·E·R **06**

사례관리 실행체계 구축

01 사례관리를 위한 자원 개발

1) 자원의 개념

자원은 사례관리의 구성요소 중 하나로 클라이언트의 다양한 욕구를 충족시켜 줄 수 있는 중요한 역할을 한다. 이러한 자원은 클라이언트의 욕구를 충족시키기 위해 요구되는 인력, 재정 및 도구 등을 의미한다. 클라이언트가 필요로 하는 자원을 적절하게 연결하기 위해서는 지역사회에 존재하는 자원을 파악하고, 또 필요한 자원을 개발하려는 노력을 부지런히 해야 한다(정순둘, 2007).

(1) 공식적 자원

공식적인 조직을 통해 제공될 수 있는 자원으로는 국가기관, 공공법인, 민간기관과 시설, 사회단체, 공식협의체, 회원조직 등이 있다.

첫째, 국가기관에는 저소득층을 중심으로 공공부조사업을 전개하는 사회복지전담 공무원, 보건의료 서비스를 제공하는 국 · 공립병원, 보건소 및 지역사회 정신건강센터 등이 있다. 또한, 국가에서 시행하고 있는 각종 사회복지사업법에 의한 제도 등이 여기에 포함된다.

둘째, 공공법인에는 클라이언트가 자립적인 생활이 불가능할 경우 시설에서 생활보호를 받을 수 있는 사회복지 생활시설, 시설에서 생활보호를 받지 않고 지역사회에 거주하면서 각종 사회복지 서비스를 제공받을 수 있는 사회복지 이용시설과 사회복지기관, 천재지변이나 화재, 기타 대형사고의 피해자에게 주거, 음식 및 의료 서비스 등을 제공하는 적십자 등이 있다.

셋째, 민간기관과 시설에는 민간 기업에서 사회복지 증진을 위해 출자하는 기업의 사회복지재단, 민간이 출자하여 운영하는 유료 사회복지시설과 복지기업 등이 있다. 예를 들어, 기업 복지재단으로 대표적인 삼성복지재단, 아산사회복지재단 등을 들 수 있으며, 최근에는 기업의 사회공헌이 강조되면서 이러한 재단이 증가하고 있는 상태이다. 유료 복지시설로는 최근에 유행하는 실버산업과 관련한 유료로 운영되는 양로시설과 노인복지주택이 대표적인 예다.

넷째, 사회단체에는 사회적 상호작용, 레크리에이션, 취미 생활, 기능교육 등을 실시하는 YMCA와 YWCA, 단기간 동안 음식과 주거를 제공하는 구세군, 상담 · 취미 생활 · 직업훈련 등을 실시하는 여성단체 등이 있다. 주로 NGO(Non-governmental Organization)로 불리는 많은 사회단체에서 자활사업을 진행하는 등 사회복지 자원으로서 역할과 기능을 수행하기도 한다.

다섯째, 공식 협의체에는 사회복지협의회, 사회복지관협회 등이 있다. 주로 이들 협의체는 개별 기관의 권익을 옹호하고, 사업의 방향을 제시해 주기도 한다. 최근에는 지역복지협의체가 법적으로 제도화되어 지역복지를 조정하는 기능을 담당하고 있다.

여섯째, 회원조직에는 의사회, 약사회, 변호사회, 공제회, 노인회, 부인회, 노동조합 등이 있다.

이러한 공식적 자원에는 특수한 욕구를 가진 클라이언트를 대상으로 서비스를 제공하는 경우가 많으므로 사례관리자는 공식 자원체계가 제공하는 서비스를 확인하고 목록화하여 이러한 욕구를 가진 클라이언트와 연결시켜야 한다. 또한, 때때로 변하는 규정이나 지침 등을 민감하게 파악하고 있어야 한다.

(2) 비공식적 자원

비공식적 사회적 지지는 가족 구성원, 친구와 이웃 또는 종교단체 등에 의해 제공되는 도움 또는 보호로 규정된다(Kelman et al., 1994). 비공식적 자원은 주로 정적인 것에 기반을 두고 있다. 사회복지의 역사에서 볼 때 비공식적 자원은 항상 클라이언트 곁에 있었으며, 비공식적 자원의 활용에 대해 강조되어 왔음을 알 수 있다. 예를 들어, 정부는 아동 양육, 노인 보호 등의 문제에 가족의 책임을 강조해 왔다. 또한, 비공식적 자원의 이타적 행동, 협력, 상호부조 등이 사회복지에 중요한 역할을 하고 있음을 강조해 왔다. 이러한 사회적 지지 체계는 인간의 행복을 촉진하기 위해 매우 중요한 역할을 담당해 왔다(Rothman & Sager, 1998).

02 사례관리 대상자 발굴

사례관리에서 초기 단계의 사례발굴은 사례관리자와 잠재적 클라이언트가 최초로 만나게 되는 방법으로 클라이언트의 직접 요청, 의뢰 및 직접 대상자 발굴(아웃리치) 등의 방법이 있다(김성경, 2017).

1) 클라이언트의 직접 요청

클라이언트의 직접 요청(self-referral)은 잠재적 클라이언트가 자발적으로 사례관리 기관에 방문하거나 전화 및 이메일 등으로 연락하여 사례관리 서비스를 의뢰하는 것을 의미한다.

사례관리에서 클라이언트의 직접적인 요청은 드문 경우이다. 이는 사례관리가 가장 요구되는 클라이언트는 도움의 요청을 스스로 하지 못하는 경우가 대부분이기 때문이다. 잠재적 클라이언트가 사례관리 기관에 직접 연락하는 경우에도 대부분 자신이 필요한 서비스가 무엇인지 모르는 경우가 대부분이다. 그러므로 사례관리 기관은 접수 담당자를 따로 두는 것이 좋다(Holt, 2000).

이러한 직접적인 요청의 경우 잠재적 클라이언트는 서비스 욕구가 상대적으로 강하며, 변화의 의지 또한 강하기 때문에 사례관리자가 개입하기 쉽다. 그러나 한편으로는 과도한 욕구를 가진 경우도 있어 접수 단계에서 욕구의 명확화를 통해 사례관리의 적절성 평가와 함께 적정 수준에 대한 이해를 제공하는 것이 필요하다(양정남 외, 2009). 클라이언트의 직접 요청의 경우 사례관리자는 신속한 접촉을 통해 인테이크를 하는 것이 바람직하다.

2) 의뢰

의뢰(referral)는 내 · 외부인(기관)으로부터 사례관리자가 사례를 받는 것과 사례관리자가 외부 사례관리자에게 사례를 주는 것 두 가지 경우이다. 이 중 의뢰받기(추천받기)는 사례발굴에서 가장 많이 일어나는 방법이며, 사례관리자는 의뢰처를 통해 사례를 의뢰받는다. 의뢰처는 기관 내부 의뢰를 포함하여 시 · 군 · 구청 및 읍 · 면 · 동 주민센터, 보건소, 타 사회복지기관 및 학교, 종교시설, 경찰, 클라이언트의 가족을 비롯한 이웃 주민 등 다양하다.

특히, 사례관리에서는 의뢰처를 대상자별로 발굴해 놓는 것과 의뢰처를 거점으로 활용할 수 있는 기관의 직원을 파악하고 있는 것이 바람직하다. 예를 들어, 동 주민센터(의뢰처)에 공문을 발송하여 지역 내 위기가정을 의뢰받는 것이다. 사례를 의뢰받을 때 사례관리자는 의뢰자의 욕구와 클라이언트의 욕구 차이를 분명하게 파악해야 한다. 의뢰를 받았다고 모든 잠재적 클라이언트가 사례관리 서비스에 동의하는 것이 아니므로 사례관리자는 다음과 같은 사항을 확인해야 한다.

- 의뢰받을 때 사례관리자는 서비스 의뢰서를 받는 것이 바람직하다. 서비스 의뢰서에는 의뢰자가 잠재적 클라이언트의 욕구와 서비스에 대한 기대 등 필요한 정보를 기록한 내용이 포함된다.
- 사례관리 서비스 의뢰서를 접수한 후, 의뢰받은 사례관리자는 우선 전화통화를 하여 잠재적 클라이언트가 도움을 원하는 상황인지 직접 확인한다.
- 전반적인 상황을 파악한 후에 그 사례관리의 다음 단계를 진행한다. 의뢰받은 잠재적 클라이언트가 모두 사례관리 대상자가 되는 것은 아니다. 의뢰받은 문제가 클라이언트에게 우선순위가 되는 문제이며, 클라이언트 자신이 그 문제의 해결함에 동의해야 한다.

3) 직접 대상자 발굴(아웃리치)

아웃리치(outreach)는 사례관리자 또는 기관의 판단에 의해 잠재적 클라이언트에게 직접 접근하여 사례를 발굴하는 경우를 말한다. 아웃리치는 사례관리에 대한 욕구를 가지고 있으나 그 욕구의 충족을 위해 기관을 찾지 않는 잠재적 클라이언트에게 서비스의 접근성을 높이도록 사례관리자가 직접 찾아 나서는 방법이다(Rothman, 1991). 아웃리치의 주요 내용은 다음과 같다.

- 서비스가 필요한 잠재적 클라이언트를 찾아낸다. 이를 위해서는 지속적으로 잠재적 클라이언트를 발굴할 수 있는 발견 가능 장소 및 네트워크 체계 등 지역사회의 정보를 충분히 파악해야 한다.
- 발견한 잠재적 클라이언트와 개별적인 상호작용을 통하여 이용 가능한 서비스와 자원을 알려 주며, 기관의 서비스 체계 내로 들어올 수 있도록 격려하고 홍보한다. 아웃리치를 통해 접촉하게 되는 대부분의 잠재적 클라이언트는 자신의 정보 노출에 대한 두려움, 무기력감, 서비스에 대한 방어 등을 가지고 있으므로 주의해야 한다.
- 아웃리치에서 가장 중요한 것은 정기적인 아웃리치 활동이다.

아웃리치를 통해 발견되는 잠재적 클라이언트는 지역사회 내 서비스와 자원의 정보가 부족하거나, 문제를 가지고 있다. 하지만 서비스의 활용 욕구가 낮은 대상자가 대부분이므로 사례관리자는 클라이언트의 비밀유지와 자기결정의 권리에 민감하게 대응해야 한다.

03 사례관리자

사례관리자(case manager)는 클라이언트와 그 가족 구성원을 대상으로 초기 정보 수집 및 사정, 개입 계획의 수립과 조정, 그리고 점검, 평가 및 종결 등 사례관리 전 과정을 총괄하는 전문가이다. 사례관리자는 클라이언트와 그 가족의 문제와 욕구 해결에 필요한 직접적이고 간접적인 서비스를 제공하거나 또는 연계한다. 그리고 사례관리자는 사례관리에 필요한 모든 정보를 기록하고, 보고하며, 슈퍼바이저의 지도 및 감독을 받는다.

사례관리자는 인간 중심의 가치와 철학을 바탕으로 클라이언트에 대한 임상적인 능력과 자원 조정, 네트워크, 옹호적인 실천기술 등을 가지고 있어야 한다. 사례관리자의 업무량 증가로 인해서 업무 부담이 가중될 경우, 사례관리를 전담하는 파트타임 사례관리자를 고용하여 일정 부분의 사례를 담당하게 할 수도 있다(권진숙 외, 2009).

1) 사례관리자의 역할

사례관리자의 역할은 직접적 역할과 간접적 역할로 나누어진다(권진숙 외, 2018).

(1) 직접적 역할

사례관리자가 수행하는 직접 서비스 역할에는 이행자, 상담자, 교육자, 정보제공자, 조력자의 역할이 포함된다. 사례관리자는 직접적 서비스의 역할을 수행하면서 초기에는 사례관리자의 자기지향성(self-direction)이 높게 발휘되지만 시간이 지나면서 클라이언트의 자기지향성이 낮아질 수 있으므로 강화될 수 있도록 해야 한다. 클라이언트의 자기지향이란 클라이언트가 가지고 있는 잠재 역량에 초점을 두고 클라이언트가 자신의 욕구를 충족시킬 수 있는 능력, 기술, 자원을 획득하거나 자원을 활용함으로써 자신의 상황을 변화시킬 수 있도록 하는 것을 말한다.

(2) 간접적 역할

사례관리자가 수행하는 간접적 역할에는 중개자, 연결자, 조정자, 옹호자의 역할이 포함된다. 사례관리의 핵심적인 요소는 자원을 조직화하고 연계하며, 자원으로부터 소외된 계층을 대상으로 옹호자의 역할을 수행하는 것이므로 간접적 역할의 중요성이 매우 크다. 사례관리자의 역할은 클라이언트의 문제와 욕구의 종류와 특성에 따라 직접적 실천과 간접적 실천의 비중이 달라지는데 사례관리자는 클라이언트의 문제와 욕구의 특성에 부합하는 역할을 수행하고 있는지 수시로 점검해야 한다.

04 사례관리 운영체계

사례관리 체계는 실천현장의 행정적 구조, 기관 간의 관계망을 의미한다. 사례관리 체계는 개별 기관단위형 사례관리 체계와 지역사회 중심의 네트워크형 사례관리 체계로 구분할 수 있다(우국희, 2016).

1) 개별 기관단위형 사례관리 체계

개별 기관단위형 사례관리 체계는 어느 한 기관의 사례관리자가 클라이언트의 욕구에 따른 서비스를 조정 및 연계하며 전문적인 책임을 지는 전통적인 실천모델이다. 즉, 하나의 독립기관에 개별 클라이언트 및 그들 가족 구성원에게 사례관리 서비스를 제공하는 형태로 대상자의 욕구를 사정하고 욕구충족에 필요한 서비스를 부서 간 협력 또는 학제 간 전문가팀 협력을 통해 제공하는 유형을 말한다. 이에 반해 네트워크형 사례관리 체계는 지역사회 단위별로 사례관리 거점기관을 선정하여 거점기관의 지역주민에게 필요한 서비스를 연계 및 조정하는 책임을 담당하게 하는 유형이다. 거점기관은 지역 내에 사례관리 서비스를 전담하는 별도의 조직체로 설치된 경우도 있지만, 기존의 지역 내 서비스 제공 기능을 담당해 왔던 기관이나 협의체 중 어느 한 곳을 선정하여 사례관리 거점기관의 기능을 담당하게 하는 경우도 있다(홍선미, 2010).

2) 지역사회 중심의 네트워크형 사례관리 체계

우리나라 사례관리 운영체계는 사례관리가 도입되던 초창기에는 개별 기관 단위 유형의 사례관리 체계가 주된 형태였다. 그러나 최근에는 지역사회자원의 한계, 사례관리 전문 인력의 제한, 서비스 중복 등의 문제가 제기되면서 점차 지역사회 중심의 네트워크 통합형 사례관리 체계가 증가하고 있다. 지역사회 중심의 네트워크형 사례관리 체계의 특징은 지역사회를 한 단위로 하여 서비스를 통합, 조정 및 재배치하는 데 있다. 이로써 대상자에게 개별 기관을 넘어서는 원스톱 서비스를 제공할 수 있는 여건이 마련되었다. 네트워크형 사례관리 체계는 어느 한 기관이 서비스를 제공할 때보다 안정적이고 연속적인 서비스를 제공할 수 있다는 장점이 있다(홍선미 · 하경희, 2009).

공공부문에서는 지방자치단체별로 사례관리만을 전담하는 별도의 조직, 기구를 설치하여 운영하는 형태를 취하는 것이 일반적이다. 대표적으로 무한돌봄센터 등이 시 · 군 · 구에 설치되어 사례관리를 전담하는 기구로 운영되고 있다. 이들 기관은 지역 내 자원 및 서비스 등을 총괄 관리한다. 대상자별 서비스 제공 계획을 수립하여 통합적 서비스를 제공하고, 모니터링 및 사후관리를 실시한다.

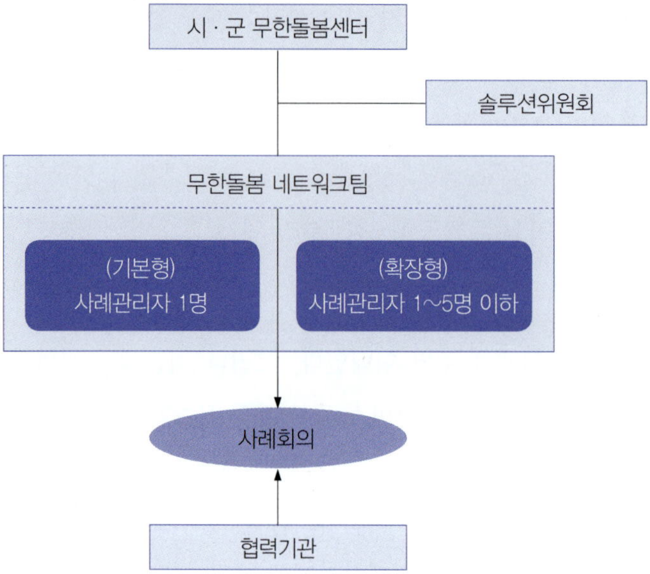

2009년 경기도가 경제위기 상황에서 복지사각지대를 해소하고 보다 신속히 위기가정을 포괄적으로 지원하기 위해 도입한 제도이다. 2008년 금융위기로 촉발된 경기침체 상황에서 정부의 지원 기준에 해당하지 않아 지원을 받지 못하여 어려움을 겪고 있는 위기가정에 대해 경기도가 별도의 예산을 편성해 생활 안정을 지원하고 있다. 이를 위해 경기도 내 시 · 군별 무한돌봄센터를 설치한 후 직접적인 사례관리를 수행하는 지역별 무한돌봄 네트워크팀을 지원하고 있다. 현재 중앙에서 이루어지고 있는 희망복지지원단 업무와의 유사성 및 중복 가능성이 있다.

[그림 6-1] **무한돌봄 네트워크팀 조직도**

출처: 경기도 무한돌봄센터(2016).

05 스크리닝

스크리닝(screening)이란 사례발굴을 통해 의뢰된 잠재적 클라이언트가 사례관리 대상자로 적합한지에 대한 여부를 결정짓는 것이다. 즉, 사례관리 서비스 자격요건에 부합한 대상인가를 결정하는 것을 말한다. 이는 클라이언트의 직접 의뢰, 공공기관 및 민간기관 등의 의뢰 및 아웃리치를 통해 초기 접촉이 이루어지는데, 이를 바탕으로 잠재적 사례관리 대상자의 기본 정보를 수집한다.

이러한 스크리닝을 통해 잠재적 사례관리 대상자(인테이크가 필요한 대상), 서비스 의뢰자, 정보 제공자, 서비스 제외자로 구분되며, 스크리닝 판정결과와 판정사유를 기록한다. 이러한 스크리닝은 사례관리 서비스 제공기관의 자원, 지역사회 내·외부 환경에 맞게 기준을 명확히 하여 적용하는 것이 바람직하다. 그리고 담당 사례관리자가 잠재적 사례관리 대상자의 자격 요건을 심사하는 데 어려움이 없도록 기준을 구체적이고 명확하게 하는 것이 중요하다.

스크리닝 판정 및 사유는 〈표 6-1〉과 같이 스크리닝 판정 및 사유 적용 양식에 기록한다. 즉, 스크리닝은 접수 초기 단계에 이루어지는 것으로 클라이언트가 사례관리 대상자로 적합한지를 판정하고 그 사유를 기록한다. 이때 판정사유의 내용은 잠재적 사례관리 대상자와의 최초 전화 또는 초기 상담 전 욕구 및 문제에 대해 간단하게 점검결과 내용을 기록한다. 즉, 잠재적 사례관리 대상자가 상담 및 서비스가 반드시 필요하고 복합적이고 만성적인 사유가 되는가에 대하여 기록한다(주경희·맹두열·임중철, 2017).

〈표 6-1〉 스크리닝 판정 및 사유 적용 양식

판정결과	( )잠재적 대상, ( )의뢰 대상, ( )정보 제공 대상, ( )서비스 기부, ( )종결
판정사유	대상자와의 최초 전화 또는 초기상담 전 욕구 및 문제에 대해 간단하게 점검결과 내용을 기록한다. 즉, 대상자가 상담 및 서비스가 반드시 필요하고 복합적이고 만성적인 사유가 되는가에 대해 기록한다.

출처: 서울시복지재단(2009).

해 결 문 제

현재 보건복지부는 2016년부터 '읍 · 면 · 동 복지허브화사업'의 일환으로 사회복지 서비스를 시 · 군 · 구에서 읍 · 면 · 동으로 그 범위를 좁혀 이를 시행하고 있다. 또한, 서울시의 경우에는 마을공동체 사업 등을 포함하여 '찾아가는 동 주민센터사업'을 적극적으로 추진하고 있다. 이와 같이 공공영역에서는 현재 통합사례관리(복지사각지대 발굴, 민관협력 활성화, 자원 발굴 및 관리) 역할을 중점적으로 수행하고 있다. 이러한 공공영역에서의 사례관리에 대하여 자세하게 알아보고, 사례관리자가 잠재적 클라이언트를 발굴하는 가장 좋은 방법은 무엇인가?

토 론 문 제

노총각 사회복지사 김○○은 최근 직장에서 부적응과 스트레스를 이유로 상담을 신청한 노○○ 씨와 지난 1년간 매주 1회씩 상담을 지속해 왔다. 상담이 진행되면서 자연스럽게 둘은 서로에게 호감을 느끼게 되었다. 지난 상담 때 노○○ 씨는 김○○ 복지사에게 저녁 식사를 제의한다. 이렇게 사례관리자와 사례관리 대상자가 전문적인 관계에서 이성관계로 발전하게 될 때, 사례관리자는 다른 사례관리자에게 의뢰를 해야 한다. 이 경우 어떠한 것을 고려해야 하는지 토론해 보자.

C·H·A·P·T·E·R 07

접수(인테이크)

접수 단계의 목적은 클라이언트를 확인하고 등록하는 것이다. 도움이 필요한 잠재적 대상자의 문제 및 욕구를 확인하고, 해당 기관에서 서비스를 제공할 수 있는지 여부를 판단하고 결정한다. 그러나 아웃리치(outreach)나 의뢰를 통한 모든 잠재적 대상자가 클라이언트가 되는 것은 아니다. 인테이크(intake)라는 과정을 통해 해당 기관에서 사례관리를 제공할 수 있다고 판단되는 잠재적 대상자가 비로소 클라이언트가 되어 서비스를 받을 수 있다(우국희 외, 2015).

01 인테이크(intake)

이 과정에서 사례관리자는 원조를 필요로 하는 잠재적 대상자의 문제 및 욕구를 개략적으로 파악하여, 사례관리 대상자와 비대상자로 구분한다. 사례관리 대상자에게는 사례관리를 통해 제공해 줄 수 있는 해당 기관의 서비스 내용을 클라이언트에게 자세히 설명하고, 클라이언트가 서비스 내용에 동의할 것인지의 여부를 확인하고 계약을 맺는다.

하지만 우리나라에 사례관리가 도입된 후, 현재까지도 접수 단계의 세부 과정을 체계적으로 학습하고 훈련하지 못한 상태에서 사례관리자가 배출되고 있다. 이러한 문제로 인해 사례관리자는 구조화된 양식지인 〈표 7-1〉과 같은 인테이크 기록지(intake sheet)를 채워가는 '정보 수집'의 절차적 과업을 수행하고 있다. 이와 같은 인테이크 기록지를 채우기 위해 진행되는 조사식의 면접은 개별적 역량에 상관없이 짧은 시간에 많은 정보를 효율적으로 파악할 수 있다는 장점이 있다. 하지만 '누구나' 혹은 '아무나' 할 수 있는 것으로 간주되어 접수 단계가 비전문적인 과정으로 평가될 가능성이 크다. 또한, 사례관리자가 클라이언트에 대한 기초적이고 일반적인 정보를 수집하는 과정에서 인테이크 기록지 안에 '설명'하게 됨으로써 클라이언트는 조사받는 느낌을 받을 수 있다. 접수 단계에서 클라이언트와 신뢰를 기반으로 한 협력 관계를 구축하지 못한다면 기본적인 정보 파악조차 어렵게 되거나, 사례관리 실천에 대한 동의를 구하지 못하여 조기 종결되는 상황이 발생할 수 있다. 따라서 사례관리자는 접수 단계에서 클라이언트의 '정보 수집'과 전문적 관계 안에서 '신뢰 형성'을 목적으로 과업을 수행해야 한다(이효선 · 남화수, 2017).

〈표 7-1〉 인테이크 기록지

<table>
<tr><td>접수번호</td><td colspan="4"></td><td colspan="2">일시</td><td colspan="3"></td></tr>
<tr><td>면접자</td><td colspan="4"></td><td colspan="2" rowspan="2">장소</td><td colspan="3" rowspan="2">□ 가정 □ 내방 □ 전화
□ 지역사회기관(　　)</td></tr>
<tr><td>면접참여</td><td colspan="4"></td></tr>
<tr><td>면접경로</td><td colspan="9">□ 본인 요청 □ 사례관리자 발굴 □ 내부 의뢰(　　)
□ 의무 의뢰 □ 기타(　　)</td></tr>
<tr><td>대상자</td><td colspan="4"></td><td colspan="2">생년월일</td><td colspan="3"></td></tr>
<tr><td>주소</td><td colspan="4"></td><td colspan="2">전하번호</td><td colspan="3"></td></tr>
<tr><td>후견인</td><td colspan="4">성명 (관계 :　　)</td><td colspan="2">전화번호</td><td colspan="3"></td></tr>
<tr><td>장애유형</td><td colspan="4"></td><td colspan="2">건강상태</td><td colspan="3">□ 양호 □ 질환(　　)</td></tr>
<tr><td>보호구분</td><td colspan="9">□ 수급 □ 조건부 수급 □ 저소득/차상위 □ 기타(　　)</td></tr>
<tr><td>주거상태</td><td colspan="9">□ 자택 □ 전세 □ 월세(월　　원) □ 영구임대 □ 기타(　　)</td></tr>
<tr><td rowspan="5">가족 사항</td><td>관계</td><td>성명</td><td>나이/성별</td><td>직업</td><td>결혼상태</td><td>동거여부</td><td>연락처</td><td colspan="2">기타</td></tr>
<tr><td></td><td></td><td></td><td></td><td></td><td></td><td></td><td colspan="2"></td></tr>
<tr><td></td><td></td><td></td><td></td><td></td><td></td><td></td><td colspan="2"></td></tr>
<tr><td></td><td></td><td></td><td></td><td></td><td></td><td></td><td colspan="2"></td></tr>
<tr><td></td><td></td><td></td><td></td><td></td><td></td><td></td><td colspan="2"></td></tr>
<tr><td>대상자의 진술
(도움 요청 내용)</td><td colspan="9"></td></tr>
<tr><td rowspan="2">면접자 평가</td><td colspan="9"></td></tr>
<tr><td>대상판정</td><td colspan="8">□ 대상(긴급/일반) □ 비대상(정보 제공/연계:　　)</td></tr>
</table>

출처: 한국사례관리학회(2014).

인테이크 기록지에 기입할 구체적인 내용은 다음과 같다(권진숙 외, 2018).

- 클라이언트의 기본 정보: 이름, 나이, 생년월일, 거주지, 건강 상태 및 면접 경로 등을 파악한다.
- 후견인: 친족 외에 클라이언트를 보호하거나 근거지 지원체계가 되고 있는 사람으로 법적 후견인 자격이 반드시 필요하지는 않다.
- 장애 유형 및 등급: 법적 장애인으로 등록된 경우 유형과 등급을 표시한다.
- 가족사항: 가족원과 현재 동거인을 포함하여 기록한다.
- 도움 요청 내용: 클라이언트가 진술하는 어려움과 도움의 내용을 진술문의 원형 그대로 기록하는 것을 원칙으로 한다. 후견인 또는 의뢰인으로부터 유의미한 요청이 있을 경우 기록하며, 이때 누구의 진술인지 반드시 함께 기록해야 한다.
- 내 · 외적 장애물: 도움 요청 내용과 관련한 내 · 외적 장애물을 기록한다. 진술문의 원형대로 기록하는 것이 좋다.
- 면접자 평가: 면접자는 클라이언트의 진술과 조사된 객관적 정보를 중심으로 사례관리 제공 여부 및 위험도에 대한 사정을 실시한 후 평가란에 기록한다.
- 대상 판정: 시설의 사례관리 대상자로 적합한지 그렇지 않은지를 판정한다. 먼저, 대상과 비대상으로 사례 유형을 분류하고 사례관리 대상자로 판정된 경우 클라이언트의 도움 요청 내용에 따라 긴급개입 및 일반개입 여부를 판정하여 긴급개입이 필요한 경우 사례관리자 배정과 사정 및 개입이 신속히 진행될 수 있도록 처리한다. 사례관리 비대상자로 판정된 경우 타 기관의 서비스에 대한 정보를 제공하거나 의뢰하여야 한다.

02 클라이언트 선정

1) 사례관리 동의서

클라이언트가 선정되면 사례관리의 의미 및 주요 진행 방식 등에 대한 구체적인 설명과 함께 이러한 과정에서 사례관리자와 클라이언트가 협력하고 노력을 기울이는 것의 중요성 등에 대한 설명을 해야 한다.

이때 해당 기관의 안내문과 사례관리 안내문 및 그에 준하는 문서를 사용하여 최대한 자세하고 쉬운 말로 설명해야 하며, 설명 후에 이 문서는 클라이언트 또는 후견인에게 제공한다.

사례관리자는 클라이언트 또는 후견인에게 동의서의 내용을 설명하고 충분한 이해가 되었다고 생각되면 이름을 기록하고 직접 서명하도록 안내한다. 〈표 7-2〉의 사례관리 동의서에는 기관장과 클라이언트가 각각 서명하며, 해당 기관(또는 사례관리자)과 클라이언트(또는 후견인)가 각각 1부씩 보관한다.

〈표 7-2〉 사례관리 동의서

- 사례관리 동의서 -
• 귀하와 합의된 내용 이외의 목적으로 개인정보가 노출되지 않도록 하겠습니다. • 모든 사례관리 내용은 귀하와의 합의하에 진행하도록 하겠습니다. • 본 사회복지관은 귀하의 사회복지 요구를 해결하기 위해 최선의 사례관리 서비스를 제공하도록 하겠습니다. ○○(종합)사회복지관 사례관리자 : ____________(인)
• 본인은 사례관리 서비스의 계획 및 진행 내용에 대한 설명을 충분히 듣고 이해했습니다. • 본인은 계획된 목표를 성취하기 위해 적극적으로 참여하고 협력하겠습니다. • 본 동의서 작성일로부터 귀 복지관에서 제공하는 사례관리 서비스를 제공받는 것에 동의합니다. 성명 : ____________(인) 보호자 : ____________ 관계 : ______(인)

출처: 한국사회복지관협회(2012). p. 121.

2) 개인정보 수집 및 활용 동의서

인테이크를 통해 클라이언트가 사례관리 대상자로 결정되면, 사례관리자는 사례관리 동의서와 함께 〈표 7-3〉의 개인정보 수집 · 활용 동의서를 작성한다. 이는 「개인정보 보호법」 제15조(개인정보의 수집 · 이용), 제17조(개인정보의 제공), 제18조(개인정보의 목적 외 이용 · 제공 제한), 제22조(동의를 받는 방법)에 의거하여 클라이언트의 개인정보 수집 및 이용에 있어 동의 절차를 준수하는 것을 의미한다. 또한, 고지 후 수집된 정보는 해당 기관에서 사례관리 서비스를 위한 업무 목적 외에는 사용하지 않고, 비밀보장 원칙에 따라 타인에게 공개하거나 유출하지 않는다는 것을 확인시킨다. 그리고 클라이언트의 개인정보를 수집하는 이유는 해당 기관에서 사례관리 서비스 제공 시 필요한 최소한의 정보에 해당하며, 그 내용에 관하여 동의하지 않을 수 있으나 그 경우 원활한 서비스 제공이 어려울 수 있음을 함께 설명한다(김성경, 2017).

〈표 7-3〉 개인정보 수집 · 활용 동의서 양식

개인정보 수집 · 활용 동의서

기본 개인정보 수집 · 활용에 관한 동의

활용 목적	○○○기관 사례관리 관련 지원 및 서비스 제공
수집하는 기본 항목	성명, 성별, 생년월일, 연락처, 주소, 건강, 장애, 소득 등 사례관리 및 기타 서비스 연계 신청 관련 서류상의 개인정보
개인정보 보유 및 활용 기간	개인정보 수집 및 활용에 대한 동의일로부터 서비스 종료일까지 보유 · 활용. 단, 서비스 종료 이후에는 민원 처리, 법령상 의무 이행, 분쟁 해결을 위해 보유 · 활용

귀하는 개인정보 동의를 거부할 권리가 있습니다. 다만, 동의하지 않으시는 경우 정상적인 서비스 이용에 불이익을 받을 수 있습니다.

동의함 □ 동의하지 않음 □

개인정보의 제3자 제공에 관한 동의

제공받는 자	공공기관 및 복지 관련 기관 등
활용 목적	개인정보 제공자의 서비스 이용 및 관리
활용 항목	제3자가 업무 수행에 필요한 최소한의 정보

귀하는 개인정보 동의를 거부할 권리가 있습니다. 다만, 동의하지 않으시는 경우 정상적인 서비스 이용에 불이익을 받을 수 있습니다.

동의함 □ 동의하지 않음 □

※ 개인정보 제공자가 동의한 내용 외의 다른 목적으로 활용하지 않으며, 제공된 개인정보의 이용을 거부하고자 할 때에는 개인정보 관리책임자를 통해 열람, 정정, 삭제를 요구할 수 있습니다. 단, 만 14세 미만 아동인 경우에는 반드시 법정 대리인의 동의가 필요합니다.

「개인정보 보호법」 등의 관련 법규에 의거하여 본인은 위와 같이 개인정보 수집 및 활용에 동의합니다.

년 월 일

이름(본인) : (인)

이름(대리인) : (인) (관계 :)

소속	책임자	개인정보 취급자	직위	이메일	연락처

03 접수 단계에서의 실천기술

접수 단계에서 선입관 및 편견 등이 배제된 상태에서 다음과 같은 효과적인 실천기술을 활용하여 클라이언트의 상황과 문제에 대해 명확하게 파악하고 기록할 수 있다(이근홍, 2017).

1) 의사소통기술

접수 단계에서 의사소통기술은 다른 어떤 기술보다도 중요하다. 이것은 사례관리에서 클라이언트와 관계를 형성하고, 욕구와 문제를 사정하며, 클라이언트와 가족을 설득하거나 협상하는 등 실천과정을 원활하게 진행하는 것과 직접적으로 관련되는 필수적인 기술이다. 의사소통기술은 사례관리자가 자신의 생각이나 감정을 클라이언트에게 정확하게 전달하고 클라이언트의 생각과 감정을 정확하게 받아들이는 데 목적을 두고 있다.

의사소통기술은 경청, 신뢰관계의 형성, 질문, 정보 제공 등과 밀접하게 관련되어 있다. 사례관리자는 클라이언트가 말하려는 것을 주의 깊게 경청하며, 클라이언트와 친밀감과 신뢰 관계를 형성해야 하며, 필요한 사항을 클라이언트에게 물어서 알아야 하며, 필요한 정보를 클라이언트에게 전달할 수 있어야 한다(이윤로, 2007). 또한, 사례관리자는 클라이언트가 이해하기 쉽게 자신의 생각을 표현해야 하며, 클라이언트가 대화 내용에서 오해를 최소화할 수 있도록 하고, 자신이 전하려는 메시지가 분명하게 전달될 수 있도록 해야 한다.

2) 면접기술

면접기술은 접수과정을 포함하여 사례관리의 모든 과정에 필요하기 때문에 중요하다. 면접은 참여자 사이에 수락된 계획적인 목적을 가진 대화이다(Kadushin,

1972). 즉, 이것은 의식적으로 선택한 목적을 성취하기 위해 클라이언트와의 언어적 · 비언어적 의사소통으로 전문가에 의해 행해지는 대면적인 상호작용이다.

면접기술에서 가장 많이 활용하는 것은 클라이언트에 대한 질문이다. 그 외에 중요한 면접기술로는 관찰, 경청, 통솔과 지시, 공감과 동정, 명료화, 해석, 정보제공, 침묵의 활용, 바꾸어 말하기, 초점 유지, 환류 주기, 요약, 상대방에 대한 집중, 중립의 유지, 방어행동에 대한 대처 등이 있다. 효과적이고 효율적인 면접이 되기 위해서는 면접의 비밀성, 집중된 주의력, 이완된 분위기, 채광, 방의 크기 및 온도 등과 같은 물리적인 환경이 적절하게 조성되어야 한다. 면접 시간은 클라이언트와의 자기결정에 입각하여 결정하고 효과적인 기록을 하며, 면접 내용은 비밀을 보장하고 사례관리자가 클라이언트에 대한 예비지식을 소유하고 있어야 한다.

3) 자료수집기술

접수과정에서 중요한 것 중 하나는 클라이언트를 확인하기 위해서 그와 관련된 정확한 자료를 수집하는 것이다. 클라이언트와 관련된 자료를 수집하기 위해서는 다양한 자료수집기술을 활용해야 한다.

자료수집기술에서 가장 많이 활용하는 것은 클라이언트가 현재 당면한 욕구와 문제, 클라이언트의 능력, 가족관계 등과 관련된 질문이다. 그 외에 중요한 자료수집기술에는 클라이언트에 대한 사례관리자의 지속적이고 체계적인 관찰, 클라이언트와 관련된 기존 자료의 활용, 표준화된 도구를 이용한 검사, 전문가의 의견, 클라이언트에 의한 설문지의 작성, 자신의 행동과 신체적 · 정신적 상태에 대한 클라이언트의 평가 등이 있다(이윤로, 2007).

4) 감정이입기술

감정이입이란 사례관리자가 클라이언트의 느낌과 감정을 명확하게 이해하고 동참할 수 있는 능력을 말한다. 이것은 사례관리자가 클라이언트의 입장과 기준에서 그들을 이해하려는 능력이며(Cormier & Comier, 1991), 그들의 감정과 하나가 되어 감정의 의미까지도 민감하게 느낄 수 있는 능력을 말한다. 사례관리자는 감정이입을 위해 클라이언트의 상황을 스스로 상상할 수 있는 능력, 클라이언트가 느끼는 정도로 느낄 수 있는 능력, 감정이입이 될 수 있도록 말하는 능력 등 세 가지 측면에서 주의를 기울여야 한다(Frankel & Gelman, 2004).

감정이입을 실행하기 위해서는 먼저 클라이언트와 유사한 상황에 있다면 나는 어떤 감정을 느낄 것인가에 대해서 생각해 보는 것이 필요하며, 적극적인 경청을 통해 클라이언트의 감정을 이해하도록 노력해야 한다(이윤로, 2007). 접수단계에서 사례관리자는 클라이언트를 확인하기 전에 그들이 당면한 욕구와 문제가 무엇이며, 그들이 그것을 어떻게 느끼고 생각하고 있는가를 이해하기 위해서 감정이입 기술을 활용한다.

5) 계약기술

계약기술은 사례관리자와 클라이언트가 각자의 역할, 책임, 기대, 수행할 업무의 목적, 개입방법 등을 서로 동의하고 문서나 구두를 통하여 공식화하고 구조화하는 기술이다. 즉, 이것은 사례관리자와 클라이언트가 달성해야 할 목표와 그를 위한 수단을 명확히 하고, 클라이언트의 역할을 설명하며, 원조가 필요한 조건을 공식화하는 것이다.

사례관리자는 클라이언트와 상호 간의 이해를 바탕으로 성취하고자 하는 목표에 대한 합의점을 모색해야 하며, 될 수 있는 한 합의 내용을 문서화해야 한다. 클라이언트는 대개 계약서를 작성하는 데 익숙하지 않을 경우가 많으므로 계약서 작성과 관련된 클라이언트의 반응을 잘 살펴보고 작성 과정에서 그들의 자유를 최대한 보장해야 하며, 계약서 작성 시 클라이언트의 참여를 촉구할 필요가 있다(엄명용 · 노충래 · 김용석, 2008). 계약기술의 활용에서 사례관리자는 계약의 내용을 정확히 숙지하며, 계약 내용을 공동으로 공식화할 수 있도록 하고, 그 계약을 체계적으로 협상하여 체결할 수 있도록 해야 한다.

해 결 문 제

시각장애인복지관에서는 시각장애인의 사례발굴, 접수 및 사정을 진행하여 복지관 서비스에 대한 안내, 다양하고 개별화된 문제에 개입하여 시각장애인의 재활 의지와 동기 강화를 위한 운동 · 지각 향상, 의사소통능력 향상, 학습능력 향상, 사회적응력 향상, 여성장애인 복지 증진, 장애아동 언어재활, 심리적응훈련을 위한 서비스를 제공하여 건강한 자립생활을 도모하고 재가 시각장애인을 위한 가정봉사원 운영 및 재가복지 서비스를 수행한다. 이러한 특성을 지닌 시각장애인복지관의 사례관리사업에 대해 자세히 알아보고, 접수 단계에서의 어떤 실천기술이 가장 효과적일지 생각해 보자.

토 론 문 제

불법체류 중인 네팔인 R 씨는 6개월째 임금을 받지 못해 현재 경제적으로 매우 어려운 상태이다. 동료를 통해 외국인 근로자지원센터에서 근무하는 나○○ 사회복지사를 소개받은 R 씨는 나○○ 사회복지사와 만나 인테이크를 진행하였다. 이때, 나○○ 사회복지사는 R 씨를 어떻게 도와줄 수 있을까? 불법체류자이기 때문에 출입국사무소에 신고를 해야 할까? R 씨가 근무하고 있는 회사의 임금체불을 고용노동부에 신고해야 할까? 토론해 보자.

C·H·A·P·T·E·R 08

통합적 욕구 사정

01 사정의 개념 및 특성

사정이란 클라이언트를 총체적인 인간으로 바라보고 개인의 다양한 문제 및 욕구를 확인하는 체계적인 과정이다(최은희 외, 2013). 이 과정은 사례관리자가 활용 가능한 자원인 개인적 · 환경적 측면에서의 강점을 찾고 필요한 자원을 탐색하는 과정이다. 사정 단계는 계획과 실행을 성공적으로 수행하기 위한 기반이 된다(한국사회복지관협회, 2012).

최근에 사정은 클라이언트의 삶을 종합적으로 이해하는 가운데 전 과정에서 사례관리자와 클라이언트의 협력적이고 상호 의존적인 관계로 이루어지고 있다(한국사례관리학회, 2014).

사정은 다음과 같은 특성이 있다(엄명용 외, 2015).

- 사정은 계속되는 과정이다.
- 사정은 클라이언트와 그를 둘러싼 환경, 그리고 클라이언트와 환경 체계 간의 상호작용을 동시에 이해해야 하는 이중 초점을 가지고 있다.
- 사정은 클라이언트와 사례관리자가 서로 상호작용을 한다.
- 사정은 사고의 전개 과정이 있으며, 이론적 지식을 기반으로 이루어진다.
- 사정은 수평적 · 수직적 탐색이 이루어진다.
- 사정은 개별적이라는 특성을 가지고 있다.

사정 단계는 개인의 상태를 종합적 · 객관적으로 판단하여 사례 계획을 구성한 후 서비스로 연계하는 중요한 과정이다. 객관적인 사정도구의 필요성과 그 요구는 전문성을 담보하는 데 있어 당연한 것으로 여겨진다(김영숙 · 임효연 · 신소라, 2009, 재인용).

02 사정의 유형

1) 욕구 사정

클라이언트의 욕구 사정은 일상생활에서 충족되지 않은 욕구를 다차원적으로 확인하는 것이다. 클라이언트의 욕구는 의료, 사회, 심리, 교육, 직업, 여가 등 다양한 영역에 걸쳐 있을 수 있다(장인협 · 우국희, 2007). 그러나 클라이언트와 기관에 따라 욕구 사정의 영역과 세부 내용에는 다소 차이가 있다.

욕구 사정 시 클라이언트의 욕구(need)와 요구(want)를 구분하고, 제시된 욕구와 합의된 욕구를 구분하여 도출하는 것이 중요하다. 제시된 욕구는 정확한 경청을 통해 클라이언트나 의뢰자의 말을 가능한 한 원형 그대로 옮겨야 한다. 한편, 합의된 욕구는 클라이언트의 욕구, 가족의 욕구, 의뢰자의 욕구 그리고 사례관리자가 중요하게 생각하는 욕구 사이의 합의점을 찾아내야 한다. 만약, 합의가 이루어지지 않는다면, 위기 상황 및 법적인 문제 상황 등을 제외하고는 클라이언트의 욕구를 우선시하는 것이 이후 개입 과정에 도움이 된다.

2) 자원 및 강점 사정

사례관리자는 정확한 자원 사정을 통해 클라이언트의 문제해결을 위해 새롭게 제공되어야 하는 자원과 이미 가지고 있는 자원 중 활용되어야 하는 자원이 무엇인지 구분해야 한다. 실제로 이 단계에서 철저한 사정이 이루어지지 않으면 중복 서비스의 제공, 클라이언트나 가족의 능력을 과소평가하거나 의존심을 부추기는 결과를 초래한다(권진숙 외, 2018).

클라이언트와 가족의 강점을 사정하는 것 역시 중요하다. 강점 사정을 위해서는 클라이언트의 강점에 대한 믿음과 강점을 발견하려는 세심한 노력이 중요하다. 또한, 사정된 강점을 계획 단계에 반영함으로써 이후 클라이언트의 문제해결 과정에 실제로 강점을 활용한다.

자원과 강점을 효과적으로 사정하기 위해서는 사례관리자가 자원 전문가가 되어야 하며, 강점에 대해서도 민감해야 한다. 그러나 자원과 관련하여, 사례관리자 개인이 지역사회자원에 대한 최신의 정보를 갖는 것만으로는 부족하며, 지역사회 내 자원이 부족한 경우가 많으므로 자원 개발을 위해 지속적으로 노력해야 한다.

3) 장애물 사정

장애물은 사례관리자가 클라이언트를 온전히 이해하고 돕는 데 방해가 되며, 클라이언트에게는 계획 단계에서 얻을 수 있는 혜택을 갖지 못하게 한다. 볼류와 밍크(Ballew & Mink, 1986)는 클라이언트가 보일 수 있는 보편적인 내부 장애물로 비관주의, 비판주의, 운명주의, 냉소주의를 말하였다. 이 외에 문제해결에 방해가 되는 요소가 클라이언트 외부에 있는 경우를 외부 장애물이라고 한다. 외부 장애물에는 자원 이용을 위한 교통편 부족, 지방자치단체의 예산 부족, 사회적 편견 등이 있다.

사례관리자는 장애물이 확인되면 장애물을 극복하기 위한 전략을 수립해야 한다. 예를 들어, 클라이언트가 고등학생인 사례에서 합의된 욕구와 계획으로 각각 '성적 향상'과 '매일 3시간씩 독서실에서 스스로 학습하기'를 선정했다고 가정해 보자. 이 경우 장애물로 '클라이언트의 의지 부족'이 사정되었다면, 장애물 극복을 위해 '부모님과 사례관리자가 매일 지지해 주기'를 전략으로 세울 수 있다.

03 사정 시 유의사항

사례관리자는 사정 과정에서 다음의 사항을 기억해야 한다(최은정 외, 2017).

첫째, 클라이언트뿐만 아니라 가족의 욕구도 함께 사정할 수 있다. 아동이 있는 가정의 경우 보호자인 부모나 조부모의 빈곤, 정신건강, 장애 등의 문제가 아동의 발달에 직접적인 영향을 미칠 수 있다. 따라서 이 경우 보호자의 충족되지 않은 욕구 또는 문제도 포함하여 사정해야 한다.

둘째, 사정 시 사례관리자의 이론적 근거와 판단이 필요하다. 사례관리자는 사정을 통해 개입 방향과 내용을 결정하게 되는데, 이 경우 사례관리자의 이론적 지식에 근거하여 판단한다. 예를 들어, 문제나 병리가 아닌 클라이언트가 원하는 변화와 이미 일어나고 있는 변화에 초점을 맞추어 개입 방향을 정할 경우, 사례관리자는 강점 관점 해결중심모델에 기초하여 사정한다.

셋째, 보통 사례관리 대상자로 접수된 후 10일 이내에 욕구 및 위기도 조사와 같은 사정을 마쳐야 한다. 그리고 이후 5일 이내에 사례회의를 거쳐 대상자 구분 및 선정을 하고, 대상자로 선정이 되면 20일 이내에 서비스 계획을 수립하여 통보하도록 하고 있다(보건복지부, 2016).

넷째, 사례관리 사정은 3개월 주기로 재사정을 실시한다. 단, 클라이언트 또는 환경의 새로운 요구(변화)가 있을 경우 수시로 재사정을 실시하여야 한다(권진숙 외, 2018).

다섯째, 사례에 대한 사정은 사례회의(case-conference)를 통해 이루어진다. 사례회의에서 클라이언트에 대한 종합적인 사정 내용을 토대로 개입 방향과 서비스 내용을 결정하게 된다. 사례회의는 여러 분야의 전문가가 참석하여 사정을 하는 것이 바람직하다.

04 사정을 위한 정보 수집 방법

1) 인터뷰와 관찰을 통한 정보 수집

사정 단계에서 클라이언트와 그들의 공식적 · 비공식적 자원으로부터 욕구와 능력, 문제 등에 대한 정확한 정보를 끌어내기 위한 주요 과업으로는 인터뷰와 관찰이 있다. 인터뷰의 주요 목적은 첫째, 관련된 사람이 자유롭게 그들의 관심을 표현하도록 하는 것과 둘째, 상황과 문제에 그들의 이해를 증대시키는 데 있다. 주요한 정보의 출처는 다음과 같다(Moxley, 1989; 우국희, 2016, 재인용).

- 클라이언트의 진술: 사례관리자는 클라이언트에게 자신의 욕구에 대해 말하고, 자신의 감정 및 사고를 자유롭게 표현하며, 자원을 확인할 수 있도록 다양한 질문을 한다.
- 클라이언트 관계망 구성원의 진술: 사례관리자는 클라이언트의 욕구와 자원을 확인하기 위해 클라이언트에게 있어 중요한 사람들과 인터뷰한다.
- 클라이언트 환경에 대한 직접적 관찰: 사례관리자는 클라이언트의 집을 방문하여 주거 상황과 주변 환경을 직접 관찰함으로써 주요한 정보를 수집한다.
- 이전의 서비스 제공자와 인터뷰: 사례관리자가 허용한다면 사례관리자는 과거 클라이언트에게 서비스를 제공해 주었던 사람을 인터뷰하여 이전 서비스의 성격과 그 결과에 대한 정보를 수집한다.

클라이언트의 강점에 대한 정보는 클라이언트 자신이나 주변 사람들의 직접적인 진술로 얻어지는 경우는 드물다. 인터뷰 과정에서 사례관리자는 다음과 같은 질문에 대한 대답을 지속적으로 찾으려고 노력함으로써 클라이언트의 강점에 대한 정보를 획득할 수 있다(Summers, 2006; 우국희, 2016 재인용).

- 지역사회 내 클라이언트와 그의 가족을 위한 지지망이 있는가? 예를 들어, 클라이언트가 다니는 종교시설이나 여가 프로그램 또는 다른 사회서비스 프로그램이 있는가? 클라이언트가 지역사회나 직장에 대해 강한 연대감을 가지고 있는가?
- 클라이언트의 종교적 신념이나 가치는 무엇이며, 지지나 평안을 위해 이러한 가치나 신념을 어떻게 사용하는가?
- 클라이언트가 가지고 있는 특별한 능력이나 기술은 무엇인가?
- 클라이언트에게 그가 원하는 것을 할 수 있는 선택의 기회를 준다면 주로 어떤 선택을 할 것으로 예상되는가?
- 클라이언트가 그의 가족과 접촉할 때 그들이 함께하는 활동은 무엇인가? 예를 들어, 함께 식사하거나, 함께 TV를 보는 등의 같이 하는 활동이 있는가?
- 클라이언트가 추구하는 여가 활동이나 취미, 재능은 무엇인가? 클라이언트가 관심을 갖는 것은 무엇인가?
- 클라이언트에게 편안함을 주는 활동이나 사람, 집단이 있다면 그것은 무엇인가? 클라이언트에게 반려동물이 있는가?
- 클라이언트는 대체로 누구와 같이 시간을 보내기를 원하는가?

2) 사정도구를 활용한 정보 수집

사정 단계에서 클라이언트 및 그들의 공식적·비공식적 사회적 관계망에 관한 정보는 다양한 사정도구를 활용하여 획득할 수 있다. 대표적인 것으로 가계도(genogram), 생태도(eco-map) 등이 있다.

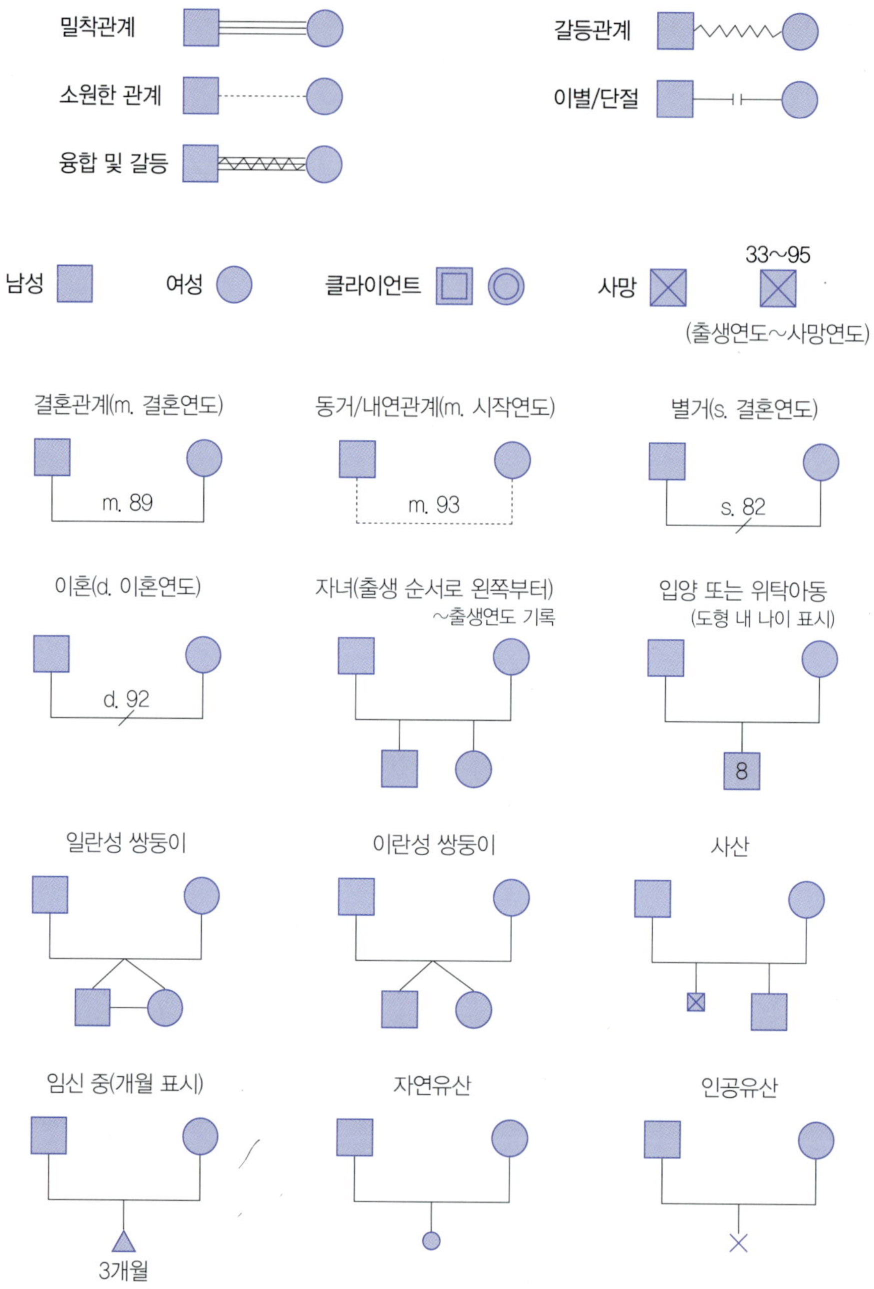

[그림 8-1] 가계도 및 생태도 기호

출처: 엄명용 외(2015).

(1) 가계도

가계도는 적어도 3세대에 걸친 가족 구성원과 가족관계에 대해 중요한 정보를 도식화하여 기록함으로써 복잡한 가족 패턴을 한눈에 볼 수 있도록 한 사정도구이다. 가계도는 클라이언트와 함께 작성해 나가는 것이 도움이 되는데, 클라이언트로 하여금 자신의 가족관계나 가족 구성원의 특성, 가족의 역사나 유전적 측면 등에 대해 새롭게 이해할 수 있게 한다.

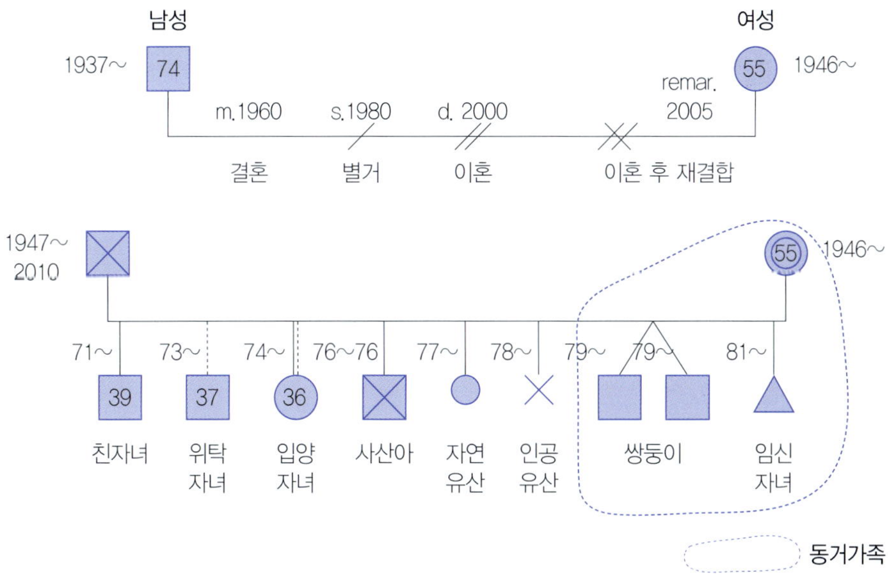

[그림 8-2] 가계도의 예

출처: Mcgoldrick, Gerson & Petry(2008); 이영분 외(2011).

(2) 생태도

생태도는 클라이언트와 환경체계 간의 관계 속에서 역동성을 파악할 수 있게 하는 사정도구이다. 클라이언트 및 그들 가족과 환경체계와의 관계에서 관계의 성질을 파악할 수 있게 할 뿐만 아니라, 자원의 흐름, 갈등, 앞으로 동원 가능한 자원에 대한 정보를 확인할 수 있게 한다.

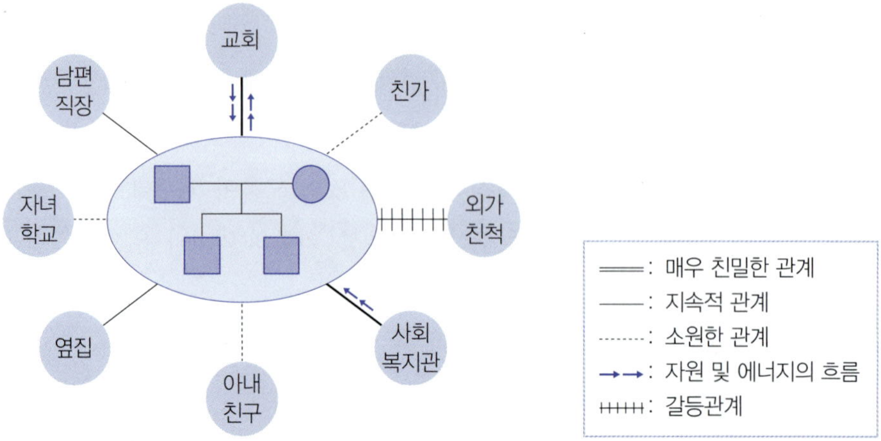

[그림 8-3] 생태도의 예

출처: 우국희 외(2015).

05 사례관리 사정표 작성 방법

사례관리 사정 양식은 권진숙(2007)이 개발한 양식을 기초로 하여 사례관리연구회(2008)가 2년간의 프로젝트를 통해 인천 지역 종합사회복지관에서의 사례관리를 위한 기본 양식으로 개발하였다(권진숙 외, 2018).

〈표 8-1〉 사례관리 사정표

사례관리 사정표

등록번호		대상자		사례관리자	
사정일시	20 . . .	유형	□ 신규 □ 재사정	정보제공자	

유형	우선순위	제시된 욕구	합의된 욕구	지원(강점)	내 · 외적 장애물
개인 수준의 욕구					
가족 수준의 욕구					
기관 및 조직 수준의 욕구					
지역사회 및 정책 수준의 욕구					
기타 의미 있는 욕구					

척도를 이용한 사정	척도 종류	사정 결과
사례관리 수준판정	□ 긴급 □ 집중 □ 일반	

출처: 인천사회복지관협회 · 임상사회사업연구회(2008).

1) 유형

욕구의 주체이거나 욕구 해결을 위해 관련된 체계를 기준으로 구분한다. 유형을 구분하기 어렵거나 복수의 유형과 연관된 경우 기타 의미 있는 욕구로 분류한다.

2) 우선순위

모든 욕구에 대한 사정이 끝난 후 클라이언트의 호소 정도, 객관적 긴급성, 해결 가능성, 현실 관련성 등을 고려하여 전체 욕구를 대상으로 우선순위를 매긴다. 문제해결을 위해 한 번에 선택되는 욕구는 3개를 넘지 않는 것이 좋다.

3) 제시된 욕구

클라이언트, 가족, 기타 의미 있는 타인이 진술하는 욕구를 원형 그대로 기술한다. 클라이언트 이외의 경우에는 누구의 욕구인지 기록한다. 욕구는 각 유형으로 분류하여 기록한다. 유형별 욕구의 개수는 제한하지 않으나 전체적으로 우선순위를 통해 개입을 하게 되는 욕구는 한 번에 3개를 넘지 않을 것을 권장하므로 각 유형별 욕구의 개수를 조정하는 것이 좋다.

4) 합의된 욕구

제시된 욕구 중 합의된 욕구를 정리한다. 일반적으로 제시된 많은 욕구 중 소수의 합의된 목표로 정리되는 주요 내용 혹은 활동이 될 것이다. 드물기는 하지만 위에서 제시된 욕구 중 합의된 욕구를 한 가지도 추출하지 못한 경우 제시된 욕구를 더 작은 규모의 욕구로 분류하는 노력으로 해결하는 것이 좋다.

5) 자원

앞서 제시된 욕구의 해결을 위한 자원으로써 대상자의 내적인 강점과 환경적인 자원을 포함하여 기술한다. 현재 문제와 직접 연결되지 않더라도 이전에 클라이언트나 가족이 이용하였거나 이용 가능성이 있다고 판단되는 모든 자원에 대한 사정이 포함되면 더욱 바람직하다.

6) 장애물

제시된 욕구의 해결에 방해가 되는 장애 요인에 대해 내부 장애물과 외부 장애물로 나누어 사정한다. 장애물의 유형은 클라이언트와 가족의 신체적 · 정신적 · 외부 환경적 장애물로 대별된다. 이때 신체적 · 정신적 문제를 제시할 경우 반드시 객관적 근거가 동시에 명시되어야 한다. 예를 들어, 우울증(병원, 진단명 등), 구체적 근거가 없는 장애물의 경우 진단을 위한 의뢰 노력이 반드시 요구된다.

7) 척도를 이용한 사정

객관적이고 전문적인 사정을 위해 가계도, 생태도 및 기타 척도를 선택하여 사정하고 그 결과를 기록한다.

8) 사례관리 수준판정

사례관리자는 사정 결과를 종합하고, 서비스 수준평가척도를 활용하여 사례관리 수준을 긴급, 집중, 일반으로 판정한다.

해결문제

통합적 욕구 사정 중 강점 관점의 해결중심 기본원리는 다음과 같다. ① 사례관리 대상자의 강점과 능력에 초점을 두고 활용한다. ② 사례관리 대상자가 원하는 것에 초점을 둔다. ③ 사례관리자는 사례관리 대상자의 협력자로서 활동한다. ④ 사례관리 대상자는 지속적으로 배우고 성장하며 변화하는 존재이다. ⑤ 현재와 미래를 지향한다. 이러한 강점 관점을 활용한 자원연계에서 중요하게 다루어야 할 정보는 무엇인가? 그리고 이러한 정보를 얻기 위해 어떤 내용을 사정해야 할지 생각해 보자.

토론문제

20세의 대학 1학년인 다솜 양은 조현병(정신분열병)으로 입원치료를 받고, 퇴원 후 재활치료를 위해 사회복귀시설에 의뢰되었다. 그런데 가족들은 다솜 양이 자신이 조현병임을 알게 되면 심한 충격을 받고 어떤 일을 저지를지 모른다며, 다솜 양의 병명을 본인에게 알리지 말도록 강력하게 요청하였다. 이때 사례관리자는 클라이언트의 알 권리와 비밀보장의 원칙이 충돌하는 상황에서 각각 어떠한 문제가 발생할 것이며, 어떤 결정을 할 것인지 토론해 보자.

C·H·A·P·T·E·R 09

개입 계획 수립

계획 단계는 사정 내용에 근거하여 개입할 내용과 과정을 체계화하는 단계이다. 사정이 해결할 문제와 개입의 목표를 확인하는 데 초점을 둔다면, 계획은 클라이언트의 욕구를 해결할 수 있는 적합한 자원을 실질적으로 선택하는 데 초점을 둔다(Chalis & Davies, 1989). 따라서 계획 단계에서는 개입할 문제의 우선순위를 결정하고 변화목표를 수립한다. 그리고 수립한 목표 달성을 위해 실행 단계를 구체적으로 수립해야 한다. 실행할 문제의 우선순위는 기간 내 달성 가능성과 상황 개선의 가치, 긴급성 및 클라이언트가 중요하다고 생각하는 것을 기준으로 한다(권진숙 · 전석균, 1999).

01 계획의 과정

계획은 다음과 같은 단계로 진행된다(Ballew & Mink, 1986; 권진숙 외, 2018).

1) 목표의 공식화

계획의 과정 첫 단계는 사정 단계에서 확인된 클라이언트와 관련된 내용을 바탕으로 결과목표와 세부목표를 공식화한다. 목표를 공식화하기 위해 고려할 사항으로는 개별적인 사례의 목표 또는 초점의 진술, 욕구충족과 문제해결의 방안과 대안의 명료화, 클라이언트와 서비스 계획의 협의, 클라이언트와 사례관리자 및 비공식 지원체계가 수행해야 할 과업의 명확화 등이 있다(Steinberg & Carter, 1983). 목표는 사례관리 서비스가 종결되었을 때 클라이언트에게 기대되는 결과에 대한 진술이기 때문에 분명한 목표의 수립은 사례관리 과정에서 매우 중요하다(Frankel & Gelman, 2004).

2) 우선순위 결정

결과목표를 바탕으로 설정한 구체적인 세부목표가 설정되면 욕구와 문제의 긴급성 등을 고려하여 해결 가능한 것을 중심으로 우선순위를 결정한다. 세부목표에 대한 우선순위를 결정할 때는 서비스를 제공할 수 있는 편이성과 용이성에 따라 우선순위를 결정하는 것이 아니라 클라이언트의 욕구나 문제의 긴급성과 심각성에 따라 결정해야 한다. 이것은 서비스 계획을 체계적으로 수립하는 데 결정적인 도움이 되며, 결과목표를 효율적으로 달성하는 데 크게 기여할 수 있다.

3) 서비스 계획의 수립

결과목표와 세부목표가 설정되고 세부목표에 대한 우선순위가 결정되면 서비스 계획을 수립한다. 서비스 계획은 클라이언트의 욕구와 문제를 중심으로 설정한 세부목표를 달성하기 위해 제공하는 서비스를 중심으로 수립되어야 한다. 그리고 서비스를 순서대로 나열하는 방식으로 서술한다. 서비스 계획의 수립에서 각각의 서비스에 따라 제공자와 제공 내용이 명시되어야 하며, 서비스 제공 일자, 제공 기간 등 다양한 요소도 고려되어야 한다. 그와 동시에 각각의 세부목표별로 개별적인 차원에서 목표를 달성할 수 있는 개입기술이나 전략이 마련되어야 한다.

4) 시간 활용의 확인

계획의 과정에서 그다음으로 고려해야 할 중요한 사항 중 하나는 서비스 계획의 달성에 필요한 시간을 포함시켜야 한다는 것이다. 이것은 서비스 계획의 수립에서 각각의 세부목표를 달성하기 위한 시간표를 상술하는 것이다. 만일, 구체적인 시간제한이 없는 계획을 수립했다면 그러한 계획은 서비스 전달 과정이 끝없이 이어질 가능성이 있다. 그 결과 서비스 제공의 효율성이 낮아질 것이다. 따라서 효과적이며 효율적인 사례관리를 위해서는 서비스 계획을 수립할 때 시간 활용을 확인하고 목표 달성을 위한 시간표를 상술해야 한다.

5) 계약

계획 수립을 위해 사례관리자가 잊지 말아야 할 것은 문제의 선정과 개입 방안을 계획하는 과정에서 클라이언트가 주도권을 잃지 않도록 하는 것이다. 사례관리자는 계획을 수립한 후 클라이언트 또는 가족으로부터 사례관리 계약서를 작성하도록 안내한다.

계약은 어떠한 일을 행할 것이라는 데 동의하고 그것을 문서화하는 것이다. 사회에서의 일반적인 계약과 마찬가지로 사례관리 계약 역시 상호적이다. 즉, 클라이언트가 문제해결을 위해 어떠한 행동을 할 것이라는 것에 동의한다면 사례관리자는 그를 지지하거나 그의 행동이 이루어지는 데 필요한 자원을 제공할 것에 동의한다. 사례관리자는 클라이언트에게 함께 설정한 목표에 대해 설명하고 그것이 사례관리자의 일방적인 결정이 아니라 클라이언트가 참여한 공동의 결과라는 점과 그것을 이행해 나갈 것에 동의를 받는다(권진숙, 2004).

계약 내용에는 클라이언트의 과업과 사례관리자의 과업이 함께 기록되었을 때, 클라이언트에게 동의와 이행을 위한 동기부여가 될 것이다. 좋은 계약을 위해서는 앞서 말한 클라이언트의 개입, 목표 설정을 위한 구체적인 행동, 이행의 결과, 시간적 틀의 네 가지 요소가 포함되어야 한다.

6) 계획서의 공유

사례관리자와 클라이언트의 상호 계약으로 완성된 서비스 계획서는 양 계약자가 날인한 원본을 각각 나누어 가짐으로써 이후 계약의 수행에 대한 책임과 의무를 나누어서 진다. 사례관리자는 서비스 점검 과정에서 클라이언트에게 서비스 계획에 대해서 일일이 설명하지 않아도 각자 소지한 계획서를 바탕으로 점검 및 평가를 실행할 수 있다.

02 계획의 실제

1) 목표 설정

목표는 클라이언트의 문제가 해결된 상태를 의미하는 것으로, 클라이언트와 합의를 통해 목표를 설정한다. 목표는 달성에 소요되는 기간에 따라 장기목표와 단기 목표로 구분한다. 일반적으로 단기 목표는 3~6개월 이내에 달성이 가능한 목표를 의미하고, 장기 목표는 6개월에서 1년 이상의 개입을 통해 긍정적인 변화를 도모할 수 있는 목표를 의미한다.

목표 설정 시에는 다음과 같은 원칙을 고려해야 한다.

첫째, 목표는 클라이언트가 동의해서 합의한 것이어야 한다. 목표는 클라이언트가 희망하는 것과 관련이 있어야 하며, 이 경우 클라이언트의 적극적인 참여를 끌어낼 수 있다.

둘째, 목표는 구체적이고 측정 가능한 형태로 기술한다. 예를 들어, 청소년의 학업성취와 관련하여 목표를 설정한다고 가정해 보자. '학업성취능력 향상'이라는 목표보다는 '학업성적 10% 향상'이라는 목표를 설정할 경우, 목표 달성 여부를 객관적이고 실제적으로 평가할 수 있다.

셋째, 목표는 실현 가능한 형태로 기술한다. 작은 목표라 할지라도 클라이언트가 목표를 달성하는 긍정적인 경험을 하는 것이 중요하다. 이것은 이후에 보다 큰 목표를 달성하기 위한 초석이 될 것이다.

넷째, 목표는 긍정적인 형태로 기술한다. 예를 들어, '아이를 혼내지 않기'라는 목표보다는 '하루 3번 이상 칭찬하기', '하루 3번 이상 안아 주기'와 같이 성장을 강조하는 긍정적인 형태로 기술한다.

다섯째, 목표에는 시간계획을 포함한다. 즉, 목표가 언제까지 달성되는지를 기록한다. 이것은 서비스 제공이 언제까지 이루어지는지를 의미하기도 하며, 이후 평가의 근거가 된다.

여섯째, 목표는 기관의 기능 및 목적과 일치해야 한다. 예를 들어, 아동학대로 인한 피학대 아동의 상담치료와 가해자 부모에 대한 부모교육이 필요한 경우, 아동보호전문기관이 사례관리 기관으로 개입하는 것이 적절하다.

2) 실행 계획 수립

실행 계획 수립 과정에서는 목표를 달성하기 위한 구체적인 실행 계획을 수립한다. 먼저, 우선순위로 정리된 합의된 욕구 또는 문제와 합의된 목표를 결정한다. 그런 다음 합의된 목표를 달성하기 위한 구체적인 서비스 실행 방법을 수립한다. 서비스 실행 방법에는 서비스 실행과 관련하여 무엇(내용)을 누가(제공 주체와 담당자), 얼마 동안(제공 기간), 얼마나 자주(빈도) 수행할 것인지를 기록한다.

서비스 내용은 목표 달성을 위한 제공 서비스 내용 또는 활동 내용을 의미한다. 여기에서 클라이언트의 역할을 포함하는 것이 중요하다. 모든 서비스를 사례관리자가 제공하기보다는 클라이언트로 하여금 가능한 부분을 스스로 하도록 지원함으로써, 클라이언트의 자존감을 유지하고 강화시키는 것이 필요하다. 그리고 이 경우 사정에서 확인된 클라이언트의 강점을 반영하는 것 역시 중요하다. 예를 들어, 밑반찬이 없어 제대로 식사를 못 하는 빈곤 독거노인 사례에서, 클라이언트가 요리하는 것을 즐거워한다는 강점이 있다고 가정해 보자. 이 경우 사례관리자가 밑반찬 서비스를 전적으로 제공하기보다는, 클라이언트가 몇 가지 밑반찬을 스스로 만들어 볼 수 있도록 요리 재료와 요리 방법을 제공하는 계획을 수립하는 것이 적절하다.

담당자는 서비스를 수행할 사람을 의미하며, 기관 내부 또는 외부 사람이 될 수 있다. 기관 내부인 경우 담당자명과 부서명 그리고 외부 기관인 경우 담당자명, 외부 기관명, 부서명을 기록한다. 클라이언트 본인 또는 클라이언트의 가족 역시 담당자가 될 수 있다. 클라이언트와 가족이 목표 달성을 위해 직접 수행하는 역할이 있는 경우 담당자에 기록한다.

실행 기간은 서비스 시작 일자부터 종료 일자까지를 기록한다. 실행 기간을 통해 목표 달성에 소요되는 기간을 알 수 있다. 빈도에는 주 또는 월 단위로 몇 회의 서비스와 활동이 필요한지를 기록한다.

이외에 실행 시기와 점검 관련한 내용을 포함할 수 있다. 실행 시기는 얼마 후에 서비스를 제공할 것인지를 의미한다. 클라이언트의 욕구 및 목표가 위급한 것일수록 빠른 시간 안에 서비스를 제공한다. 점검은 계획된 서비스가 제대로 작동되고 있는지를 점검하는 것으로, 주기적인 점검이 이루어진다. 점검에는 점검 방법, 점검 내용 등을 기록할 수 있다.

한편, 실행 계획 수립 과정에서 설정된 목표와 서비스 내용은 불변적인 것이 아니다. 이후 실행 과정에서 클라이언트의 욕구나 상황이 변화되어 목표를 수정할 필요성이 생기면 목표와 서비스 내용 변경이 가능하다. 예를 들어, 위기 상황이 발생하거나 더 시급한 문제가 발생할 경우, 그러한 상황과 욕구에 맞추어 목표를 수정하거나 추가할 수 있다.

03 서비스 계획표 작성

서비스 계획표는 사례관리 과정에서 클라이언트의 욕구와 목표를 구체적으로 반영하여, 단계별로 실행 가능한 계획을 명확히 기록하는 문서이다. 이는 클라이언트와 사례관리자가 서비스의 방향, 내용, 책임, 점검 및 평가기준을 공유하는 핵심 도구임이 분명하다. 서비스 계획표는 클라이언트의 자기결정권, 강점, 욕구의 우선순위, 실현 가능성을 반영하며, 지역사회 자원 연계, 서비스 연계, 점검 및 평가 체계까지 포함한다(Rothman & Sager, 2017).

1) 장기 목표

장기 목표는 클라이언트의 욕구와 문제 상황에 따라 단기 목표(3~6개월 내 달성 가능한 구체적 · 측정 가능한 목표)와는 별도로, 단기 목표의 성취를 바탕으로 6개월 이상의 지속적 개입을 통해 변화를 기대할 수 있는 영역에 대해 설정한다. 이는 단기간 내에 해결되기 어렵거나, 점진적이고 체계적인 변화가 필요한 행동, 태도, 습관, 가치관, 환경적 요소 등에 해당한다. 예를 들어 설명하면 다음과 같다.

- 만성질환(치매, 우울증 등) 관리 및 건강 증진: 단기 목표로는 주간보호 서비스 이용, 가족상담 참여 등이 있을 수 있으며, 장기 목표로는 클라이언트의 건강 상태 유지, 질병 진행 속도 저하, 가족의 돌봄 역량 강화, 가족 구성원의 심리적 안정감 증진 등이 포함된다.
- 가족기능 강화 및 가족관계 개선: 단기 목표로는 부부 갈등 완화, 가족상담 참여 등이 있을 수 있으며, 장기 목표로는 가족 내 의사소통 방식의 지속적 변화, 갈등 관리 능력 향상, 가족 간 신뢰 및 유대감 강화 등이 설정된다.
- 자립 역량 강화 및 경제적 안정: 단기 목표로는 일자리 연계, 경제적 지원 등이 있을 수 있으며, 장기 목표로는 클라이언트 또는 가족 구성원의 자립 의지 및 실질적 자립 역량 증진, 경제적 안정성 확보, 사회적 관계망 확대 등이 포함된다.
- 아동 · 청소년의 학습 능력 및 사회성 증진: 단기 목표로는 학습 지원, 집단 미술 프로그램 참여 등이 있을 수 있으며, 장기 목표로는 아동의 자기주도적 학습 습관 형성, 또래와의 원만한 관계 유지, 사회적 적응력 향상 등이 설정된다.

장기 목표는 클라이언트와 사례관리자가 공동으로 설정하며, 목표 달성을 위한 구체적인 실행 계획(서비스 내용, 제공기관, 담당자, 빈도, 기간 등)을 명확히 기록

한다. 또한, 장기 목표는 단기 목표와 연계되어 단계적으로 달성될 수 있으며, 정기적 점검(모니터링)과 재사정을 통해 목표의 적합성과 실현 가능성을 지속적으로 검토한다. 이 과정에서 클라이언트의 자기결정권, 강점, 욕구 변화를 반영하여 목표를 유연하게 조정할 수 있다.

장기 목표는 클라이언트의 삶의 질 향상, 자립 및 사회적 기능 회복, 가족의 지속적 돌봄 역량 강화 등과 같이 단기간 내 달성되기 어려운, 그러나 궁극적으로 지향해야 할 변화를 반영한다. 이를 위해 사례관리자는 클라이언트와 가족의 강점, 자원, 환경적 조건을 종합적으로 고려하여 목표를 설정하고, 목표 달성 과정에서 정기적으로 점검 및 평가를 실시한다(권진숙 외, 2018; 서울시복지재단, 2015).

2) 욕구영역 및 욕구내용

욕구영역(예: 건강, 교육, 경제, 사회적 관계, 심리 · 정서, 주거, 법적 이슈 등) 및 욕구내용(예: 치매 케어, 우울증 관리, 학습 지원, 일자리 연계 등)의 우선순위는 아래와 같은 기준에 의거해 클라이언트와 합의하여 설정한다.

- 클라이언트의 주요 욕구 중 단기간 내에 충족 가능한 것
- 클라이언트가 가장 중요하다고 인식하거나, 클라이언트의 삶에 당장 위험을 끼칠 가능성이 있는 긴급한 것
- 작은 것, 달성하기 쉬운 것으로 구체적이며 명확하고 행동적인 것, 클라이언트의 생활에서 현실적이고 성취 가능한 것
- 서비스가 미뤄질 경우 다른 욕구영역에까지 새로운 문제 유발 혹은 욕구 발생 가능성이 큰 것
- 클라이언트의 삶에 직접적 위협이 되는 욕구, 현실적으로 지원 가능한 자원이 있는 욕구
- 클라이언트 중요도: 클라이언트가 직접적으로 요청한 욕구

3) 단기 목표(서비스 목표)

사례관리 시작 이후 적어도 3~6개월 안에 달성 가능한 것으로 설정하되, 향후 장기 목표를 달성하기 위한 과정적 목표도 고려하여 수립한다. 단기 목표는 궁극적인 행동 변화에 영향을 미치는 생활조건의 변화를 목표로 할 때 더욱 적절하다.

(1) 단기 목표의 의미와 역할

단기 목표는 장기 목표(6개월 이상의 개입을 통해 도모하는 궁극적 변화)를 달성하기 위한 단계적이고 과정적인 이정표 역할을 하며, 클라이언트와 사례관리자가 함께 실천 가능한 실행 계획의 핵심이 된다(Rothman & Sager, 2017). 단기 목표는 다음과 같은 원칙에 따라 설정한다.

- 구체성(Concrete): 목표는 모호하지 않고 명확하게 기술되어야 한다. 예를 들어, "가족의 갈등을 줄인다."보다는 "가족상담 프로그램에 주 1회 참여하여 부부 간 갈등을 완화한다."와 같이 구체적으로 작성한다.
- 측정 가능성(Measurable): 목표 달성 여부를 객관적으로 평가할 수 있어야 한다. 예를 들어, "학습능력을 높인다."보다는 "학습 지원 프로그램에 주 5회 참여하여 과목별 성적이 10% 이상 상승한다."와 같이 수치화하거나 관찰 가능한 지표를 포함한다.
- 달성 가능성(Achievable): 클라이언트와 가족, 사례관리자, 서비스 자원의 현실적 조건 내에서 실현 가능해야 한다. 예를 들어, "6개월 내에 완전히 자립한다."는 비현실적일 수 있으나, "주간보호 서비스 이용으로 돌봄 부담을 50% 감소시킨다."는 현실적이다.

- 현실성(Realistic) : 클라이언트의 욕구, 환경, 자원, 강점을 반영하여 설정한다. 예를 들어, 경제적 어려움이 큰 가족에게 "전문가 상담을 매일 받는다."는 목표는 현실성이 떨어지지만, "월 2회 무료 가족상담을 받는다."는 현실적이다.
- 시한성(Time-bound) : 목표 달성 기간을 명확히 한다. 예를 들어, "3개월 내에 일자리를 구한다." 또는 "6개월 내에 사회성 프로그램에 정기적으로 참여한다."와 같이 기간을 명시한다.

4) 서비스명

단기 목표에 따라 제공되어야 할 서비스 자원 및 시설의 구체적인 내용을 기록한다(예: 주간보호 서비스, 방문간호, 치매관리비 및 관리용품 지원, 인지건강 프로그램, 가족상담, 학습 지원, 집단미술 프로그램, 일자리 연계 등).

5) 서비스 제공기관 및 담당자

실제로 서비스 제공의 1차 책임을 수행하는 기관의 담당자명을 파악 · 기록하여 주기적인 모니터링을 가능하도록 한다(예: ○○노인종합복지관 김○○ 사회복지사, ○○치매센터 이○○ 간호사, ○○가족센터, 박○○ 상담사 등).

6) 서비스 횟수

서비스의 구체적 내용과 제공 방식, 주요 활동, 클라이언트가 수행할 역할 등을 명확히 기술한다. 또한 서비스가 제공될 빈도(주/월/필요시 등)와 제공 기간(시작일~종료일 또는 기간)을 명확히 기록한다. 그리고 해당 서비스가 단기 목표 달성에 어떤 기여를 할지, 클라이언트에게 어떤 변화가 기대되는지 구체적으로 기술한다. 예를 들어 설명하면 다음과 같다.

- 주간보호 서비스(주 3회) : 치매노인 일상생활 지원, 식사 제공, 간단한 신체 활동 및 레크리에이션 진행
- 방문간호(주 2회) : 건강 상태 점검, 복약 지도, 일상생활 지원
- 치매관리비 및 관리용품 지원(월 1회) : 기저귀, 위생용품 등 제공
- 주 3회, 3개월(2025년 6월 1일~2025년 8월 31일)
- 주간보호 및 방문간호 서비스 이용으로 돌봄 부담 경감, 며느리의 심리적 안정 및 여유 시간 확보
- 치매관리비 및 관리용품 지원으로 경제적 부담 완화, 위생 상태 개선
- 인지건강 프로그램 참여로 치매노인의 인지 능력 유지 및 향상

〈표 9-1〉 사례관리 서비스 계획표 양식

<table>
<tr><th colspan="9">사례관리 서비스 계획표</th></tr>
<tr><td colspan="2">사례번호</td><td colspan="3"></td><td>클라이언트</td><td colspan="3"></td></tr>
<tr><td colspan="2">사례관리자</td><td colspan="3"></td><td>작성일</td><td colspan="3">년 월 일</td></tr>
<tr><td colspan="2">장기 목표</td><td colspan="7">•
•
•</td></tr>
<tr><td colspan="9">서비스 계획</td></tr>
<tr><td>순위</td><td>욕구영역</td><td>욕구내용</td><td>단기목표</td><td>서비스명</td><td>제공기관</td><td>담당자</td><td>횟수(주/월)</td><td>개입기간</td></tr>
<tr><td>1</td><td></td><td></td><td></td><td></td><td></td><td></td><td></td><td></td></tr>
<tr><td>2</td><td></td><td></td><td></td><td></td><td></td><td></td><td></td><td></td></tr>
<tr><td>3</td><td></td><td></td><td></td><td></td><td></td><td></td><td></td><td></td></tr>
<tr><td>4</td><td></td><td></td><td></td><td></td><td></td><td></td><td></td><td></td></tr>
<tr><td>5</td><td></td><td></td><td></td><td></td><td></td><td></td><td></td><td></td></tr>
</table>

출처: 김성경(2017).

해결문제

독거노인종합지원센터에서는 독거노인의 다양한 욕구에 부합하고 긴급하고 복합적인 사례에 대해 다각적으로 접근하고 위기 노인에 대한 지역사회자원 및 서비스를 연계 및 조정한다. 또한, 문제를 해결하기 위한 적절한 개입활동을 통해 계획된 서비스를 제공함으로써 복지사각지대를 해소하고 삶의 질을 향상시키는 역할을 한다. 이러한 특성의 독거노인종합지원센터의 사례관리 사업에 대해 자세히 알아보고, 독거노인의 복지사각지대를 해소하기 위한 사례관리 계획에서 목표를 세울 때 어떠한 원칙들을 우선시해야 하는지 생각해 보자.

토론문제

6살, 8살 된 두 남자 손자아이를 돌보고 있는 79세의 나ㅇㅇ 할머니는 손자들을 혼자 양육하는 것이 너무 힘들어, 혹시나 손자들이 잘못되지 않을까 노심초사하며 지내고 있다. 점점 양육에 대한 부담을 커지며, 무릎도 안 좋아지면서 거동이 불편하게 되었다. 나ㅇㅇ 할머니는 사례관리자에게 아이들을 보살펴 줄 수 있는 시설이나 위탁가정 등에 손자들을 보내고 싶다고 말씀하시며 적절한 정보를 알아봐 달라고 요청하셨다. 사례관리자는 적절한 시설에 대한 정보를 소개하고, 할머니의 신중한 판단과 결정을 위해 시설을 살펴볼 수 있는 계획에 대해 말씀드렸다. 하지만 나ㅇㅇ 할머니는 갑자기 내가 언제 우리 손자들을 시설로 보내겠다고 했냐며, 사례관리자에게 다시는 오지 말라고 화를 내셨다. 이러한 상황에서 사례관리자는 어떤 선택을 해야 하는지 토론해 보자.

C·H·A·P·T·E·R **10**

실천과정

사례관리자는 클라이언트에게 상담 같은 직접 서비스를 제공하기도 하지만, 서비스 계획서에 명시된 서비스와 자원을 확보하고 조정하여 연계하는 기능도 수행한다. 서비스 조정은 지역사회 내에서 클라이언트가 필요로 하는 자원을 발굴하여, 클라이언트가 이용할 수 있도록 연결해 주는 작업일 뿐만 아니라, 클라이언트의 욕구에 적절한 자원이 없거나 서비스 제공을 거부할 경우 클라이언트의 권리에 대해 옹호를 하거나, 서비스 체계의 경직성을 극복하려는 노력, 클라이언트가 불공정한 대우를 받지 않도록 강하게 주장하는 것 등이 중요하다. 이러한 사례관리 실행 단계에서의 직접실천과 간접실천에 대하여 구체적으로 알아보고자 한다.

01 직접실천

1) 상담

상담은 사례관리 과정에서 클라이언트에게 유용한 서비스에 접근할 수 있도록 필요한 정보를 제공하며, 그들 자신의 욕구와 문제에 대한 이해를 증진시킨다. 또한, 가족에게 그들에 대한 이해를 촉구하며, 서비스 제공기관과의 접촉을 향상시킨다(Fiene & Taylor, 1991). 상담은 클라이언트에게 정서적 지지를 제공하고 고립감과 문제에 대한 압박감을 감소시키며, 클라이언트 스스로 문제를 해결할 수 있도록 동기를 부여하고 문제해결에 필요한 대안을 제시하기도 한다(Brindis, Barth, & Loomis, 1987).

상담은 전형적으로 문제해결, 현실검증, 사회화 기술의 교육 및 부부 역할, 금전 문제, 고용, 주택과 같은 분야에서 실질적인 원조를 제공한다. 그리고 가족 구성원, 기관 관계자 및 시설 운영자 등에게 자문을 제공하기도 한다(Rothman, 1991).

사례관리자는 클라이언트에게 그들의 역할과 기능을 성취할 수 있도록 원조하며, 그들의 목표와 관심 사항을 분명하게 하도록 돕고, 문제를 해결할 수 있는 대안 중에서 선택권을 발휘할 수 있도록 지지한다. 또한, 클라이언트가 어려운 처지에 놓여 있는 동안 목표 달성을 위한 그들의 동기를 유지하도록 돕고, 선택된 결과를 달성하는 방법을 계획하도록 원조한다. 또한, 필요한 교육을 실시하고 의사결정과 기획에서 그들을 돕기 위해 자문을 제공한다(Ballew & Mink, 1986).

사례관리자가 클라이언트에게 효과적인 상담을 제공하기 위해서는 클라이언트에게 기본적인 생활기술을 가르치고 자기보호기술을 증진시키는 방법을 지도하며, 긍정적인 강화를 활용한다. 그리고 바람직한 행동모형을 제시하며, 역할연습을 활용할 수 있다. 이러한 상담은 보통 단기간에 이루어지므로 사례관리 과정의 다양한 지점에서 제공될 수 있다(Rothman, 1991).

2) 관계 형성 기술

사례관리는 일반적인 대인관계와 다른 전문적 목적과 특수한 역할관계를 수반한다. 즉, 전문가가 주로 클라이언트에게 이익을 제공하거나 보호 및 서비스와 연결시키고 관리하는 비상호적인 전문적 관계이다. 사례관리자와 클라이언트와의 전문적 관계는 진실하여야 하며, 특정한 목표를 완수하는 데 목적을 두면서 사례관리자의 개인적인 감정이 섞이지 않은 객관성과 자아인식을 기초로 형성한다.

또한, 사례관리자와 클라이언트 관계는 친구, 친척, 동료관계와는 다르게 사례관리자가 항상 클라이언트보다 권위적인 위치에 있다. 효율적이고 전문적인 실천은 이러한 권위를 인식하고 가능한 한 상호 협동적인 관계를 수립해야 하며, 사례관리자는 자신의 권력과 권위를 남용하지 않도록 해야 한다. 사례관리 실행 과정에서 클라이언트와 가족이 필요할 때 언제나 믿고 도움을 요청할 수 있도록 신뢰를 형성하는 것이 사례관리의 핵심이다(Onyett, 1998).

3) 교육 및 훈련

사례관리자가 클라이언트에게 독립적 삶의 기술을 가르치는 것을 목적으로 클라이언트의 욕구충족을 위해 필요한 기술을 획득하여 직접 활동하는 데 이용 가능하도록 하는, 구조화된 학습방법을 구사하는 것을 말한다. 교육방법으로는 모델링, 코칭, 역할 바꾸기, 강화물 활용하기, 집단 교육, 실습 등 다양하고 창의적 방법을 고안하여 활용할 수 있다.

사례관리자는 클라이언트에게 서비스, 즉 결과물만을 전달하는 것에 관심을 가지기 쉬우나 실제로 자원을 얻기 위한 방법을 습득하게 되면 취득한 자원 접근 및 활용능력을 바탕으로 유사한 문제나 상황이 반복적으로 발생하더라도 스스로 해결해 갈 수 있게 되므로 서비스의 영속성을 얻게 하는 것과 같은 효과가 있다.

4) 위기개입

위기개입(crisis intervention)은 배우자의 사망, 사업 실패, 신체적 · 정신적 장애, 질병이나 상해, 가정폭력, 성폭력, 주거지의 상실, 원하지 않은 임신 등 갑작스러운 위기 상황으로 인해 클라이언트가 신체적 · 정신적 · 사회적 불균형 상태에 있을 경우 그들에게 즉각적이고 신속하게 개입하여 긴박한 위기로부터 효과적으로 대처할 수 있도록 원조하는 방법이다.

사례관리자는 사례관리 단계 중에 클라이언트에게 이러한 위기 상황이 언제든지 발생할 수 있다는 것을 인식하고 위기를 관리할 수 있는 방법을 통하여 적절히 대처해야 한다. 갑작스러운 위기 상황은 클라이언트를 더욱 무기력하게 하고 심한 스트레스로 고통을 느끼게 하며, 우울, 분노, 좌절감, 외로움, 자살 생각 등을 더욱 강하게 느끼게 하고, 그들의 일상적인 문제해결 방식을 압도한다. 이러한 위기에서 사례관리자는 위기를 촉발시킨 사건을 확인하고, 클라이언트에게 문제를 정확히 인식시켜 주며, 그 문제가 가져올 충격을 깨닫게 하며, 유사한 경험에 직면하였을 때 효과적으로 행동할 수 있도록 학습시키고, 새로운 대처방법을 수행할 수 있도록 클라이언트를 원조한다(장인협 · 우국희, 2007).

5) 클라이언트 권리와 사생활 보호기술

사례관리자와 클라이언트 간 전문적인 관계에서 권력은 매우 중요하다. 우리 사회는 사례관리자에게 클라이언트의 삶에 대한 중요한 책임을 부여하였고, 그 책임은 클라이언트의 주거, 경제, 고용, 사회생활, 취미 등과 같은 중요한 영역에 영향을 미치며, 때로는 신체적 치료영역까지 관여한다. 사례관리자는 자신의 권위를 남용하여 클라이언트의 기본적인 권리인 존엄성과 사생활을 침해할 수 있으므로 실무를 점검할 수 있는 공신력 있는 사회복지기관에서 수행하는 것이 중요하다.

클라이언트 권리 보장과 관련하여 사례관리자는 사례관리의 목적이 클라이언트 의지와 부합되지 않을 때도 있다는 사실을 정직하게 알리고, 만약 사례관리를 거절한다면 그 의사도 존중해 주어야 한다. 필요한 경우 적절한 서비스 기관과 연결해 줄 수 있으나 연계와 조정의 기능 수행 시 특별히 클라이언트의 권리 존중과 사생활 보호에 주의해야 한다(Onyett, 1998).

6) 정보 제공

사례관리자가 클라이언트에게 이용 가능한 정보의 구조를 파악하여 제공하는 활동이다. 정보처리를 통한 자료 제작과 출판, 카드 · 책자 · 파일 · 브로슈어 · 리플렛 제작, 자료의 업그레이드, 워크숍, 설명회 개최 등 다양한 방법이 사용된다. 이러한 정보는 다양한 경로의 정보 수집 단계와 정보를 클라이언트의 욕구 수준에 따라 분류하고 재조직화하는 정보처리 단계를 거쳐 클라이언트에게 제공되고 있다.

이때, 정보는 정보를 제공받는 클라이언트의 수준에서 이해가 가능하고 활용할 수 있도록 언어를 선택하고 편집되어야 한다. 정보의 기초는 이용 가능한 서비스 목록, 서비스를 제공받을 수 있는 절차나 자격 등 전문화된 지식을 포함하여야 한다. 이러한 정보는 이용자가 서비스 품질 및 내용을 쉽게 알 수 있도록 하는 피드백 공간(서비스 이용 후기 등)을 온라인상에 마련하는 것도 좋은 방법이다.

02 간접실천

1) 연계

연계란 클라이언트 지원 계획에 정해진 서비스를 전달할 최선의 기관이나 자원을 선택하는 데 사례관리자가 관여하는 것을 의미한다. 사례관리자는 클라이언트의 욕구에 부응하는 자원을 사정하여 자료화하거나 자원을 조직화하고 이를 활용하여 클라이언트가 최선의 선택을 할 수 있도록 도와야 한다. 연계를 위해 사례관리자는 다음과 같은 과정을 수행한다.

(1) 자료 분석과 정리

클라이언트가 최선의 선택을 할 수 있도록 돕기 위해 사례관리자는 다양하고 적절한 정보를 가지고 있어야 한다. 최신 자원 정보 리스트에는 무슨 서비스가 있는지, 어떻게 접근하는지, 대기자는 얼마나 있는지 등이 포함된다. 사례관리자는 지역사회 기관 리스트, 각 협회가 제공하는 전화번호부, 홈페이지 정보, 전문가의 자문, 지역사회 회의나 모임 등을 활용하여 정보를 얻을 수 있다. 효과적 연계를 위해 사례관리자가 가지고 있으면 좋을 정보는 다음과 같다.

- 서비스 이용 자격 기준 등 서비스 이용에 관한 사항, 접근성에 관한 정보
- 클라이언트의 욕구 해결을 위한 서비스 제공자의 역량 정보
- 서비스 제공자 및 기관의 평판 정보
- 홈페이지 등을 통한 기관의 주요 서비스에 대한 정보

(2) 자원 목록에서 선택하도록 돕기

클라이언트의 욕구에 근거하여 다양한 대안과 그에 대한 장단점을 비교하여 제시함으로써 클라이언트가 선택하도록 한다. 이때 사례관리자가 소속 기관 서비스

위주로 자원을 소개하는 등 수집된 정보가 제한적이어서 최적의 서비스를 연계할 수 없는 경우가 생기지 않도록 유의한다.

(3) 연계할 기관에 대한 조직화

단순히 전화번호를 알려 주거나 안내지를 제공하는 등의 소극적 정보 안내가 아니라 연계기관과의 연계활동에 대한 사전 협의와 연계 절차를 구조화하여 서비스가 클라이언트에게 잘 제공될 수 있도록 한다. 또한, 연계 이후 클라이언트가 서비스에 접근하는 데 어려움이 없는지 미리 살펴보고 이에 대한 준비도 함께 제공되어야 한다.

2) 옹호

옹호(advocacy)란 결정자보다 힘이 약한 클라이언트의 입장을 대신 말하여 기관의 서비스 제공 의지를 높여 주고, 자원의 접근성과 활용성을 증진시키는 사례관리자의 활동을 의미한다. 이때 사례관리자의 과업은 클라이언트의 욕구에 부응하지 않으려는 자원들의 경향을 조정한다. 사례관리에 있어서 옹호 활동은 대부분 클라이언트 개인의 옹호 활동이 대부분이지만 사안에 따라서는 개인 수준의 클라이언트 옹호보다는 계층 옹호와 같이 지역사회나 기관, 정책을 대상으로 옹호 활동을 전개하기도 한다.

3) 조정

서비스의 조정은 클라이언트에게 가장 적절한 서비스를 적소에 배치하고 정리하는 과정이다. 즉, 서비스의 조정은 클라이언트에게 제공되는 서비스를 적절히 배열하고 정리하여 서비스의 효과성과 연속성을 보장하는 것이다(이근홍, 2008).

서비스의 조정은 사례관리의 가장 중요한 역할 중 하나이다. 사례관리자는 클라이언트에게 제공되는 서비스를 조정하기 위해서 지역사회의 유용한 자원에 대한 지식과 그러한 자원을 클라이언트를 위해 적절히 배열하고 정리하는 기술을 소유하고 있어야 한다. 사례관리자는 서비스 제공자와 클라이언트 사이 및 서비스 제공자 사이의 의사소통을 촉진시켜야 한다. 또한, 서비스 제공자와 클라이언트 사이에 발생하는 갈등을 해결하고, 서비스 제공자 사이의 분쟁을 적절히 조정해야 한다. 클라이언트에게 제공되는 서비스를 조정하기 위해 사례관리자는 옹호, 협력, 팀워크 등과 같은 기술을 가지고 있어야 한다(Woodside & McClam, 2006). 또한, 사례관리자는 클라이언트와 밀접한 관계를 맺고 서비스 제공과 관련된 기록을 철저히 하여 서비스 조정의 중요한 자료로 활용할 수 있게 해야 한다.

해결문제

다문화가족지원센터에서는 다문화가족의 복잡하고 다양한 문제해결 및 욕구 해소를 위한 심리·정서적 안정 및 자립역량 강화 지원 등 맞춤형 종합 서비스를 제공한다. 또한, 체계적인 실적 관리를 통한 사례관리 사업의 지원체계 구축 및 안정화를 통해 양질의 사례관리 서비스를 제공함으로써 결혼이민자 및 다문화가족의 안정적인 사회 정착의 기반을 마련한다. 이러한 우리나라 다문화가족지원센터 상황에서 직접실천과 간접실천 중 최선의 방법을 모색해 보자.

토론문제

김○○ 씨는 남편의 가정폭력으로 인해 벌써 세 번째 쉼터 생활을 하고 있다. 김○○ 씨는 골절 및 외상 외에도 만성우울증을 가지고 있었으며, 판단력도 많이 흐려진 상태이다. 남편은 알코올남용 문제가 있으며, 개선의 의지가 없다. 현재 가족들의 제보에 의하면 아내가 돌아오면 가만두지 않겠다며 날마다 술에 취해 지내고 있다고 한다. 그럼에도 불구하고 김○○ 씨는 귀가하겠다고 담당자에게 통보하였다. 실천과정에서 클라이언트의 자기결정과 사례관리자의 온정주의적 개입이 상충할 때 사례관리자는 어떠한 선택을 해야 하는지 토론해 보자.

C·H·A·P·T·E·R **11**

조정과 점검(모니터링)

01 조정과 점검(모니터링)

모니터링(monitoring)이란 서비스가 실제로 계획되어 제공되는 동안 기존의 계획대로 서비스가 제공되었는지와 클라이언트가 만족스러웠는지를 점검해 어떤 변화가 필요한가를 지속적으로 점검하는 것을 의미한다. 즉, 현재 클라이언트에게 제공되고 있는 서비스가 적절한가, 서비스의 질이 높은가, 서비스가 클라이언트의 욕구를 충족하고 있는가를 점검하는 단계이다

사례관리 실천에서 클라이언트에 대한 성공적 모니터링은 기록 관리와 정기적 모니터링을 통해 이루어진다. 모니터링의 기록 관리는 정기적인 점검을 통해 이루어지는데, 여기에서의 기록은 공식적 기록양식에 의해서 시행된다.

공식적인 기록은 척도, 질문지, 체크리스트 등을 통해 이루어지며, 필요시에는 기관 자체에서 개발하여 활용하기도 한다(Rothman & Sager, 1998; 정순둘, 2008, 수정 재인용).

모니터링(monitoring)은 앞선 계획단계에서의 수립된 계획을 실천하는 단계이다. 이 단계에서 사례관리자는 계획을 현실화하는 데 있어서 가능한 한 필요한 모든 서비스를 제공하기 위해 노력하면서 제공자와의 접촉도 빈번해지고 다양해지면서 여러 복잡한 역할을 수행하여야 한다.

이 단계에서의 노력은 사례관리 전체의 성공 여부를 판가름할 수 있는 중요한 과정이 된다. 모니터링은 두 가지 형태를 취한다. 하나는 클라이언트의 복리를 점검하는 것이고, 둘째는 계획에 따라 제공되는 서비스의 적절성을 평가하는 것이다.

또한, 클라이언트에 대해서뿐만 아니라 서비스를 제공하는 제공자에 대해서도 적절한 수행 기준을 지키고 있는지 지속적으로 감독할 필요가 있다. 일반적으로 이 과정은 가정방문, 전화통화, 편지, 설문지 발송, 직원 간 · 기관 간의 상의와 관찰 등의 방법을 통해 클라이언트, 가족, 서비스 제공자와의 적절성을 보장받을 수 있게 된다.

모니터링이 이루어지는 세부영역은 서비스 계획의 목적이 잘 달성되고 있는지, 서비스 및 자원의 전달이 제대로 이루어지고 있는지, 서비스의 질이 어떠한지, 예산 관리는 잘되고 있는지(과거 이 영역은 실천가가 거의 관여하지 않았던 부분이다) 등이 있다. 실천가는 이러한 문제를 염두에 두면서, 이용자의 욕구 및 선호에 어떤 변화가 발생하고 있는지를 끊임없이 주목해야 한다. 만일, 변화가 있다면 그 변화의 이유를 기록하고 추적단계에서 이것을 고려하여 계획에 반영 · 수정해야 한다.

1) 서비스의 질에 대한 판단

서비스의 질은 크게 구조, 과정, 결과 차원으로 구분하여 평가할 수 있다. 구조적 차원은 한 명의 사례관리자에게 할당된 클라이언트의 수, 사례관리자의 자격, 클라이언트 변동률 등과 같은 행정체계를 검토하는 것이다. 과정 차원에 대한 모니터링은 사례관리자가 수행하는 활동을 평가하는 것이다. 사례관리자의 활동을 세분하여 평가하기는 어렵지만, 대체로 한 달 동안의 가정방문 횟수, 초기 면접에서의 공식적 사정, 실질적인 서비스 제공까지 걸린 시간 등을 통해 평가한다. 결과 모니터링은 클라이언트에게 변화가 있는지, 그 변화가 예상된 변화인지, 그리고 클라이언트가 결과에 만족하는지 여부 등을 통해 평가하는 것이다(Holt, 2000).

2) 클라이언트에 대한 모니터링

사례관리자는 클라이언트와 지속적으로 접촉하여 클라이언트의 상황 변화를 평가하여 서비스 계획이 수정될 필요가 있는지를 판단한다. 여기서 사례관리자는 다음과 같은 질문을 제기해야 한다(Holt, 2000).

- 클라이언트의 상황이 변화되었는가?
- 의뢰가 여전히 적절한가?

- 클라이언트가 서비스 및 서비스 제공자에 대해 만족하는가?
- 바람직한 결과가 달성되었는가?
- 계획이 수정되어야 하는가?
- 개입이 종결되어야 하는가?

3) 서비스 제공자에 대한 모니터링

서비스 제공자의 능력, 계약 이행 등을 점검할 필요가 있다. 즉, 서비스 제공 계획과 실제 제공 내용이 일치하는지 여부를 점검해야 한다. 또한, 서비스 제공기관 간의 연계 및 협력 정도도 점검되어야 하는데, 서비스 제공자의 노력이 서로 보완적인지, 모든 필요한 정보가 공유되고 있는지 등을 평가한다. 이 과정은 이전의 사정, 계획을 수행한 실천가에 의해 계속 그 책임이 유지되는 것이 바람직하다. 그 이유는 실천가의 책임의식이 이 경우에 보다 강하게 지속되기 때문이다. 그러나 이 과정은 여러 사람에 의해 책임이 공유되고 한 실천가에 의해 그 책임이 조정되는 형태를 취할 수도 있다.

모니터링의 결과에 욕구를 재사정하거나, 서비스 계획을 재수립하는 경우, 종결을 위한 평가준비가 이루어질 수 있다.

(1) 조정

서비스 조정에서 사례관리자의 역할은 다음과 같다.

❶ 가족과의 연계

문제해결을 위해 가족의 참여를 유도함으로써 궁극적인 설정한 목표를 향한 주도적인 역할을 제시하여야 한다.

❷ 기존의 유대 강화 및 유지

클라이언트가 가지고 있는 기존의 사회적 지지망에 대한 부정적인 인식을 바꾸기 위해 교육, 관계기술 등을 통해 인식의 전환을 가지도록 노력해야 한다. 그래서 문제해결을 위한 타 지지망에 대한 거부감을 방지할 수 있도록 해야 한다.

❸ 전문가와의 연계

문제해결에 필요한 전문가와의 연계로 효과적인 사례관리를 추구해야 한다. 이들은 직접적이고 전문적인 기술을 가지고 있으므로 타 지지망과 구분된다.

❹ 지역사회자원을 이용한 새로운 사회적 지지망 구축

서비스 자원제공자가 사례관리자와의 관계를 클라이언트와의 관계로 이전, 재형성하는 것으로 사례관리자는 연결개입을 통해 비공식적 자원체계를 개발하는 자원제공자, 비공식적 자원체계와 공식적 자원체계를 연결하는 연계자, 그리고 지역사회와 기관과의 새로운 관계의 수립 등을 통해 조직화하는 지역사회 조직가로서의 역할을 담당하여야 한다.

(2) 점검

제공되고 있는 서비스에 관한 것으로 이 과정에서 서비스의 계획과 서비스의 변경이 이루어져 클라이언트에게 상황 변화에 적절한 지속적인 서비스 연계를 초점으로 하고 있다. 즉, 서비스가 적절한가, 서비스의 질이 높은가, 서비스가 클라이언트의 욕구를 충족하고 있는가를 평가하는 것이다. 사례관리자는 이 목적을 달성하기 위해서 노력의 요소, 적정성 요소, 질적인 요소, 결과적 요소를 환자의 자기관리 차원, 상호적 관리 차원, 전문가 관리 차원과의 상관관계를 고려하면서 점검한다. 구체적으로 살펴보면 다음과 같다.

❶ 환자 자기관리에 대한 점검

이때 사례관리자의 주요 초점은 클라이언트 스스로 노력하고 있는지, 서비스와 지원계획은 지속되고 있는지, 클라이언트는 목표 달성에 필요한 활동을 이행하고 있는지, 계획의 성취를 위해 정해진 자기관리활동은 적정한지, 이러한 활동이 클라이언트의 욕구를 충족시키고 있는지 등의 여부를 알아본다.

❷ 상호적 관리에 대한 점검

여기에서는 사회적 지지망과 구성원들이 클라이언트의 서비스와 지원목표의 달성을 위해 기여하고 있는 정도에 초점을 둔다. 따라서 사례관리자는 사회적 지지망, 구성원들이 정해진 목표의 충족을 위해 적정하게 자신의 과업을 이행하고 있는지를 점검한다. 또한, 사례관리자는 클라이언트의 욕구가 충족되도록 하는 활동의 기여와 지원활동의 질에 대해서도 점검하다.

❸ 전문가 관리에 대한 점검

전문가 관리에 대한 점검에서 사례관리자는 클라이언트에게 서비스를 제공하는 다른 전문가의 활동에 관심을 집중한다. 이때 점검의 핵심은 전문가가 계획된 활동에 근거해서 서비스를 수행하고 있는지의 여부(노력 요인), 이러한 활동이나 서비스가 환자의 욕구충족을 위해 필요한 것인지의 여부(적정성), 전문가가 서비스를 얼마나 잘 전달하고 있는지의 여부(질적인 요소), 전문가의 서비스가 클라이언트의 욕구충족에 공헌하고 있는지의 여부(산출요소)에 초점을 맞추어 점검활동을 시행한다.

이 과정은 클라이언트의 상황과 기능이 처음에 세운 보호 계획의 목적과 비교해서 서비스 전달 후 차이 또는 변화가 발생하였는지를 판정하기 위해 클라이언트의 조건과 상태를 다시 측정하는 과업을 말하며, 보통 3개월 단위로 이루어진다. 즉, 서비스에 관한 것- 서비스의 적정성, 서비스의 효율성 등이 아니라 클라이언트에 관한 처음과 같은 재접근을 의미한다. 이는 서비스 전의 상황과 후의 상황을 비교평가하고 기록하여 활용되어야 한다.

〈표 11-1〉 사례관리 서비스 점검표

대 상 자 명 :
일 시 :
담당 사례관리자 :

계획 목표	서비스 실행 내용	서비스 이행 및 목표 성취 정도	사례관리자 의견
		① ② ③ ④	
욕구변화			
환경변화			
사례관리자 의견			□ 재사정 □ 유지

모니터링 양식은 〈표 11-1〉에서 제시한 바와 같이 계획목표, 서비스 실행 내용, 서비스 이행 및 목표 성취 정도, 사례관리자의 의견 등으로 구성되어 있으며, 점검 과정에서 나타난 클라이언트의 욕구 변화 및 환경 변화를 명확히 기록하도록 하며, 기록방법은 뒤에서 다루도록 한다.

모니터링의 방법은 가정방문(home visiting), 전화통화(telephone calls), 편지(letters), 설문지 발송(questionnaires) 직원 간/기관 간의 상담(inter-staff/agency consultation), 관찰(observation) 등이 있다.

4) 모니터링(점검)의 내용

모니터링(점검)의 내용은 서비스의 질에 대한 점검, 클라이언트에 대한 점검, 서비스제공자에 대한 점검 등이 포함된다.

첫째, 서비스의 질에 대한 점검은 구조, 과정, 결과 차원으로 구분하여 평가할 수 있으며, 사례관리자가 관리하는 사례대상자의 수, 사례관리자의 자격, 클라이언트의 변화 수준 등과 같은 행정체계를 점검한다. 그리고, 사례관리자의 개입 활동을 평가하는 것으로 1개월간의 가정방문 횟수, 사례발견에서 개입까지 걸린 시간 등을 평가한다. 또한, 개입에 따른 클라이언트의 변화가 있는지, 예상된 변화인지, 클라이언트가 결과에 만족하는지 등을 평가한다.

둘째, 클라이언트에 대한 점검은 클라이언트가 목표 달성을 위해 스스로 노력하고 있는지, 클라이언트에게 제공되는 서비스가 욕구충족과 변화에 기여하는지, 클라이언트의 새로운 욕구나 문제로 계획이 수정되어야 하는지, 클라이언트의 문제가 해결되어 개입이 종결되어야 하는지 등의 내용을 포함한다.

셋째, 서비스 제공자에 대한 점검은 서비스 제공자의 능력, 계약, 계약 이행 등에 대한 점검에 대한 내용을 포함한다. 그리고 서비스 제공자의 노력이 서로 보완적인지, 모든 필요한 정보가 공유되고 있는지의 여부도 평가되어야 한다.

서비스 제공자의 경우 불가피한 경우를 제외하면 최초 사정과 계획을 수행한 사례관리자가 지속적으로 사례관리를 하는 것이 바람직하다. 담당 사례관리자가 바뀌는 경우 클라이언트에 대한 자세한 사정을 다시 시작해야 하기 때문에 시간이 지연될 수 있으며, 사례관리 기관에 대한 신뢰가 떨어질 수 있음을 명심해야 한다.

5) 사례관리 모니터링 점검표 작성

앞에서 설명한 내용을 기초로 서비스 점검표를 작성한다. 모니터링은 재사정과 평가로 이어지기 때문에 신중히 시행하도록 한다.

서비스 점검표 작성은 앞의 <표 11-1>에서 제시한 바와 같이 첫째, 서비스 이행 및 목표 성취 정도를 점검한다. 즉, 계획된 서비스와 실행내용을 기록하고 서비스 성취 정도를 4점 척도로 기록한다(경우에 따라 척도 점수를 달리 해도 무방하다). 사례관리자 개인이 척도를 통해 평가를 할 경우 주관적으로 점수를 줄 수 있어 사례관리자 개인의 의견을 기록함으로써 동료 스텝들과 최대한 객관적 점검이 될 수 있도록 한다.

둘째, 클라이언트 욕구 및 환경의 변화 정도를 점검한다. 즉, 클라이언트의 욕구에 변화 여부를 기록하고 서비스 제공자와 클라이언트의 환경이 변화되었는지를 기록한다. 그리고, 최종적으로 사회복지사의 의견을 기록하여 재사정을 통해 서비스의 변화를 줄 것인지, 아니면 그대로 서비스를 유지할 것인지를 결정하여 사례회의에서 보고한다.

6) 재사정(re-assessment)

지속적인 점검과 더불어 사례관리는 일정한 간격을 두고 이루어지는 공식적인 재사정 과정을 강조한다. 병원에의 재입원이나 요양원 입소와 같은 특정 사건이 발생할 수 있는 것도 공식적인 재사정 과정의 결과이다. 재사정 역시 사정과 마찬가지로 클라이언트의 욕구에 기반되어야 한다. 즉, 재사정의 초점은 서비스가 아닌 욕구, 다시 말해 이용자의 견해와 선호, 그러한 욕구를 다루는 서비스의 효과성에 맞추어져 있어야 한다.

재사정의 대상 범위는 욕구의 복잡성과 투입되는 자원의 수준에 달려 있으며, 재사정의 빈도는 욕구가 변화된 정도에 좌우된다. 그리고 재사정 과정에는 최초의 계획과정에 참여했던 모든 사람이 관여하되 반드시 직접적인 만남을 통할 필요는 없다. 점검 과정과 마찬가지로 전화나 편지를 통해서도 이 과정에 모든 사람이 관여할 수 있다.

(1) 재사정의 필요성

재사정은 기존의 계획이 제대로 수행되고 있는지를 평가하는 활동으로 계획이 어느 정도 적절히 실시되고 있는지를 확인하며, 계획에 언급된 목표가 달성되고 있는지의 여부, 제공되는 각각의 서비스 또는 지지의 내용이 적절한지의 여부, 계획의 변경을 요하는 클라이언트의 새로운 욕구가 생겨나고 있는지의 여부 등을 평가하는 데 있다.

(2) 재사정의 의미

재사정이란 클라이언트의 문제와 욕구를 해결하기 위해 수립한 사례관리 계획의 변경 또는 수정을 의미한다. 사례관리자는 사례회의를 통해서 클라이언트와 기관, 그리고 자신의 능력 및 상황에 맞는 가장 적합한 방법으로 클라이언트의 욕구 해결과 관련된 결과목적, 효과성, 만족도를 달성하고자 계획을 수립한다.

그리고 이 과정에서 클라이언트를 포함한 주변 환경에서 발생 가능하다고 예측되는 부정적인 장애 요인을 검토하여 이에 대한 대책을 수립해 놓고, 실제로 장애요인이 발생했을 경우 계획상의 목적이나 방법이 장애요인에 의해 영향을 받지 않도록 조정해 주는 활동을 수행한다.

(3) 재사정의 과정

재사정은 사례관리 대상자의 개별적 특성과 다양한 원인 또는 서비스 제공기관과 사례관리자에 따라 상이하게 다루어지는 경향이 있는데, 이는 다양한 클라이언트의 개별적 상황을 어떠한 한 틀로 정형화하기 한계가 있다는 것을 의미한다. 이러한 문제로 현장에서 재사정의 과정이 통일된 형태로 정형화되어 있지 않고, 결과적으로 현장에서는 재사정이 어떤 형태로든 다양항 형태로 이루어지고 있다.

따라서, 본서에서는 아래의 재사정 기록지에 제시한 바와 같이 재사정을 ① 클라이언트 개인사항, ② 재사정의 유형, ③ 재사정 요인, ④ 클라이언트 변화 욕구와 서비스 제공 및 문제, ⑤ 사회복지사의 의견, ⑥재사정 결과, ⑦ 향후 계획으로 구분하여 설명하고자 한다.

〈표 11-2〉 재사정 기록지

재사정 년월일 : 년 월 일
담당 사례관리자 : (인)

<table>
<tr><th colspan="8">클라이언트 개인사항</th></tr>
<tr><td>관리번호</td><td></td><td>성명</td><td></td><td>종교</td><td></td><td>주민등록번호</td><td></td></tr>
<tr><td rowspan="3">대상자 분류</td><td colspan="7">가족구성형태( )</td></tr>
<tr><td colspan="7">일반수급( ) 조건부수급( ) 자활특례( ) 차상위( ) 저소득( ) 일반( )</td></tr>
<tr><td>의료보장</td><td colspan="6">의료보호1종( ) 2종( ) 직장의료보험( ) 지역의료보험( )</td></tr>
<tr><td>주소</td><td colspan="4"></td><td>전화번호</td><td colspan="2"></td></tr>
<tr><td rowspan="5">가족 사항</td><td>관계</td><td>성명</td><td>생년월일</td><td>직업</td><td>종교</td><td>동거 여부</td><td>비고</td></tr>
<tr><td></td><td></td><td></td><td></td><td></td><td></td><td></td></tr>
<tr><td></td><td></td><td></td><td></td><td></td><td></td><td></td></tr>
<tr><td></td><td></td><td></td><td></td><td></td><td></td><td></td></tr>
<tr><td></td><td></td><td></td><td></td><td></td><td></td><td></td></tr>
<tr><td>재사정 유형</td><td colspan="3">( ) 새로운 욕구가 발생
( ) 긴급한 상황이 발생
( ) 기타</td><td>재사정 요인</td><td colspan="3">( ) 클라이언트에 의한 요인
( ) 기관과 사회복지사에 의한 요인
( ) 자원과 환경에 의한 요인</td></tr>
<tr><td>Client 변화욕구</td><td colspan="7">(클라이언트의 재사정이 필요하게 된 욕구나 상황)</td></tr>
<tr><td>서비스 제공 및 문제</td><td colspan="7">(클라이언트에게 제공된 서비스와 문제)</td></tr>
<tr><td>wer'의 의견</td><td colspan="7"></td></tr>
<tr><td>재사정 결과</td><td colspan="7">( ) 종결 ( ) 서비스 재계획 ( ) 의뢰 ( ) 현 상태 유지</td></tr>
<tr><td>향후계획</td><td colspan="7"></td></tr>
</table>

출처: 서울시복지재단(2015).

❶ 클라이언트의 개인사항

실제 현장에서 재사정은 클라이언트의 상황과 욕구의 변화에 의해 짧게는 몇 개월에서 길게는 1년 정도의 기간이 경과한 후 실시된다. 따라서, 클라이언트의 상황을 잘 파악하고 있는 담당 사례관리자는 재사정 과정에 참여하는 동료 또는 상급자 스태프들(클라이언트의 상황을 잘 파악하고 있지 못한 상태임)에게 최소한의 개인적 사항을 기록하여 클라이언트에 대한 기본적인 정보를 전달하도록 한다.

❷ 재사정의 유형

재사정의 유형은 새로운 욕구가 발생되는 경우, 긴급한 상황이 발생하는 경우, 그 외 기타로 구분하여 설명할 수 있다.

첫째, 새로운 욕구가 발생되는 경우는 클라이언트에 대한 개입과 모니터링 과정에서 서비스 계획에 포함되지 않았던 새로운 욕구가 발견되어 서비스 계획의 수정이 필요한 경우이다. 이러한 경우는 클라이언트의 능력이나 상황이 향상되어 더 높은 단계의 목적 달성을 위한 욕구가 발견되거나, 기타 서비스 계획의 추가나 변경에 필요한 욕구가 발견되는 경우이다.

둘째, 긴급한 상황이 발생하는 경우는 클라이언트 또는 가족 구성원에게서 예상하지 못했던 상황이 발생하거나 클라이언트의 상황이 갑자기 악화되어 클라이언트와 가족 구성원에 대한 케어나 경제적인 지원, 가족기능의 유지를 위한 긴급개입 및 수정이 필요한 경우이다.

셋째, 그 외 기타의 경우는 클라이언트의 욕구 변화가 거의 없이 유사하게 지속되면서 기존의 서비스 내용과 질적 부분의 증감이 이루어지는 경우로 단순형의 클라이언트가 주로 포함되며, 특히 만성질환이나 상황의 개선이 이루어지기 어려운 노인이 이에 해당된다.

❸ 재사정 요인

사례관리자가 클라이언트의 욕구를 해결하고, 계획 수립 시 목적이 달성되도록 조정의 역할을 수행했음에도 불구하고 결과적으로 목적을 달성하지 못하기도 한다. 이러한 경우 사례관리자는 목적이 달성되지 못한 요인이 어디에서 발생하였는가를 파악하게 된다. 즉, 클라이언트나 기관, 또는 연결된 자원이 내부적 · 외부적인 요인에 의해 계획상의 목적을 달성하지 못해 재사정을 하게 된 경우를 기록한다.

재사정 요인을 3가지로 살펴보면 다음과 같다.

첫째, 클라이언트와 관련된 재사정 요인을 들 수 있다. 즉, 클라이언트의 약속 불이행과 비협조인 경우, 클라이언트의 욕구가 변화하는 경우, 클라이언트가 일방적으로 거절하는 경우, 클라이언트의 능력이나 상황의 변화하는 경우 등을 들 수 있다.

둘째, 기관과 사회복지사에 관련된 재사정 요인을 들 수 있다. 즉, 클라이언트가 사례관리자의 개입에 대해 지나치게 부담을 갖거나 기대치가 높은 경우, 그리고 사례관리자의 교체로 인해 클라이언트가 부적응하는 경우, 기관의 여건이 클라이언트와 잘 맞지 않는 경우, 기관 차원에서 프로그램의 중단 결정을 하는 경우 등을 들 수 있다.

셋째, 자원과 환경에 관련된 재사정 요인을 들 수 있다. 즉, 연계된 자원이나 기관의 정책이 변화하는 경우, 예기하지 못한 클라이언트의 사고나 가족 구성원의 상황이 변화하는 경우, 클라이언트가 이사를 하여 행정구역의 변화나 거리상의 문제가 발생하는 경우, 지원 인력의 교체로 인해 클라이언트가 부적응하는 경우, 클라이언트 가족의 무관심과 지원이 부족한 경우 등을 들 수 있다.

❹ 클라이언트 변화 욕구와 서비스 제공 및 문제

재사정이 필요하게 된 클라이언트의 변화 욕구와 상황 및 기존에 제공된 서비스가 클라이언트의 변화 욕구에 적절하였는가를 파악하여 기록한다.

❺ 사회복지사의 의견

재사정과 관련하여 파악된 클라이언트와 가족 구성원의 반응과 태도를 파악하고 이에 대한 사례관리자의 의견을 기록한다.

❻ 재사정 결과

재사정 결과에 따라 사례관리의 종결, 서비스 재계획, 타 기관에 의뢰 또는 현 상태 유지를 결정하게 된다. 그리고, 클라이언트의 욕구 해결에 대한 개선과 악화의 수준에 따라서 사례관리 모형도 단순형 사례관리, 일반형 사례관리, 집중형 사례관리 중 하나로 결정하게 된다.

❼ 향후 계획

재사정의 결과에 따라 서비스 제공과 관련하여 변화된 계획 수립이나 의뢰, 종결과 관련된 내용을 기록하고, 사례관리 수준의 수정 또는 조정이 이루어졌다면 그 내용과 결과도 함께 기록한다. 사례관리자에게 기록은 매우 중요하며, 사례관리자는 클라이언트에 대한 개별화의 원칙을 적용하여, 사례관리자가 제공하는 서비스가 아닌 클라이언트의 욕구를 최대한 반영해야 한다.

해결문제

점검 과정에서는 서비스의 계획과 서비스의 변경이 이루어져 클라이언트에게 상황 변화에 적절한 지속적인 서비스 연계를 초점으로 하고 있다. 즉, 서비스가 적절한가, 서비스의 질이 높은가, 서비스가 클라이언트의 욕구를 충족하고 있는가를 평가하는 것이다. 사례관리 서비스에 대한 평가방법은 무엇인가?

토론문제

서비스 조정에서 사례관리자의 역할(가족과의 연계, 기존의 유대강화 및 유지, 전문가와의 연계, 지역사회자원을 이용한 새로운 사회적 지지망 구축 등)에 대하여 토론해 보자.

C·H·A·P·T·E·R 12

평가와 종결

사례관리에서 결과를 평가하는 것은 매우 중요하며, 평가자료는 궁극적으로 사례관리의 효과성을 제시하는 주요 근거가 된다. 평가는 실천의 효과성을 검토하고 서비스 대상자에 대한 사례관리자의 책임성을 증대시키며, 실천과 서비스 전달의 새로운 모델을 개발하는 데 도움을 줄 수 있다. 나아가 사례관리에서 평가는 평가과정에서 적극적인 참여를 격려함으로써 서비스 대상자의 임파워먼트 증대 수단으로 기능하기도 한다.

평가기능은 앞 단계의 점검기능과는 다르다. 개입 중간에 개입활동이 계획대로 진행되고 있는지, 혹은 개입이 클라이언트의 문제해결에 어느 정도 도움이 되고 있는지를 확인하는 것이 평가의 1단계인 점검활동이라고 한다면, 평가는 이러한 활동이 바람직한 결과를 초래했는지의 여부에 초점을 맞춘다. 즉, 평가는 결과목적이 달성되었는지의 여부에 보다 많은 관심을 갖는 것이라고 할 수 있다. 사례관리의 효과성에 대한 평가는 다음의 네 가지 차원에 대한 검토를 통해 이루어질 수 있다(Moxley, 1989).

- 서비스 계획이 클라이언트에게 가치 있는 것인지를 평가한다.
- 각각의 결과목적을 검토한다. 결과목적의 달성으로 특정 욕구영역에서 긍정적인 변화가 있었는지를 검토한다.
- 계획의 실행이 클라이언트의 생활에 어떤 변화를 초래했는지, 즉 사례관리의 일반적인 효과성에 대해 평가한다. 예를 들어, 계획의 실행이 클라이언트의 기능을 향상시켰는지, 개입으로 클라이언트의 삶의 질이 향상되었는지 등의 문제를 제기할 수 있다.
- 클라이언트가 만족한 정도, 그리고 클라이언트에게 전달된 서비스와 지지의 효과성을 평가한다.

이러한 질문에 대한 대답은 다른 클라이언트에 대한 사례관리의 적용을 지속시킬 것인지를 결정짓게 해 주는 만큼 상당히 신중하고 객관적으로 수행되어야 한다. 평가의 기법은 상당히 다양하나, 여기서는 많은 사회복지사에 의해 이용되는 대표적인 평가방법인 단일사례 평가법을 중심으로 설명하기로 한다. 이 방법은 최종 결과를 평가하기 위해 사용하는 방법으로, 사례관리를 포함하여 사회복지실천 전반에서 이행하기 쉬운 평가방법이다. 단일사례 실험설계법은 개입 시작 시에 확립된 기초선을 통해 개입 전과 개입 후의 변화를 비교 · 분석하여 평가하는 것이다.

이 평가를 수행하기 위해서는 먼저 개입 전에 변화의 대상(문제나 욕구, 상황)을 정하여 관찰 · 측정해 두어야 한다. 개입 전의 관찰 · 측정 기간을 기초선이라고 하는데, 이때 정확한 상황 파악을 위해서는 적어도 2회, 가능하면 3회의 관찰 · 측정이 바람직하나 실제 현장에서는 이것이 어려운 경우가 일반적이다.

관찰은 사례관리자나 다른 직원이 직접 관찰 · 기록이 가능한 경우에 이 방법을 사용할 수가 있다. 구체적인 예를 들면, 노인의 집에 입소한 노인의 고독감을 감소시키려는 개입의 목표 달성을 평가하기 위해, 사례관리자나 입소 시설의 직원은 노인이 다른 입소자와 이야기하는 빈도나 시간의 길이 등을 직접 관찰하여 측정 · 기록할 수 있다. 이때 관찰 · 기록하는 직원이 상이한 경우에는 관찰 대상, 관찰 시간 등을 명확하게 결정해 두는 것이 중요하다. 가령, 관찰 대상이 다른 입소자와의 대화 빈도나 시간이라고 할 경우, 시설 직원과의 대화 빈도는 횟수로 포함하지 않아야 한다는 데 사전 합의를 해 두어야 하는 것이다.

이 외에도 표준화된 척도를 사용하여 측정하는 방법이 있다. 심리상태 등을 측정할 경우에는 표준화된 척도법을 주로 사용하는데, 이의 예로는 환자의 일상생활 기능 상태를 측정하는 일상생활 기능 척도, 도구적 일상생활 기능 척도 등이 있다.

이러한 관찰법이나 표준화된 척도가 적절하지 않은 경우에는 욕구나 문제의 상황에 대한 클라이언트의 자기보고식 측정법이 활용될 수 있다. 가령, 정신장애인인 클라이언트가 일주일에 3회를 주간보호센터에 가도록 되어 있으나, 클라이언트가 이에 대해 별로 적극적이지 않다고 해 보자. 사례관리자는 주간보호센터에 나가는 동기를 중심으로 다음과 같은 자기보고식 척도 카드를 클라이언트에게 작성하게 하는 평가방법을 채택할 수 있다.

평가(evaluation)란 사례관리과정에서 사례관리자가 일련의 모든 과정을 총체적으로 점검하고 최초 계획한 목표 달성 정도를 확인하는 과정이다. 즉, 사례관리자가 사례관리 대상자의 욕구와 문제해결을 위해 욕구의 우선순위와 목표를 수립하고 개입과 점검을 통해 목표가 어느 정도 달성되었는지를 총체적으로 확인하는 과정이다.

평가는 〈표 12-1〉에서 제시한 바와 같이 서비스 내용, 계획의 적합성, 결과목적 달성, 서비스 효과성, 클라이언트 만족도에 대한 평가를 실시한다.

〈표 12-1〉 사례관리 평가서

<table>
<tr><td>관리번호</td><td></td><td>성명</td><td></td><td>주민등록번호</td><td></td></tr>
<tr><td>주소</td><td colspan="3"></td><td>등록일</td><td></td></tr>
<tr><td rowspan="5">평가내용</td><td>서비스 내용</td><td>계획의 적합성</td><td>결과목적 달성</td><td>효과성</td><td>만족도</td></tr>
<tr><td>서비스 1</td><td></td><td></td><td></td><td></td></tr>
<tr><td>서비스 2</td><td></td><td></td><td></td><td></td></tr>
<tr><td>서비스 3</td><td></td><td></td><td></td><td></td></tr>
<tr><td>서비스 4</td><td></td><td></td><td></td><td></td></tr>
<tr><td>평가결과
및 이유</td><td colspan="5">( ) 종결 ( ) 재사정 ( ) 의뢰 ( ) 유지</td></tr>
<tr><td>평가일</td><td></td><td>담당사례관리자</td><td colspan="3"></td></tr>
</table>

출처: 서울시복지재단(2015).

01 평가(evaluation)

1) 서비스 지원계획의 적합성에 대한 평가

서비스 지원계획의 적합성이란 최초 서비스 계획이 클라이언트의 문제를 해결할 수 있는 적절하고 합리적인 대안적 계획인가의 여부를 살펴보는 것이다. 즉, 클라이언트의 문제해결을 위한 욕구충족에 꼭 맞는 적절한 서비스인가를 살펴보는 것을 적합성 평가라 할 수 있다.

일반적으로 사례관리자가 클라이언트에 대한 서비스 지원 계획을 수립할 때 사전에 충분한 검증 과정을 수행하기 불가한 조건에서 계획하게 된다. 즉, 개개의 클라이언트가 가진 능력이나 상태 등의 개별적인 특성, 클라이언트를 구성하고 있는 주변 환경적 조건 및 상황에 따른 다양한 변수를 모두 적용하는 것이 현실적으로 힘들다는 것이다.

2) 결과목표의 달성에 대한 평가

사례관리자는 클라이언트의 욕구를 파악하고 그 문제를 해결하기 위한 구체적인 계획을 수립하여 계획된 자원과 시간 및 노력을 투입하고 그 결과로 클라이언트의 문제 및 욕구가 해결되는 긍정적인 결과목적을 달성했는가를 평가한다. 평가방법은 기록 등 사실분석을 통해 평가를 실시한다.

3) 서비스 효과성(service efficiency)에 대한 평가

사례관리 활동을 통한 서비스의 결과가 클라이언트의 기능적 상태를 유지하거나 향상시키는 데 기여하였는가의 여부를 평가하는 것이다. 효과성 평가는 클라이언트의 정서적 변화 정도, 인지적 변화 정도, 행동 변화 정도, 환경 변화 정도 등을 평가한다. 평가방법은 사전사후검사, 양적 평가 및 질적 평가, 관찰 및 면접평가,

사후평가 등이 있다. 효과성에 대한 평가를 위해 사전에 측정 가능한 구체적인 수치와 계량화된 평가기준을 바탕으로 목적을 설정하면 보다 객관적인 평가를 할 수 있다.

4) 클라이언트 만족도에 대한 평가

클라이언트의 만족도 평가란 욕구 및 문제해결을 위해 제공된 서비스 수준, 서비스 제공 과정 및 이용자 결과에 대한 만족도, 효과성, 사례관리자에 대한 만족도 등에 대한 만족 정도를 평가하는 것을 말한다.

즉, 사례관리 과정에 대한 만족도 평가는 최초 계약사항의 이행 정도, 체계적 수행 정도 등을 평가하며, 이용자 결과에 대한 만족도 평가는 클라이언트의 생활 전반에 관한 긍정적 변화 정도, 가족 및 보호자의 삶의 변화 정도, 서비스 결과의 지속성에 관한 확신 정도 등을 평가한다. 사례관리자에 대한 만족도 평가는 사례관리자의 태도 및 반응 정도, 공감 및 수용능력 정도, 전문성 정도, 신뢰성 정도에 대해 평가한다.

5) 평가 결과 및 이유

앞서 언급한 4개 영역에 대한 평가를 통해 사례관리의 지속 여부를 결정한다. 즉, 평가과정을 통해 얻은 결과는 앞에서 제시한 〈표 12-1〉에서처럼 서비스 종결, 서비스 재사정, 타 기관 서비스 의뢰, 서비스 유지 중 하나로 귀결되는데 사례관리자는 향후 서비스 제공 여부를 정확히 기록하고 이 중 하나를 최종 결정하여 체크한다. 평가를 통해 재사정을 결정하였다면 다시 초기사정 과정을 거쳐 새로운 서비스 계획을 수립하여 서비스를 제공하게 된다.

02 종결(termination)

사례관리는 다른 개입보다 종결을 논하기가 어렵다. 왜냐하면, 지속적인 보호관리를 목적으로 하는 사례관리의 대상층이 치료나 문제가 쉽게 해결되는 단기 환자보다는 대개 만성적이고 상태가 점점 악화되어 가는 경향이 있기 때문이다. 그래서 일부 사례관리 서비스는 클라이언트의 전 생애에 걸쳐 지속적으로 제공되기도 한다. 이러한 상황에서 유일한 종결은 클라이언트가 사망하는 경우일 것이다. 일단, 이러한 상황이 발생하면 종결이 진행되고, 이때는 개인이나 가족, 서비스를 제공한 자원체계가 전부 관여된다. 또 다른 경우는 사례관리 서비스가 더 이상 클라이언트에게 도움이 되지 않는다는 판단이 설 때이다. 이때의 과업은 종결지을 때를 결정하는 것, 종결에 대한 정서적 반응을 해결하는 것, 미래에 대한 계획을 설정하거나 다른 전문가에게 의뢰를 하는 것 등 일반적인 실천에서의 종결과업과 일치한다.

사례관리자가 종결을 효과적으로 행하기 위해서는 종결을 저해할 수 있는 장애에 대해 인식하고 있는 것이 중요하다. 그중 하나는 전문적 실천가가 클라이언트를 잡고 늘어지는 경향이 있는 경우이다. 실천가는 그 자신의 욕구를 충족시켜 왔던, 즉 다른 사람을 통제하려는 욕구나 케어를 완벽하게 처리해 내려는 자신의 야심 때문에 종결을 싫어한다. 전문적 실천가 자신의 감정에 대한 인식, 클라이언트 욕구에 대한 강조를 통해 이러한 장애요인은 예방될 수 있다.

또 다른 요인은 전문적 실천가와 클라이언트 간의 관계 성질이다. 친밀한 관계로 발전되어 왔을수록 양자는 종결에 대한 강한 반응을 갖기 쉽다. 이러한 경우에는 상실의 감정이 다루어질 수 있을 정도의 충분한 시간이 허용되어야만 한다.

그리고 모든 클라이언트가 종결을 상실로 생각한다고 전제하는 것도 장애요인이 될 수 있다. 일부 사람들은 오히려 종결을 반기기도 하며, 실천가와의 공동작업을 그들 생활에 대한 간섭으로 생각해 왔을 수도 있다. 클라이언트가 종결에 대해 긍정적인 감정을 더 많이 갖는다는 사실을 보여 주는 연구도 있다.

사례관리자와 클라이언트가 매번 의식적으로 종결하는 습관을 발달시켜 왔다면, 그들은 종결의 좋은 기반을 닦아 놓은 셈이다. 각 회기를 요약하는 것은 클라이언트에게 과정의 의미를 제공해 주고, 앞으로 어느 정도의 시간이 남아 있는지를 알게 해 주며, 사례관리자에게는 클라이언트의 생각을 이해하고 예기하지 않은 종결이 일어나지 않도록 과정 중에 수정이 가능하게 할 것이다.

종결(termination)은 사례관리의 마지막 단계로 사례관리자에게는 클라이언트에 대한 개입이 종료되는 것을 의미하며, 사례관리자가 종결을 결정할 때는 클라이언트와 관련된 객관적이고 정확한 내용을 근거로 판단하게 된다. 그리고 사례관리의 시작이 클라이언트와의 협의 및 동의 과정을 거쳐 개시된 것처럼 종결단계에서도 클라이언트의 동의가 있어야 하나, 실제로 동의의 과정을 갖기보다는 기관의 입장에서 클라이언트의 상황 변화(예: 타 지역으로 이주하거나 고령으로 사망하는 경우 등)로 인한 종결이 대부분이다. 그러나, 실제로 사례관리자의 사직, 업무 변경 또는 기관 정책의 변화 등으로 인해 클라이언트에 대한 비연속적인 종결도 이루어지고 있는 것이 사실이다.

그럼에도 불구하고, 현장에서의 종결 대부분이 클라이언트의 상황 변화에 대한 종결로 주로 이루어지는 것은 사례관리자와 클라이언트의 관계 중심보다는 사례서비스 제공기관과 클라이언트 관계 중심의 사례관리적 관점을 갖고 있기 때문이다.

즉, 실질적으로 현장에서는 사례관리자의 평가에 의해 종결(클라이언트의 상황 변화 종결만 실질적으로 가능한 것이 현실임)이 결정되기보다는 기관의 사정에 맞춰 종결이 결정됨으로 인해서 종결되어야 하는 사례인 경우도 서비스를 지속하는 경우가 많다.

만약, 사례관리에서 사례관리자와 클라이언트 서로가 종결을 결정할 수 있는 쌍방향 관계가 설정된다면, 클라이언트의 욕구와 문제해결의 결과에 따른 종결과 인테이크의 과정을 자연스럽게 경험하면서 클라이언트를 지속적으로 사례관리 대상자로 관리해야 하는 어려움을 해소할 수 있을 것이다.

또한, 사례관리자의 입장에서 클라이언트에 대한 효과적인 서비스를 위해 외부

기관에 의뢰할 수 있듯이 사례관리자 자신 또는 서비스 제공기관과 적합하지 않다고 파악된 클라이언트를 기관 내 동료 사례관리자에게 의뢰하거나, 타 기관에 의뢰하는 절차를 제도화하여, 클라이언트의 욕구 해결을 중심으로 종결되는 사례관리의 실천이 필요하다고 사료된다.

실천현장에서 보편적으로 적용하고 있는 〈표 12-2〉에서 제시한 바와 같이 종결의 유형 및 사유, 서비스 제공 현황, 클라이언트 변화사항, 사례관리자 의견을 중심으로 살펴보고자 한다.

〈표 12-2〉 사례관리 종결보고서

관리번호		성명		주민등록번호	
주소				연락처	
등록일		종결일			
종결유형 및 사유	유형	사유			
	( ) 클라이언트에 의한 종결	사망( ) 시설 입소( ) 이주( ) 목표 달성( ) 상황 호전( ) 타 기관 이용( ) 거절이나 포기( ) 약속 불이행( ) 기타( )			
	( ) 사회복지사에 의한 종결	사직 · 타 업무 희망( ) 본인과 부적합( ) 클라이언트의 소극적 참여( )			
	( ) 기타 이유에 의한 종결	기관의 업무 조정( ) 기관의 사례기한 제한( ) 기관 · 법인의 교체( ) 원칙 변경( ) 기관의 자원 · 능력의 한계( )			
서비스 제공현황					
클라이언트 변화사항	초기 상황		종결 상황		
사회복지사 의견					
종결 결정일		담당사례관리자			

출처: 서울시복지재단(2015). 사례관리실천 매뉴얼.

1) 종결의 유형 및 사유

종결의 유형은 클라이언트에 의한 종결, 사례관리자에 의한 종결, 기타 이유에 의한 종결 등으로 구분할 수 있다.

첫째, 클라이언트에 의한 종결은 종결 유형 중 가장 많은 비중을 차지한다. 예를 들어, 클라이언트가 사망하는 경우, 클라이언트가 생활시설에 입소하는 경우, 클라이언트가 타 지역으로 이주하는 경우, 클라이언트의 사례관리 목표가 달성하는 경우, 클라이언트의 상황이 호전되어 사례관리가 필요 없는 상황인 경우, 클라이언트가 서비스를 거절하거나 포기하는 경우, 클라이언트가 계약을 위반하는 경우 등이 있다.

실제로 대다수의 클라이언트는 사례관리자의 개인적 사유, 또는 기관의 상황에서 사례관리자가 교체되는 경험을 하게 된다. 이 과정에서 클라이언트는 새로운 사례관리자를 전임 사례관리자와 자연스럽게 비교하게 되고, 이 과정에서 사례관리자의 관심이나 서비스 제공의 정도가 다르다고 느끼고 판단할 수 있다. 또한, 변화된 내용에 대해 불만이 있어도 이를 표현하거나 시정을 요구하기보다는 '서비스에 대해 충분히 만족하고 있다'거나, '더 이상의 서비스는 필요하지 않다'고 상반되는 자신의 입장을 표현하는 경우가 많다.

둘째, 사례관리자에 의한 종결은 사례관리자의 사직 또는 업무 조정으로 클라이언트와 종결되는 경우이다. 사례관리자는 업무 수행을 통해 클라이언트를 접촉하면서 클라이언트와 관계가 지속되는 기간에 따라 심리 · 정서적 교류가 이루어지면서 친근감과 신뢰가 구축된다. 그런데, 사례관리자에 의한 종결이 그동안의 관계에 비하여 일방적이라고 느끼는 클라이언트일수록 분노, 배신감, 거부감, 무력감 등의 반응이 나타난다. 따라서, 클라이언트는 사례관리자와의 관계 종결도 그동안의 경험으로 쉽게 받아들이기도 하지만, 이와 반대로 사례관리자에 대한 부정적 감정을 드러내기도 한다.

셋째, 기타 이유에 의한 종결(외부 의뢰가 필요한 경우)은 클라이언트의 욕구가 해결되지 않은 상황에서 서비스를 제공할 수 없게 되면 사회복지사는 다른 기관에 의뢰를 하게 된다. 클라이언트에게 효과적인 의뢰를 하기 위해서는 사회복지사가 클라이언트의 욕구와 관련되어 의뢰할 수 있는 다양한 사회복지 서비스 기관의 존재, 위치, 방법 등의 정보를 이미 파악하고 있어야 한다.

특히, 사회복지사는 사례관리에 대한 평가를 준비하면서 종결이 결정되지 않은 상태이지만 개인적인 판단으로 이미 의뢰를 고려하는 경우가 있다. 이때, 의뢰할 기관에 대한 파악이 된 상태에서 클라이언트가 의뢰될 수 있도록 준비하고 있어야 한다. 왜냐하면, 의뢰 시기가 클라이언트의 상황과 얼마나 적합하냐에 따라 효과적이고 효율적인 서비스가 될 수 있기 때문이다.

2) 서비스 제공 현황

사례관리를 위한 서비스 계획 수립 이후 종결 과정까지 클라이언트에게 제공한 기관 내부와 외부에서 제공된 서비스 내용을 정확히 기록한다. 예를 들어 서비스 내용은 사례관리의 목적 및 목표를 달성하는 데 기여하는 내용을 중심으로 구성한다. 직접 서비스 형태는 개별 접근과 집단 접근으로 구분할 수 있으며, 개별 접근은 사례관리 대상자 및 가족에 대한 개별 상담을 중심으로 이루어지며, 집단 접근은 사례관리 대상자 및 가족들 중에서 특정 욕구를 가진 집단을 구성하여 집단 교육이나 집단 상담, 집단 활동 등의 형태로 서비스를 제공한다. 또한 제공된 서비스에 대해 정기적으로 모니터링 상담을 실시하여 사례관리 대상자가 성공적으로 과정에 참여할 수 있도록 지원하고 지지한다.

3) 클라이언트 변화 사항

인테이크 과정에서 종결이 되기까지 클라이언트 개인과 가족 및 환경의 변화(개선 또는 악화)된 내용을 기록한다. 예를 들어 일반 상담과정을 거치면서 확보한 정보를 토대로 사례관리 대상자로 선정된 경우 대상자에 대한 종합 정보를 추가적으로 확보하여 기록한다. 클라이언트의 정보가 바뀔 때마다 수정하여야 하며 최소 유형별 재사정 주기에 따라 업데이트를 하도록 한다.

4) 사례관리자 의견

클라이언트의 사례관리 종결에 대한 사례관리자의 의견을 기록한다. 향후, 차기 클라이언트에 대한 효율적인 사례관리를 위해서 사례관리자는 과감하게 종결을 할 수 있어야 한다. 이를 위해서 대상자의 욕구가 그들의 상황 변화에 따라 달라질 수 있고, 또한 종결 후에 다시 사례관리 대상자로 선정할 수 있다는 유연한 사고를 갖고 욕구에 대한 목표 달성을 중심으로 종결을 경험하는 것이 필요하다.

03 사후관리

사후관리는 사례대상자의 자조적인 생활을 조력하는 사례관리자의 지원을 의미한다. 사례대상자가 사례관리자를 만나 새로운 시도(도전)를 하고, 다양한 자원과 교류하는 경험은 스스로 문제를 해결하겠다는 결심이며, 노력의 과정이다. 이러한 결심을 지속하고 유지하기 위한 조치가 사후관리의 목적이다. 사례관리자는 공식적인 관계가 종료된 이후의 생활에 관심을 가져야 한다. 어려움을 경험하고 있는지, 문제가 재발하였는지, 더 심각한 상황에 처해 있는지, 자조적인 생활을 유지하고 있는지 등이다. 사후 세션을 종결한 후 2~6개월 정도가 지났을 때 클라이언트의 변화를 모니터링하며 사례관리의 효과를 유지하기 위해 사후 세션을 갖는 것이 바람직하다.

사례관리자는 항상 목적과 목표를 명확하게 설정하여 클라이언트에게 개입해야 한다. 애초에 사례관리자가 목표를 설정하지 않고서는 이후의 개입이 얼마나 성공적이었는지 평가할 수 없을 것이다.

사후관리는 통합사례관리 과정과는 다른 접근이 필요하다.

- 사례대상자 스스로 생활하기 위한 역량이 있는가? 또한, 생활을 유지하고 있는가?
- 이전 생활을 벗어나 변화된 생활을 영위하기 위해 노력하고 있는가?
- 지금까지의 경험을 긍정적으로 받아들이고 새로운 시작으로 인식하는가?
- 보호자와 가족은 사례대상자의 변화를 받아들이는가?
- 생활의 문제를 극복하고 있는가?

사례관리자의 역할은 사후관리 서비스를 제공하기 위해 종결 이후 한 달 동안은 주 1회 생활 변화를 확인하고 유선 또는 방문 상담을 시행한다. 생활 정도를 확인하여 문제 이전의 생활로 회귀하였는지, 현재 직면한 문제가 있는지 등을 확인한다. 두 달 이후로는 어느 정도 안정된 생활을 이어가고 있으므로 2주에 한 번으로 연락을 줄이고 도움이 필요한 부분을 확인한다. 만약, 사례대상자가 어려움을 겪고 있다면 유형을 파악하여 대처방법을 강구한다. 사후관리의 주목적은 사례대상자의 안정된 생활이므로 정보 제공은 중요하다.

세 달부터는 생활의 기반이 마련되었다고 보아도 무방하다. 이웃 차원에서, 교류하는 전문가 차원에서 생활의 고민과 문제를 터놓고 얘기할 수 있도록 격려하고, 모든 결정은 사례대상자와 보호자가 판단하도록 조언 수준에서 개입하는 것이 적정하다.

해 결 문 제

종결의 유형 중 사례관리자에 의한 종결이 그동안의 관계에 비하여 일방적이라고 느끼는 클라이언트일수록 분노, 배신감, 거부감, 무력감 등의 반응이 나타난다. 따라서, 클라이언트는 사례관리자와의 관계 종결도 그동안의 경험으로 쉽게 받아들이기도 하지만, 이와 반대로 사례관리자에 대한 부정적 감정을 드러내기도 한다. 사례관리자에 대한 부정적 감정을 드러내는 클라이언트의 사례를 가정하고 해결해 보자.

토 론 문 제

종결(termination)은 사례관리의 마지막 단계로 사례관리자에게는 클라이언트에 대한 개입이 종료되는 것을 의미하며, 사례관리자가 종결을 결정할 때는 클라이언트와 관련된 객관적이고 정확한 내용을 근거로 판단하게 된다. 종결과정에서 사례관리자의 역할에 대해 토론해 보자.

PART 3

사회복지 사례관리의 실제

C·H·A·P·T·E·R **13**

가족복지 영역

1. 치매노인 부양가족 사례관리

1. 사례관리 개요

본 사례관리 대상자는 개인이 아닌 가족이다. 본 사례관리 목적은 치매 환자 김○○ 씨와 그 가족이 겪고 있는 부양 부담을 해결하기 위함이다. 먼저, 사례관리 대상자인 김○○ 씨와 그 부양가족이 어떠한 개인적 · 의료적 · 경제적 · 사회적 · 교육적 상황에 처해 있는지, 이들의 강점은 무엇인지 알아보면 다음과 같다.[1)]

1) 개인적 상황

2017년 11월 26일에 접수된 주요 클라이언트 김○○ 씨는 1934년생인 85세 여성으로, 최종학력은 초등학교를 졸업하였으며, 기독교 신자이다. 김○○ 씨는 배우자와 사별 후 45세 아들 문○○ 씨와 40세 며느리 임○○ 씨 그리고 8세 손녀 문□□ 양과 함께 ○○광역시 ○○구 ○○동에 거주 중이다.

김○○ 씨의 아들인 문○○ 씨의 최종학력은 고등학교를 졸업하였으며, 직장이 없어 일을 다니지 않다가 최근 일용직을 구하였다. 그러나 수입이 일정하지 않고, 가족의 생계비로는 턱없이 부족한 수입이라 가장으로서 막대한 부담감을 느끼고 있다. 또한, 일을 시작하면서부터 육체적인 피로가 심해져 어머니를 돌보는 데 무관심한 태도를 보이고 있다.

김○○ 씨의 며느리 임○○ 씨의 최종학력은 고등학교를 졸업하였으며, 보험회사에서 일하다 시어머니의 병(치매) 수발과 자녀양육을 병행하기 위하여 그동안 다니던 직장을 그만두고 전업주부로 지내고 있다. 임○○ 씨는 치매인 시어머니를 돌보면서 육체적 · 정신적 스트레스에 시달려 노인요양시설에 맡기고 싶은 마음이 들긴 하나 차마 시어머니를 시설에 맡기는 것은 도리가 아닌 것 같아 양가감정에 몹시 괴로워하고 있다. 하지만 이에 대해 남편은 무관심한 태도를 보이고, 이 때문

1) 본 사례 내용은 김건희 외(2016)의 '사회복지 사례' 내용과 보건연구정보센터(2018)의 '치매노인을 돌보는 며느리의 삶'을 중심으로 재구성하였음을 밝힘.

에 부부싸움 역시 빈번하게 나타나고 있다.

김○○ 씨의 손녀 문□□ 양은 ○○초등학교에 재학 중이고, 부모님에게 많은 사랑과 관심을 받고 싶어 하나 부모님으로부터 이에 충족할 만큼은 받지 못하고 있다.

2) 의료적 상황

주요 클라이언트 김○○ 씨는 현재 치매와 골다공증 그리고 무릎 관절염을 앓고 있어 동네 병원에서 물리치료를 받긴 하나 거동이 불편하여 외출이 쉽지 않다. 치매 증세가 심해질 때는 물건을 던지거나 욕설을 하며 다소 폭력적인 모습을 보이는 등 수발자의 도움이 절실히 필요한 상황이다.

현재는 수발자의 역할을 대상자의 며느리 임○○ 씨가 대신 감당하고 있는 상황인데, 며느리 임○○ 씨도 돌봄에 대한 부담으로 스트레스가 심해 우울 증세를 보이고 있으며, 불면과 피로 누적으로 어려움을 호소하고 있다. 그러나 아직 임○○ 씨는 아무런 치료도 받지 않고 있는 상황이다.

3) 경제적 상황

현재는 가장 문○○ 씨가 한 달에 10~15번 정도 일을 하여 하루 평균 8~9만 원의 일당을 받아 총 80~117만 원을 벌고 있지만, 이것 역시 일정하지 않아 경제적으로 많이 불안한 상황이다. 여기에 클라이언트 김○○ 씨의 기초연금인 월 30만 원이 경제적 수입이다. 그래서 며느리 임○○ 씨는 어머니인 김○○ 씨가 돌봄 서비스를 받을 수 있다면 그 잠깐이라도 시간을 내어 아르바이트를 하고 싶어 한다.

4) 사회적 상황

김○○ 씨는 거동이 힘들어지면서 외출이 어렵게 되었고, 이로 인해 자연스럽게 주변 환경과의 단절이 이루어진 상황이다. 김○○ 씨의 아들도 오랜 기간 실직해 있으면서 주변과의 관계가 단절되었다. 마찬가지로 김○○ 씨의 며느리 임○○ 씨 역시 병 수발과 집안일 및 자녀양육으로 인해 시간이 없어 사회적 관계가 거의 단절되었으며, 더욱이 신체적 · 정신적 문제로 인해 자존감과 사회성이 많이 낮아진 상태이다. 김○○ 씨의 손녀 문□□ 양은 고부간 갈등 및 부부간 갈등에 자주 노출됨에 따라 정서적 불안을 겪고 있으며, 사회성 발달도 좋지 못한 상황이다.

5) 교육적 상황

대상자의 손녀 문□□ 양은 다른 친구들처럼 피아노 학원이나 교과목을 가르치는 학원에 가고 싶어 하지만, 문□□ 양의 부모님은 이에 대해 관심이 매우 적고, 경제적 형편으로 인해 지원도 따로 해 줄 수 없는 상황이다. 현재, 문□□ 양은 학교에서 국비로 실시하는 교육만 받고 있는데, 수업 진도를 따라가는 데 어려움이 있고 이는 박탈감으로 이어져 자존감이 낮고 사회성 역시 좋지 못한 상태이다.

6) 강점

그럼에도 불구하고, 이 가족의 강점은 다음과 같이 설명할 수 있다.

첫째, 대상자의 아들 문○○ 씨는 더 안정된 직장을 구할 수 있도록 직업훈련과 같은 교육을 받고 싶어 한다.

둘째, 경력이 단절된 며느리 임○○ 씨 역시 돌봄 서비스를 이용하여 시어머니를 케어하면 그 시간만이라도 아르바이트를 할 수 있기를 바라고 있다.

셋째, 며느리 임○○ 씨는 본인의 우울증을 치료하면 아들 문○○ 씨와 함께 자녀의 사회성 발달을 돕고자 하고, 부부 모두 가족 내에서 일어나는 갈등은 문□□ 양에게 악영향을 끼칠 수 있기 때문에 의사소통 방식도 바꾸고 싶어 한다.

넷째, 손녀 문□□ 양은 추가적인 교육을 통해 학습능력을 더욱 향상시키고, 친구들과도 더욱 친하게 지내고 싶어 한다.

다섯째, 며느리 임○○ 씨는 대상자와 남편 간의 지지 및 유대관계를 형성하기 어려운 상황임에도 불구하고 가정을 지키고자 하는 의지를 강하게 보이고 있다.

2. 사례관리 과정

우리는 위와 같은 상황 및 강점을 가지고 있는 사례에 대하여 총 6단계로 구성한 사례관리를 실시해 보았다. 그 과정은 다음과 같은 순으로 진행했다. 1단계는 인테이크, 2단계는 사정, 3단계는 계획, 4단계는 개입, 5단계는 점검 및 평가 그리고 6단계는 종결 및 사후관리이다. 각각의 단계에 대한 구체적인 내용은 다음과 같다.

1 기초현황 기록지(INTAKE SHEET)

사례번호	○○-○○	접수유형	■ 방문 □ 내방 □ 전화	사례관리자	○○○
사례접수일	○○○○. ○○. ○○.			사례종결일	-
접수경로	■ 클라이언트 직접요청(방법 : 보호자의 요청) □ 사례관리자가 직접 발굴 □ 기관 내 타 부서 의뢰( ) □ 타 기관 의뢰( ) □ 기타( )				

클라이언트 및 가족 현황

성명	김○○	성별	□ 남 ■ 여	생년월일	1934. ○○. ○○.
주소	○○광역시 ○○구 ○○동			전화번호	○○○-○○○-○○○○
종교	■ 기독교 □ 천주교 □ 불교 □ 종교 없음 □ 기타( )				
결혼관계	□ 기혼 □ 미혼 □ 이혼 □ 동거 ■ 사별 □ 재혼 □ 별거 □ 기타( )				

가족사항

no.	관계	성명	나이	동거 여부	학력	직업	장애/질병	비고
1	아들	문○○	45세	○	고졸	일용직	없음	
2	며느리	임○○	40세	○	고졸	주부	우울증	
3	손녀	문□□	8세	○	초교 재학	학생	없음	
4	본인	김○○	85세	○	초졸		치매, 골다공증	

특기사항
- 아들 : 대상자의 보호자인 아들은 현재 직장이 없어 일을 다니지 않고 있다가 최근 일용직을 구했지만 수입이 일정하지 않으며, 네 가족의 부양비를 충당하기에는 부족해 경제적으로 부담을 느끼고 있음
- 며느리 : 시어머니인 대상자의 병(치매) 수발과 자녀양육을 병행하기 위해 직장을 그만둔 상태로 대상자와 남편과 평소 갈등이 심한 상황이며, 극심한 피로와 스트레스로 인해 우울 증세를 보임
- 손녀 : ○○초등학교에 재학 중인 대상자의 손녀는 초등학교 1학년으로 부모의 관심이 필요한 시기이지만 적절한 관심도 못 받고 있을뿐더러 할머니의 치매 수발로 인해 부모의 갈등을 매일 접하고 있음

세대유형: □ 독거노인(세대) □ 노인세대 □ 노손세대 □ 한부모(모자, 부자) 세대 □ 장애인세대 □ 부모자녀세대 ■ 기타(확대가족)

특기사항
- 대상자의 며느리는 대상자의 돌봄에 대하여 양가감정(죄책감과 분노)을 느끼고 있으며, 이에 대해 남편은 바쁜 경제적 활동으로 무관심한 태도를 보이고 있음
- 대상자의 손녀는 초등학교 수업 진도를 잘 따라가지 못하고 있으며, 부모의 갈등으로 인해 정서적 불안을 보임
- 가족 구성원 모두 신앙심이 깊은 기독교인으로 교회를 다녔으나, 요즘은 잘 다니지 않고 있음

수급사항: ■ 일반수급자 □ 조건부수급자 □ ( )특례자 □ 비법정대상자 □ 기타( )

특기사항
- 대상자의 며느리는 치매 부양과 경제적 어려움으로 인해 신체적 · 정서적으로 어려움을 호소하였으며, 딸에 대한 양육의 소홀함으로 아이에 대한 학습 지원과 자신의 일자리 지원을 요청함

주거사항		
	주거형태	■ 일반주택(지상/지하) □ 아파트 □ 공공임대(영구아파트) □ 기타(주거환경 :)
	소유형태	□ 자가 □ 전세(만 원) ■ 월세(보증금 100만 원, 월세 30만 원) □ 무료임대 □ 영구임대(보증금: 만 원, 월세: 만 원) □ 기타( )

특기사항
- 대상자는 치매 이외에도 무릎 관절염과 골다공증을 앓고 있어 거동이 매우 불편한 상태이며, 꾸준한 병원 진료가 필요한 상황임

경제사항				
	총수입	월 130만 원	수입원	■ 기초연금 ■ 가족수입 □ 기타 □ 후원금(만 원)
	총지출	월 130만 원	부채	□ 유(금액: 만 원) ■ 무

특기사항
- 대상자의 아들은 한 달에 10~15번 일을 하고 하루 평균 8~9만 원의 일당을 받아 평균 100만 원의 수입이 있지만 수입이 불안정함

건강상태		
	질병유무	□ 무 ■ 유(질환명 : 무릎 관절염, 골다공증, 치매)
	장애유무	■ 무 □ 유(장애명 : /진단 시기 :)

특기사항	• 대상자는 치매 증세가 심해지면 며느리에게 물건을 던지거나 욕설을 하는 등 폭력적인 행동 보임 • 대상자의 며느리는 남편에게 시어머니와의 갈등과 돌봄의 어려움에 대하여 호소하였으나 남편은 일하는 것에 대한 스트레스만 호소할 뿐 무관심한 태도를 보여 부부간의 갈등 또한 고조되고 있는 상황임

가계도	생태도
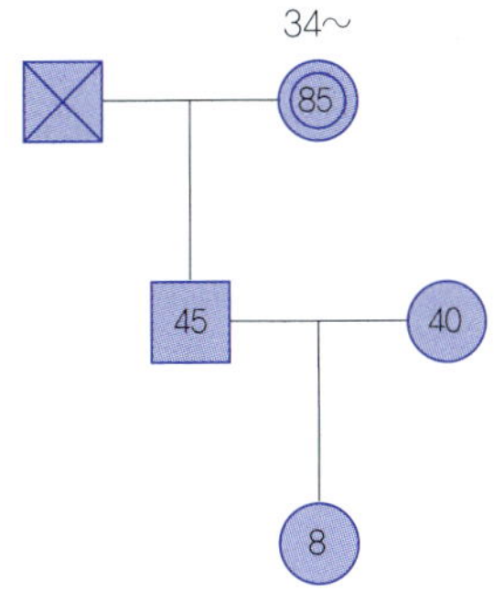	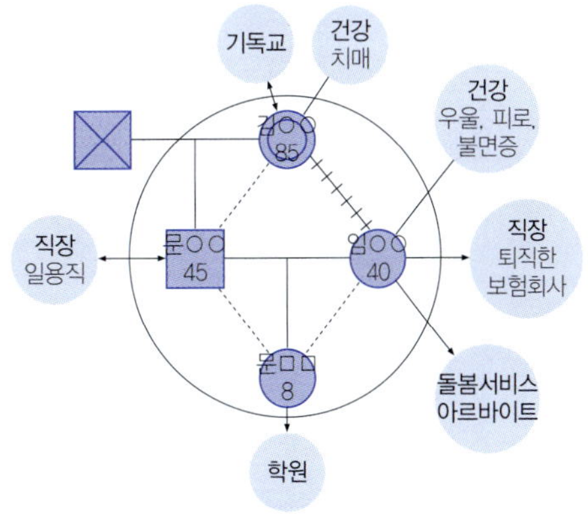

클라이언트가 바라는 것	클라이언트의 강점과 근거
• 대상자는 치매 이외에도 무릎 관절염과 골다공증을 앓고 있어 거동이 매우 불편한 상태이며 꾸준한 병원 진료가 필요한 상황이기 때문에 대상자의 케어와 진료비 지원을 바람 • 대상자의 며느리는 치매 부양과 경제적 어려움으로 인해 신체적 · 정서적 어려움을 호소하였으며, 딸에 대한 양육의 소홀함으로 아이에 대한 학습 지원과 자신의 일자리 지원을 요청함	• 대상자의 며느리는 시어머니의 치매 부양과 경제적 어려움으로 인해 신체적 · 정서적으로 어려움에도 불구하고 일을 하고자 하는 욕구가 강함 • 대상자의 며느리는 딸에 대한 양육의 소홀함으로 아이에 대한 학습 지원을 요청하는 등 가족에 대한 마음이 깊고 위기를 극복하고자 하는 강점이 보임

사회복지사 의견

[주요문제]

- 건강 문제
  - 대상자는 치매 이외에도 골다공증과 무릎 관절염으로 인해 지속적으로 병원에 다니며 약을 복용해야 하는 상태임
  - 대상자는 일상생활 수행능력이 매우 떨어져 수발자의 도움이 필요한 상황임
  - 대상자의 며느리는 수발 부담으로 충분한 수면을 취하지 못하여 누적된 만성피로와 우울증을 호소하고 있음
- 경제적 문제
  - 갚을 빚은 없지만, 일용직 아들의 불안정한 소득으로 가족생계를 유지하기에는 어려움이 있음
- 심리적 문제
  - 수발자인 며느리는 대상자의 수발에 대한 심리적 부담감이 매우 크고 사회관계가 단절됨으로써 심리적 고독감과 우울감이 높은 상황임
  - 대상자의 손녀는 부모와의 갈등 속에서 정서적으로 불안감을 느끼고 있으며, 이것은 학교생활 부적응의 문제로 이어질 가능성이 커 보임
- 사회적 관계 문제
  - 대상자의 며느리는 대상자의 수발과 집안일 때문에 사회적 관계가 단절된 상황임
  - 대상자의 며느리는 본인의 신체적 · 정서적 문제로 인해 낮은 자존감과 사회성이 우려됨
- 교육적 문제
  - 대상자의 손녀는 학습 지원과 부모의 관심이 부족하고 학교교육 이외의 지원이 없어 또래들에 비해 학습능력이 부족한 편임

[의견]

- 대상자와 남편 간의 유대관계가 어려운 상황에도 대상자의 며느리는 가정을 지키려는 강한 의지가 보임
- 대상자와 대상자의 가족은 경제적 어려움, 신체적 건강 문제, 심리적 문제를 복합적으로 가지고 있음

2 사례관리 선정표

담당	부관장	관장

대 상 자 명 : 김○○의 가족
일 자 : ○○○○. ○○. ○○.
담당 사회복지사 : ○○○

영역	내용	평가기준	배점기준	평가	비고
경제상황(40)	수입(10)	최저생계비 기준 이하	10	10	
		최저생계비의 120% 이하	8		
		최저생계비의 150% 이하	6		
	지출(10)	수입의 90% 이상	10	10	
		수입의 80% 이상	8		
		수입의 70% 이상	6		
	주거형태(10)	가건물(비닐하우스 등)	10		
		무료임대	8		
		월세(영구임대)	6	6	
		전세	4		
		자가	0		
	부채(5)	재산의 30% 이상	5		
		재산의 30% 이하	2	2	
	법정기준(5)	의료보호 1종	5	5	
		의료보호 2종	4		
		조건부, 특례	3		
		저소득	2		
의료 및 건강(40)	장애유무(10)	1급	10		
		2~3급	8		
		4~6급	6		
	질병정도(20)	만성질환(평생)	20	20	
		장기 치료가 필요한 질병	16		
		단기 치료가 가능한 질병	12		
	ADL(10)	하	10	10	
		중	5		
		상	0		

<table>
<tr><th>영역</th><th>내용</th><th colspan="2">평가기준</th><th>배점기준</th><th>평가</th><th>비고</th></tr>
<tr><td rowspan="13">심리 · 사회영역(40)</td><td rowspan="3">생활상태(10)</td><td colspan="2">독거</td><td>10</td><td></td><td></td></tr>
<tr><td colspan="2">보호가 필요한 동거가족</td><td>8</td><td>8</td><td></td></tr>
<tr><td colspan="2">동거가족</td><td>0</td><td></td><td></td></tr>
<tr><td rowspan="4">사회관계망(10)</td><td colspan="2">전혀 없음</td><td>10</td><td>10</td><td></td></tr>
<tr><td colspan="2">비공식지원체계</td><td>6</td><td></td><td></td></tr>
<tr><td colspan="2">공식지원체계</td><td>4</td><td></td><td></td></tr>
<tr><td colspan="2">공식+비공식지원체계</td><td>0</td><td></td><td></td></tr>
<tr><td rowspan="3">지지체계(10)</td><td colspan="2">없음</td><td>10</td><td>10</td><td></td></tr>
<tr><td rowspan="2">있음</td><td>비정기</td><td>5</td><td></td><td></td></tr>
<tr><td>정기</td><td>0</td><td></td><td></td></tr>
<tr><td rowspan="3">심리 · 정서상태(10)</td><td colspan="2">매우 불안</td><td>10</td><td>10</td><td></td></tr>
<tr><td colspan="2">불안</td><td>5</td><td></td><td></td></tr>
<tr><td colspan="2">안정</td><td>0</td><td></td><td></td></tr>
<tr><td colspan="2">사회복지사의 평가(40)</td><td colspan="2">종합검토</td><td>0~40</td><td>35</td><td></td></tr>
<tr><td colspan="2">총점</td><td colspan="2"></td><td></td><td>136</td><td></td></tr>
<tr><td>판정결과</td><td colspan="6">■ 집중형(130점 이상) □ 일반형(111~129점) □ 단순형(95~110점)
□ 긴급형: 자살 우려, 생계 곤란, 주거 불안, 긴급의료, 기타 □ 비대상</td></tr>
<tr><td>기타의견</td><td colspan="6">본 사례관리의 대상자는 총점 136점으로 집중형에 속함. 대상자 가족의 가장인 아들의 수입이 일정하지 않아 경제적으로 불안정하고 대상자는 치매와 신체기능의 저하로 인해 지속적인 병원 진료가 필요함. 대상자는 수발자의 도움 없이는 일상생활과 신체활동이 어려움. 이러한 상황에서 수발자인 며느리는 심리적 부담감이 매우 크고 신체적으로 만성피로와 두통, 불면증 등 건강 상태가 우려되는 상황임. 대상자의 손녀 또한 부모 간의 갈등으로 인해 정서적 불안감을 느끼고 있는 상태임
즉, 대상자 가족은 경제적 어려움, 신체적 건강 문제, 심리적 문제를 복합적으로 가지고 있어 대상자뿐만 아니라 대상자 가족 전체를 사례관리 대상자로 선정해 지속적인 관리가 필요하다고 판단됨</td></tr>
</table>

3 사정 기록지

사례번호	○○-○○	클라이언트	김○○의 가족	사례관리자	○○○
사정일자	○○. ○○. ○○.~○○. ○○. ○○.	유형	■ 신규 □ 재사정	정보제공자	

영역	제시된 욕구	강점	이용 가능한 자원	척도질문 1~10점
건강	• 대상자의 며느리는 대상자의 케어 지원을 받고 싶어 함 • 대상자는 자신의 심리적인 문제(죄책감)를 해결하고자 함 • 부부갈등의 완화를 원함	• 대상자의 며느리는 대상자의 건강에 대한 문제점을 알고 있음 • 대상자에게 개선하려는 의지가 있음	• ○○노인종합복지관 방문간호, 주간보호 서비스 • ○○광역치매센터(치매관리비 지원, 관리용품 지원, 맞춤형 인지건강 프로그램) • ○○건강가정지원센터(가족상담)	10점
교육 및 학습 영역	• 대상자의 며느리는 치매 부양과 경제적 어려움으로 인해 딸에 대한 양육의 소홀함으로 아이에 대한 학습 지원을 받고자 함 • 손녀의 사회성 향상을 위한 지원을 원함	• 자녀의 학업부진 문제를 해결하고자 하는 강한 욕구를 보임 • 손녀는 자신의 사회성 향상을 위한 강한 욕구를 보임	• ○○교회(생필품 지원, 장학금 지원, 돌봄) • ○○종합사회복지관의 지역아동센터(학습 지원 및 집단미술 프로그램)	8점
경제적 영역	• 며느리는 경제적인 문제로 인해 자신의 일자리 지원을 받고자 함	• 대상자를 수발하기 이전에 직장생활을 한 경험이 있음 • 경제활동에 있어서 큰 어려움이 없을 것으로 보임	• ○○여성인력개발센터(일자리 연계)	8점
강점	• 대상자의 며느리는 대상자의 건강에 대한 문제점을 알고 개선하려는 의지가 있음 • 자녀의 학업부진 문제를 해결하고자 하는 강한 욕구를 보임 • 대상자를 수발하기 이전에 직장생활을 한 경험이 있어 경제활동에 큰 어려움이 없을 것으로 보임 • 아들은 일하고자 하는 의지가 강함			
사례관리 여부	■ 사례관리 진행	□ 서비스 단순 이용		
강점 활용방안	• 대상자의 며느리는 시어머니의 치매 부양과 경제적 어려움으로 인해 신체적 · 정서적으로 어려움이 있음에도 불구하고 일하고자 하는 욕구가 있기 때문에 일자리 지원을 연계하여 경제적인 문제를 해결할 수 있음 • 이전에 직장생활을 한 경험이 있어 경제활동에 큰 어려움이 없을 것으로 보임			

4 사례관리 실행계획서

담당	팀장	부장	관장

사례번호	○○–○○	클라이언트	김○○의 가족	사례관리자	○○○
일자	○○○○. ○○. ○○.	유형	■ 신규 □ 재사정		

영역	제시된 욕구	합의된 목표	실행계획	실행자	기간
건강 영역	• 대상자의 며느리는 대상자의 케어 지원을 받고자 함 • 대상자는 자신의 심리적인 문제(죄책감)를 해결하고자 함 • 부부갈등의 완화를 원함	• 대상자의 치매 진행 속도 늦추기 • 대상자의 인지능력 향상 • 아들 부부관계를 긍정적으로 개선	• ○○노인종합복지관의 방문간호 및 주간보호 서비스 주 3회 실시 • ○○치매센터 치매관리비와 관리용품 지원 연결 • ○○치매센터의 인지건강 프로그램 주 1회 실시 • ○○건강가정지원센터 가족상담 주 1회 실시	김○○	
교육 및 학습 영역	• 대상자의 며느리는 치매 부양과 경제적 어려움으로 인해 딸에 대한 양육의 소홀함으로 아이에 대한 학습 지원을 받고자 함 • 손녀의 사회성 향상을 위한 지원을 원함	• 아이의 학습능력 향상 • 아이의 사회성 증진	• 교회의 생필품 및 장학금 지원 연계 • ○○종합사회복관 학습 지원 및 집단미술 프로그램 주 5회 실시	곽○○	
경제적 영역	• 대상자 김○○ 씨 가족은 경제적 어려움을 해결하고자 함 • 며느리는 경제적인 문제로 인해 자신의 일자리 지원을 받고 싶어 함	• 가족의 경제적 어려움 해결 • 며느리의 일자리 확보	• 며느리의 경력을 활용 • ○○여성인력개발센터의 일자리 연계를 요청	진○○	

클라이언트의 역할	• 변화를 위해 성실하게 프로그램에 참여한다. • 본인의 상태에 대해 사례관리자에게 지속적으로 알린다.
사회복지사의 역할	• 비밀유지의 원칙을 지킨다. • 성실하게 클라이언트를 돌본다. • 클라이언트를 위해 각종 자원을 연계하고 모색한다.

– 사례관리 동의서 –

○○종합사회복지관 사례관리자: ○○○ (인 또는 서명)

성명: (인 또는 서명) 보호자: / 관계: (인 또는 서명)

5 사례관리 과정기록지

담당	팀장	부장	관장

사례번호		클라이언트	김○○의 가족	사례관리자	○○○

일시	서비스명	서비스 (간접/직접)	접촉방법	접촉대상	서비스 내용	비고
	주간보호 서비스	간접	방문	김○○	일상생활 지원 및 방문간호	
	치매관리비 지원	간접	현금 지급	김○○	치매관리에 드는 비용 지원	
	치매관리용품 지원	간접	현물 지급	김○○	기저귀 및 위생용품 지원	
	생필품 지원	간접	현물 지급	문□□	학용품 및 신발 지원	
	장학금 지원	간접	현금 지급	문□□	장학금 50만 원 지급	
	일자리 연계	간접	서비스	임○○	경력을 반영한 일자리 제공	
	학습 지원	간접	서비스	문□□	○○지역아동센터를 통한 학습 지원 및 집단미술 프로그램 참여	

_____________(기관명)

6 사례관리 점검표

담당	팀장	부장	관장

합의된 목표	실행내용	목표 달성 수준	CT 의견 및 사회복지사 의견
• 대상자의 치매 진행 속도 늦추기 • 대상자의 인지능력 향상 • 부부관계를 긍정적으로 개선	• ㅇㅇ노인종합복지관의 방문간호 및 주간보호 서비스 주 3회 실시 • ㅇㅇ치매센터 치매관리비와 관리용품 지원 연결 • ㅇㅇ치매센터의 인지건강 프로그램 주 1회 실시 • ㅇㅇ건강가정지원센터 가족상담 주 1회 실시	• 세라드검사(CERAD-K) • 설문지를 통한 부부관계 만족도 조사	• 클라이언트의 적극적인 프로그램 참여 의사와 정기적인 검사 결과 지속적으로 상승하는 클라이언트의 인지능력이 보임 • 기간 내 종결이 가능할 것으로 보여지나 클라이언트의 정기적인 치매관리가 필요함
• 아이의 사회성 증진 • 아이의 학습능력 향상	• 교회의 생필품 및 장학금 지원 연계 • ㅇㅇ종합사회복관 학습 지원 및 집단미술 프로그램 주 5회 실시	• ㅇㅇ종합사회복지관 손녀 담당 사회복지사에게 설문지로 평가 • 학업성적으로 평가	• 딸의 적극적인 참여 의지가 있고 학습 부진을 해결하고자 하는 욕구가 강함 • 지역아동센터에서의 성공적인 또래관계 형성을 통해 자신감을 얻어 사회성이 회복됨
• 가족의 경제적 어려움 해결 • 며느리의 일자리 확보	• 며느리의 경력을 활용 • ㅇㅇ여성인력개발센터의 일자리 연계를 요청	• 취업 여부	• 며느리의 경력을 활용하여 ㅇㅇ화재에 서류를 접수하였고, 긍정적인 답변을 얻는 상황 • 취직할 가능성이 매우 큼

서비스 이행 정도	클라이언트	사회복지사
클라이언트의 참여도	10/10	10/10
클라이언트의 문제인식도	8/10	9/10
목표 달성 노력	9/10	10/10

욕구변화	욕구변화 없음	
환경변화	• ㅇㅇ구 노인종합복지관 주간보호센터에 주간보호 신청 결과 승낙하였고, 일주일 전부터 김ㅇㅇ 씨는 ㅇㅇ주간보호센터의 보호를 받고 있는 상황임 • 클라이언트 가족들이 다니던 ㅇㅇ교회에 생필품 지원과 장학금을 요청한 결과 현재 ㅇㅇ교회에서 딸의 생필품 지원이 이루어지고 있음 • 장학금 또한 곧 지급될 것으로 보임	
사회복지사 의견	• 김ㅇㅇ 씨의 치매는 지속적으로 관리해야 할 필요성이 있지만, 클라이언트 가족의 프로그램 참여도가 매우 적극적이며, 각자의 상황을 변화시키고자 하는 욕구가 강함 • 클라이언트 각자 긍정적인 변화를 보이고 있기 때문에 본 사례관리자는 기간 내 종결을 판단함	□ 재사정 □ 유 지 ■ 종 결

__________(기관명)

7 종결평가서

평가일자	OOOO. OO. OO.	사례관리자	OOO
이용자	김OO	평가방법	1. 직접면접(O) 2. 전화면접( ) 3. 사례회의( ) 4. 기 타( )
평가대상	평가사항	평가내용	
이용자 수준	서비스의 효과성	• 각 가족이 심리적으로 안정된 모습을 보이고 교육과 학습을 통해 일자리를 갖게 되었음	
	서비스의 만족도	• 정기적인 방문으로 주간보호 서비스에 대한 만족도가 높았음	
	결과목표의 달성	• 주간보호 서비스와 장학금 지급은 계획대로 잘 이루어졌지만 일자리 연계에서 많은 어려움이 있어 미흡했음	
	서비스의 질적 수준	• 쾌적한 생활환경 지원 및 신체 건강 증진, 정서적 안정화에 대한 서비스가 지원됨	
	신체적 기능의 향상	• 치매에 대한 지속적인 관리를 함	
	정신적 기능의 향상	• 과거에 힘들었던 일이나 행복했던 일에 대한 대화를 유도하여 이에 대한 본인의 생각을 표현하도록 끌어냄으로써 정서적 안정화를 도모함 • 딸에게 사회성 지원을 통해 친구들과의 관계 개선이 이루어지게 함	
	생활 수준의 향상	• 주간보호 서비스, 방문간호를 통해 적절한 환경을 제공하도록 함 • 일자리를 통한 수입 창출이 됨	
	특정한 서비스의 전달	• 치매관리 용품 지원	
서비스 제공자	서비스 계획의 적절성	• 이용자의 문제 및 욕구에 따라 서비스 계획이 적절하게 개입됨	
	서비스 계획의 수행방법	• 계획된 서비스에 따라 적절히 수행되었음	
	서비스 계획의 효율성	• 주간보호 서비스, 일자리 연계, 집단미술 프로그램에 대한 효율성이 높았음	
	자원 활용의 적절성	• 지역사회자원을 적극적으로 활용하였고 자원 활용에 대한 필요성이 높음	
	서비스 제공자의 협력	• 본 기관에서 이와 비슷한 서비스를 제공하는 제공자들의 업무 협조가 원활하였음	
	서비스 제공기관의 정책	• 국가 치매 책임제, 아동 사회성 향상, 경력 단절 여성을 위한 일자리 연계 정책	
	서비스 제공기관의 프로그램	• 인지 향상 프로그램, 집단 미술 프로그램, 일자리 연계 프로그램	
	서비스 계획 수정의 필요성	• 지역사회자원을 활용하여 이용자의 문제와 욕구를 파악하고 더 세분화된 계획을 세울 필요가 있음	
연계 서비스	연계 서비스의 효과성	• 연계 기관 프로그램을 통하여 다른 프로그램 이용 욕구도 증가함	
	이용자에 대한 관여	• 해당 사항 없음	
종결에 대한 의견	1. 결과목표의 달성 (O) 3. 수용시설에의 입소 ( ) 5. 이용자의 사망 ( ) 7. 이용자의 이사 ( ) 9. 기타 ( )	2. 기능과 변화의 안정화 (O) 4. 이용자의 서비스 거부 ( ) 6. 이용자의 비협조적인 태도 ( ) 8. 더 높은 수준의 프로그램으로의 이전 ( )	

8 사후관리 계획서

<table>
<tr><td rowspan="2">결재</td><td>담당</td><td>과장</td><td>관장</td></tr>
<tr><td></td><td></td><td></td></tr>
</table>

<table>
<tr><td rowspan="2">대상자 성명</td><td rowspan="2">김○○</td><td rowspan="2">주무담당자</td><td>직위</td><td>팀장</td></tr>
<tr><td>성명</td><td>○○○</td></tr>
<tr><td>이용일자</td><td>○○○○. ○○. ○○.</td><td>종결일자</td><td colspan="2">○○○○. ○○. ○○.</td></tr>
<tr><td rowspan="2">사후관리
개시 일자</td><td rowspan="2">○○○○. ○○. ○○.
(3~6개월 이내)</td><td rowspan="2">연락처</td><td>집</td><td>○○○)○○○-○○○○</td></tr>
<tr><td>핸드폰</td><td>010-○○○-○○○</td></tr>
<tr><td>사례대상자
지원유형</td><td colspan="4">□ 긴급개입사례대상자 ■ 위기개입사례대상자 □ 일반사례대상자
□ 보류대상자 □ 제외대상자</td></tr>
<tr><td>사후관리 방법</td><td colspan="4">□ 전화상담 ■ 방문상담 □ 기타지원</td></tr>
<tr><td>가정방문 또는
상담시기</td><td colspan="4">• ○○○○. ○○. ○○.에 방문하여 대상자 김○○ 씨의 무릎 상태와 치매 진행 현황에 대해 점검, 아들 문○○ 씨의 경제적 부담감 해소와 가족 간 유대감 향상 여부, 며느리 임○○ 씨의 새로운 직장생활 적응 여부, 손녀 문□□ 양의 지역아동센터에서의 멘토링 만족 여부 등을 일차적으로 점검할 계획이다.
• ○○○○. ○○. ○○.에 2차 사후관리로 대상자 김○○의 집에 방문하여 지속적으로 방문간호와 주간보호 서비스가 잘 이루어지고 있는지, 아들 문○○ 씨의 가사 참여 여부, 며느리 임○○ 씨의 일자리 적응과 우울감 해소, 소녀 문□□의 교회 지원, 학교생활 현황 등을 점검할 것이다.</td></tr>
<tr><td>사후관리
지원내용</td><td colspan="4">• 1차 사후관리 지원: 가족 외식비 1회 지원(지역 식당 전문점 식사권)
• 2차 사후관리 지원: 가족 문화생활 1회 지원(가족 전체 영화 티켓)</td></tr>
<tr><td>비고</td><td colspan="4"></td></tr>
</table>

9 사후관리 보고서

<table>
<tr><td rowspan="2">결재</td><td>담당</td><td>과장</td><td>관장</td></tr>
<tr><td></td><td></td><td></td></tr>
</table>

<table>
<tr><td>등록번호</td><td colspan="2">○○-○○</td><td>등록일</td><td>○○○○. ○○. ○○.</td></tr>
<tr><td>성명</td><td colspan="2">김○○</td><td>종결일</td><td>○○○○. ○○. ○○.</td></tr>
<tr><td>주소</td><td colspan="2">○○광역시 ○○구 ○○로</td><td>전화번호</td><td>010-○○○○-○○○○</td></tr>
<tr><td rowspan="3">1차
사후관리</td><td>날짜</td><td>○○○○. ○○. ○○.</td><td>접촉방법</td><td>□ 전화상담 □ 내소상담
■ 가정/방문상담 □ 공공급여 기타</td></tr>
<tr><td>접촉대상</td><td colspan="3">□ 공공급여 ■ 가족/보호자( ) □ 기타</td></tr>
<tr><td>현 상황
요약</td><td colspan="3">• 대상자의 가정에 방문하여 상담한 결과 대상자 김○○ 씨는 ○○월 ○○일부터 ○○노인종합복지관의 방문간호와 주간보호 서비스를 지원받고 있음
• 대상자의 며느리 임○○ 씨는 대상자의 방문간호와 주간보호 서비스로 인해서 일을 할 수 있는 시간적 여유가 생겨 ○○여성인력개발센터의 일자리 연계를 통해 전에 보험회사에서 일했던 이력을 살려 ○○구 ○○화재에 취직하게 되어 일을 시작함
• 대상자의 손녀는 ○○종합사회복지관의 지역아동센터 내 방과후 지도학습을 통해 멘토링을 지원받고 있으며, 이에 대해 대상자의 며느리와 손녀 모두 만족해한다고 함</td></tr>
<tr><td rowspan="3">2차
사후관리</td><td>날짜</td><td>○○○○. ○○. ○○.</td><td>접촉방법</td><td>□ 전화상담 □ 내소상담
■ 가정/방문상담 □ 공공급여 기타</td></tr>
<tr><td>접촉대상</td><td colspan="3">□ 공공급여 ■ 가족/보호자( ) □ 기타</td></tr>
<tr><td>현 상황
요약</td><td colspan="3">• 대상자는 방문간호와 주간보호 서비스에, 대상자의 며느리인 임○○씨는 여성인력개발센터의 일자리 연계를 통해 취직하게 되어 일에 적응을 잘하고 있고, 사회활동으로 인해 우울감이 많이 감소되었다고 함
• 대상자의 아들 문○○ 씨는 3개월 전부터 일용직 근무 일수를 줄여 가사활동을 도우며 가족과의 관계를 위해 노력하고 있음
• 대상자의 손녀 문○○ 양은 ○○교회에서 지급해 주는 학용품과 지원금으로 학교생활에 많은 도움이 되었다고 함
• 본 사례관리자는 이러한 상황을 통해 사례를 종결을 판단함</td></tr>
<tr><td>사례관리자
종합의견</td><td colspan="4">□ 욕구재조사 ■ 종결</td></tr>
<tr><td>추후계획</td><td colspan="4">□ 재개입 □ 타 기관 사례관리 의뢰( )
■ 종결 확정 □ 기타</td></tr>
<tr><td>사례관리자</td><td colspan="2">성명: ○○○</td><td>작성날짜</td><td>○○○○. ○○. ○○.</td></tr>
</table>

2. 일반가정 사례관리

1 등록아동 종합정보 기록지
2 욕구 및 강점 사정지
3 서비스 계획서
4 사례관리 과정 기록지
5 서비스 점검 및 평가표
6 사후관리 보고서

1 등록아동 종합정보 기록지[1)]

등록(아동)번호	○○-○○	작성일	○○○○. ○○. ○○. □ 신규 ■ 기존
사례관리자	○○○ 실습생	소속	○○종합사회복지관
		연 락 처	○○○)○○○-○○○○
의뢰접수 경로	□ 자발적 요청 □ 동네 친구, 학교, 교회 등 소속집단 구성원 □ 등록가정 □ 사례관리자 발굴		□ 동거가족(형제자매, 부모, 주 양육자) ■ 비동거가족, 친인척, 이웃 등 비공식 지지체계 □ 관련 기관 □ 기타
정보제공자	□ 아동　□ 가족(아동의 모)　■ 기타(　　)		
아동명	김○○	성별	□ 남　■ 여
연령(생년월일)	만 12세(○○○○. ○○. ○○.)	취학상황	□ 미취학 ■ 취학(○○)학교 (○)학년 (○)반 □ 비취학(사유 :　　　)
핸드폰번호	010-○○○○-○○○○		
주 보호자명(관계)	김○○(부)	성별	■ 남　□ 여
생년월일		전화번호	
		핸드폰번호	010-○○○○-○○○○
주소	○○광역시 ○○구 ○○대로 777번 길 7(○○동, ○○마을 ○단지 아파트) ○동 ○호		

가계도	생태도

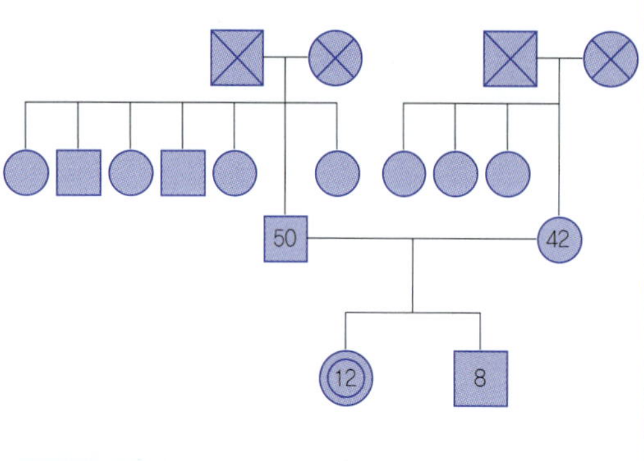

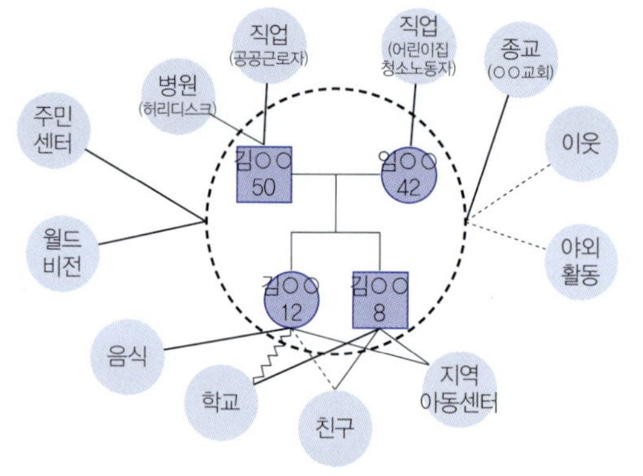

가족력	아동의 부는 진도에서 7남매 중 여섯째로 태어남. 젊은 시절 여러 가지 일을 하였고 주유소에서 일하다 떨어지는 사고를 당해 이후 냄새를 못 맡게 되었다고 함(후각장애이지만 장애판정 X). 모는 4녀 중 막내로 태어나 젊은 시절 인천에서 삼성전자 컴퓨터 관련 일을 하다 아버지를 만나 결혼하게 되었고 광주에 정착하게 됨. 부는 고물상 일을 하며 가족의 생계를 책임져 왔지만 허리디스크가 심해져 몇 차례 수술을 하였고 허리디스크로 인해 무거운 물건을 나르는 고물상 일을 더 이상 하지 못하게 되었음. 이후 구청의 공공근로를 하면서 생계를 이어왔으나 2017년 말 다시 한번 허리디스크 수술을 하며 현재 일을 하지 못하고 있는 상황임. 현재 어머니가 어린이집에서 조리일과 청소일을 하며 가족의 경제적 생계를 책임지고 있음. 2018년 7월부터 아동의 부는 모의 생계 부담을 줄이기 위해 공공근로를 신청하여 근로하고 있음

1) 본 사례는 무진종합사회복지관 사례내용을 재구성하였음을 밝힘.

직계 및 동거 가족사항	관계	성명	연령	종교	결혼 상태	동거 여부	학력	직업	건강상태	장애명	질병명
	부	김○○	50	기독교	유	유	대학교 졸업	공공 근로자	□ 건강 □ 장애 ■ 질병		허리 디스크
	모	임XX	42	기독교	유	유	고등학교 졸업	유치원 청소	■ 건강 □ 장애 □ 질병		
	남동생	김○○	8	기독교		유	초재		■ 건강 □ 장애 □ 질병		

가구유형	■ 부부중심가구 □ 미혼부모가구 □ 위탁가정가구	□ 모자가구 □ 조손가구 □ 친인척거주가구	□ 부자가구 □ 소년소녀가구 □ 기타가구
가구유형-1	□ 다문화가구	□ 장애인가구	
수급유형	□ 일반가구 □ 조건부/조건유예수급가구 □ 기타(　　　)	□ 저소득가구 □ 수급가구	■ 차상위가구 □ (　　　) 특례가구
주거형태	□ 월세(보증금 :　　　) ■ 영구임대아파트(월 20만 원) □ 시설/그룹홈	□ 전세(보증금 :　　　) □ 임대주택 □ 기타(　　　)	□ 자가(시세 :　　　) □ 무상임대

경제상황				
	가계 소득	월평균 (90)만 원	지출	월평균 (900,000)원 □ 생활비(　　　원) □ 교육비(　　　원) □ 의료비(　　　원) □ 기타(　　　원)
	소득원	□ 연금(　　　원) □ 공공부조(　　　원) □ 가족지원(　　　원) □ 근로수입(900,000 원) □ 후원금(　　　원) □ 기타(　　　원)		
	자동차	□ 화물 ■ 승용 □ 승합 차종(아반떼) 연식(2002) □ 주 용도(　　　)	부채 및 원인	약 (2,000,000)원 □ 주택(　　　원) □ 생활(　　　원) □ 의료(　　　원) □ 기타(　　　원)

아동사진	아동의 꿈	좋아하는 놀이/취미	좋아하는 과목
아동 사진 개인정보상 삭제	환경미화원	먹는 것, 만드는 것 애니메이션/영화 시청	미술

사례관리 유형 결정 및 담당자 선정					
	유형	서비스 수행방법			
		긴급/위기	결연	기존자원	신규자원
욕구	학대, 방임, 기타 위험으로부터의 안전 확보			✓	
	신체적 건강 회복			✓	
	정신건강(정신질환, 중독, 자살) 회복			✓	
	일상생활(가사 및 여가) 유지			✓	
	가족생활(보육, 양육, 간병, 가족관계) 향상			✓	
	사회생활(학교, 이웃, 직장에서의 관계) 향상			✓	
	경제적(소득 보장, 부채) 안정		✓		
	교육 및 학업(진학, 학습) 기능 향상 및 유지			✓	
	직업(취/창업, 직업 유지) 기능 향상 및 유지			✓	
	안전하고 쾌적한 생활환경의 보장			✓	
	기타(　　　　　　　　)				

코드	유형 구분	사례관리자 선정	코드	유형 구분	사례관리자 선정
□ 0	위기관리가구		□ 2	일반형사례관리가구	✓
□ 1	기본형사례관리가구		□ 3	통합형사례관리가구	

종합의견	CT는 현재 초등학생 6학년으로 그동안 학교생활을 하면서 또래 간 교우관계에 어려움이 있다. 가족관계는 모와의 사이는 돈독하지만 부의 가부장적인 모습이 부와의 관계에 어려움을 가지게 한다. 동생과의 관계는 서로를 생각하는 마음이 크지만 다투는 일이 자주 일어나고 있다. CT 모는 자녀양육에 관심이 있고 경제생활의 중요성을 인식하고 있지만, 방법을 몰라 어려움을 겪고 있으며, 현재 본 기관의 부모교육 프로그램에 참여하고 있다. CT 부는 가정의 경제생활에 큰 책임감을 느끼며, CT에게는 또래 간 교우관계가 좋아졌으면 하는 걱정을 하고 있다. 이렇듯 이에 맞는 서비스 계획과 서비스 개입을 통해 안정적인 가족기능을 유지하고 CT의 자신감을 향상시킴으로써 학교생활에 적응할 수 있는 서비스가 필요해 보인다.

2 욕구 및 강점 사정지

아동명	김○○	등록아동 번호	○○-○○		□ 신규 □ 재사정 ( ) 차
사례관리자	○○○ 실습생	소속	○○종합사회복지관	작성일자	○○○○. ○○. ○○.

영역별 주요욕구		아동 및 주 보호자의 인식	사례관리자 평가				
			현 상황		강점/장애물사정	욕구평가	심각도
			내용	TDI			
안전	가족 외부로부터의 생명 및 안전에 위협을 받거나 받을 가능성 감소 및 안전 확보	• CT: "문을 안 열면 너무 더워서 안 돼요. 문 열고 자도 괜찮아요." • CT: "나갈 때는 문 잠그고 여기 우유 넣는 봉투에 넣고 가면 돼요."	• 하루 종일 문을 개방한 상태로 지내며, 특히 밤에 모든 가족이 잘 때도 열어 놓고 잔다고 함. 집을 나갈 때 문 열쇠를 손잡이에 있는 우유 봉투 안에 넣고 다닌다고 함		• 장애물: 현재는 문제가 없지만, 범죄 노출 위험이 존재함	비해당	중간
	가족 내 폭력 및 학대, 방임으로부터의 안전 확보 및 보호	• CT 모: "○○이 턱이 지가 혼자 긁다가 흉터가 났더라고요. 이거 뭐야? 이랬더니 지가 긁었다고 그러더라고." • CT 부: "아이들 3살 이후로는 체벌을 안 해요. 하면 애들이 다 기억하고 상처받으니깐... 안 해요."	• 아들 턱에 흉터가 있어서 물어보았는데 혼자 간지러워서 긁었다고 하였음 • 3살 이후부터는 아이들에게 체벌을 하지 않는다고 하심		• 강점: 아동은 턱에 흉터가 있어도 아픈 내색을 하지 않음. 아이들의 정서를 위해 체벌을 하지 않는 모습을 보임 • 장애물: 부모가 아동에게 조금 더 안전에 관심을 보일 필요가 있음	비해당	비해당
건강	신체건강 문제의 완화 및 회복	• CT 부: "수술 끝나서 병원에서는 할 일을 다 했으니깐 본인이 노력해서 알아서 해야죠. 집에만 있으면 바보 돼요." "그동안 아파서 일을 못 했는데 공공근로를 신청해서 오늘부터 일하고 있어요." "○○이가 입이 짧아요. 밥도 맛있는 것도 자기 먹을 만큼 먹고 안 먹어요." • CT 모: "너무 건강해서 탈이에요. 몇 년 전에 몸살 한 번 심하게 나고 그 이후로는 괜찮아요. 아픈 적이 없어요."	• 아동의 부는 허리 디스크로 인해 활동에 불편함이 있었으나 몇 차례의 병원 수술을 통해 완화되었음 • 하지만 무거운 짐을 나르기에는 다소 부담이 있고 손에 힘이 많이 없어 보임 • 아동의 모는 몇 년 전 몸살이 심하게 난 후 말고는 너무 건강하다고 하심 • 아들은 입이 짧아서 걱정이라고 하심. 좋아하는 음식을 많이 먹는 게 또라인데 아들은 자기 먹을 만큼만 먹는다고 함		• 강점: 아동의 부는 허리디스크로 인해 몸이 불편하지만 본인이 이겨내고자 하는 의지가 보임 • 장애물: 일을 시작하였는데 다쳐서 허리디스크 재발이 우려됨. 아들의 편식하는 식습관에서 영양이 우려됨	욕구 미충족	보통

영역별 주요욕구		아동 및 주 보호자의 인식	사례관리자 평가				
			현 상황		강점/장애물사정	욕구평가	심각도
			내용	TDI			
건강	정서적인 문제, 정신건강 문제(술, 약물, 자살 등)의 완화 및 회복						
일상생활	일상생활 유지 및 일상생활 기능 강화						
	여가활용능력 향상 및 여가생활 영위	• CT 모 : "아빠는 집에 있고 우리끼리만 더워서 교회 가서 있었죠. 주말은 거의 먹고 자고 쉬는 게 일이죠." "거의 맨날 집에 오면 바로 자요."	• 주말에는 거의 집에서 쉬고 먹는 것으로 시간을 보냄 • 너무 더우면 교회에 가서 쉬다 오기도 함		• 강점 : 가족과 야구관람, 휴가계획 등 함께하려는 모습이 보임. 부모님께서는 문화체험을 전적으로 김○○이가 하고자 하는 걸 시켜 주고 싶어 하심 • 장애물 : 평일은 일과가 있어서 괜찮지만 주말에는 특별한 일이 없어 집에서 무료한 시간을 보내고 있음	욕구 미충족	심각
가족생활	간병 및 보육부담완화						
	부부/부모-자녀 관계의 개선 및 가족기능 강화	• CT : "엄마가 저 없으면 심심하다고 그래요. 동생은 말이 안 통한다고 저랑 이야기를 많이 해요. 저도 아빠보다는 엄마랑 이야기 많이 해요. 엄마는 요리사예요." "밤에 잘 때는 방에서 엄마가 동생을 안고 바닥에서 자고 제가 혼자 침대에서 자요." "엄마랑 맨날 이야기하다 보니, 아빠랑 말이 안 통해요. 그냥 내가 하는 말 자체가 이해가 안 된대요."	• 전반적으로 아동과 모는 매우 가까워 보임. 그러나 부와의 관계에서는 다소 권위적인 모습이 보임. 그리고 동생과의 관계가 원만하지만 서로 티격태격하는 모습이 자주 보임 • 모는 자녀가 자주 싸우는 모습을 보고 자신이 어떻게 중재 역할을 해야 하는지 고민하는 모습을 보임 • 부부관계에서는 많은 소통을 하지 않는 것으로 보임 • 부와 자녀 관계에는 가부장적인 모습이 보임		• 강점 : 모와 아동이 친밀한 관계를 맺고 있고 가족관계에서 친밀한 모습이 있음. 모께서는 자녀양육에서 많은 고민이 있어 보임 • 장애물 : CT와 CT 동생 관계는 신뢰도가 높은 편이지만, 다투는 때가 많음. 다투는 이유는 서로의 욕구가 맞지 않고 생각을 표현하기가 어려워 소통을 통한 문제해결이 안 되고 있음		

영역별 주요욕구		아동 및 주 보호자의 인식	사례관리자 평가				
			현 상황		강점/장애물사정	욕구평가	심각도
			내용	TDI			
가족 생활					부가 명령어조로 자녀에게 지시하는 모습이 있음 부의 가부장적인 모습이 자녀와의 관계에서 원활한 관계를 맺지 못해 우려가 됨 부부관계에서 소통이 많이 필요해 보임	욕구 미충족	심각
사회적 관계	친인척/이웃 등 사회관계의 개선 및 지지체계 강화					비해당	중간
	사회생활(학교, 직장 등 소속된 집단에서의 관계) 향상	• CT : "틴트 이거 몸에 안 좋을 것 같아요. 이거 학교 애들도 바르고 다녀요. 그런 모습 보면 그냥 이쁘다고 생각만 하고 말하진 않아요. 어렵기보다는 말하는 게 싫어요. 학교에 엄마랑 같이 있으면 좋겠어요. 학교 쉬는 시간이 없어졌으면 좋겠어요. 쉬는 시간에 딱히 할 게 없어서 책 읽고 공부해요. 함께 노는 친구가 한 명도 없어요." • CT 부 : "김○○한테는 바라는 거 없어. 그저 친구들하고 교우관계가 좋았으면 좋겠어. 먼저 다가가서 친구도 많이 사귀고 하면 좋겠어."	• CT가 쉬는 시간이 없어졌으면 좋겠다고 말한 점을 보아 학교생활에 만족하지 않고 있으며, 교우관계도 소원한 것이 나타남 • CT 부는 CT가 학교생활을 잘 할 수 있었으면 좋겠다는 바람을 나타냈고, CT 부가 CT에게 친구들에게 먼저 다가가서 말을 걸라고 말했지만 CT는 끝내 말을 걸지 못했던 경험이 있었음		• 강점 : CT는 학교생활 초반부터 교우관계 형성이 부진해 소극적인 자세가 있었지만, 앞으로 진학하게 될 중학교부터는 개선 의지가 있음 • 장애물 : CT는 교우에게 먼저 다가가는 것을 두려워하고 있으며, CT 부가 CT의 교우관계 개선을 위한 소통 과정에서 일방적인 모습이 보임	욕구 미충족	심각
경제	기초 욕구(의식주)의 충족	• CT 부 : "컵밥 저거 뭐예요? 어떻게 먹는 거예요? 월드비전에서 준 거예요? • CT : "아빠, 비닐 뜯고 물 넣고 전자레인지에 돌리고, 밥 볶아 먹으면 돼."	• 아동의 식사는 학교나 지역아동센터에서 밥을 먹고 방문 시 월드비전에서 지급한 컵밥이 있었음. CT 부는 컵밥 이용법을 몰랐지만, CT는 이용법을 인지하고 있음		• 강점 : 식사는 규칙적으로 이루어지고 있음. 구체적으로 김치볶음밥을 먹고 싶다는 욕구를 나타냄		

영역별 주요욕구		아동 및 주 보호자의 인식	사례관리자 평가				
			현 상황		강점/장애물사정	욕구평가	심각도
			내용	TDI			
경제		"저는 김치볶음밥 좋아해요! 스팸이랑 김치랑 계란이랑 파랑 넣어서 볶아 먹으면 진짜 맛있어요! 진짜 맛있겠다. 히." • CT 모 : "컵밥 맛있더라고요. 부대찌개를 좋아하는데 부대찌개가 하나밖에 없더라고요. 그래도 보리밥? 그것도 맛있더라고요. 그래서 다음 주에 프로그램을 할 때 달라고 말씀드리려고요. 아빠도 잘 먹고 ○○도 잘 먹고요."	• CT와의 대화를 통해 CT 부의 요리 솜씨보다 CT 모의 요리 솜씨가 더 좋다는 것을 알게 됨 • 가족들이 ○○복지관에서 제공하는 컵밥을 맛있게 잘 먹고 있음 • CT와 상담을 진행할 때마다 같은 옷을 입고 있는 것을 확인함. 등교 시에도 같은 옷을 여러 번 입는 것 같아 학교에서 교우들과의 관계 시 어려움의 원인이 될 수 있음. 담임 선생님은 교우들이 CT가 평소 외양과 소극적인 성격이 관계 형성에 어렵다고 함		• 장애물 : CT와 부와 소통을 통해 컵밥 이용 방법과 함께 만드는 요리가 필요하다고 보임 영양 섭취에 있어서 다양한 제공이 필요해 보임. CT는 같은 옷을 여러 번 입고 있는 상황이고 위생 관리가 필요해 보임	욕구 미충족	중간
	소득보장 및 향상					비해당	가벼움
교육	학습능력 강화 및 교육 기회 확대	• CT 부 : "첫째는 학습지와 방과후 학습(월, 수, 금)을 해서 수학 시험을 원래 25점 받았는데 이번에는 100점을 들고 오더라고요? 학습효과가 있더만요. 그래서 둘째도 학습지를 했는데 얘는 공부하기를 싫어해요." • CT : "저 방과 후에 컴퓨터 배워요. 저번에 영어 100점 맞았는데 수학은 별로 재미가 없어요." • CT 부 : "어제 두 번 왔어요. ○○동사무소 주민센터에서 한 번 오고, 복지센터에서 교육 봐주러 왔어요." • CT 부 : "○○이는 공부하는 거 싫어해서 일찍이 예체능 쪽으로 보낼까 생각 중이에요. 내가 야구를 잘했거든. ○○도	• 아동의 부는 자녀교육에 신경을 많이 쓰고 있어 보임. 아동이 더 잘하는 것이 무엇인지를 파악하고 그것을 적극적으로 밀어주려고 하심		• 강점 : 학습 후 효과가 있던 점으로 보아 학습능력이 뛰어남. 현재 건강가정지원센터에서 학습 지원을 받고 있으며, 교육 면에서 지역사회 자원과 잘 연계가 되어 있음. 아동의 장래를 생각하고 지원해 주려고 하심 • 장애물 : CT의 동생은 다소 활발한 성격으로 공부에 집중할 때 방해요소가 될 수 있음. 부모가 원하는 것이 아닌 자녀가 원하는 것을 물어볼 필요가 있어 보임	욕구 충족	중간

영역별 주요욕구		아동 및 주 보호자의 인식	사례관리자 평가				
			현 상황		강점/장애물사정	욕구평가	심각도
			내용	TDI			
교육		공을 좋아하더라고. ○○이도 야구를 배우면 잘할 거야."					
직업	취(창)업 지원 및 직업 적응력 강화					비해당	비해당
생활 환경	주거 환경 문제의 개선					비해당	비해당
	주변 환경 문제의 개선	• CT : "엄마가 빨래하다가 날씨가 더워서 귀찮다고 내일 아침에 하겠다고 했어요"	• 담당자는 화장실을 사용한다고 이야기를 한 후 화장실을 살핌. 화장실 시설데는 문제가 없었으나 손빨래를 하다가 중단한 것을 확인. CT 부모가 교회를 다녀오는 동안 CT에게 물어보았을 때, CT는 CT 모의 말을 그대르 재현함			욕구 미충족	중간
생활 환경			• CT가 매번 방문 시 같은 옷을 입고 있어 CT의 위생과 옷의 위생을 청결히 할 수 있도록 부모에게 때에 맞는 세탁의 중요성을 알고 고 CT 스스로도 빨래를 할 수 있는 교육이 필요함				
기타							
아동의 장래희망		• CT : "제 꿈은 환경미화원이에요."	• 김○○이의 장래희망은 환경미화원이라고 말함		지원체계 다양한 문화활동 체험 스스로의 노력 자신감 찾기		
부모, 주 양육자의 삶의 비전, 목표		• CT 부 : "김○○이한테는 바라는 거 없어. 그저 친구들하고 교우관계가 좋았으면 좋겠어. 먼저 다가가서 친구도 많이 사귀고 하면 좋겠어." • "○○이는 공부를 싫어해서 예체능을 해 줄까 생각 중이에요. 공을 좋아해서 야구를 시켜 볼까 해요."	• 김○○에게는 친구들과의 교우관계가 활발한 관계로 발전되길 원하심. C○에게는 야구 쪽으로 생각하고 계심		• 강점 : 자녀들이 무엇이 부족한지 알고 계심 • 장애물 : 자녀들에게 직접적으로 상처가 되는 말을 줄일 필요가 있어 보임		

	사례관리자 종합의견
개인 수준	• CT는 학습 면에서 주민센터 직원의 연계 활동으로 ㅇㅇ건강가정지원센터에서 학습 지도 서비스를 받아 부족한 수학 점수를 향상할 수 있도록 도움을 받고 있다. 영어는 우수한 성적을 받고 있어 앞으로 지속적으로 영어에 관심을 느끼고 공부할 수 있도록 자신감을 찾는 것이 필요하다. • 학교생활 면에선, 학교 친구들과의 관계가 원만한 편은 아니며, 대화를 통해 학교 교우들과 소통하기를 어려워하고 있다는 것을 알게 되었다. 앞으로 친구들과의 관계를 개선하기 위해 지속적인 상담을 통해 어려운 점을 파악하고 친해질 수 있는 단계별 활동을 진행해야 한다. • 평일에는 초등학교와 지역아동센터 일과로 이루어져 규칙적인 생활을 하고 있다. 주말에는 주로 핸드폰을 하면서 시간을 보내고 있으며, 실내에 머물러 외부와의 관계 형성 및 취미 · 여가 활동이 부재한 상황이다. 따라서, 동생과 함께 무료한 시간을 대체할 수 있는 즐거운 야외 활동으로 신체 건강 및 감정 교류를 하도록 해야 한다. 문화활동 서비스를 진행하면서 CT는 외부 환경을 접하는 기회가 부족했던 것을 나타냈고, 이에 따라 외부 환경을 적응할 수 있는 문화활동이 필요하다. 문화활동을 통해 외부 사람들과 잦은 접촉할 수 있도록 하고, CT가 좋아하는 만들기 활동을 프로그램에 반영하여 흥미와 자신감을 찾을 수 있도록 한다. 다양한 경험을 통해 앞으로 CT가 장래희망을 찾고 건강한 취미 및 여가 활동을 할 수 있는 활동이 진행되어야 한다.
가족 수준	• 가족생활 면에선 부모님과 대화는 주로 어머니와 대화관계를 형성하고 감정을 공유하고 있으며, 아버지와의 대화는 적은 편이다. CT는 동생을 좋아하지만 동생이 장난치는 것이 심해서 짜증 낼 때가 많다. 동생과 함께 프로그램을 하고 싶은데, 밖에 나오면 CT의 동생이 돌아다니고 시끄럽게 하기도 하고 동생이 길을 잃을까 봐 걱정하는 모습을 보며, 동생은 좋아하지만 본인이 동생을 챙겨야 해서 힘들어한다. • 의사소통 면에서는 밤에 모두가 생각을 나누는 시간이 필요하다. 현재 하루 일과를 마치고 만날 수 있는 시간은 19시 이후로, 앞으로 이 시간을 활용하여 모든 구성원이 모여 하루 일과와 생각을 나누는 시간을 가져 서로 다른 생각을 이해하고 고민을 꺼낼 수 있는 관계로 변화할 수 있도록 한다. 현재 부–모 간, 부–자녀 간, 남매간 소통 문제에 따라 관계 개선이 필요하다. 현재 부모교육 프로그램을 받고 있는데 효과를 증진시키기 위한 방법으로 집에서 실제로 구성원 간 함께 의견을 나눌 수 있는 프로그램이 필요하다.
지역사회 수준	• 주민센터 직원이 방문하여 세탁 서비스와 같은 지역사회 연계 활동을 지원하고 있다. 본 기관에서도 '맘이든든 프로그램'을 통해 부모역할 교육을 받고 있고, 프로그램 종료 이후 ㅇㅇ건강가정지원센터를 통해 지속적으로 부모교육을 받을 수 있도록 지속적인 관심이 필요하다. ㅇㅇ건강가정지원센터는 학습 지원을 제공하고 있으며, 앞으로 부모가 함께할 수 있는 프로그램을 참여할 수 있도록 해야 한다. • 종교 활동은 ㅇㅇ교회를 다니고 있으며, 교회 목사님이 정보제공자 역할을 하고 있다. 꿈자랑카드 등록, 복지 혜택 등을 받을 수 있는 서비스를 목사님을 통해 정보를 얻고 실천하고 있다. 교회는 반찬 지원이나 교회 행사에 참여할 수 있도록 장려하고 있다.

3 서비스 계획서

( )차	○○○○년	○○월	○○일
○○~○○			

등록아동번호	○○-○○	아동명	김○○	사례관리자	○○○ 실습생	소속기관	○○종합사회복지관

장기변화목표	가족기능 강화활동을 통해 김○○이가 자신감을 갖고 학교생활에 적응하여 긍정적인 교우관계를 형성한다.

욕구영역별 합의한 변화목표		서비스 내용	개입 대상	개입내용	우선 순위	개입시기					서비스 기간	총 횟수	제공 기관	담당자	수행방법 분류
						1주 이내	한 달 이내	3개월 이내	6개월 이내	1년 이내					
여가 활동	사회적응력 향상과 지역사회 편의시설 및 이용시설을 접할 기회를 제공하기 위해 문화활동을 실시하여 CT의 여가 활동 욕구를 충족할 수 있도록 한다.	케이크 만들기 활동 가족 편지 작성 및 낭독하기 활동 영화 시청 활동	CT	문화활동 서비스 제공	1	✓					○○.○○.○○. ~ ○○.○○.○○.	2	○○종합 사회복지관	○○○	기존 내부자원
사회적 관계	단절된 교우들과의 관계를 미션을 통해 점차 개선해 나갈 수 있도록 한다.	상담을 통해 학교생활의 어려움을 파악하여 단계별로 점차 친해지기 'ICP 프로그램'을 진행한다.	CT	상담 서비스 제공	2		✓				○○.○○.○○. ~ ○○.○○.○○.	수시	○○종합 사회복지관	○○○	사례 관리자의 직접수행
가족 관계	CT와 가족 간 소통 증진과 긍정적인 가족관계를 형성할 수 있도록 한다.	현재 진행되고 있는 부모교육 프로그램 효과를 극대화하기 위한 정보 제공 및 서비스 연계활동과 남매간 함께 할 수 있는 놀이활동을 진행한다.	CT /가족	자원탐색 및 연계활동	3		✓				○○.○○.○○. ~ ○○.○○.○○.	수시	○○건강가정 지원센터 /○○종합 사회복지관	○○○	신규 내·외부 자원

- 본인은 ____년 ___월 ___일부터 상기와 같은 서비스 이용에 동의하며, 적극적으로 변화 노력에 동참할 것을 약속합니다. 또한, 더 나은 생활 지원을 위해 협력하는 기관과 본인 및 가족의 기초정보 및 서비스 진행 과정에 대한 정보를 공유하는 것에 대해 동의합니다.
- ○○종합사회복지관은 ____년 ___월 ___일부터 상기와 같은 서비스 발굴 및 제공을 위하여 적극적으로 노력할 것을 약속드립니다.

아　동　명 : (인) 날짜:
주 양육자 성명 : (인) 날짜:
사 례 관 리 자 : (인) 날짜:

4 사례관리 과정 기록지

날짜	아동명	등록 아동 번호	개시 방법	개입목표영역	합의한 변화목표	사례관리 과정	개입 대상	개입내용	접촉 방법	서비스 제공 시간	담당자	주요개입내용
○○. ○○. ○○.	김○○	○○-○○	아웃 바운드	(라포 형성) CT와 첫 만남을 갖고 대화를 통해 라포를 형성한다.	지속적인 만남을 약속하고 상시 고민을 말하도록 한다.	수행·모니터링 상담	아동, 가정	CT 가정을 방문하여 라포 형성을 통해 서로를 알아가고 앞으로의 지속적인 만남을 이야기함	가정 방문	50분	○○○	• 처음 방문했을 때, CT, CT 부, CT 동생이 있었고, CT 모는 직장일을 하고 있었고, CT 부와 CT와의 좋은 관계 형성을 위해 이야기를 경청하였음 • CT 부와 면담 후 CT와 인사를 나누고 역할 소개와 지속적 관계 형성을 위한 라포 형성(별명 말하기, 첫인상 말하기, 하이파이브하기 등)을 실시함
○○. ○○. ○○.	김○○	○○-○○	아웃 바운드	(상담 서비스) CT의 가정을 방문하여 가족의 생활과 아동의 욕구를 파악한다.	음식 만드는 기회를 약속하고 동생과의 관계를 개선해 나간다.	수행, 모니터링 상담	아동, 가정	CT 가정을 방문하여 가족생활과 부모의 직장생활, 아동이 하고 싶은 문화체험에 대해 이야기함	가정 방문	50분	○○○	• CT의 가정생활과 부부의 직장생활 스트레스, 지지 관계, 건강 상태 등을 파악하였음 • CT의 욕구는 요리를 만드는 것이었고 동생과 싸우지 않고 친하게 지내기를 원함 • CT 욕구에 맞는 서비스 계획과 가정관계 개선을 위한 방법을 생각하기로 했음
○○. ○○. ○○.	김○○	○○-○○	아웃 바운드	(문화활동 서비스) CT의 가정을 방문하여 CT 부와 상담을 진행하고 이전 회기 때 욕구를 실천할 수 있도록 문화활동을 한다.	외부 환경을 직접 체험함으로써 사회 적응력을 향상한다.	개입	아동, 가정	CT 가정상담 진행 후 요리 만들기 체험을 진행함. 체험 후 식사 시간을 통해 만족도 및 욕구를 파악함	가정 방문	300분	○○○	• 요리 만들기 체험을 진행하여 욕구를 충족할 수 있도록 하고, CT의 장점을 살려 자신감을 갖도록 했음. 체험 후 편지를 작성하여 가족에게 하고 싶은 말을 적고 낭독하게 하여 가족과 대화할 수 있는 기회를 만듦 • 이번 야외활동을 통해 CT와 속 이야기를 나눌 수 있는 계기가 됨. 향후 지속적인 활동과 상담을 통해 학교생활과 가족관계를 향상할 수 있는 첫 발판이 됨

날짜	아동명	등록 아동 번호	개시 방법	개입목표영역	합의한 변화목표	사례관리 과정	개입 대상	개입내용	접촉 방법	서비스 제공 시간	담당자	주요개입내용
○○. ○○. ○○.	김○○	○○-○○	인바운드	(상담 및 야외활동 서비스) CT의 가정을 방문하여 인바운드 상담을 진행함 상담 진행 후 CT, CT 동생과 함께 야외활동을 실시함	주말에는 CT 동생과 함께 공놀이를 통한 야외활동을 한다. 협동심을 기르고 건강한 신체를 갖도록 한다.	개입	아동	CT의 가정을 방문하여 인바운드 상담을 진행함. 진행 후 야외활동으로 놀이터 놀기 및 공놀이를 실시. 밥을 먹으며 만족도 파악과 관계 개선을 위한 약속을 함	가정 방문	120분	○○○	• CT의 요청에 따라 가정을 방문하여 상담 및 야외활동을 진행함. 이번 방문은 CT가 학교생활 중 울음을 터트렸던 사례로 상담을 요청한 것으로, 상담 진행 후 계획한 서비스를 실시함 • 상담은 자세한 이야기를 듣고 느꼈던 감정 나누기를 진행하였음. CT와 CT 동생의 욕구를 파악하면서 CT 동생은 공놀이가 하고 싶은데 공이 없어서 못한다는 사실을 알게 되었고, 후원물품을 담당자의 지인으로부터 받아 CT 동생에게 전달하도록 하였으며, 공은 무겁지 않은 축구공으로 선택함 • 지난 CT 생활은 주말에 집에서 핸드폰을 하며 정적인 활동이 빈번했는데, CT와 CT 동생과의 관계 향상과 자신감 상승, 신체건강을 위한 방법으로 동적인 활동을 계획했고 주말에 서비스를 실행함 • 실행결과 CT와 CT 동생은 높은 만족도를 표현했으며, 담당자도 만족도가 높았음. 앞으로 야외활동을 통해 CT와 CT 동생과의 관계 개선 및 자신감을 향상하고 건강한 신체를 갖도록 함 • 지속적인 활동을 위해서는 담당자, 가족 구성원 모두의 협력이 필요하고 활동을 통해 가족 간 의사소통이 잘 이루어져 원활한 가족기능을 수행할 수 있도록 함

날짜	아동명	등록 아동 번호	개시 방법	개입목표영역	합의한 변화목표	사례관리 과정	개입 대상	개입내용	접촉 방법	서비스 제공 시간	담당자	주요개입내용
○○. ○○. ○○.	김○○	○○-○○	아웃 바운드	(상담 서비스) CT 가정에 방문하여 지난 주일에 활동했던 야외활동에 대해 상담을 진행한다.	CT 부모님과 이야기 나누며 자녀에 대한 부모님의 생각과 감정을 공유한다.	개입	아동, 가정	CT 가정에 방문하여 부모님에게 CT에게 개입했던 활동의 만족도를 확인하며, 어떠한 활동이 더 지속되면 좋을지 이야기함	가정 방문	60분	○○○ 실습생	• CT와 함께했던 활동에 대해 부모님은 어떻게 느끼고 계신지에 대한 종합적인 이야기를 나누었음 • 케이크 만들기에 함께 가지 못한 ○○이를 위해 준비했던 축구공과 축구놀이는 자녀들이 좋아해서 부모님 또한 감사하다고 말씀하심 • 케이크 만들기 활동은 가족들 즐거운 마음으로 맛있게 먹었고 김○○이가 만든 케이크를 보고 잘 만들었다고 칭찬해 주었다고 하심 • CT 부모님은 김○○의 사교성과 교우관계에 대해 많은 걱정을 하고 있음. 원활한 교우관계를 할 수 있도록 도움이 되는 서비스가 필요해 보임

5 서비스 점검 및 평가표

( )차	○○○○년	○○월	○○일
○○~○○			

등록아동번호	○○-○○	아동명	김○○	사례관리자	○○○	점검날짜	○○○○. ○○. ○○.
점검 대상		점검 방법		점검장소	가정	서비스만족도평가	

욕구영역별 합의한 변화목표		계획 시 서비스 내용	주요 개입내용	계획대비 변경내용 및 사유	사례관리 대상자 점검				욕구 평가	사례관리자 의견
					적절성	적시성	충분성	목표 달성도		
여가 활동	사회적응력 향상과 지역사회 편의시설 및 이용시설을 접할 기회를 제공하기 위해 문화 활동을 실시하여 CT의 여가 활동 욕구를 충족할 수 있도록 한다.	케이크 만들기 활동 가족 편지 작성 및 낭독하기 활동 영화 시청 활동	문화 활동 서비스 제공	가족과 함께 외부 환경을 접할 기회가 필요	5점	3점	3점	6점	욕구 충족	가족과 함께할 수 있는 활동 위주로 외부 환경을 접할 수 있는 문화 활동 서비스 제공이 필요함
사회적 관계	단절된 교우들과의 관계를 미션을 통해 점차 개선해 나갈 수 있도록 한다.	상담을 통해 학교생활의 어려움을 파악하여 단계별로 점차 친해지기 'ICP 프로그램'을 진행한다.	상담 서비스 제공	고민 상담을 할 수 있는 기회와 점진적 단계 프로그램이 필요	4점	4점	3점	3점	미확인	중학교 입학 후 적응을 잘할 수 있도록 지속적인 관심과 상담이 필요하며, 교우들과 친해질 수 있는 자신감 및 자존감 찾기 프로그램이 필요함
가족 관계	CT와 가족 간 소통 증진과 긍정적인 가족관계를 형성할 수 있도록 한다.	현재 진행되고 있는 부모교육 프로그램 효과를 극대화하기 위한 정보 제공 및 서비스 연계 활동과 남매간 함께할 수 있는 놀이활동을 진행한다.	자원탐색 및 연계활동	○○지원센터와 지속적인 관계 유지 및 연계활동 필요	5점	5점	4점	8점	욕구 충족	본 기관의 부모교육 프로그램 종료 후 다른 기관에 지속적으로 참여할 수 있도록 연계활동이 필요하고 남매간 놀이활동 빈도를 늘릴 필요가 있음

추후계획			
재사정 필요	□ 예	세부 내용	서비스 종결 이후에도 프로그램 효과가 나타날 수 있도록 지속적인 연계활동과 점검이 필요하다. 따라서, 유관기관과의 연계 프로그램 활동과 상담 및 서비스 활동이 이루어질 것이며, CT가 중학교 입학을 앞둔 상황으로 지속적인 점검으로 어려운 점을 파악하여 해당 사항을 개선해 나갈 수 있는 멘토가 필요하다.
서비스 계획 수정 필요	■ 예		
평가 필요	□ 예		
종결 필요	□ 예		

6 사후관리 보고서

<table>
<tr><td>사례번호</td><td>○○-○○</td><td>성명</td><td>김○○</td><td>생년월일</td><td>○○○○. ○○. ○○.</td></tr>
<tr><td>주소</td><td colspan="3">○○시 ○○구</td><td>연락처</td><td>010-○○○○-○○○○</td></tr>
<tr><td>등록일</td><td colspan="3">○○○○. ○○. ○○.</td><td>종결일</td><td>○○○○. ○○. ○○.</td></tr>
<tr><td rowspan="3">1차
사후관리</td><td>날짜</td><td colspan="2">○○○○. ○○. ○○.</td><td>접촉 방법</td><td>□ 전화상담 □ 내방상담
■ 가정/방문상담 □ 기타</td></tr>
<tr><td>접촉대상</td><td colspan="4">■ 아동 □ 주 양육자( ) □ 기타</td></tr>
<tr><td>현 상황
요약</td><td colspan="4">CT는 중학교 입학을 앞둔 상황으로 새로운 친구들과 잘 어울리기 위한 자존감 및 자존감 형성 프로그램을 지속적으로 실시하고 있다. 상담은 아웃 바운드로 진행되며, 요청 시 내방상담이 가능하다. 아동 중심으로 욕구를 충족시키기 위해 가족 모두가 협력이 필요한 상황이다.</td></tr>
<tr><td rowspan="3">2차
사후관리</td><td>날짜</td><td colspan="2">○○○○. ○○. ○○.</td><td>접촉 방법</td><td>□ 전화상담 □ 내방상담
■ 가정/방문상담 □ 기타</td></tr>
<tr><td>접촉대상</td><td colspan="4">□ 아동 ■ 주 양육자( ) □ 기타</td></tr>
<tr><td>현 상황
요약</td><td colspan="4">CT의 부모는 경제적 수입 안정을 위해 이해관계자와 좋은 관계를 유지하고 있으며, 교회를 비롯한 타 기관과의 연계에서도 긍정적인 반응을 나타내고 있다. 향후 ○○건강가정지원센터와 연계하여 부모교육 프로그램을 지속적으로 수강할 필요가 있다.</td></tr>
<tr><td>사례관리자
종합의견</td><td colspan="5">CT가 학교생활의 부적응과 인간관계의 어려움을 잘 극복할 수 있도록 가족 구성원 모두가 협력할 필요가 있다. 따라서, 멘토 & 멘티단을 통해 지속적으로 상담 및 진로 설정에 도움이 될 수 있도록 할 것이며, CT 부모는 인근 ○○건강가정지원센터와 연계 프로그램인 부모교육을 통해 역량 강화를 실시할 예정이다.</td></tr>
<tr><td>추후계획</td><td colspan="5">□ 재개입 ■ 타 기관 의뢰(○○건강가정지원센터)
□ 종결 확정 □ 기타( )</td></tr>
<tr><td>사례관리자</td><td colspan="3">박○○ (인)</td><td>작성 날짜</td><td>○○○○. ○○. ○○.</td></tr>
</table>

3. 조손가족 사례관리

1 종합정보 기록지
2 사례회의록
3 욕구 및 강점 사정지
4 서비스 계획서
5 서비스 이행 점검 및 평가
6 사후계획
7 사후관리 보고서

1 종합정보 기록지

<table>
<tr><td>등록번호</td><td colspan="2">○○-○○</td><td>담당자</td><td colspan="2">○○○</td></tr>
<tr><td>등록기준</td><td colspan="2">■ 신규 □ 기존</td><td>작성일</td><td colspan="2">○○○○. ○○. ○○.</td></tr>
<tr><td>정보제공자</td><td colspan="5">■ 본인 □ 가족( ) □ 기타( )</td></tr>
<tr><td>성명</td><td colspan="2">라○○</td><td>성별</td><td colspan="2">□ 남 ■ 여</td></tr>
<tr><td rowspan="2">생년월일</td><td colspan="2" rowspan="2">○○○○. ○○. ○○.</td><td rowspan="2">전화번호</td><td>자택</td><td>○○○)○○○-○○○○</td></tr>
<tr><td>핸드폰</td><td>010-○○○○-○○○○</td></tr>
<tr><td>주소</td><td colspan="5">○○광역시 ○동 ○○○-○번지</td></tr>
</table>

<table>
<tr><td rowspan="7">가족사항</td><td>관계</td><td>성명</td><td>연령</td><td>결혼 상태</td><td>동거 여부</td><td>학력</td><td>직업</td><td>건강상태</td><td>장애명</td><td>질병명</td></tr>
<tr><td>본인</td><td>라○○</td><td>66</td><td>유</td><td>유</td><td>-</td><td>농업직</td><td>□ 건강
□ 장애
■ 질병</td><td>-</td><td>갑상선암
(회복 중)</td></tr>
<tr><td>배우자</td><td>장○○</td><td>75</td><td>유</td><td>무</td><td>-</td><td>농업직</td><td>■ 건강
□ 장애
□ 질병</td><td>-</td><td>-</td></tr>
<tr><td>손자</td><td>장○○</td><td>17</td><td>무</td><td>유</td><td>고재</td><td>학생</td><td>■ 건강
□ 장애
□ 질병</td><td>-</td><td>-</td></tr>
<tr><td>손자</td><td>장○○</td><td>15</td><td>무</td><td>유</td><td>중재</td><td>학생</td><td>■ 건강
□ 장애
□ 질병</td><td>-</td><td>-</td></tr>
<tr><td>손자</td><td>장○○</td><td>7</td><td>무</td><td>유</td><td>원생</td><td>어린이집</td><td>■ 건강
□ 장애
□ 질병</td><td>-</td><td>-</td></tr>
<tr><td></td><td></td><td></td><td></td><td></td><td></td><td></td><td></td><td></td><td></td></tr>
</table>

<table>
<tr><td colspan="2">가구유형</td><td colspan="3">□ 모자가구 □ 부자가구 □ 미혼모부자가구
■ 조손가구 □ 일반가구 □ 기타( )</td></tr>
<tr><td colspan="2">수급유형</td><td colspan="3">□ 기준 중위소득 50~72% 이하 ■ 기준 중위소득 50% 이하 □ 일반가구
□ 기타( )</td></tr>
<tr><td rowspan="2">주거
형태</td><td>환경</td><td colspan="3">□ 월세(보증금 /월세) □ 전세(보증금 :) ■ 자가
□ 영구임대 □ 무상임대 □ 기타( )</td></tr>
<tr><td>난방</td><td colspan="3">□ 기름 ■ 도시가스 □ LP가스
□ 전기 □ 기타( )</td></tr>
</table>

<table>
<tr><td rowspan="2">경제상황</td><td>가계소득</td><td>■ 월평균 (120)만 원</td><td>부채</td><td>□ 약 ( )만 원</td><td>총재산</td><td>( )만 원</td></tr>
<tr><td>소득원</td><td colspan="5">□ 연금 ■ 공공부조 □ 저축
■ 가족지원 ■ 근로수입(주 소득원 : 농사) □ 기타( )</td></tr>
</table>

가계도	생태도
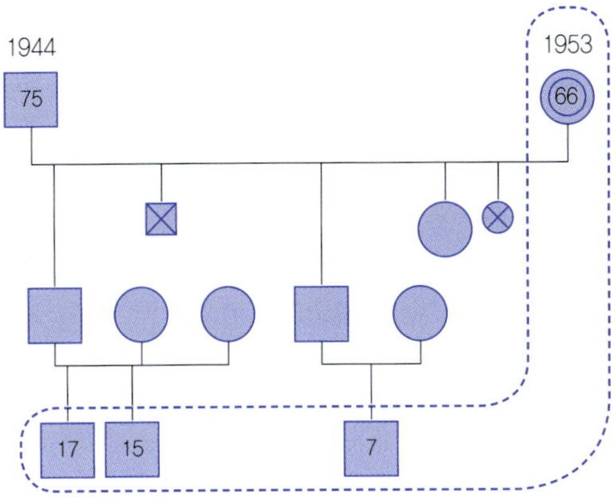	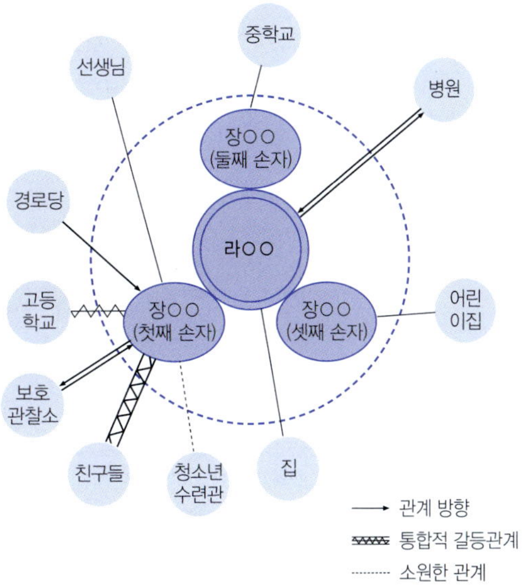

가구주의 근로능력 및 여건	문해능력	■ 유 □ 무	
	근로활동 장애요인	■ 1. 노령(65세 이상) ■ 2. 신체/정신건강 악화(특정 질환이 있는 경우) □ 3. 대인관계의 어려움 □ 4. (창업 희망 시) 자금 부족 □ 5. 부채/채무	■ 6. 가족 구성원의 보육/장애/간병 등 돌봄 부담 □ 7. 근로능력, (취업) 기술 부족 □ 8. 일자리 정보 부족 □ 9. 기타( )
	직업력	□ 근로활동 경험 전무 ■ 무직+경력 단절 기간 3년 이내 ■ 근로활동 중(일반업체+비정규직) ■ 기타( )	□ 무직+경력 단절 기간 3년 이상 □ 근로활동 중(사회적 일자리/자활근로/희망근로 등) □ 근로활동 중(일반업체+정규직)
종합 의견	• 둘째 손자(장○○)의 학업성취도가 낮아 걱정이 많음 • 첫째 손자(장○○)의 비행문제로 대상자가 걱정이 많음 • 손자 셋을 키우는 데 있어 양육에 대한 어려움이 많음 • 갑상선암 수술 후 몸이 좋지 않아 농사일을 못 하고 있는 상태임 • 가정생활과 경제생활을 대상자가 모두 맡고 있어 여유가 없음 • 현재 농사를 짓고 있지 않아 생계유지에 어려움을 겪고 있음 • 암 수술 이후 회복 중이지만 손자들의 돌봄이나 집안 살림에 있어서 책임감을 가짐 • 농사일과 손자를 대신 돌봐 줄 수 있는 사람이 없음		

2 사례회의록

회의목적	라○○ 대상자의 사례관리 적절성 여부		
회의일시	○○○○. ○○. ○○.	회의장소	○○복지관 2층 회의실
참석자	김○○, 정○○, 남○○, 이○○	사례담당자	○○○
대상자	라○○	등록번호	○○-○○
회의내용	• 둘째 손자(장○○)의 학업성취도가 낮아 걱정이 많음 • 첫째 손자(장○○)의 비행문제로 대상자가 걱정이 많음 • 손자 셋을 키우는 데 있어 양육에 대한 어려움이 많음 • 갑상선암 수술 후 몸이 좋지 않아 농사일을 못 하고 있는 상태임 • 가정생활과 경제생활을 대상자가 모두 맡고 있어 여유가 없음 • 현재 농사를 짓고 있지 않아 생계유지에 어려움을 겪고 있음 • 아픈 몸이지만 손자들의 돌봄이나 집안 살림에 있어 책임감을 가짐 • 농사일과 손자를 대신 돌봐 줄 수 있는 사람이 없음 • 식사를 잘 챙겨 드시지 못한다고 판단됨		
회의결과	• 첫째, 둘째 손자의 학습 지도와 정서 지원을 위해 배움지도사를 파견할 예정 • 가족봉사단과 자원봉사자를 모집하여 농사일을 도울 예정 • 대상자와 성장기인 손자들의 영양 공급을 위한 도시락 서비스를 지원할 예정 • 주민센터와 연계하여 한부모가족 아동 양육비 및 교육비 지원 예정 • 대상자의 양육 스트레스와 부모의 이혼으로 인한 손자들의 정서적 불안이 예상되어 상담 서비스를 연결할 예정 • 대상자와 손자들 간 유대감을 형성할 수 있는 문화체험 프로그램, 자조모임 등과 같은 정보 제공과 참여 기회를 제공할 예정 • 현재 대상자는 ○○복지관 서비스 제공 기준 4가지 영역(가족관계, 가족돌봄, 자녀교육, 일상생활영역) 중 모두 부합하므로 서비스 대상자에 적합하다고 판단됨		

3 욕구 및 강점 사정지

사례관리 대상자	라○○	등록번호	○○-○○	사례 관리자	○○○	작성 일자	○○. ○○. ○○.	■ 신규 □ 재사정 (1) 차

욕구 영역	사례관리 대상자의 인식	사례관리자 평가				
		현 상황	강점/장애물사정	욕구 평가	심각도	수행 방법
1. 안전영역: 학대나 폭력으로부터의 안전 확보	–	–	–	–	–	–
2. 기초생활영역: 긴급생계지원(긴급한 의료, 주거, 냉난방비, 생활비 지원이 필요한 경우)	–	–	–	–	–	–
3. 경제영역: 경제 수준 개선(장기적인 소득 향상 방안, 부채 해결 방안 모색이 필요한 경우)	• 몸이 불편해 농사일도 벅차다고 호소함 • 기초생활수급비와 셋째 아들이 보내는 작은 용돈이 있음	• 암 수술 이후 농사를 할 수 없어 경제적으로 어려움	+) 부채 없음 –) 수입 일정치 않음	2	2	기존
4. 신체건강영역: 내담자나 가족 구성원의 신체건강 문제 해결/치료	• 1년 전 갑상선암 판정으로 수술 후 계속 치료받고 있음	• 갑상선암 수술 이후 아직 회복 단계임	+) 갑상선암 회복단계에 있음	2	3	신규 (연계)
5. 정신건강영역: 내담자나 가족 구성원의 심리정서 정신건강 문제 해결/치료	• 가족들의 걱정이 많음 • 그 가운데 손자와 손녀에 대한 걱정이 많음	• 대상자의 양육 스트레스로 인한 죄책감과 우울감이 예상됨 • 첫째 손자(장○○)는 학교폭력피해자임	+) 손자 양육에 강한 의지 표출 –) 의지할 사람 없음, 손자가 비행학생들과 어울려 다님	2	3	기존
6. 가족관계영역: 가족관계 개선(갈등, 관계 소원 등)	• 두 손자의 아빠인 첫째 아들은 자녀양육에 관심이 없고 새로운 가정을 꾸려나가고 있음 • 한 손자의 아빠인 셋째 아들은 월 10만 원 정도의 돈을 보내지만, 명절에 만 만남	• 가족 간의 유대감이 부족함 • 지원을 받지 못하고 있음 • 자녀들과의 연락이 소홀함	+) 자녀와 연락하고 지냄, 대상자는 손자와 함께 시간을 보내고 싶어 함	2	4	기존
7. 가족돌봄영역: 가족 구성원 중 장애/간병 등 돌봄 부담의 완화	• 갑상선암 수술 후 건강상 어려움이 많은 가운데 손자들을 돌보는 어려움이 많음을 호소함	• 암 수술 후 아픈 몸으로 홀로 손자들을 돌보고 있음	+) 손자 양육에 강한 의지를 보임 –) 주변에 도움을 주는 사람이 없음	2	4	기존
8. 자녀교육영역: 내담자의 (손)자녀양육, 교육문제 해결(관계, 교육방법, 교육비용, 자녀의 특정 문제 관련)	• 둘째 손자는 학교 갔다 오면 책 한 권 안 본다는 호소가 있음 • 첫째 손자는 보호관찰소의 지도를 받고 있는 상황에서도 나쁜 친구들하고만 어울리는 것을 걱정하고 있음	• 둘째 손자(장○○)는 학업성취도가 낮은 상태임 • 첫째 손자(장○○)는 절도로 인해 보호관찰소에서 정기 상담을 받으며 봉사활동 시간을 채우기 위해 경로당에 다니고 있음	–) 손자들은 학업 의지가 없음	2	3	기존

욕구 영역	사례관리 대상자의 인식	사례관리자 평가				
		현 상황	강점/장애물사정	욕구 평가	심각도	수행 방법
9. 일상생활영역 : 일상생활 유지 및 일상생활 기능 강화, 여가활용 기능 강화 및 기회 확대	• 경로당에 가서 놀고 싶은 마음은 있으나 손주들 돌보고 농사일을 하느라 시간이 없음을 호소함	• 대상자 혼자 손자 셋을 도맡아 키움으로 인해 여가생활을 못 함	–) 셋째 손자가 어려 돌봐 줄 수 있는 시간이 많이 필요함	2	2	기존
10. 사회적 관계영역 : 내담자나 가족 구성원의 사회적 관계 개선/지지체계 형성	–	–	–	–	–	–
11. 주거환경영역 : 주거환경 개선 및 안전(물리적 환경 중심)	–	–	–	–	–	–
12. 직업 · 고용영역 : 내담자나 가구주의 직업기능 향상을 위한 교육훈련/고용지원	–	–	–	–	–	–
13. 기타	–	–	–	–	–	–

대상자의 삶의 비전 및 목표	강점	장애물
자녀양육에 대한 강한 의지를 갖고 있으며, 건강한 가정에 대한 욕구가 있음	손자들 양육에 대한 의지가 강함	단독 양육으로 인한 양육 스트레스와 신체적인 어려움, 배우자와 자녀의 관계 소원함

담당자 종합의견	• 둘째 손자(장○○)의 학업성취도가 낮아 걱정이 많음 • 첫째 손자(장○○)의 비행문제로 대상자가 걱정이 많음 • 손자 셋을 키우는 데 있어 양육에 대한 어려움이 많음 • 갑상선암 수술 후 몸이 좋지 않아 농사일을 못 하고 있는 상태임 • 가정생활과 경제생활을 대상자가 모두 맡고 있어 여유가 없음 • 현재 농사를 짓고 있지 않아 생계유지에 어려움을 겪고 있음 • 아픈 몸이지만 손자들의 돌봄이나 집안 살림에 있어서 책임감을 가짐 • 농사일과 손자를 대신 돌봐 줄 수 있는 사람이 없음

4 서비스 계획서

수행기간 (1) 차	○○. ○○. ○○. ~ ○○. ○○. ○○.

등록번호	○○-○○	대상자	라○○	사례관리자	○○○	작성일	○○○○. ○○. ○○.

차원별 성과 목표	단기 성과목표 (3개월 이내)	중기 성과목표 (3~6개월)	장기 성과목표 (6개월~1년)
개인 차원	배움지도사 파견 서비스를 통해 학습능력 향상	조손가족양육비를 지원하여 경제 수준 개선	1:1 멘토링 사업을 통해 손자들의 사회성 향상
가족 차원	가족상담 서비스를 통해 가족 간 관계 향상	도시락 배달 서비스를 제공하여 영양 결핍 예방	나들이 및 문화체험을 통해 가족 간 유대감 증대

욕구 영역별 개입목표		서비스 내용	서비스 대상	우선 순위	개입시기			서비스 기간	횟수 (회-1주당)	제공 기관	담당자	수행 방법
욕구 영역	개입 목표				1주 이내	한 달 이내	3개월 이내					
경제 영역	양육비 지원	조손가족 양육비 지원	라○○	5		✓		1년	월 1회	○구청	김○○	기존
신체건강 영역	건강 관련 정보 제공	실버요가, 실버세라밴드 정보 제공	라○○	7		✓		1주	주 1회	본 기관	정○○	기존
정신건강 영역	심리 치료	가족상담 서비스 제공	라○○, 손자들	1	✓			6주	주 1회	본 기관	정○○	기존
가족관계 영역	가족관계 개선	가족친화문화 프로그램	라○○, 손자들	3			✓	1년	월 1회	본 기관	이○○	기존
가족돌봄 영역	자녀 돌봄	도시락 배달 서비스 제공	라○○, 손자들	6	✓			1년	주 3회	○○종합 사회 복지관	김○○	기존
자녀교육 영역	학습 지도	배움지도사 파견 서비스 제공	손자들	2		✓		1년	주 2회	본 기관	남○○	기존
일상생활 영역	유대감 증대	나들이 및 문화체험 제공	라○○, 손자들	8			✓	1년	월 1회	본 기관	이○○	기존
사회적 관계 영역	사회성 발달	1:1 멘토링 서비스 제공	손자들	4		✓		1년	주 3회	본 기관	남○○	기존

5 서비스 이행 점검 및 평가

등록번호	○○-○○	대상자	라○○	사례관리자	○○○
점검일시	○○. ○○. ○○.	사례관리 기간	○○. ○○. ○○.~ ○○. ○○. ○○.	회차	1, 2회

목표		서비스 제공기관 / 내용				서비스 이행 및 목표 성취 정도	사례관리자 의견
욕구	합의된 목표	실천계획	내용	빈도	기간		
경제적 욕구	대상자의 경제 수준 향상을 위해 조손가족 양육비 서비스를 제공한다.	정책의 수급 조건을 확인하여 이에 맞는 지원을 연계한다.	조손가족 양육비를 지원하여 경제 수준을 개선한다.	월 1회	1년	• 서비스 이행 (중) • 목표 성취 (중) • 이용자 만족도 (중)	암 수술 이후 농사를 할 수 없어 경제적으로 어려움을 겪고 있지만 자녀가 경제적으로 도움을 주고 있어 욕구가 크게 느껴지진 않았다.
의료 · 건강 욕구	갑상선암 수술 후 회복단계에 있으므로 건강 관리를 돕는다.	쉽고 간단한 운동을 알아본 후 정보를 제공한다.	실버요가, 실버 세라밴드 관련 정보를 제공한다.	주 1회	1주	• 서비스 이행 (중) • 목표 성취 (중) • 이용자 만족도 (하)	어려운 동작들이 포함되어 있어 클라이언트의 흥미나 관심도가 크게 느껴지지 않는 것 같으므로 정보를 다시 찾아 제공하기로 했다.
심리 · 사회적 욕구	가족에 대한 긍정적인 강점을 활용하여 대상자의 양육 스트레스와 우울감을 감소시키고자 한다.	가족상담 서비스를 제공하여 긍정적인 강점을 향상시킨다.	가족상담 서비스를 통해 가족관계를 향상시킨다.	주 1회	6주	• 서비스 이행 (중) • 목표 성취 (하) • 이용자 만족도 (중)	가족들의 적극적인 참여가 이루어지지 않아 상담 서비스에 대한 필요성을 인지시켜야 할 것 같다.
기타 욕구	손자의 학업에 대한 걱정이 많으므로 손자의 학습 지도를 위한 서비스를 제공한다.	배움지도사 파견 서비스를 제공하여 손자들의 학습 지도를 돕는다.	매주 배움지도사를 파견하여 손자들의 학습 능력을 향상시킨다.	주 2회	1년	• 서비스 이행 (하) • 목표 성취 (하) • 이용자 만족도 (중)	대상자의 양육 부담은 줄었지만 손자들의 참여도가 낮아 원활한 학습 지도에 어려움을 겪었다. 학습에 대한 손자들의 적극적인 태도가 필요하다.

등록번호	○○-○○	대상자	라○○	사례관리자	○○○
점검일시	○○. ○○. ○○.	사례관리 기간	○○. ○○. ○○~ ○○. ○○. ○○.	회차	3, 4회

목표		서비스 제공기관 / 내용				서비스 이행 및 목표 성취 정도	사례관리자 의견
욕구	합의된 목표	실천계획	내용	빈도	기간		
경제적 욕구	대상자의 경제 수준 향상을 위해 조손가족 양육비 서비스를 제공한다.	정책의 수급 조건을 확인하여 이에 맞는 지원을 연계한다.	조손가족 양육비를 지원하여 경제 수준을 개선한다.	월 1회	1년	• 서비스 이행 (중) • 목표 성취 (중) • 이용자 만족도 (중)	조손가족 양육비의 수급 조건에 해당하여 손자들의 양육 비용 부담이 줄어들 것으로 기대된다.
의료 · 건강 욕구	갑상선암 수술 후 회복단계에 있으므로 건강 관리를 돕는다.	쉽고 간단한 운동을 알아본 후 정보를 제공한다.	실버요가, 실버 세라밴드 관련 정보를 제공한다.	주 1회	1주	• 서비스 이행 (상) • 목표 성취 (중) • 이용자 만족도 (중)	쉽고 간단한 실버운동을 찾아 정보를 제공함으로써 여가 시간을 활용해 운동을 할 수 있도록 도왔으나 아직 운동에 어색함을 느끼시는 것 같다.
심리 · 사회적 욕구	가족에 대한 긍정적인 강점을 활용하여 대상자의 양육 스트레스와 우울감을 감소시키고자 한다.	가족상담 서비스를 제공하여 긍정적인 강점을 향상시킨다.	가족상담 서비스를 통해 가족관계를 향상시킨다.	주 1회	6주	• 서비스 이행 (중) • 목표 성취 (중) • 이용자 만족도 (상)	가족들의 협조로 매주 가족들이 모이자 대상자의 만족도가 크게 느껴졌고 적극적인 참여를 보였다.
기타 욕구	손자의 학업에 대한 걱정이 많으므로 손자의 학습 지도를 위한 서비스를 제공한다.	배움지도사 파견 서비스를 제공하여 손자들의 학습 지도를 돕는다.	매주 배움지도사를 파견하여 손자들의 학습 능력을 향상시킨다.	주 2회	1년	• 서비스 이행 (중) • 목표 성취 (중) • 이용자 만족도 (중)	배움지도사와 손자들 간의 친해지기 위한 활동을 몇 차례 진행하자 손자들의 참여도가 향상되었다.

등록번호	○○-○○	대상자	라○○	사례관리자	○○○
점검일시	○○. ○○. ○○	사례관리 기간	○○. ○○. ○○.~ ○○. ○○. ○○.	회차	5, 6회

목표		서비스 제공기관 / 내용				서비스 이행 및 목표 성취 정도	사례관리자 의견
욕구	합의된 목표	실천계획	내용	빈도	기간		
경제적 욕구	대상자의 경제 수준 향상을 위해 조손가족 양육비 서비스를 제공한다.	정책의 수급 조건을 확인하여 이에 맞는 지원을 연계한다.	조손가족 양육비를 지원하여 경제 수준을 개선한다.	월 1회	1년	• 서비스 이행 (상) • 목표 성취 (상) • 이용자 만족도 (상)	자녀들의 경제적 도움에만 의존했지만 양육비 지원을 통해 경제적 지원이 생겨 대상자의 생활비 부담을 줄일 수 있었다.
의료 · 건강 욕구	갑상선암 수술 후 회복단계에 있으므로 건강 관리를 돕는다.	쉽고 간단한 운동을 알아본 후 정보를 제공한다.	실버요가, 실버 세라밴드 관련 정보를 제공한다.	주 1회	1주	• 서비스 이행 (상) • 목표 성취 (중) • 이용자 만족도 (중)	운동에 점점 흥미를 느끼시고 실버요가와 실버세라밴드 외에 추가적인 운동 정보를 요청하여 제공하기로 했다.
심리 · 사회적 욕구	가족에 대한 긍정적인 강점을 활용하여 대상자의 양육 스트레스와 우울감을 감소시키고자 한다.	가족상담 서비스를 제공하여 긍정적인 강점을 향상시킨다.	가족상담 서비스를 통해 가족관계를 향상시킨다.	주 1회	6주	• 서비스 이행 (상) • 목표 성취 (상) • 이용자 만족도 (상)	대상자의 표정이 밝아지고 가족 간 관계가 향상되었다. 하지만 대상자가 서비스가 끝난 후 가족관계가 소홀해질까 봐 우려하여 가족들의 꾸준한 관심이 요구된다.
기타 욕구	손자의 학업에 대한 걱정이 많으므로 손자의 학습 지도를 위한 서비스를 제공한다.	배움지도사 파견 서비스를 제공하여 손자들의 학습 지도를 돕는다.	매주 배움지도사를 파견하여 손자들의 학습 능력을 향상시킨다.	주 2회	1년	• 서비스 이행 (상) • 목표 성취 (중) • 이용자 만족도 (중)	원활한 학습 지도가 가능해졌고 배움지도사와의 라포도 형성되었지만 복습이 잘 이루어지지 않아 꾸준한 반복학습이 필요하다고 판단된다.

6 사후계획

욕구	내용
경제적 욕구	대상자의 수급 조건을 월 1회 조사하여 한부모가족 양육비를 지속적으로 받을 수 있도록 돕고, 도시락 배달 서비스를 제공하여 손자들의 영양 결핍을 예방한다.
의료 · 건강 욕구	대상자가 원할 시, 타 기관과 연계하여 물리치료 서비스를 제공하여 오랜 농사일로 아픈 몸을 치유하고 운동 관련 프로그램에 참여할 수 있도록 정보를 제공한다.
심리 · 사회적 욕구	센터 내 다양한 가족 프로그램에 대한 정보를 제공하고 프로그램 참여를 도와 대상자와 가족들 간의 유대감 증진과 원만한 관계 유지를 돕는다. 필요하다고 판단될 시, 가족상담 서비스를 제공한다.
기타 욕구	지속적으로 배움지도사 및 멘토링 서비스를 지원하여 손자들의 학습능력 및 대인관계능력을 향상시키고 정서적 지지자 역할을 지원한다. 또한, 필요시 기관과 연계하여 심리상담 서비스를 제공하여 대상자 및 손자들의 정서적 안정을 돕는다.

7 사후관리 보고서

사례번호	○○-○○	성명	라○○	생년월일	○○○○. ○○. ○○.
주소	○○시 ○○구			연락처	010-○○○○-○○○○
등록일	○○○○. ○○. ○○.			종결일	○○○○. ○○. ○○.
1차 사후관리	날짜	○○○○. ○○. ○○.	접촉 방법	□ 전화상담 □ 내방상담 ■ 가정/방문상담 □ 기타	
	접촉대상	■ 본인 □ 보호자 (　　　) □ 기타			
	현 상황 요약	가족 간 유대감을 강화시키기 위해 기관 내 가족 프로그램에 참여시키고 있다. 추가로 나들이 프로그램을 실시할 예정이며, 대상자와 손자들의 정서적 안정을 위한 심리치료가 추가적으로 필요하다고 판단된다.			
2차 사후관리	날짜	○○○○. ○○. ○○.	접촉 방법	□ 전화상담 □ 내방상담 ■ 가정/방문상담 □ 기타	
	접촉대상	■ 본인 □ 보호자 (　　　) □ 기타			
	현 상황 요약	연계를 통한 지속적인 물리치료와 가정에서의 꾸준한 스트레칭으로 통증이 많이 완화되었다고 한다. 손자들의 학습에 대한 반응도 보다 긍정적으로 변했지만 사회능력 향상을 위해 배움지도사와 멘토링 서비스의 지속적인 지원이 필요하다.			
사례관리자 종합의견	양육비 지원과 손자들의 학습을 위한 서비스 제공이 지속됨으로써 대상자의 양육 스트레스가 많이 감소된 것으로 나타났다. 최근 가족 프로그램 참여율이 낮으므로 가족들의 적극적인 협력이 필요하다. 손자들의 배움지도사 및 멘토링 서비스를 지속하여 학습능력뿐만 아니라 사회능력 향상에 보다 초점을 맞춰 나갈 예정이다.				
추후계획	□ 재개입 ■ 종결 확정		□ 타 기관 의뢰(　　　) □ 기타(　　　)		
사례관리자	성명: ○○○ (인)			작성 날짜	○○○○. ○○. ○○.

C·H·A·P·T·E·R **14**

아동복지 영역

1. 가정폭력 아동 사례관리

1. 사례관리 개요

2. 사례관리 과정

[1] 인테이크 기록지

[2] 사정기록지

[3] 계획목표 수립

[4] 실행 용지

[5] 점검 용지

[6] 평가 용지

[7] 사례관리 종결 보고서

[8] 사후관리 보고서

1. 사례관리 개요

1) 사례관리의 기능 및 목적

사례관리 기능은 사정, 계획, 연계, 조정, 옹호, 모니터링과 같이 6가지로 정리할 수 있다(강흥구, 2016). 그리고 클라이언트의 발견, 사정, 서비스 계획의 수립, 서비스의 연결 및 조정, 모니터링, 권익 옹호로 분류하는 견해도 있다(김기태, 2016).

사례관리의 목적은 클라이언트의 자립심 강화, 공식적 · 비공식적 지원체계 능력의 발전, 효율성 및 효과성 증진이 있다(유서구, 2012). 구체적으로는 외부 환경에 적응할 수 있는 클라이언트의 잠재력 최대화, 서비스 제공의 연속성 보장, 서비스의 통합성, 서비스 접근성의 증진, 사회적 책임의 증진, 성과관리가 있다(박용순, 2018).

2) 사례관리 관련 용어

❶ 자원사정

사례관리 실천에서의 자원이란 클라이언트 및 가족의 욕구를 충족시키고 문제를 해결하기 위해 필요한 각종 정보 및 상담, 건강, 교육, 일자리, 주거 등의 모든 자원이 포함된다. 자원은 크게 클라이언트 개인 내적 자원과 외부자원으로 나뉜다.

개인 내적 자원의 사정은 곧 강점 사정으로 클라이언트의 강점 및 능력을 정하는 것이다. 클라이언트의 강점은 신체적 강점, 정서적 강점 등으로 개인이 가지고 있는 개인의 성격이나 태도, 신체적 활동능력, 특별한 지식 및 기술 등을 의미하며, 자신의 욕구를 변화시키거나 문제를 해결할 때 사용할 수 있는 개인적 자원을 말한다.

외부자원의 사정은 현재 클라이언트의 욕구를 충족하기 위해 사용되고 있는 외부자원을 사정하는 것이다. 가족, 친구, 이웃, 자조집단, 종교집단 등으로부터 제공되는 정서적 · 지지적 · 물질적 지원을 말하는 비공식적 자원과 국가 및 지방자치단체 등의 공공기관 또는 사회복지 기관 및 시설, 지역사회 단체 등 민간기관에서 제공하는 급여와 서비스를 말하는 공식적 자원으로 나뉜다.

3) 사례회의

❶ 내부사례회의

기관 내부에서 사례관리 가구 선정, 장/단기 목표 및 서비스 계획 수립, 서비스 및 대상자 변화 점검, 종결 등을 협의하기 위한 회의를 말한다.

❷ 통합사례회의

내부 인력만으로는 대상자의 사례관리 활동을 수행하기 어려운 경우, 외부 전문가, 민간기관 실무자 등과 함께 개입 방향 및 목표 설정, 서비스 계획 수립, 서비스 내용 협의, 연계 방식 등을 논의하고 조정하는 회의를 말한다.

❸ 솔루션회의

더 큰 범위의 자원과 더 높은 수준의 전문적 지식이 필요한 경우 그에 맞는 다양한 기관 담당자 및 전문가로 특별하게 구성된 회의를 말한다.

4) 슈퍼비전

❶ 슈퍼비전

슈퍼비전은 업무상 사전 경험과 지식과 기술을 갖춘 전문가나 선임사례관리자 또는 사례관리 업무책임자가 슈퍼바이저가 되어 일선 업무를 담당하는 슈퍼바이지에게 사례관리 업무를 잘 수행할 수 있도록 지원하고 교육하는 것이다.

❷ 슈퍼바이저의 개념

슈퍼바이저는 감독자나 지도자를 의미한다. 사회복지 현장실습의 경우 슈퍼바이저는 실습지도사를 말하며, 사회복지사 자격증 1급을 소지한 자로서 3년 이상 또는 사회복지사 2급 자격증을 소지한 자로서 5년 이상의 사회복지사업의 실무 경험이 있는 자를 말한다(한국사회복지사협회 자격관리센터, 2019).

❸ 슈퍼바이지의 개념

사례관리에서 슈퍼바이지란 슈퍼바이저의 정보, 가치 등 조언을 제공받는 이를 의미한다(안정선 · 최원희, 2010; 김성경, 2017, 재인용).

5) 사례관리의 과정

사례관리의 총체적인 과정은 학자마다 다양하게 제시하고 있다. 곽미정(2018)은 사례발견과 접수, 사정, 계획, 실행, 실행에 대한 점검, 평가, 사례 종결, 사후관리로 분류했다. 김건희(2016)는 인테이크, 사정, 서비스 계획 수립, 조정, 점검, 재사정, 평가, 종결단계를 제시했다. 또한, 박용순(2018)은 사례발견, 스크리닝, 인테이크, 사정, 계획, 개입, 점검, 평가, 종결 순으로 나누어 제시하였다. 이와 같이 사례관리의 총체적인 과정을 다양하게 설명하는 이유는 사례관리 현장이 그 대상과 상황마다 매우 다양하여 그때마다 사례관리자의 창의성을 요구하기 때문이다. 즉, 사례관리자는 다양한 사례관리 과정을 학습해야 다양한 사례관리 현장에서 맞게 되는 현상을 대비할 수 있을 것이다. 본서에서는 〈표 14-1〉과 같이 9단계로 나누어 인테이크, 사정, 계획, 실행, 점검, 재사정, 평가, 종결, 사후관리 과정을 중심으로 총 7단계인 인테이크, 사정, 계획, 실행, 점검 및 재사정, 평가 및 종결, 사후관리 과정으로 살펴보겠다. 실제 현장에서는 각 과정을 통합하거나 나누어 사용할 수 있을 것이다.[1)]

〈표 14-1〉 사례관리의 과정

단계	내용
1. 인테이크	사례관리자가 클라이언트와 그 가족의 문제와 욕구를 확인하여 사례관리 대상자로서의 요건을 갖추었는지 여부를 판단(한국장애인개발원, 2013) 예) 클라이언트의 기본정보, 면접 경로, 가족 정보, 가계도, 생태도, 계약
2. 사정	클라이언트의 건강, 사회심리적 기능, 인지능력, 재정, 환경, 사회적 지지, 욕구 등을 사정도구를 통해 구체화 예) 사정기록지 작성 일시, 위험도 평가 점수, 클라이언트의 특징(신체 · 발달적, 정서적, 대인관계 및 행동적 특징, 직면 문제, 강점), 가구의 특징(가족의 당면 문제, 강점), 주변 자원
3. 계획	사정에서 수집한 정보를 대상자의 욕구충족을 위한 일련의 서비스 활동으로 전환하는 과정이며, 수립의 과정에서 클라이언트의 동의를 얻음 예) 제시된 문제, 목표(장기/단기), 개입방법
4. 실행	이미 세워진 개별화된 서비스 계획에 따라 개입 예) 서비스 연결과 이행, 서비스 조정
5. 점검	서비스가 적절한 것인지 점검하기 위해 규칙적으로 만남을 유지 예) 클라이언트와 서비스 제공자가 학습 · 의료적 지원, 대인관계능력 향상, 학교생활 적응, 정서적 안정 등의 내용에서 노력을 하였는지, 서비스가 적합했는지, 지속적으로 제공해 주었는지 등을 점검
6. 재사정	클라이언트의 상태와 현재의 서비스 계획의 적합성을 판단하고 서비스가 어떤 방식으로 변화될 필요가 있는지를 결정. 이때, 재사정의 위치는 바뀔 수 있음 예) 가족 간의 유대감을 향상시키기 위해 가족 캠프를 권유함. 리더십 캠프를 부담스러워 하여 월 1회로 참여를 줄임
7. 평가	사례관리 목표의 달성도와 호응도를 확인 예) 학습 · 의료적 지원, 대인관계능력 향상, 학교생활 적응, 정서적 안정 내용을 클라이언트와 서비스 제공자 모두 1~5까지 평가하고 사례회의를 함
8. 종결	클라이언트에게 더 이상 서비스가 필요 없게 되었을 때 이루어지는 것으로, 클라이언트의 상태가 개선되었음을 의미 예) 종결 유형, 클라이언트의 변화(초기→종결 상황), 사후관리 계획, 사례관리자의 종결 심사 의견
9. 사후관리	클라이언트가 지속적으로 그 기준을 유지하고 있는지 판단하기 위해 체계적이고 지속적으로 관리 예) n차 사후관리 날짜, 접촉 방법, 현 상황 요약, 접촉 대상, 사례관리자 의견, 추후 계획

출처: 박용순(2018); 김건희(2016).

1) 본 사례 내용 중 인테이크는 이근홍(2015), 사정기록지와 서비스 계획 기록지는 박용순 외(2016), 서비스 실행기록지와 점검 · 평가는 이근홍(2015), 종결보고서와 사후보고서는 김성경(2017)의 양식을 참고하여 재구성하였음을 밝힘.

2. 사례관리 과정

1) 인테이크

1 인테이크 기록지

<table>
<tr><td rowspan="5">기본정보</td><td colspan="2">성명</td><td colspan="3">양○○</td><td>면접자명</td><td colspan="2">김○○</td></tr>
<tr><td colspan="2">생년월일</td><td colspan="3">○○○○. ○○. ○○.</td><td>면접일자</td><td colspan="2">○○○○. ○○. ○○.</td></tr>
<tr><td colspan="2">연락처</td><td colspan="6">010-○○○○-○○○○</td></tr>
<tr><td colspan="2">주소</td><td colspan="6">○○광역시 ○○구 ○○동 ○○ 아파트 ○동 ○호</td></tr>
<tr><td colspan="2">면접 경로</td><td colspan="6">사회복지사의 추천 및 클라이언트의 요청</td></tr>
<tr><td rowspan="6">가족정보</td><td>관계</td><td>성명</td><td>연령</td><td>학력</td><td>직업</td><td>동거 여부</td><td>번호</td><td>비고</td></tr>
<tr><td>조부</td><td>양○○</td><td>72</td><td>-</td><td>공장 직원</td><td>×</td><td>-</td><td>2000년(62세)
교통사고로 사망</td></tr>
<tr><td>조모</td><td>김○○</td><td>67</td><td>-</td><td>-</td><td>×</td><td>010-○○○○-○○○○</td><td>-</td></tr>
<tr><td>부</td><td>양○○</td><td>42</td><td>고졸</td><td>회사원</td><td>○</td><td>010-○○○○-○○○○</td><td>-</td></tr>
<tr><td>모</td><td>정○○</td><td>38</td><td>-</td><td>주부</td><td>○</td><td>010-○○○○-○○○○</td><td>-</td></tr>
<tr><td>동생</td><td>양○○</td><td>8</td><td>-</td><td>-</td><td>○</td><td>-</td><td>-</td></tr>
<tr><td rowspan="2">세대정보</td><td colspan="8">가계도</td></tr>
<tr><td colspan="8">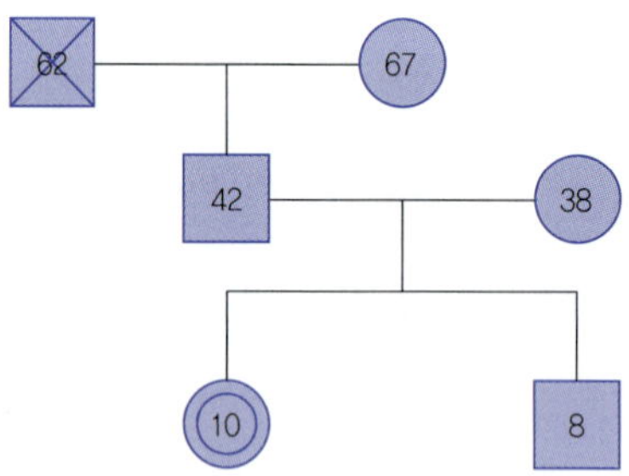
</td></tr>
</table>

<table>
<tr><td rowspan="4">세대정보</td><td colspan="5">생태도</td></tr>
<tr><td colspan="5">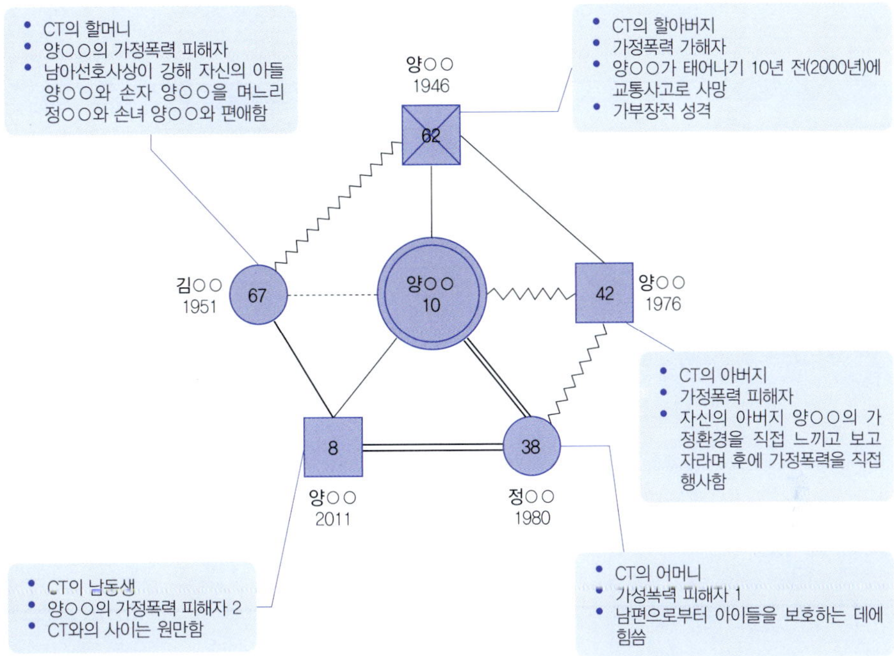
</td></tr>
<tr><td rowspan="2">경제상태</td><td>직업</td><td>유</td><td>월 소득</td><td>300만 원</td></tr>
<tr><td>소득</td><td colspan="3">부(父)의 단독 소득원, 광주 ○○회사의 정규직</td></tr>
<tr><td></td><td>주거상황</td><td colspan="4">○○광역시 ○○구 ○○동에 위치한 전세 아파트</td></tr>
<tr><td>건강상태</td><td>질병</td><td colspan="4">잦은 가정폭력으로 인한 신체적 및 정신적 피해가 있음</td></tr>
<tr><td>문제 및 욕구</td><td colspan="5">부의 가정폭력과 학교의 따돌림으로 인한 신체적 · 정신적 피해의 문제와 이에 대한 치료가 요구됨</td></tr>
<tr><td>심사</td><td>사례관리자 의견</td><td colspan="4">현재 클라이언트가 가지고 있는 문제의 심각성은 클라이언트의 나이가 어리고 가정에서나 사회에서 지지층이 존재하지 않아 매우 심각하다고 판단</td></tr>
</table>

2) 사정

2 사정기록지

<table>
<tr><td colspan="2">작성일시</td><td colspan="3">ㅇㅇㅇㅇ. ㅇㅇ. ㅇㅇ.</td><td>작성자
(주 조정자)</td><td colspan="2">김ㅇㅇㅇ</td></tr>
<tr><td colspan="2">아동 성명</td><td>양ㅇㅇ</td><td>성별</td><td>여</td><td>실제 생년월일</td><td colspan="2">ㅇㅇㅇㅇ. ㅇㅇ. ㅇㅇ.</td></tr>
<tr><td colspan="2" rowspan="2">위험도 사정</td><td colspan="4">위험도 점수</td><td colspan="2">위험도 평가</td></tr>
<tr><td>총점</td><td colspan="3">발달 관련 위험도(5점)
가족/환경 관련 위험도(5점)</td><td colspan="2">□ 고위험사례</td></tr>
<tr><td rowspan="3">아동의 특징</td><td>신체적 장애/발달적 특징</td><td colspan="6">장애는 없으며, 잦은 폭력으로 인해 신체에 멍이나 상처가 많다. 그리고 언어발달이 또래에 비해 느린 편이다.</td></tr>
<tr><td>정서적 특징</td><td colspan="6">의기소침하며 주변의 눈치를 자주 본다.</td></tr>
<tr><td>대인관계 / 행동적 특징</td><td colspan="6">학교에서 왕따를 당하고 있으며, 가족관계 내에서도 소외되고 있다. 낯가림이 매우 심하다. 의사소통과정에서 표정이 거의 없고 몸을 움츠린다. 학습의욕이 없어 보인다.</td></tr>
<tr><td colspan="2">아동의 당면 문제</td><td colspan="6">학습의욕 부진문제, 사회성 부족, 가정폭력</td></tr>
<tr><td colspan="2">아동의 강점</td><td colspan="6">• 집중력이 좋다.
• 그림을 잘 그린다.
• 단기기억력이 좋다.</td></tr>
<tr><td rowspan="2">가구의 특징</td><td>가족의 당면 문제</td><td colspan="6">• 가정폭력 문제
• 경제적인 어려움</td></tr>
<tr><td>가족의 강점</td><td colspan="6">스스로 문제를 인식하고 있으며, 변화하고자 하는 의지가 있음</td></tr>
<tr><td rowspan="6">주변 자원
(비공식 자원)</td><td colspan="2">지원처(이름/관계)</td><td colspan="2">지원 가능한 도움 종류</td><td colspan="2">과거 도움의 종류와 기간</td><td>연락처</td></tr>
<tr><td colspan="2">ㅇㅇ초등학교</td><td colspan="2">방과후 학교</td><td colspan="2"></td><td></td></tr>
<tr><td colspan="2">ㅇㅇ맘(심리상담센터)</td><td colspan="2">심리검사, 가족상담</td><td colspan="2"></td><td></td></tr>
<tr><td colspan="2">ㅇㅇ건강가정지원센터</td><td colspan="2">아동놀이 프로그램</td><td colspan="2"></td><td></td></tr>
<tr><td colspan="2">ㅇㅇ종합사회복지관</td><td colspan="2">리더십 캠프</td><td colspan="2"></td><td></td></tr>
<tr><td colspan="2">ㅇㅇ교회</td><td colspan="2">정서적 지지</td><td colspan="2"></td><td></td></tr>
</table>

3) 서비스 계획 단계

3 계획목표 수립

제시된 문제		클라이언트의 학습의욕 부족
목표	단기 목표	① 동기의식을 갖게 한다. ② 학습할 수 있는 분위기를 조성한다.
	장기 목표	예전 성적에 비해 평균 점수가 15점 이상 향상되도록 한다.
개입방법		① ○○초등학교 방과후 교실과 연계하여 학습 지원 서비스를 지원받는다. ② 복습노트를 사용해 매 수업 시간 이후 수업 기록 및 복습의 시간을 갖도록 한다.

제시된 문제		클라이언트의 사회성 부족
목표	단기 목표	① 타인의 얼굴을 바라보며 대화할 수 있게 한다. ② 움츠리지 않고 바른 자세를 유지한다.
	장기 목표	클라이언트의 대인관계능력을 향상시킨다.
개입방법		① ○○종합사회복지관에서 실시하는 초등학생 리더십 캠프에 참여하도록 한다. ② ○○건강가정지원센터의 아동놀이 프로그램에 참여하도록 한다. ③ ○○종합사회복지관 학교 사회복지사로부터 클라이언트의 학교생활 적응훈련을 하도록 한다. ④ ○○초등학교 교사와 접촉하여 클라이언트의 학교생활 적응과 정서적 안정을 위한 상담을 실시한다.

제시된 문제		가정폭력
목표	단기 목표	① 클라이언트 부모 스스로 자신의 잘못을 인식한다. ② 가족 간에 아침 문안 인사와 외출 시 나가기 전 인사를 한다.
	장기 목표	가족 간에 응집력 향상과 대화 시간을 늘린다.
개입방법		① 미술 심리검사를 통해 현재 클라이언트의 정서 상태를 확인한다. ② ○○맘 상담센터에서 주 1회 부부상담 및 가족상담을 실시한다.

4) 실행단계

4 실행 용지

<table>
<tr><th>클라이언트명</th><td colspan="2">양○○(여)</td><th>실행자명</th><td>김○○</td></tr>
<tr><th rowspan="5">서비스
연결과 이행</th><th>서비스명</th><th colspan="3">연결과 이행 내용</th></tr>
<tr><td>학습 지원</td><td colspan="3">① ○○초등학교 방과후 프로그램과 연계하여 주 2회 1시간씩 국어, 수학 과목의 학습을 진행한다.
② 복습노트를 클라이언트에게 제공하여 수업 시간에 배운 내용을 매일 복습할 수 있도록 지도한다.</td></tr>
<tr><td>의료적 지원</td><td colspan="3">① ○○맘 상담센터와 연계하여 클라이언트 미술심리검사 및 치료를 실시한다.
② ○○맘 상담센터와 연계하여 주 1회 모녀 및 가족상담을 실시한다.</td></tr>
<tr><td>대인관계능력 향상</td><td colspan="3">① ○○건강가정지원센터와 연계하여 아동놀이 프로그램에 참여한다.
② ○○종합사회복지관에서 실시하는 초등학생 리더십 캠프에 참여한다.</td></tr>
<tr><td>학교생활 적응과
정서적 안정</td><td colspan="3">① ○○종합사회복지관 학교사회복지사로부터 클라이언트의 학교생활 적응훈련을 시작한다.
② ○○초등학교 교사와 접촉하여 클라이언트의 학교생활 적응과 정서적 안정을 위한 상담을 실시한다.
③ 2018년 12월 1일부터 매주 일요일 클라이언트가 ○○교회에서 정서적 지지를 받도록 한다.</td></tr>
<tr><th>서비스 조정</th><td colspan="4">○○초등학교 교사와 ○○맘 상담센터에서 실시하는 상담이 중복될 가능성이 있으므로 학교사회복지사는 학교생활 적응과 관련된 서비스만 제공하도록 하며, ○○맘 상담센터에서는 아동이 가정폭력으로 인해 받은 정신적 불안감 해소에 대한 상담을 제공하도록 한다.</td></tr>
</table>

5) 점검 및 재사정

5 점검 용지

<table>
<tr><th>클라이언트명</th><td colspan="2">양○○(여)</td><th colspan="2">점검 일자</th><td colspan="2">○○○○. ○○. ○○.</td></tr>
<tr><th>점검자명</th><td colspan="2">김○○</td><th colspan="2">점검 방법</th><td colspan="2">1) 전화 2) 면접
3) 점검표 4)가정방문</td></tr>
<tr><th colspan="2" rowspan="2">점검 대상</th><th colspan="2">클라이언트</th><th colspan="3">서비스제공자</th></tr>
<tr><th>목표 달성 노력</th><th>서비스의 적합성</th><th>서비스 계획 이행 정도</th><th>서비스의 적당성</th><th>서비스의 적시성 · 연속성</th></tr>
<tr><th rowspan="2">학습 지원</th><th>방과후 프로그램</th><td>수업에 집중</td><td>매우 적합함</td><td>주 2회 1시간</td><td>프로그램 제공 시간이 적절함</td><td>지속적으로 제공됨</td></tr>
<tr><th>복습노트</th><td>수업에 집중</td><td>적합함</td><td>매일 작성</td><td>실시 횟수가 다소 많음</td><td>클라이언트가 적응 중</td></tr>
<tr><th rowspan="2">의료직 지원</th><th>미술 심리검사 및 치료</th><td>클라이언트가 흥미를 느낌</td><td>적합함</td><td>주 1회씩 월 4회 치료</td><td>치료가 적절함</td><td>지속적인 치료 요망</td></tr>
<tr><th>가족상담</th><td>가족의 참여율이 높음</td><td>어느 정도 적합함</td><td>주 1회 치료</td><td>치료 횟수가 다소 부족함</td><td>지속적인 치료 요망</td></tr>
<tr><th rowspan="2">대인관계 능력 향상</th><th>아동놀이 프로그램</th><td>클라이언트가 흥미를 느낌</td><td>적합함</td><td>주 1회 월 4회 실시</td><td>운영 횟수가 적절함</td><td>지속적으로 제공됨</td></tr>
<tr><th>리더십 캠프</th><td>클라이언트가 다소 부담스러워 함</td><td>어느 정도 적합함</td><td>월 2회 프로그램 실시</td><td>운영 횟수가 다소 많음</td><td>클라이언트가 적응 중</td></tr>
<tr><th>학교생활 적응</th><th>적응훈련</th><td>사회복지사와 라포 형성</td><td>적합함</td><td>주 2회 실시</td><td>운영 횟수가 적당함</td><td>지속적으로 제공됨</td></tr>
<tr><th rowspan="2">정서적 안정</th><th>초등학교 상담</th><td>클라이언트의 변화 의지가 높음</td><td>적합함</td><td>주 1회 실시</td><td>상담이 적절함</td><td>지속적으로 제공됨</td></tr>
<tr><th>정서적 지지</th><td>교회에 잘 나감</td><td>지지가 적합함</td><td>주 1회 교회에 나감</td><td>지지가 적당함</td><td>지속적으로 교회 출석</td></tr>
<tr><th colspan="2">재사정</th><td colspan="5">① 가족 간의 유대감을 향상시키기 위해 가족 캠프를 권유함
② 리더십 캠프를 부담스러워 하여 월 1회로 참여를 줄임</td></tr>
</table>

6) 평가와 종결단계

6 평가 용지

클라이언트명	양○○(여)	평가일자	○○○○. ○○. ○○.
평가자명	김○○	평가참여자	사례관리자, 사회복지사, 교사, 상담사, 클라이언트

평가대상		클라이언트			서비스 제공자	
		결과목표 달성	서비스 효과성	서비스 만족도	서비스 계획 적절성	서비스의 효율성
학습 지원	방과후 프로그램	목표 달성	① ② ③ ④ ⑤	① ② ③ ④ ⑤	매우 적절함	① ② ③ ④ ⑤
	복습노트	목표 달성	① ② ③ ④ ⑤	① ② ③ ④ ⑤	비교적 적절함	① ② ③ ④ ⑤
의료적 지원	미술 심리검사 및 치료	달성도가 높음	① ② ③ ④ ⑤	① ② ③ ④ ⑤	매우 적절함	① ② ③ ④ ⑤
	가족상담	학습능력 향상	① ② ③ ④ ⑤	① ② ③ ④ ⑤	매우 적절함	① ② ③ ④ ⑤
대인관계 능력 향상	아동놀이 프로그램	목표 달성	① ② ③ ④ ⑤	① ② ③ ④ ⑤	비교적 적절함	① ② ③ ④ ⑤
	리더십 캠프	미흡	① ② ③ ④ ⑤	① ② ③ ④ ⑤	월 1회로 줄이기로 함	① ② ③ ④ ⑤
학교생활 적응	적응훈련	목표 달성	① ② ③ ④ ⑤	① ② ③ ④ ⑤	매우 적절함	① ② ③ ④ ⑤
정서적 안정	초등학교 상담	목표 달성	① ② ③ ④ ⑤	① ② ③ ④ ⑤	비교적 적절함	① ② ③ ④ ⑤
	정서적 지지	목표 달성	① ② ③ ④ ⑤	① ② ③ ④ ⑤	매우 적절함	① ② ③ ④ ⑤
사례회의	일시					
	참여자	사례관리자, 사회복지사, 상담교사, 클라이언트				
	회의내용	클라이언트가 처음보다 학습 의지 및 대인관계능력이 향상되었으며, 가정폭력 문제도 가족 간의 상담을 통해 원만히 해결되고 있음. 사후관리를 통해 클라이언트와 가족의 상황이 유지되고 있는지 지속적으로 확인 요망				

7 사례관리 종결보고서

<table>
<tr><th>사례 번호</th><td>○○-○○</td><th>클라이언트</th><td>양○○</td><th>사례관리자</th><td>김○○</td></tr>
<tr><th>접수일</th><td colspan="2">○○○○. ○○. ○○.</td><th>평가일</th><td colspan="2">○○○○. ○○. ○○.</td></tr>
</table>

<table>
<tr><th>종결유형</th><td colspan="2">■ 장기 목표 달성 □ 단기 목표 달성 □ 상황 호전( )
□ 이사 또는 사망 □ 연락 두절 □ 거절이나 포기( )
□ 자체 종결( ) □ 기타( )</td></tr>
<tr><th rowspan="4">클라이언트의 변화</th><th>초기 상황</th><td>종결 상황</td></tr>
<tr><th>학습의욕 부진 문제</th><td>평균 점수가 15점 이상 향상</td></tr>
<tr><th>사회성 부족</th><td>타인과 대화를 자유롭게 할 수 있음</td></tr>
<tr><th>가정폭력</th><td>가족 간의 응집력이 강화, 대화 횟수 향상</td></tr>
<tr><th>사후관리 계획</th><td colspan="2">2주에 한 번 클라이언트에게 전화로 상황을 확인</td></tr>
<tr><th>사례관리자 의견</th><td colspan="2">■ 종결 □ 재심사</td></tr>
<tr><th>종결심사 의견</th><td colspan="2">클라이언트의 문제였던 학습의욕 부진 문제 부분에서 전보다 평균 점수가 15점 이상 향상되었으며, 사회성 부족 문제 부분에서는 놀이치료 및 리더십 캠프를 통해 타인과 자유롭게 대화할 정도로 대인관계능력이 향상됨. 가장 심각한 문제였던 가정폭력 문제는 아버지 스스로 자신의 문제를 깨닫고 피해자인 모녀의 상담과 가족 전체의 상담 활동을 통해 가족 간의 응집력이 강화됨. 따라서 장기 목표가 어느 정도 달성되어 종결이 가능하다고 판단함</td></tr>
</table>

7) 사후관리

8 사후관리 보고서

<table>
<tr><td>사례번호</td><td>○○-○○</td><td>클라이언트</td><td>양○○</td><td>사례관리자</td><td>이○○</td></tr>
<tr><td>접수일</td><td colspan="2">○○○○. ○○. ○○.</td><td>종결일</td><td colspan="2">○○○○. ○○. ○○.</td></tr>
<tr><td>주소</td><td colspan="2">○○광역시 동구 ○○동
○○○ 아파트 ○동 ○호</td><td>연락처</td><td colspan="2">010-○○○○-○○○○</td></tr>
<tr><td rowspan="3">1차
사후관리</td><td>날짜</td><td>○○○○. ○○. ○○.</td><td>접촉 방법</td><td colspan="2">■ 전화상담 □ 내방상담
□ 가정/방문상담 □ 기타</td></tr>
<tr><td>접촉 대상</td><td colspan="4">클라이언트</td></tr>
<tr><td>현 상황
요약</td><td colspan="4">- 아동이 복습뿐만 아니라 예습도 하기 시작했으며, 대화하는 친구도 많이 생겼다고 좋아함
- 가족 간 대화도 처음보다는 많이 늘었음</td></tr>
<tr><td rowspan="3">2차
사후관리</td><td>날짜</td><td>○○○○. ○○. ○○.</td><td>접촉 방법</td><td colspan="2">■ 전화상담 □ 내방상담
□ 가정/방문상담 □ 기타</td></tr>
<tr><td>접촉 대상</td><td colspan="4">클라이언트 부모</td></tr>
<tr><td>현 상황
요약</td><td colspan="4">- 아동의 성적이 올랐고 집에 친구를 데려오기도 한다고 함
- 가족 간 인사뿐만 아니라 하루에 한 번은 안아주는 시간을 가지고 있다고 함</td></tr>
<tr><td>사례관리자
의견</td><td colspan="5">- 클라이언트가 가지고 있던 학습부진 문제와 대인관계 문제가 향상되었다고 판단되고, 가족 간의 응집력도 향상되었다고 판단되어 종결을 결정함</td></tr>
<tr><td>추후 계획</td><td colspan="5">■ 최종 종결 □ 타 기관 의뢰( )
□ 가정방문상담 □ 기타( )</td></tr>
</table>

2. 한부모 가정폭력 아동 사례관리

1. 사례관리 개요[1)]

1) 클라이언트의 현재 상황

클라이언트는 올해(20○○년)에 중학교에 입학한 김○○(13세)으로 현재 고모 김○○(47세) 씨와 함께 살고 있으며, 가족관계로는 아버지, 어머니, 2살 터울의 누나가 있다.

첫 번째로 클라이언트의 아버지 김○○(43세) 씨는 뚜렷한 직장이 없고 알코올 의존증후군 환자로, 평소에 김○○ 군과 김○○ 군의 누나 김○○(15세) 양을 상습적으로 폭행하였다. 클라이언트가 어렸을 적에는 농촌 지역에서 할머니와 살았지만, 초등학교 4학년이 되던 20○○년에 할머니가 돌아가시자 ○○에서 아버지와 함께 살게 되었다. 그때부터 상습적인 폭행을 당했다. 클라이언트의 아버지는 지난해 20○○년 ○○월 술에 취해 난동을 부리다가 경찰에 체포된 것을 계기로 형 김○○(50세) 씨의 권유를 받아들여 알코올 중독을 치료하려고 병원에 입원하기도 했지만 달라진 점은 없었다. 아버지는 또다시 ○월 ○일 자택에서 술에 취한 채 흉기를 집어 들고 남매를 "죽여 버리겠다."고 위협했다. 경찰은 자녀를 폭행하고 흉기로 위협한 혐의(「아동복지법」 위반)로 클라이언트의 아버지를 구속하였다. 그래서 현재 클라이언트는 고모 김○○(47세, 가명) 씨와 함께 살고 있다.

두 번째로 클라이언트의 어머니 박○○(38세) 씨는 클라이언트의 아버지와 오랜 별거 끝에 20○○년 이혼하였다. 이혼 이후에 클라이언트, 클라이언트의 누나와 왕래가 있었지만, 최근 재혼으로 임신한 이후로는 클라이언트 남매와 왕래가 없고 관심도 가지지 않고 있다.

---

1) 본 사례는 권진숙 외(2012)의 『사례관리 전문가 교육-실무자 기초과정』과 김성경(2017)의 『사회복지 사례관리론』의 내용을 재구성한 내용임을 밝힘.

클라이언트는 현재 아버지와 함께 살고 싶은 욕구가 있지만 반대로 아버지가 술을 드시면 또 가정폭력을 당하게 될 것에 대한 불안감이 있다. 그리고 할머니와 같이 고모와도 헤어지는 것이 아닌가에 대한 심리적 불안감이 있다.

현재 구속 중인 아버지는 클라이언트에게 폭력을 행한 것에 심리적인 부담을 느끼고 있으며, 그로 인하여 다시 금주하고자 하는 의지와 욕구가 있고, 뿐만 아니라 직업재활, 직업교육에 대한 의지도 있다.

클라이언트와 함께 살고 있는 고모는 현재 자신의 자녀 두 명과 클라이언트와 클라이언트의 누나를 부양하는 데에 가족으로의 의무감을 가지기도 하지만 경제적 부담감을 느끼고 있다.

2) 사례 선정 이유

현재 학교폭력과 가정폭력이 심각한 사회문제로 떠오르고 있는 상황에서 본 클라이언트는 학교폭력과 가정폭력을 다 겪었다. 무엇보다 클라이언트는 어머니가 안 계신 한부모가정에서 아버지가 구속되는 경험을 하게 되어 그에 따른 심각한 심리적 · 정서적 문제와 함께 환경적 문제가 클라이언트에게 나타날 수 있을 것으로 판단되어 본 클라이언트를 사례관리 대상으로 선정하였다.

2. 사례관리 과정

1 자료수집

1. 개인적 차원

성명	김○○	성별	남	학력	중학교 재학 중	종교	기독교
주소	○○광역시 ○○구 ○○동 ○○빌라 ○○○호						
나이	13세			가구형태	한부모가정		
대상자 분류	아동 · 청소년 (○)　노인(　)　장애인(　)　가족구성 형태(한부모가정)						
	일반수급(　)　조건부수급(　)　자활특례(　)　차상위(　)　저소득(○)　일반(　)						
	의료보장	의료보호1종(　)　2종(　)　직장의료보험(　)　지역의료보험(○)					
경제적 상황	월 소득	220만 원		가계소득원	고모부		
	주거상황	고모의 집인 30평 빌라		주거유형	전세		
전화번호	○○○-○○○-○○○○			의뢰경위	중학교 사회복지사 의뢰		

가족상황	성명	나이	직업	동거여부	기타
아버지	김○○	43세	무직	x	알코올 중독
어머니	박○○	38세	선생님	x	아버지와 이혼 후 재혼
누나	김○○	15세	중학교 재학 중	o	
고모부	정○○	50세	5급 공무원	o	
고모	김○○	47세	주부	o	

1) 가계도 및 생태도

가계도

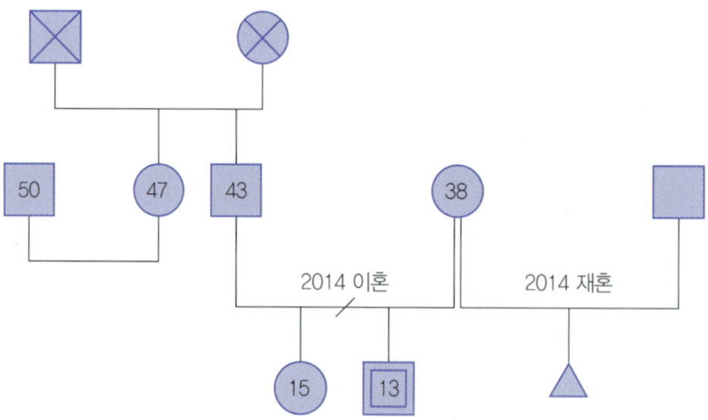

생태도

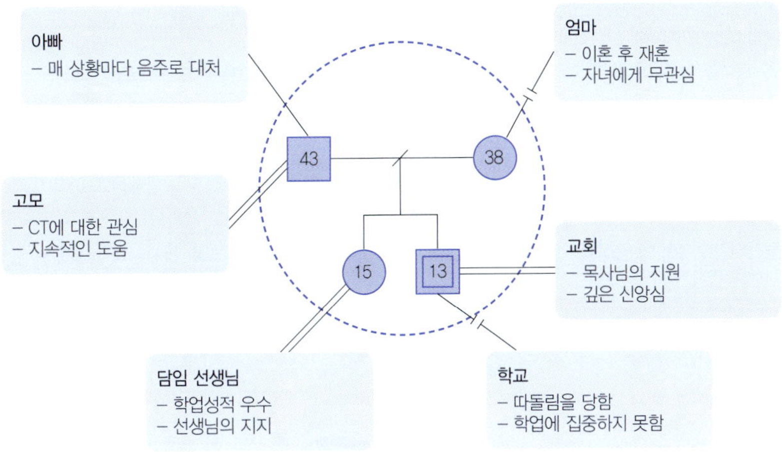

2) 개인력과 가족력

개인력	클라이언트인 김○○ 군은 어렸을 때부터 부모의 사이가 좋지 않았으며, 부모의 별거로 부모에게 사랑을 받지 못한 상태로 자라 왔다. 하지만 공부를 잘하는 누나에게 관심이 쏠리는 것을 보고 공부를 잘하고 싶은 욕구를 갖게 되었다. 할머니 밑에서 자랐을 때는 할머니에게 사랑을 받으며 자랐지만 할머니가 돌아가시고 아버지와 살면서, 아버지의 잦은 음주와 폭행을 당했으며, 정신적인 문제를 가지고 중학교에 입학했다. 클라이언트는 친구 사귀는 방법을 몰라서 친구가 없었고 혼자 방황하였다. 특히, 클라이언트는 중학생 때 집안의 경제 사정과 아버지의 알코올 중독 문제로 놀림을 받았다. 그러던 와중에 ○○○○년 ○○월 아버지가 술을 마시고 난동을 부리다가 경찰에 체포되고 이를 계기로 병원에 입원하여 알코올 중독 치료를 받고자 하였으나 치료에 성공하지 못했다. 같은 해 ○○월 ○○일 아버지는 자택에서 또다시 술에 취한 채 흉기를 집어 들고 남매를 "죽여 버리겠다."고 위협했다. 「아동복지법」 위반 혐의로 김○○ 군의 아버지는 구속당했다. 그래서 클라이언트는 고모인 김○○ 씨와 함께 살고 있다.
가족력	클라이언트의 부는 19○○년 ○○ 출생으로 고등학교 졸업 후 건설 현장에서 일을 하면서 돈을 모으던 중 클라이언트의 모를 만나 ○○○○년 결혼하였다. 클라이언트 부는 전문적인 건축기술을 보유하고 있었고 그 기술을 앞세워 사업을 시작하였으나 클라이언트가 초등학교 졸업할 때쯤 완전한 실패로 끝나버렸다. 그 이후 성적이 좋은 클라이언트 누나에게만 관심과 사랑을 주고 위험한 상황이 있을 시엔 항상 술을 마셨다. 클라이언트의 조모는 가족 중에서 유일하게 클라이언트 누나보다 클라이언트에게 더욱 사랑과 관심을 주는 대상이었다. 그러나 클라이언트가 초등학교 4학년이 된 시기에 암으로 돌아가셨다. 클라이언트의 모는 19○○년 ○○ 출신으로 클라이언트 부의 사업 실패와 알코올 중독 증세로 다툼을 하다가 결국 ○○○○년에 이혼을 하였고 현재는 재혼하였다. 클라이언트의 누나는 어렸을 때부터 두뇌가 명석하다는 소리를 많이 듣고 자랐으며, 클라이언트보다 자신에게 집중되는 관심과 사랑이 좋아 공부를 더욱 열심히 했다. 하지만 사춘기에 접어들고 부모의 관심과 사랑은 오히려 자신에게 성적이 높아야만 한다는 강박감을 주었고 이는 대인관계능력 저하로 이어졌으며, 매우 소극적인 성격을 갖게 되었다. 그러한 성격 때문에 다른 사람과 일반적인 의사소통을 하는 데도 어려움을 겪는 상황이다.

2. 사회적 차원

1) 상황 및 사회적 지지망

경제상황	클라이언트의 부는 현재 구속되어 경제활동을 하지 않으며, 클라이언트와 함께 살고 있는 고모부는 5급 공무원으로 월평균 220만 원의 수입이 있다. 하지만 고모의 자녀 2명과 클라이언트 남매, 4명의 아동을 양육하기에는 부족한 상황이다. 현재 클라이언트와 클라이언트의 누나를 양육하며 30만 원의 양육비를 지원받고 있다.
주거상황	클라이언트는 현재 고모의 집에 거주하고 있으며, 고모의 집은 ○○구 ○○동 ○○빌라이다. 평수는 30평 정도이며, 건물이 지은 지 얼마 되지 않았고 청결하다.
건강상황	현재 클라이언트는 가정폭력에 대한 심리적 불안감을 가지고 있으며, 영양 부족 증세를 보이고 있다. 부의 경우 알코올에 집착하며, 금단하면 식은땀을 흘리며, 환각을 보기도 한다.
자원 활용 상황	클라이언트 주변의 공식적 자원으로는 학교가 있으며, 비공식적 자원인 교회 목사님과 교회에서 클라이언트에게 큰 관심을 주고 있다.
사회적 지지망	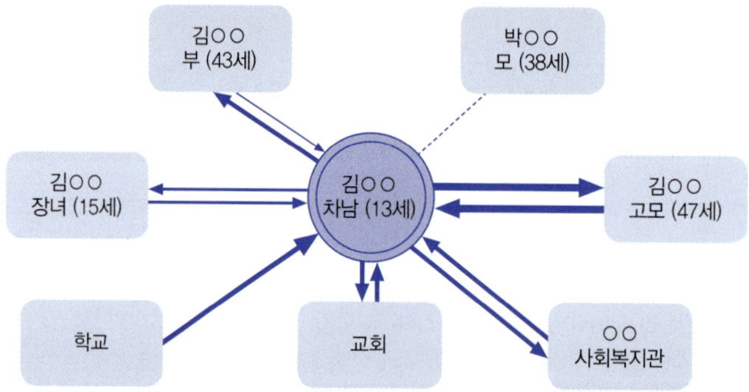

2) 사회적 관계망 표

클라이언트 이름 : 김○○		생활영역	구체적 지원	정서적 지원	정보/충고	비판	원조의 방향	친밀성	얼마나 자주 보는가	얼마나 오래 만났는가
관계	번호	1. 동거가족 2. 다른 가족 3. 직장/학교 4. 조직들 5. 다른 친구 6. 이웃 7. 전문가 8. 기타	1. 거의 없음 2. 간혹 있음 3. 거의항상 있음	1. 거의 없음 2. 간혹 있음 3. 거의항상 있음	1. 거의 없음 2. 간혹 있음 3. 거의항상 있음	1. 거의 없음 2. 간혹 있음 3. 거의항상 있음	1. 양방향 2. 당신이 그룹에게 방향 3. 그룹이 당신에게 방향	1. 친밀성이 없음 2. 약간 친밀함 3. 매우 친밀함	0. 보지 않음 1. 몇 회/년 2. 매달 3. 주별 4. 매일	1. 1년 미만 2. 1~5년 3. 5년 이상
아버지	01	2	1	1	1	3	2	1	1	3
어머니	02	2	1	1	1	1	2	1	0	3
누나	03	1	2	2	1	1	1	2	4	3
고모부	04	1	3	3	3	1	1	3	4	1
고모	05	1	3	3	3	2	1	3	4	1
목사님	06	7	3	3	3	1	1	3	3	2

3. 욕구 및 반응

경제적 욕구	가족의 고정소득은 220만 원 정도이며, 최저의 생활을 하고 있다. 클라이언트와 클라이언트 누나가 모두 중학생이어서 경제적인 활동을 하기에 어려움이 있다. 같이 지내는 고모가 자신의 자녀 2명과 클라이언트, 클라이언트 누나를 부양하는 것에 경제적 부담감을 느끼고 있다.
의료 · 건강 욕구	클라이언트는 현재 영양 부족 증상(창백한 피부, 눈의 부기, 갈라지는 입술)을 보인다. 하지만 클라이언트의 부가 금단현상을 보이는 듯 심각하다고 생각하여 자신보다 아버지의 치료를 먼저 생각하는 욕구가 크다.
심리 · 사회적 욕구	클라이언트는 또래들로부터 무시를 받아 수치심을 느끼고 있고, 맞은 사람이 놀림감이 되는 사회에 대해 엄청난 불만을 품고 이런 사회의 인식이 빨리 개선되길 원하는 욕구가 매우 크다. 부가 언제 다시 와서 폭행을 할지 몰라서 불안감을 가지고 있으며, 고모와도 헤어질까 봐 걱정하고 있다.
기타 욕구	클라이언트, 클라이언트 누나는 낯선 사람들과 자연스러운 대화를 하기 위한 심리치료 프로그램 참여에 강한 욕구를 보인다.
반응 및 태도	클라이언트는 학교폭력 피해를 당한 후 엄청난 열등감과 수치심을 느끼고 있고 굉장히 의기소침하고 무기력한 목소리를 보였다. 상담에 소극적이진 않았고, 현재 또래 친구들이 가지고 있는 인식에 대해 강한 불만을 가지고 있었다.
사회복지사의 의견	클라이언트는 잇따른 방황에서 이어진 학교폭력 피해로 두려움보다는 열등감과 수치심을 느끼고 있으므로 상담치료를 통해 내면의 상처를 치유해 줘야 하는 상태이나 경제적인 문제로 제대로 된 치료를 받아 본 적이 없다. 지원이 가능한 상담센터와의 연계가 필요하며, 자신의 사회적 열등감 완화와 피해 의식을 덜 느낄 수 있게 지속적인 상담이 필요하다. 추가적으로 심리적으로 안정되는 약을 복용할 필요가 있다.

2 문제 사정

1. 클라이언트

<table>
<tr><th>대상</th><th>분류</th><th>문제 사정</th><th>강점</th><th>서비스개입계획</th></tr>
<tr><td rowspan="4">클라이언트
(김○○)</td><td>미시체계</td><td>• ○○로 전학 후 친구들과 어울리지 못함
• 영양 부족 문제
• 잦은 괴롭힘과 왕따 문제</td><td rowspan="4">• 어려운 상황에서도 누나와의 끈끈한 관계 유지
• 교회 목사님과 다니는 교회에서의 지속적인 지원활동
• 신실한 종교 활동을 통한 정신적 강인함
• 고모의 지속적인 돌봄과 관심 제공
• 무관심에도 불구하고 아버지에 대한 긍정적인 생각을 가짐</td><td rowspan="4">• 학교생활에 대한 개별 상담
• 학교 내 따돌림 방지 및 재발생 방지 프로그램 진행
• 저소득 가정에 대한 지원 프로그램 모색
• 가족치료 프로그램을 통한 아버지와의 관계 회복</td></tr>
<tr><td>중간체계</td><td>• 지속적으로 관심을 가져 줄 가족 구성원의 부족
• 부모님의 이혼
• 아버지의 무관심
• 관심을 가져 주던 할머니의 사망</td></tr>
<tr><td>외체계</td><td>• 집안의 경제 사정을 놀리는 또래 아이들
• 안정적이지 않은 아버지의 직업에 대한 불안정</td></tr>
<tr><td>거시체계</td><td>• 저소득 가정 지원 시설 부족
• 학교 내 따돌림 문제를 해결할 인력 부족</td></tr>
</table>

2. 부

<table>
<tr><th>대상</th><th>분류</th><th>문제 사정</th><th>강점</th><th>서비스개입계획</th></tr>
<tr><td rowspan="4">부
(김○○)</td><td>미시체계</td><td>• 매 상황마다 음주로 대처하는 습관
• 일용직 근무로 인한 심리적 불안
• 가정 경제에 대해 관심이 없음
• 자식에 대한 무관심</td><td rowspan="4">• 전문적 건축 기술을 보유하고 있음
• 주변 친척들의 도움을 받을 수 있음
• 알코올에 의존하기 전까지는 좋은 가장의 모습을 보여 줌</td><td rowspan="4">• 희망근로 프로젝트 연계
• 알코올 자조집단 참여 유도
• 가족치료 프로그램을 통해 가족에 대한 애정을 높임
• 알코올 중독치료 프로그램 참여</td></tr>
<tr><td>중간체계</td><td>• 자식들을 대신 돌봐 주시던 어머니의 사망
• 음주로 인한 다툼으로 아내와 이혼
• 자식양육 문제로 인한 누나와의 다툼 문제</td></tr>
<tr><td>외체계</td><td>• 지역사회 내 적절한 알코올 예방센터 및 중독치료센터의 부재
• 일정하지 않은 근무 시간과 수입 문제</td></tr>
<tr><td>거시체계</td><td>• 가정불화를 숨기려는 사회적 풍토
• 건설경기의 불안정함으로 인한 취업 일수 감소</td></tr>
</table>

3. 누나

대상	분류	문제 사정	강점	서비스개입계획
누나 (김○○)	미시체계	• 내성적인 성격으로 다른 사람과 의사소통의 어려움을 겪음 • 공부에만 몰두하다 보니 교우관계가 악화되어 홀로 학교생활을 하고 있음	• 학교 내에서 담임선생님이 특별히 관심을 가질 정도로 학업성취도가 뛰어남 • 선생님의 개인적이고 지속적인 지원 • 어려운 상황에서도 클라이언트에 대한 관심을 놓지 않음	• 봉사활동을 통한 사회 경험 증진 • 주변 지역 및 국가장학재단의 장학금 지원 유도 • 가족치료 프로그램을 통한 아버지와의 관계 회복
	중간체계	• 학교생활로 가족과 의사소통 단절 • 경제적 지원과 가족에 대한 소홀함에 대해서 아버지와의 갈등 관계 지속		
	외체계	• 부모의 학비 지원 부재로 인한 장학금과 계속적인 아르바이트 구인 중인 상황		
	거시체계	• 저소득계층임에도 불구하고 부족한 국가적 지원		

3 개입 과정

1. 서비스 계획표

사례번호	○○-○○	대상자	김○○	사례관리자	최□□
유형	□ 단순형 ■ 일반형 □ 집중형			구분	■ 신규 □ 재사정

욕구	합의된 목표	서비스		
		실천계획	담당(기관/부서)	
			내부	외부
경제적 욕구	국가에서 제공하는 저소득층을 위한 정책을 확인하여 경제적 지원을 제공한다.	저소득층을 위한 수급 조건을 확인하여 이에 맞는 지원을 연계한다.	○○종합 사회복지관	보건복지부
의료 · 건강 욕구	아버지의 알코올 금단현상을 치료할 프로그램을 제공한다.	알코올 중독치료를 제공하여 알코올 금단현상을 치료한다.	○○종합 사회복지관	○○ ○○구 중독관리 통합지원센터
심리 · 사회적 욕구	학교생활에 적응하기 위하여 사회적 능력을 증진시킨다.	사회적 기술훈련 프로그램을 통해서 기본적인 사회 기술을 배운다.	○○종합 사회복지관 서비스제공팀	○○ ○○청소년 상담복지센터 김□□ 상담사
기타 욕구	낯선 사람들과의 대화를 위한 상담을 제공한다.	심리치료 프로그램을 통해 타인과의 접근을 용이하게 한다.	○○종합 사회복지관 사례관리팀	○○심리 상담센터

2. 월별 계획표

대상자	프로그램	1월	2월	3월	4월	5월	6월	7월	8월	9월	10월	11월	12월
김○○	생활비 지원 프로그램 (매달 3회)		●	●	●	●	●	●	●	●	●	●	●
	알코올 중독치료 프로그램 (매달 1회)		●		●		●		●		●		●
	사회적 기술훈련 프로그램 (매달 2회)		●	●	●		●	●	●		●	●	●
	심리치료 프로그램 (매달 1회)			●		●		●		●		●	

4 종결 및 평가

사례관리 점검일지

사례번호	○○-○○	대상자	김○○	사례관리자	곽□□
점검일시	○○○○. ○○. ○○.	사례관리 기간	○○. 3. 1. ~ ○○. 4. 30.	회차	1, 2

목표		서비스 제공기관 / 나용				서비스 이행 및 목표 성취 정도	사례관리자 의견
욕구	합의된 목표	실천계획	내용	빈도	기간		
경제적 욕구	국가에서 제공하는 저소득층을 위한 정책을 확인하여 경제적 지원을 제공한다.	저소득층을 위한 수급 조건을 확인하여 이에 맞는 지원을 연계한다.	급식비 지원 프로그램을 통한 한 달 치 급식비를 무료로 제공한다.	월 1회	○○. 3. 1. ~ ○○. 4. 30.	• 서비스 이행 (상) • 목표 성취 (중) • 이용자 만족도 (상)	클라이언트의 경제적 욕구를 해결하여 경제적으로 안정된 생활을 할 수 있었다.
의료 · 건강 욕구	아버지의 알코올 금단현상을 치료할 프로그램을 제공한다.	아버지의 알코올 금단현상을 치료할 프로그램을 제공한다.	치료재활 프로그램을 통해 금단현상을 치료한다.	월 2회	○○. 3. 1. ~ ○○. 4. 30.	• 서비스 이행 (상) • 목표 성취 (중) • 이용자 만족도 (상)	클라이언트의 금단현상이 생각보다 심각하였고, 재활치료에 어려움을 느꼈다.
심리 · 사회적 욕구	사회에 적응하기 위하여 사회적 능력을 증진시킨다.	사회적 기술 훈련 프로그램을 통해 기본적 사회 기술을 배운다.	사회적 기술 훈련 프로그램을 통해 사회에 대한 불안감을 없앤다.	월 2회	○○. 3. 1. ~ ○○. 4. 30.	• 서비스 이행 (중) • 목표 성취 (중) • 이용자 만족도 (상)	사회적 기술 훈련 프로그램에 들어가기 전에 간단하게 초기상담과 사회성 검사를 하였는데 클라이언트의 사회성 결함이 심각한 상황이었다.
기타 욕구	낯선 사람들과의 대화를 위한 상담을 제공한다.	심리치료 프로그램을 통해 타인과의 접근을 용이하게 한다.	심리치료 프로그램을 통해 클라이언트의 심리적 안정과 사회성을 강화한다.	월 1회	○○. 3. 1. ~ ○○. 4. 30.	• 서비스 이행 (중) • 목표 성취 (하) • 이용자 만족도 (하)	클라이언트의 심리검사 결과 심각한 상황이었고, 초기면담을 통해 상담자와 클라이언트가 합의하여 상담목표를 설정하였다.

사례번호	○○-○○	대상자	김○○	사례관리자	김□□
점검일시	○○○○. ○○. ○○.	사례관리 기간	○○. 5. 1. ~ ○○. 6. 30.	회차	3, 4

목표		서비스 제공기관 / 내용				서비스 이행 및 목표 성취 정도	사례관리자 의견
욕구	합의된 목표	실천계획	내용	빈도	기간		
경제적 욕구	국가에서 제공하는 저소득층을 위한 정책을 확인하여 경제적 지원을 제공한다.	저소득층을 위한 수급 조건을 확인하여 이에 맞는 지원을 연계한다.	급식비 지원 프로그램을 통한 한 달 치 급식비를 무료로 제공한다.	월 1회	○○. 5. 1. ~ ○○. 6. 30.	• 서비스 이행 (상) • 목표 성취 (중) • 이용자 만족도 (상)	클라이언트의 경제적 욕구를 해결하여 경제적으로 안정된 생활을 할 수 있었다.
의료 · 건강 욕구	아버지의 알코올 금단현상을 치료할 프로그램을 제공한다.	아버지의 알코올 금단현상을 치료할 프로그램을 제공한다.	치료재활 프로그램을 통해 금단현상을 치료한다.	월 2회	○○. 5. 1. ~ ○○. 6. 30.	• 서비스 이행 (중) • 목표 성취 (하) • 이용자 만족도 (하)	알코올 시청각 교육을 통해 클라이언트가 알코올의 심각성을 인지하고, 재활치료에 관심을 가지기 시작하였다.
심리 · 사회적 욕구	사회에 적응하기 위하여 사회적 능력을 증진시킨다.	사회적 기술 훈련 프로그램을 통해 기본적 사회 기술을 배운다.	사회적 기술 훈련 프로그램을 통해 사회에 대한 불안감을 없앤다.	월 2회	○○. 5. 1. ~ ○○. 6. 30.	• 서비스 이행 (중) • 목표 성취 (하) • 이용자 만족도 (하)	사회적 기술 훈련 프로그램의 기본 훈련을 받았지만 클라이언트가 적응하지 못하고 다소 어려움을 느꼈다.
기타 욕구	낯선 사람들과의 대화를 위한 상담을 제공한다.	심리치료 프로그램을 통해 타인과의 접근을 용이하게 한다.	심리치료 프로그램을 통해 클라이언트의 심리적 안정과 사회성을 강화한다.	월 1회	○○. 5. 1. ~ ○○. 6. 30.	• 서비스 이행 (중) • 목표 성취 (하) • 이용자 만족도 (중)	자각훈련을 통해 클라이언트의 스트레스 원인을 파악하였다.

사례번호	○○–○○	대상자	김○○	사례관리자	김□□
점검일시	○○○○. ○○. ○○.	사례관리 기간	○○. 7. 1. ~ ○○. 8. 31.	회차	5, 6

목표		서비스 제공기관 / 내용				서비스 이행 및 목표 성취 정도	사례관리자 의견
욕구	합의된 목표	실천계획	내용	빈도	기간		
경제적 욕구	국가에서 제공하는 저소득층을 위한 정책을 확인하여 경제적 지원을 제공한다.	저소득층을 위한 수급 조건을 확인하여 이에 맞는 지원을 연계한다.	급식비 지원 프로그램을 통한 한 달 치 급식비를 무료로 제공한다.	월 1회	○○. 7. 1. ~ ○○. 8. 31.	• 서비스 이행 (상) • 목표 성취 (중) • 이용자 만족도 (상)	클라이언트의 경제적 욕구를 해결하여 경제적으로 안정된 생활을 할 수 있었다.
의료 · 건강 욕구	아버지의 알코올 금단현상을 치료할 프로그램을 제공한다.	아버지의 알코올 금단현상을 치료할 프로그램을 제공한다.	치료재활 프로그램을 통해 금단현상을 치료한다.	월 2회	○○. 7. 1. ~ ○○. 8. 31.	• 서비스 이행 (중) • 목표 성취 (하) • 이용자 만족도 (하)	AA연계모임을 통해 다른 알코올 중독자들과 서로 경험을 공유하고, 알코올교육을 통해 클라이언트의 의지를 고취시켰다.
심리 · 사회적 욕구	사회에 적응하기 위하여 사회적 능력을 증진시킨다.	사회적 기술 훈련 프로그램을 통해 기본적 사회 기술을 배운다.	사회적 기술 훈련 프로그램을 통해 사회에 대한 불안감을 없앤다.	월 2회	○○. 7. 1. ~ ○○. 8. 31.	• 서비스 이행 (중) • 목표 성취 (하) • 이용자 만족도 (하)	사회에 대한 기본지식을 통해 성공적인 또래 집단 사귀기에 도전하였으나 또래 집단에 대해 큰 반감을 가지고 있어 어려움을 보인다.
기타 욕구	낯선 사람들과의 대화를 위한 상담을 제공한다.	심리치료 프로그램을 통해 타인과의 접근을 용이하게 한다.	심리치료 프로그램을 통해 클라이언트의 심리적 안정과 사회성을 강화한다.	월 1회	○○. 7. 1. ~ ○○. 8. 31.	• 서비스 이행 (중) • 목표 성취 (하) • 이용자 만족도 (중)	클라이언트가 가지고 있는 문제 되는 행동을 수정하는 훈련을 하였다.

사례번호	○○-○○	대상자	김○○	사례관리자	정□□
점검일시	○○○○. ○○. ○○.	사례관리 기간	○○. 9. 1. ~ ○○. 10. 31.	회차	7, 8

목표		서비스 제공기관 / 내용				서비스 이행 및 목표 성취 정도	사례관리자 의견
욕구	합의된 목표	실천계획	내용	빈도	기간		
경제적 욕구	국가에서 제공하는 저소득층을 위한 정책을 확인하여 경제적 지원을 제공한다.	저소득층을 위한 수급 조건을 확인하여 이에 맞는 지원을 연계한다.	급식비 지원 프로그램을 통한 한 달 치 급식비를 무료로 제공한다.	월 1회	○○. 9. 1. ~ ○○. 10. 31.	• 서비스 이행 (상) • 목표 성취 (중) • 이용자 만족도 (상)	클라이언트의 경제적 욕구를 해결하여 경제적으로 안정된 생활을 할 수 있었다.
의료 · 건강 욕구	아버지의 알코올 금단현상을 치료할 프로그램을 제공한다.	아버지의 알코올 금단현상을 치료할 프로그램을 제공한다.	치료재활 프로그램을 통해 금단현상을 치료한다.	월 2회	○○. 9. 1. ~ ○○. 10. 31.	• 서비스 이행 (상) • 목표 성취 (상) • 이용자 만족도 (상)	마지막으로 단주 모임, 사회성 훈련 등에 지역사회 재활과정을 거쳐 일상생활을 준비하고 술 없이 지내는 방법을 구체적으로 계획을 세웠다.
심리 · 사회적 욕구	사회에 적응하기 위하여 사회적 능력을 증진시킨다.	사회적 기술 훈련 프로그램을 통해서 기본적 사회 기술을 배운다.	사회적 기술 훈련 프로그램을 통해서 사회에 대한 불안감을 없앤다.	월 2회	○○. 9. 1. ~ ○○. 10. 31.	• 서비스 이행 (상) • 목표 성취 (상) • 이용자 만족도 (중)	또래 집단에 대한 반감을 줄이기 위하여 서로 비슷한 경험을 가진 자조모임을 만들어 경험을 공유하고 친밀감을 가질 수 있는 놀이 프로그램을 실행하여 대인관계 기술능력을 강화시켰다.
기타 욕구	낯선 사람들과의 대화를 위한 상담을 제공한다.	심리치료 프로그램을 통해 타인과의 접근을 용이하게 한다.	심리치료 프로그램을 통해 클라이언트의 심리적 안정과 사회성을 강화한다.	월 1회	○○. 9. 1. ~ ○○. 10. 31.	• 서비스 이행 (중) • 목표 성취 (상) • 이용자 만족도 (중)	자조모임을 통해 클라이언트의 사회성을 강화시키는 훈련을 하였다.

5 사후관리

1. 사후계획

사례번호	○○-○○	클라이언트	김○○	연락처	○○○-○○○-○○○○	사례관리자	김□□
경제적 욕구	프로그램 종결 후, 클라이언트의 수급 조건을 월 1회 조사하여 급식비 지원을 지속적으로 받을 수 있게 지원을 연계시킨다.						
의료 · 건강욕구	프로그램 종결 후, 월 1회 알코올 중독 판별검사와 상담을 통해 클라이언트의 아버지 상태를 체크하고, 치료재활 프로그램이 다시 필요할 경우 연계시킨다.						
심리 사회적 욕구	프로그램 종결 후, 사회에 잘 적응하고 있는지 심리검사를 통해 파악한 후, 문제를 발견했을 시 스트레스 요인을 조사하고 사회적 기술 프로그램 심화훈련을 통해 스트레스 요인을 분석하고 스트레스에 대한 방어를 강화하는 활동을 연계한다.						
기타욕구	프로그램 종결 후, 월 1회 마음숲심리상담센터에서 심리검사를 실시하고, 문제가 있을 경우에 사회성 훈련과 문제를 해결할 수 있는 행동수정 훈련을 연계한다.						

2. 사후관리

사례번호	○○-○○	클라이언트	김○○	사례관리자	곽□□
접수일	○○○○. ○○. ○○.	종결일	○○○○. ○○. ○○.	연락처	○○○-○○○-○○○○
주소	○○광역시 ○○구 ○○동 ○○빌라 ○○○호				

구분	항목	내용		
1차 사후관리	날짜	○○○○. ○○. ○○.	접촉 방법	□ 전화상담 □ 내방상담 ■ 가정/방문상담 □ 기타
	현 상황 요약	프로그램 종결 후, 클라이언트가 스트레스에 적절하게 반응하며 가족에 대한 심리적 불안감이 많이 안정되었다.		
2차 사후관리	날짜	○○○○. ○○. ○○.	접촉 방법	■ 전화상담 □ 내방상담 □ 가정/방문상담 □ 기타
	현 상황 요약	경제적 욕구였던 급식비 지원을 꾸준히 받고 있고 클라이언트의 아버지가 알코올 중독 치료재활 프로그램에 꾸준히 참여하고 있다.		
사례관리자 의견	클라이언트의 심리정서적인 불안감이 많이 해소되었고 스트레스에 대한 방어를 강화하는 활동을 통해 스트레스 방어에 대한 클라이언트의 능력이 향상되었기에 최종 종결을 요한다.			
추후 계획	■ 최종 종결 □ 타 기관 의뢰( ) □ 가정방문상담 □ 기타( )			

3. 아동 사례관리

1 자료수집
2 분제 사성
3 개입 과정
4 종결 및 평가
5 사후계획

1 자료수집[1)]

1. 개인적 차원

<table>
<tr><td>대상자명</td><td colspan="2">오○○</td><td>종교</td><td colspan="2">기독교</td><td>주민등록번호</td><td>○○○○○○-○○○○○○○</td></tr>
<tr><td rowspan="3">대상자
분류</td><td colspan="7">아동 · 청소년 (○)　노인(　)　장애인(　)　가족구성형태(한부모 확대가족)</td></tr>
<tr><td colspan="7">일반수급(　)　조건부수급(　)　자활특례(　)　차상위(　)　저소득(○)　일반(　)</td></tr>
<tr><td colspan="2">의료보장</td><td colspan="5">의료보호1종(　)　2종(○)　직장의료보험(　)　지역의료보험(　)</td></tr>
<tr><td>주소</td><td colspan="7">○○광역시 ○○구 ○○동 ○○-○○</td></tr>
<tr><td>전화번호</td><td colspan="3">○○○) ○○○-○○○○</td><td>의뢰경위</td><td colspan="3">○○ 교회 박□□ 목사</td></tr>
<tr><td rowspan="5">가족사항</td><td>관계</td><td>성명</td><td>생년월일</td><td>직업</td><td>종교</td><td>동거 여부</td><td>비고</td></tr>
<tr><td>본인</td><td>오○○</td><td>03. 11. 26.</td><td>중학생</td><td>기독교</td><td>–</td><td>–</td></tr>
<tr><td>모</td><td>이○○</td><td>74. 7. 21.</td><td>–</td><td>기독교</td><td>–</td><td>지적장애 3급</td></tr>
<tr><td>모제</td><td>오□□</td><td>05. 10. 3.</td><td>초등학생</td><td>기독교</td><td>–</td><td>–</td></tr>
<tr><td>조모</td><td>김△△</td><td>48. 4. 4.</td><td>–</td><td>–</td><td>–</td><td>관절염</td></tr>
</table>

1) 가계도 및 생태도

가계도

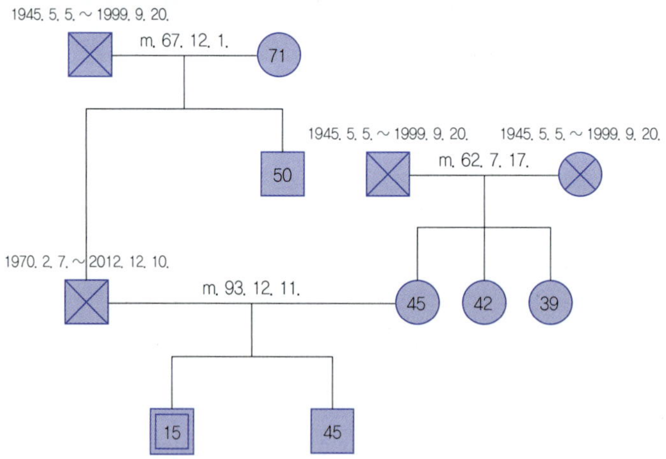

1) 본 사례 내용은 오치종합사회복지관 사례를 재구성하였음을 밝힘.

생태도

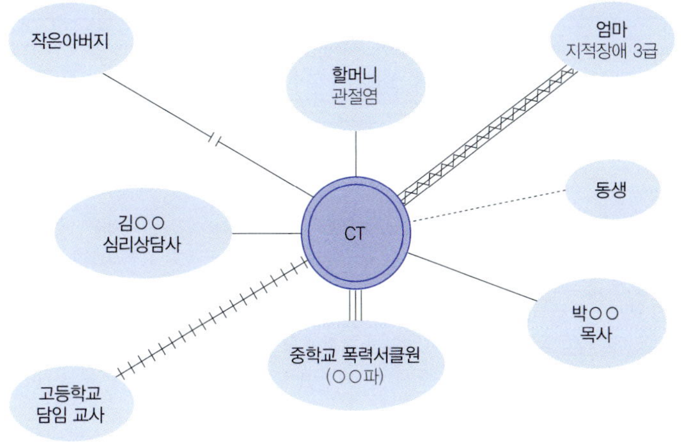

2) 개인력 및 가족력

개인력	클라이언트는 ㅁㅁ초등학교 2학년 때 부의 사고로 인한 정신적 충격에 의하여 일탈을 시작하였다. ㅁㅁ초등학교 졸업 후 2017년 △△중학교 1학년 때 학교 일진 무리(○○파)와 친분관계 형성 후 친구들을 괴롭히며 금품갈취 등 악행을 저지르기 시작했다. ㅁㅁ초등학교 시절 성적은 중위권이었으나, △△중학교 진학 후 하위권으로 추락하였다. △△중학교 때 클라이언트는 급우들 중 특정 한 명을 지정하여 폭언·폭행 및 금품 갈취를 상습적으로 하였으며, 집을 나가면 자정을 넘은 늦은 시간에 들어오거나 혹은 잦은 외박을 하였다. 2018년 △△중학교 2학년 때부터 식당에서 돈을 훔치려고 유리창을 깨뜨리는 등의 악질적인 행동을 하였으나 경찰에 검거되지 않았다. 또한, 평소에 괴롭히던 박△△ 양에 대하여 본인이 관심이 있었던 남자에게 똑같이 관심이 있다는 이유만으로 폭행을 계획한다. 클라이언트는 방과 후에 골목에서 집단으로 박△△ 양을 폭행하여 전치 12주의 부상을 입힌다.
가족력	클라이언트의 부는 클라이언트가 ㅁㅁ초등학교 2학년 때 건설 현장에서 안전사고로 인해 사망하였다. 클라이언트의 모는 지적장애 3급을 가지고 있어 정상적인 경제활동을 할 수 없는 상황으로 식당에서 간단히 서빙을 하며 약 30만원의 수익을 얻고 있다. 클라이언트보다 2살 어린 동생은 집에서 보내는 시간이 대부분이다. 조모님을 제외한 조부님 및 외조부모님은 모두 클라이언트가 출생하기 전 돌아가셨다. 조모님은 클라이언트의 집에서 함께 생활하며 보살핌을 받고 있는데, 경제적 여건 때문에 관절염이 있지만 제대로 된 치료도 받지 못하는 상태이다.

3) 가족 및 사회적 관계

클라이언트의 모는 경제적 문제와 지적장애 3급으로 인해 원활하게 자녀를 양육할 수 없는 상황이고 조모님은 관절염을 앓고 있어 보살핌이 필요하다. 따라서 클라이언트와 클라이언트의 동생은 완전하게 방치되어 있는 상태이다. 그리고 클라이언트의 가족은 친가 및 외가와 거의 교류가 없으며, 가끔씩 집에 오던 작은아버지는 부의 사고 보험금을 가로채고 도망간 후로 한 번도 왕래가 없다. 조모님을 제외한 조부님 및 외조부님은 모두 클라이언트가 출생하기 전 돌아가셨다. △△중학교 때부터 친분관계를 맺어 왔던 일진 무리(○○파)와 계속 우호적 관계를 맺어 왔으며 김○○, 박○○, 이○○ 등의 동급생들과 다니면서 폭력서클을 운영하였다. 그러나 일진 무리 및 폭력서클과 가담함에 따라 담임 교사와의 관계는 좋지 않은 상태이다. 현재 폭력 사건 적발 후 ○○청소년복지센터의 김ㅁㅁ 상담사에게 심리치료를 받고 있으며, ○○동 종합사회복지관에서 치료 중이다.

2. 사회적 차원

1) 상황 및 사회적 지지망

구분	내용
경제상황	아버지가 돌아가시면서 보험금을 받았지만 작은아버지께서 지적장애가 있는 클라이언트 어머니를 이용해 보험금을 가로채 집에 재산은 남아 있지 않은 상황이다. 클라이언트의 어머니께서 식당에서 간단한 서빙 일을 하면서 버는 월 약 30만 원의 소득과 기초생활수급비를 받으며 생계를 유지하고 있는 실정이다. 또한, 할머니께서 기초노인연금 약 20만 원의 지원금을 받고 있지만 할머니 병원비와 자녀 양육비 및 생활비를 충당하기에는 턱없이 부족한 상황이다.
주거상황	현재 클라이언트 주거 상황은 남편이 생전에 마련해 놓은 집으로 ○○광역시 ○○동 산간 지역과 가까운 오래된 ○○빌라에서 생활하고 있다. 하지만 ○○빌라는 20년이 지난 노후된 건물로 파손된 부분이 많고 바퀴벌레, 진드기와 같은 벌레가 자주 발견될 정도로 열악하다.
건강상황	현재 클라이언트와 동생은 건강상의 문제는 없지만 모는 지적장애 3급을 판정받아 일상생활만 간신히 영위하고 있으며, 조모님은 관절염 판정을 받아 남의 도움이 필요한 실정이다.
자원 활용 상황	현재 클라이언트는 ○○광역시 ○○동 ○○종합사회복지관으로부터 청소년 상담사와 연계되어 심리상담 및 치료를 받고 있다. 또한, 모와 조모는 본 복지관으로부터 목욕 지원, 방문 세탁 등의 기본적인 대인사회 서비스를 지원받고 있다.
사회적 지지망	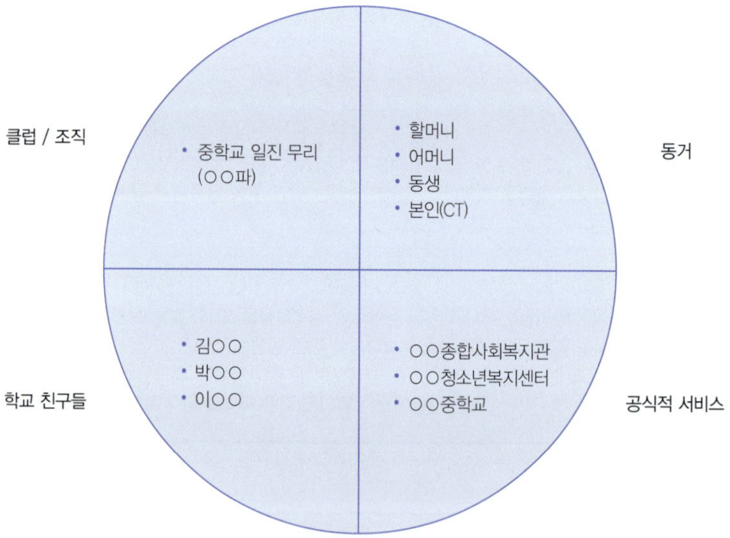

2) 사회적 관계망 표

클라이언트 이름 : 김○○		생활영역	구체적 지원	정서적 지원	정보/충고	비판	원조의 방향	친밀성	얼마나 자주 보는가	얼마나 오래 만났는가
관계	번호	1. 동거가족 2. 다른 가족 3. 직장/학교 4. 조직들 5. 다른 친구 6. 이웃 7. 전문가 8. 기타	1. 거의 없음 2. 간혹 있음 3. 거의항상 있음	1. 거의 없음 2. 간혹 있음 3. 거의항상 있음	1. 거의 없음 2. 간혹 있음 3. 거의항상 있음	1. 거의 없음 2. 간혹 있음 3. 거의항상 있음	1. 양방향 2. 당신이 그룹에게 방향 3. 그룹이 당신에게 방향	1. 친밀성이 없음 2. 약간 친밀함 3. 매우 친밀함	0. 보지 않음 1. 몇 회/년 2. 매달 3. 주별 4. 매일	1. 1년 미만 2. 1~5년 3. 5년 이상
오○○	01	1	2	1	1	1	1	2	4	3
이○○	02	1	1	1	1	1	1	1	4	3
김○○	03	1	2	3	1	1	1	3	4	3
조○○	04	3	3	2	2	2	1	3	4	2
마○○	05	3	3	2	2	1	1	3	4	2
육○○	06	3	3	2	3	2	1	3	4	2
박○○	07	4	2	3	3	2	3	3	3	3

3. 욕구 및 반응

경제적 욕구	부의 사망으로 지급받은 보험금은 작은아버지가 가로챘다. 클라이언트의 모는 식당에서 간단한 서빙 일을 하며 월 30만 원의 소득이 있고 조모는 기초노인연금 약 20만 원의 지원을 받고 있다. 하지만 할머니 병원비와 자녀 양육비 및 생활비를 충당하기에는 턱없이 부족한 상황이어서 이에 대한 경제적 욕구가 크다.
의료 · 건강 욕구	다년간의 흡연 경험으로 인해 폐 건강이 악화되었고 이를 해결하고 싶은 욕구가 있다.
심리 · 사회적 욕구	조모에게 애정 및 동정의 감정을 느끼고 있으나 지적장애 3급인 모에 대해선 원활한 양육이 이루어지지 못한 점을 원망하고 있으며, 동생에게는 무관심함을 고수하고 있다.
기타 욕구	중학교 일진 무리 및 폭력서클원들과의 잘못된 관계에 대해 반성하며 해결하고 싶어 하는 욕구가 있다.
반응 및 태도	클라이언트는 지적 장애인 모가 제대로 된 양육을 제공하지 못함으로 감정 기복이 심했으며, 일진회 및 폭력서클에 가담함으로 인해 폭력적인 경향이 강했다.
사회복지사의 의견	클라이언트의 감정 조절을 위해 진료를 통한 약물 투여가 필요한 상태이나 병원과의 거리상 문제로 진찰 없이 자원봉사자가 가져다주는 약을 복용하고 있어 인근 지역의 병원과 연계가 필요하다. 또한, 자신의 신변 처리와 사회적응을 위한 서비스 제공이 필요하다.

2 문제 사정

1. 클라이언트

<table>
<tr><th>대상</th><th>분류</th><th>문제 사정</th><th>강점</th><th>서비스개입계획</th></tr>
<tr><td rowspan="4">클라이언트
(오○○)</td><td>미시체계</td><td>• 협박과 폭력
• 흡연 및 음주로 인한 건강 문제</td><td rowspan="4">• 내집단에서 사교성이 좋음
• 꾸준한 종교 활동</td><td rowspan="4">• 학교폭력방지 프로그램 연계
• 금연 프로그램 연계
• 분노조절 프로그램 활용
• 가족 심리검사
• K-HTP(그림 치료)
• 현물 지급 서비스
• 방과후 학습 지도
• 약물중독관리센터 연계
• 청소년 건강관리 및 흡연 예방사업 운영 지원</td></tr>
<tr><td>중간체계</td><td>• 가족들의 무관심으로 인한 비행
• 모의 정신적인 장애로 인한 낮은 자존감</td></tr>
<tr><td>외체계</td><td>• 아버지의 부재로 인한 경제적 불안정
• 학교 일진 무리 및 폭력 서클로 인한 일탈 행동</td></tr>
<tr><td>거시체계</td><td>• 비행 청소년에 대한 낙인
• 학교폭력 예방교육 실시 횟수 부족</td></tr>
</table>

2. 모

<table>
<tr><th>대상</th><th>분류</th><th>문제 사정</th><th>강점</th><th>서비스개입계획</th></tr>
<tr><td rowspan="4">모
(이○○)</td><td>미시체계</td><td>• 비효율적 경제활동
• 집안 살림 능력 부족</td><td rowspan="4">• 신체적 건강
• 매우 단순 · 반복 노동활동 가능</td><td rowspan="4">• 일상생활 향상 프로그램 연계
• 자녀와 역할 바꿔보기 프로그램
• 장애인 일자리 연계</td></tr>
<tr><td>중간체계</td><td>• 자녀와의 교류 부족
• 자녀에 대한 무관심</td></tr>
<tr><td>외체계</td><td>• 남편의 부재로 인한 경제적 불안정
• 지역사회 내 장애인복지관 시설 부족</td></tr>
<tr><td>거시체계</td><td>• 노인 치료(관절염)로 인한 경제적 부담</td></tr>
</table>

3. 동생

대상	분류	문제 사정	강점	서비스개입계획
동생 (오○○)	미시체계	• 학습능력 부족 • 친밀한 유대관계 형성 부족	• 체육활동 • 꾸준한 종교 활동	• 청소년 상담센터 연계 • 방과 후 여가 활동 프로그램 실시
	중간체계	• 가족의 무관심으로 우울 • 가족의 응집력 부족으로 인한 소외감		
	외체계	• 심리상담치료연계 부족 • 청소년 상담센터 연계 부족		
	거시체계	• 사회인식과 잘못된 편견		

4. 조모

대상	분류	문제 사정	강점	서비스개입계획
조모 (김○○)	미시체계	• 관절염 판정	• 온화한 성격 및 가정적인 성격 • 신체적 건강	• 작업치료 • 가족 집단 상담 • 노인 요양센터 연계 • 종합복지관 관절염 치료 프로그램 연계 • 치매예방 프로그램 실시
	중간체계	• 모-CT 간 중재능력 부족		
	외체계	• 경제적 사정으로 인한 부양 불가 • 모의 정신적 장애로 인한 부양 불가 • 관절염 노인을 위한 대인 사회 서비스 부족		
	거시체계	• 치매질환 예방교육 실시 부족		

3 개입 과정

1. 서비스 계획표

사례번호	○○-○○	대상자	오○○	사례관리자	안□□
유형	□ 단순형 ■ 일반형 □ 집중형			구분	■ 신규 □ 재사정

욕구	합의된 목표	서비스		
		실천계획	담당(기관/부서)	
			내부	외부
경제적 욕구	국가에서 제공하는 저소득층을 위한 정책을 확인하여 경제적 지원을 제공한다.	저소득층을 위한 수급 조건을 확인하여 이에 맞는 지원을 연계한다.	○○동 종합 사회복지관 위기지원팀	보건복지부
의료 · 건강 욕구	금연을 통해 건강한 신체를 유지할 수 있도록 한다.	정기적인 금연 프로그램에 참여하여 건강을 유지하도록 한다.	○○동 종합 사회복지관 서비스제공팀	○○병원
심리 · 사회적 욕구	가정에 대한 부정적인 감정을 긍정적인 감정으로 전환하려 한다.	심리상담치료를 통하여 긍정적인 감정을 끌어내려 한다.	○○동 종합 사회복지관 서비스제공팀	○○청소년 복지센터 김□□ 상담사
기타 욕구	과거의 일탈 행동에 대해 올바른 행동을 취하도록 이끈다.	폭력서클원과의 관계 속에서 잘못된 행동을 반성하고 올바른 행동을 제시한다.	○○동 종합 사회복지관 사례관리팀	전문 학교폭력 예방교육 강사

2. 월별 계획표

대상자	프로그램	1월	2월	3월	4월	5월	6월	7월	8월	9월	10월	11월	12월
박OO	급식비 지원 프로그램 (매달 1회기)			●	●	●	●	●	●	●	●	●	●
	금연 프로그램 (매달 2회)			●		●		●		●		●	
	심리상담 프로그램 (매달 2회)				●		●		●		●		●
	학교폭력 세미나 (매달 2회)			●		●		●		●		●	

4 종결 및 평가

사례관리 점검일지

사례번호	○○-○○○○	대상자	오○○	사례관리자	안□□
점검일시	○○. 1. 30.	사례관리 기간	○○. 1. 2.~○○. 3. 2.	회차	1, 2

목표		서비스 제공기관 / 내용				서비스 이행 및 목표 성취 정도	사례관리자 의견
욕구	합의된 목표	실천계획	내용	빈도	기간		
경제적 욕구	국가에서 제공하는 저소득층을 위한 정책을 확인하여 경제적 지원을 제공한다.	저소득층을 위한 수급 조건을 확인하여 이에 맞는 지원을 연계한다.	급식비 지원 프로그램을 통한 한 달 치 급식비를 무료로 제공한다.	월 1회	○○. 1. 2. ~ ○○. 3. 2.	• 서비스 이행 (상) • 목표 성취 (중) • 이용자 만족도 (중)	클라이언트의 경제적 부담을 줄여주는 데는 효과적이었으나 낙인효과를 불러일으켜 심리적으로 위축될 수 있으니 그 점을 유의하여 서비스를 제공해야겠다.
의료 · 건강 욕구	금연을 통해 건강한 신체를 유지할 수 있도록 한다.	정기적인 금연 프로그램에 참여하여 건강을 유지하도록 한다.	금연 프로그램을 통해 흡연의 위험성에 대한 교육을 실시한다.	월 2회	○○. 1. 2. ~ ○○. 3. 2.	• 서비스 이행 (상) • 목표 성취 (중) • 이용자 만족도 (하)	금연 프로그램 개최에는 문제가 없었으나 클라이언트가 흡연에 이미 중독된 상태라 프로그램 진행에 장애가 있다.
심리 · 사회적 욕구	가정에 대한 부정적인 감정을 긍정적인 감정으로 전환하려 한다.	심리상담치료를 통해 긍정적인 감정을 끌어내려 한다.	심리상담치료 진행을 위한 라포를 형성한다.	월 2회	○○. 1. 2. ~ ○○. 3. 2.	• 서비스 이행 (중) • 목표 성취 (하) • 이용자 만족도 (하)	라포를 형성함에 있어 낙인에 대한 부담감 때문에 심리상담치료에 대한 거부감을 강하게 느끼고 있다.
기타 욕구	과거의 일탈 행동에 대해서 올바른 행동을 취하도록 이끈다.	폭력서클원과의 관계 속에서 잘못된 행동을 반성하고 올바른 행동을 제시한다.	학교폭력세미나를 통한 세미나원들과의 친분관계를 맺는다.	월 2회	○○. 1. 2. ~ ○○. 3. 2.	• 서비스 이행 (중) • 목표 성취 (하) • 이용자 만족도 (하)	학교폭력세미나원에 대한 무시 및 경시와 초빙 강사의 초기 대처 미흡으로 세미나 진행에 장애가 있다.

사례번호	○○-○○	대상자	오○○	사례관리자	안□□
점검일시	○○. 1. 30.	사례관리 기간	○○. 1. 2.~○○. 3. 2.	회차	3, 4

목표		서비스 제공기관 / 내용				서비스 이행 및 목표 성취 정도	사례관리자 의견
욕구	합의된 목표	실천계획	내용	빈도	기간		
경제적 욕구	국가에서 제공하는 저소득층을 위한 정책을 확인하여 경제적 지원을 제공한다.	저소득층을 위한 수급 조건을 확인하여 이에 맞는 지원을 연계한다.	급식비 지원 프로그램을 통한 한 달 치 급식비를 무료로 제공한다.	월 1회	○○. 1. 2. ~ ○○. 3. 2.	• 서비스 이행 (상) • 목표 성취 (중) • 이용자 만족도 (중)	낙인효과를 불러일으켜 심리적으로 위축될 수 있으니 합당한 해결방안을 모색할 필요가 있을 것으로 판단된다.
의료 · 건강 욕구	금연을 통해 건강한 신체를 유지할 수 있도록 한다.	정기적인 금연 프로그램에 참여하여 건강을 유지하도록 한다.	금연 프로그램에 대한 의욕을 고취시키는 활동을 한다.	월 2회	○○. 1. 2. ~ ○○. 3. 2.	• 서비스 이행 (상) • 목표 성취 (중) • 이용자 만족도 (중)	한 번에 금연을 하도록 하는 것보다 단계를 나누어 장기적으로 금연 프로그램을 진행해야겠다.
심리 · 사회적 욕구	가정에 대한 부정적인 감정을 긍정적인 감정으로 전환하려 한다.	심리상담치료를 통해 긍정적인 감정을 끌어내려 한다.	가장 힘들어하는 고민을 들어 주고 그에 대한 자원을 연계한다.	월 2회	○○. 1. 2. ~ ○○. 3. 2.	• 서비스 이행 (상) • 목표 성취 (하) • 이용자 만족도 (중)	아직 힘들어하는 고민을 완벽히 털어놓지 못하기 때문에 충분한 라포를 형성하고 심리상담치료를 진행해야 할 것으로 생각된다.
기타 욕구	과거의 일탈 행동에 대해서 올바른 행동을 취하도록 이끈다.	폭력서클원과의 관계 속에서 잘못된 행동을 반성하고 올바른 행동을 제시한다.	학교폭력의 심각한 사례를 예로 들어 자신을 되돌아보게 하는 시간을 갖는다.	월 2회	○○. 1. 2. ~ ○○. 3. 2.	• 서비스 이행 (중) • 목표 성취 (하) • 이용자 만족도 (중)	심각한 실제 사례를 예로 들어 프로그램을 진행하니 클라이언트의 집중이 높았고 점차 흥미를 보이는 듯했다.

사례번호	○○-○○	대상자	오○○	사례관리자	안□□
점검일시	○○. 1. 30.	사례관리 기간	○○. 1. 2.~○○. 3. 2.	회차	5, 6

목표		서비스 제공기관 / 내용				서비스 이행 및 목표 성취 정도	사례관리자 의견
욕구	합의된 목표	실천계획	내용	빈도	기간		
경제적 욕구	국가에서 제공하는 저소득층을 위한 정책을 확인하여 경제적 지원을 제공한다.	저소득층을 위한 수급 조건을 확인하여 이에 맞는 지원을 연계한다.	급식비 지원 프로그램을 통한 한 달 치 급식비를 무료로 제공한다.	월 1회	○○. 1. 2. ~ ○○. 3. 2.	• 서비스 이행 (상) • 목표 성취 (중) • 이용자 만족도 (중)	또래 친구들과 함께 식사를 하며 긍정적인 모습을 많이 보이고 있다.
의료 · 건강 욕구	금연을 통해 건강한 신체를 유지할 수 있도록 한다.	정기적인 금연 프로그램에 참여하여 건강을 유지하도록 한다.	효과적인 금연을 위해 함께 프로그램에 참여하는 인원들과 금연서약서를 작성한다.	월 2회	○○. 1. 2. ~ ○○. 3. 2.	• 서비스 이행 (상) • 목표 성취 (중) • 이용자 만족도 (중)	계속 수동적이었던 클라이언트가 금연서약서를 작성한 후 능동적으로 금연에 대해서 변화하려는 모습이 보였다.
심리 · 사회적 욕구	가정에 대한 부정적인 감정을 긍정적인 감정으로 전환하려 한다.	심리상담치료를 통해 긍정적인 감정을 끌어내려 한다.	많은 상담치료 중 미술치료, 놀이치료 등을 사용하여 상담을 실시한다.	월 2회	○○. 1. 2. ~ ○○. 3. 2.	• 서비스 이행 (중) • 목표 성취 (중) • 이용자 만족도 (중)	클라이언트가 일대일 상담을 부담스러워 하고 힘들어 하여 조금 더 흥미를 끌고 집중할 수 있도록 도구를 사용해 치료를 진행하니 클라이언트에게 적합한 치료임을 발견하게 되었다.
기타 욕구	과거의 일탈 행동에 대해서 올바른 행동을 취하도록 이끈다.	폭력서클원과의 관계 속에서 잘못된 행동을 반성하고 올바른 행동을 제시한다.	피해자와 가해자 역할을 나누어 역할체험을 해 보려고 한다.	월 2회	○○. 1. 2. ~ ○○. 3. 2.	• 서비스 이행 (중) • 목표 성취 (중) • 이용자 만족도 (중)	서로 각자 역할을 나누어 역할체험을 해 보았고 프로그램 진행 후 느낀 점을 물어보았는데, 피해자였을 때의 마음이 참 무섭고 힘들었다고 했고 피해자에 대해 더 이해하게 된 것 같아 효과적인 프로그램이었던 것 같다.

사례번호	○○-○○	대상자	오○○	사례관리자	안□□
점검일시	○○. 1. 30.	사례관리 기간	○○. 1. 2.~○○. 3. 2.	회차	7, 8

목표		서비스 제공기관 / 내용				서비스 이행 및 목표 성취 정도	사례관리자 의견
욕구	합의된 목표	실천계획	내용	빈도	기간		
경제적 욕구	국가에서 제공하는 저소득층을 위한 정책을 확인하여 경제적 지원을 제공한다.	저소득층을 위한 수급 조건을 확인하여 이에 맞는 지원을 연계한다.	급식비 지원 프로그램을 통한 한 달 치 급식비를 무료로 제공한다.	월 1회	○○. 1. 2. ~ ○○. 3. 2.	• 서비스 이행 (상) • 목표 성취 (상) • 이용자 만족도 (중)	반복적인 급식비 지원을 통해 프로그램에 대한 낙인에 대해선 걱정이 줄었다.
의료 · 건강 욕구	금연을 통해 건강한 신체를 유지할 수 있도록 한다.	정기적인 금연 프로그램에 참여하여 건강을 유지한다.	금연골든벨을 개최하여 우승자에게 상금 및 상품을 증정한다.	월 2회	○○. 1. 2. ~ ○○. 3. 2.	• 서비스 이행 (상) • 목표 성취 (상) • 이용자 만족도 (상)	긍정적 동기 제공을 통해 금연에 대한 거부감이 사라지고 금연 의지가 상승하였다.
심리 · 사회적 욕구	가정에 대한 부정적인 감정을 긍정적인 감정으로 전환하려 한다.	심리상담치료를 통해 긍정적인 감정을 끌어내려 한다.	심리상담가와의 일상적 대화를 통해 긍정적 감정이 일상에서 유지될 수 있도록 원조한다.	월 2회	○○. 1. 2. ~ ○○. 3. 2.	• 서비스 이행 (중) • 목표 성취 (상) • 이용자 만족도 (상)	상담가와 일상적 대화까지 주고받을 수 있을 정도로 정서가 안정적으로 바뀌었다.
기타 욕구	과거의 일탈 행동에 대해서 올바른 행동을 취하도록 이끈다.	폭력서클원과의 관계 속에서 잘못된 행동을 반성하고 올바른 행동을 제시한다.	세미나원들과 고민 상담 및 조언을 해 주는 시간을 가져 지지적이고 창의적인 행동방안을 탐색한다.	월 2회	○○. 1. 2. ~ ○○. 3. 2.	• 서비스 이행 (중) • 목표 성취 (상) • 이용자 만족도 (상)	세미나원들과의 생각 공유를 통해 자발적으로 다양한 행동방안을 탐색할 수 있게 되었다.

사례번호	○○–○○	대상자	오○○	사례관리자	안□□
점검일시	○○. 1. 30.	사례관리 기간	○○. 1. 2.~○○. 3. 2.	회차	9, 10

목표		서비스 제공기관 / 내용				서비스 이행 및 목표 성취 정도	사례관리자 의견
욕구	합의된 목표	실천계획	내용	빈도	기간		
경제적 욕구	국가에서 제공하는 저소득층을 위한 정책을 확인하여 경제적 지원을 제공한다.	저소득층을 위한 수급 조건을 확인하여 이에 맞는 지원을 연계한다.	급식비 지원 프로그램을 통한 한 달 치 급식비를 무료로 제공한다.	월 1회	○○. 1. 2. ~ ○○. 3. 2.	• 서비스 이행 (상) • 목표 성취 (상) • 이용자 만족도 (중)	급식비 지원에 대한 낙인이 완전히 없어지고 경제적 부담에 대해서도 걱정이 완전히 사라졌다. 다만, 급식비 지원이 종결되고 난 후에 대한 경제적 여건에 대한 우려가 있다.
의료 · 건강 욕구	정기적인 금연 프로그램에 참여하여 건강을 유지하도록 한다.	정기적인 금연 프로그램에 참여하여 건강을 유지하도록 한다.	클라이언트의 금연이 잘 진행되었는지 점검하고 이후 흡연이 재발하지 않도록 교육한다.	월 2회	○○. 1. 2. ~ ○○. 3. 2.	• 서비스 이행 (상) • 목표 성취 (상) • 이용자 만족도 (상)	금연에 대한 강한 의지를 표출하고 있고 프로그램 종결 후에도 금연이 계속 지속될 수 있도록 노력하려 한다.
심리 · 사회적 욕구	가정에 대한 부정적인 감정을 긍정적인 감정으로 전환하려 한다.	심리상담치료를 통해 긍정적인 감정을 끌어내려 한다.	클라이언트의 부정적 감정 해소 및 긍정적 감정 형성이 얼마나 잘 이루어졌는지 점검한다.	월 2회	○○. 1. 2. ~ ○○. 3. 2.	• 서비스 이행 (중) • 목표 성취 (상) • 이용자 만족도 (상)	부정적 감정 해소 및 긍정적 감정 형성에 있어서 효과적 결과를 보여 주었으나 프로그램 종결 후 상담가와의 관계가 끝나는 점에 대해서 아쉬워하고 있다.
기타 욕구	과거의 일탈 행동에 대해서 올바른 행동을 취하도록 이끈다.	폭력서클원과의 관계 속에서 잘못된 행동을 반성하고 올바른 행동을 제시한다.	과거 잘못된 행동에 대한 반성 정도를 점검하고 재발하지 않도록 교육한다.	월 2회	○○. 1. 2. ~ ○○. 3. 2.	• 서비스 이행 (중) • 목표 성취 (상) • 이용자 만족도 (상)	과거에 대한 반성 및 폭력에 대한 이해가 충분히 이루어졌고 차후 폭력 재발을 막고 올바른 행동을 자발적으로 할 수 있도록 계획하고 있다.

5 사후계획

욕구	내용
경제적 욕구	프로그램 종결 후, CT의 수급 조건을 월 1회 조사하여 급식비 지원을 지속적으로 받을 수 있게 지원을 연계시키기
의료 · 건강 욕구	프로그램 종결 후, CT의 흡연량을 2개월마다 1회 조사하여 흡연량이 감소하지 않았을 경우 금연 프로그램 재연결시키기
심리 · 사회적 욕구	프로그램 종결 후, 3개월마다 1회 심리검사를 실시하여 부정적인 감정이 지속적으로 표출되었을 경우 에니어그램 검사를 3개월에 1회 실시하여 자신이 부족한 부분을 보완하고 스트레스를 받지 않는 방법에 대한 도움을 주기
기타 욕구	프로그램 종결 후, CT의 담임 교사와 월 2회 전화상담을 실시하여 변화 상태 유지 여부를 체크하고, 월 1회 집에 방문하여 CT와 가족 구성원들의 상태를 파악하여 문제 상황을 발견할 경우 조치 취하기

C·H·A·P·T·E·R 15

노인복지 영역

1. 독거노인 사례관리 1

1 기초현황 기록지
2 사정 기록지
3 사례관리 대상자 선정기준표
4 ADL 평가도구
5 IADL 평가도구
6 실행 계획서
7 과정 기록지
8 모니터링 기록지
9 사례관리 종결 보고서

1 기초현황 기록지[1)]

담당	팀장	부장	관장

○○○○년 ○○월 ○○일 ○요일

사례번호	○○-○○	사례관리자	진○○
사례접수일	○○○○. ○○. ○○.	사례종결일	○○○○. ○○. ○○
접수경로	□ 클라이언트 직접요청(방법:) ■ 타 기관 의뢰( )		□ 사례관리자가 직접 발굴 □ 기타( )

클라이언트 및 가족 현황

성명	이○○	성별	□ 남 ■ 여	나이	70세	혈액형	
주민등록번호	○○○○○○-○○○○○○○			연락처	(집: , 이동전화:)		
주소	○○군 ○○면 ○○길 ○○						
신체등급	급	기초노령연금	■ 취득 □ 상실	취미	-	특기	-
종교	□ 기독교 □ 천주교 □ 불교 ■ 무교 □ 기타( )						
결혼관계	□ 기혼 □ 미혼 □이혼 □ 동거 ■ 사별 □ 재혼 □ 별거 □ 기타( )						
학력	■ 무학력 □ 초등 □ 중등 □ 고등 □ 대학교 □대학원						

가족사항	no.	관계	성명	생년월일	직업	학력	연락처	동거여부	비고
	1	子	김○○	56년생	자영업	초졸		無	
	2	女	김○○	58년생	전업주부	초졸		無	
	3	子	김○○	59년생	무직	초졸		無	
	4	女	김○○	60년생	전업주부	초졸		無	
	5								
	특이사항:								

세대유형	□ 수급자세대 □ 일반세대 □ 부자세대 □ 모자세대 □ 장애인세대 □ 요보호환자세대 □ 노인손자세대 □ 노인세대 ■ 노인단독세대 □ 노인자녀세대
	특이사항: 저소득 독거노인
수급사항	□ 일반수급자 □ 조건부수급자 □ ( )특례자 □ 비법정대상자 월 만 원, 의료보호 종, 기타 ( )
	특이사항:

1)본 내용은 화순나드리노인복지관 사례를 재구성하였음을 밝힘.

구분	항목	내용
주거 사항	주거형태	■ 일반주택(지상/지하) □ 아파트 □ 공공임대(아파트/일반주택(지상/지하) □ 기타(주거환경:)
	소유형태	■ 자가 □ 전세(만 원) □ 월세(보증금 만 원, 월세 만 원) □ 영구임대 □ 불안전거주자 □ 기타( )
	특이사항:	
경제 사항	총수입	월 16만 원 | □ 본인 수입 □ 정부보조금 ■ 연금수입 □ 후원금 □ 기타( )
	총지출	월 16만 원 | ■ 식비 ■ 의료비 □ 난방비 □ 기타 지출
	특이사항:	
건강 상태	질병유무	■ 유(발생 시기: 20년 전) □ 무
	■ 관절염 □ 뇌졸중 ■ 고혈압 □ 심부전증 □ 폐렴 □ 폐결핵 □ 위십이지장궤양 □ 골다공증 □ 백내장 □ 녹내장 □ 당뇨병 □ 치매 □ 신경통 ■ 기타(소화불량)	
	장애유무	□ 유 ■ 무 | 장애판정일자: 등급: 장애원인:
	장애유형	□ 간질장애 □ 정신장애 □ 자폐성장애 □ 뇌병변장애 □ 지체장애 □ 시각장애 □ 청각장애 □ 언어장애 □ 안면장애 □ 장루 · 요루장애 □ 지적장애 □ 신장장애 □ 심장장애 □ 간장애 □ 호흡기장애
	특이사항:	

가계도

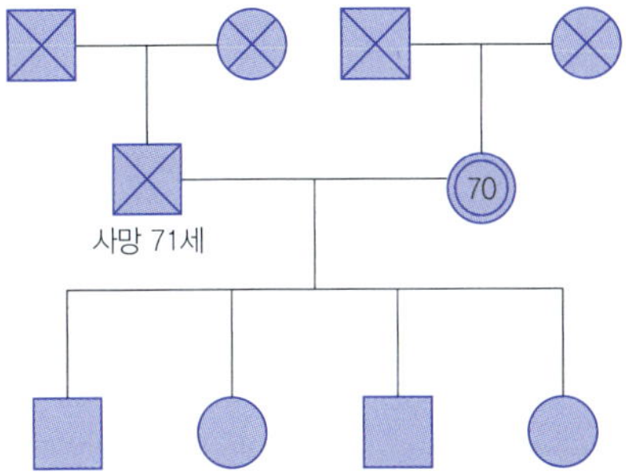

생태도

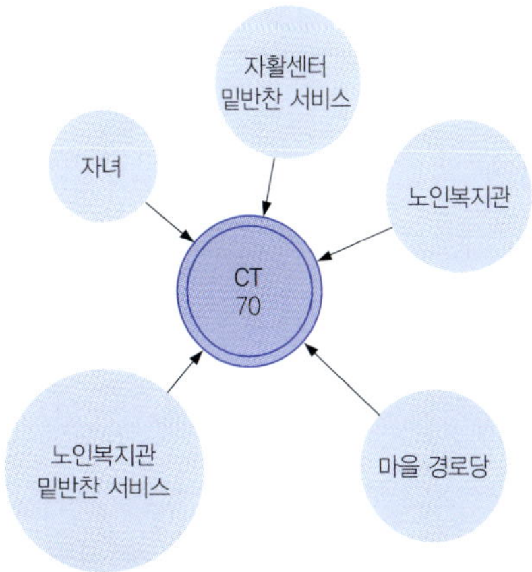

2 사정 기록지

가족력 및 개인력	• 슬하에 2남 2녀, 전부 타 지역 거주 • 안부 전화만 하고 찾아오지는 않음 • CT의 부는 71세 사망
경제상황	• 노령연금 약 16만 원으로 생활 • 식사는 ○○○노인복지관 밑반찬을 지원받아 식사를 해결하심 • 자녀들의 경제적 지원은 없음(10년)
건강상황	• 신체적 노화로 몸 전체적으로 많이 편찮음 • 소화불량이 심함(20년 전)
사회심리적 상황	• 말씀 도중 계속 나는 죽어야 한다고 말씀하심 • 말벗이 필요하시다고 말씀하심
문제 및 욕구	• 경제적 · 정서적 지원 – 자녀분들이 한번 찾아왔으면 좋겠다고 생각함 – 말벗이 필요하다고 생각하심 – 노령연금 외 수입이 없어 경제적 서비스의 지원을 원함
클라이언트의 강점과 근거	• 연세가 높으시지만 말도 잘하시고 거동도 보행도구가 있으면 잘 돌아다니실 수 있음
상담자 의견	• 경제적 · 정서적 서비스 제공 계획 • 말벗 서비스, 안부전달 서비스 등을 지원할 계획임

3 사례관리 대상자 선정기준표

결재	담당	팀장	부장	관장

사례번호	○○-○○	클라이언트	이○○	사례관리자	진○○
사정일자	○○○○. ○○. ○○.	유형	독거노인	정보제공자	이○○

영역	제시된 욕구	강점	이용 가능한 자원
정서	외로움을 타며 외출을 꺼림	–	안부 확인, 말벗 서비스
경제	경제적 지원	–	후원 결연, 명절/김장 지원
위생	위생 지원	–	주거 지원, 위생 지원, 이 · 미용
특이사항	자녀와의 연락이 뜸해 많이 외로워하심		

척도 이용사정	척도종류	결과
	선정기준표	집중관리형
사례관리 여부	■ 사례관리 진행 □ 서비스 단순 이용	

대상자판정			
분류	□ 집중관리형	■ 일반관리형	□ 단순관리형
수급사항	121점 이상 (집중관리 – 수시)	□ 상 : 111~120점 (재가 서비스 5개 이상) □ 중 : 101~110점 (재가 서비스 3~4개) □ 하 : 91~100점 (재가 서비스 1~2개)	81~90점 (비정기적 지원 및 필요 부분 부합 시 재가 서비스 제공)

4 ADL 평가도구

영역	내용	평가기준	배점기준	평가	비고
경제 상황 (50)	수입 (10)	최저생계비 기준 이하	10	✓	
		최저생계비 120% 이하	8		
		최저생계비 150% 이하	6		
		최저생계비 200% 이하	4		
	지출 (10)	수입의 90% 이상	10	✓	
		수입의 80% 이상	8		
		수입의 70% 이상	6		
		수입의 60% 이상	4		
	주거 형태(10)	기타(가건물, 쉼터, 무료거주)	10		
		월세	8		
		전세	4		
		자가	0	✓	
	부채(10)	재산의 30% 이상	10		
		재산의 30% 이하	5		
	의료보장(10)	의료보호 1종	10		
		의료보호 2종	7		
		일 반	5	✓	
필요시 (예:부, 모, 아들 등) 안에 체크 후 추가점수 부여					동거가족 ( ) / 동거가족 ( ) / 동거가족 ( )
의료 및 건강 (30)	장애 유무(10)	1급	10		
		2~3급	8		
		4~6급	6		
	질병 정도(10)	만성질환(평생)	10	✓	
		중증질환	8		
		경증질환	6		
	일상생활 동작능력 ADL (10)	거동 불가	10	✓	
		매우 불편	8		
		약간 불편	5		
심리사회영역 (40)	심리정서상태 (10)	매우 불안	10	✓	
		약간 불안	8		
		안정	0		
	사회적응능력 IADL(10)	문제 있음 - 상	10	✓	
		문제 있음 - 중	6		
		문제 있음 - 하	4		
		문제없음	0		
	사회관계망 (10)	전혀 없음	10		
		비공식지원체계	8		
		공식지원체계	6	✓	
		공식+비공식지원체계	0		
	생활상태(10)	독거, 한부모, 조손	10	✓	
		보호가 필요한 동거가족	8		
사회복지사 평가 (30)		CT의 시급성에 따라 결정	28~30	✓	
			24~27		
			20~23		
총 평점			111		

판정결과			
	□ 위기관리형	□ 집중관리형(121점 이상)	■ 일반관리형(91~120점)
	□ 단순관리형(81~90점)	□ 제외형(80점 이하)	

접수번호	○○-○○	성명	이○○	성별	여	나이	70세
면접일	○○○○. ○○. ○○.			조사자	진○○		

문항	구분	점수	내용	점수
1	대소변	① ② ③ ④ ⑤	• 화장실을 완벽하게 사용할 수 있으며, 실금 현상이 전혀 없다. • 대소변을 볼 때 도움이 필요하며, 가끔은 실금 현상이 있다. • 1주일에 1회 이상 수면 중 대소변을 지리기도 한다. • 1주일에 1회 이상 낮에 대소변을 지리기도 한다. • 대소변을 전혀 조절하지 못한다.	3
2	식사	① ② ③ ④ ⑤	• 도움 없이 혼자서 먹을 수 있다. • 식사 중이나 특별한 음식을 먹을 때 약간의 도움이 필요하거나 식후 위생을 누군가 도와주어야 한다. • 모든 식사를 다른 사람이 많이 도와주어야 한다. • 스스로는 식사하지 못해 다른 사람이 먹여 주어야 한다.	3
3	복장	① ② ③ ④ ⑤	• 스스로 입고 벗을 수 있으며, 자신의 옷장에서 옷을 고를 수 있다. • 옷이 미리 골라져 있다면 입고 벗을 수 있다. • 다른 사람이 옷을 입을 때 많이 도와주어야 하는데, 협조할 수는 있다. • 스스로는 옷을 전혀 입을 수 없으며, 다른 사람이 입혀 줄 때도 있다.	4
4	몸치장 (단정함, 머리, 얼굴)	① ② ③ ④ ⑤	• 다른 사람의 도움 없이도 항상 단정하게 옷을 입고 몸치장을 할 수 있다. • 적절한 몸치장을 스스로 할 수 있으나 면도 같은 것은 도움을 필요로 한다. • 몸치장에 다른 사람들의 도움과 규칙적인 감독을 필요로 한다. • 몸치장을 하고 유지하는 데 다른 사람들이 적극적으로 도와주어야 한다.	3
5	보행	① ② ③ ④ ⑤	• 시내를 걸어 다닐 수 있다. • 집 안이나 동네를 걸어 다닐 수 있다. • 다른 사람의 도움을 받거나 보행기, 휠체어 등을 이용하여 움직일 수 있다. • 하루의 반 이상을 침대에 누운 상태로 지낸다.	3
6	목욕하기	① ② ③ ④ ⑤	• 스스로 도움 없이 목욕할 수 있다. • 탕에 들어가고 나오는 것을 도와주면 혼자 목욕할 수 있다. • 얼굴과 손은 쉽게 씻지만 몸의 나머지 부분은 씻지 않는다. • 스스로 씻으려는 노력을 전혀 하지 않으며, 다른 사람들이 씻어 주려 해도 저항한다.	4
총점(30점)			※ 30~25 = 5 / 25~20 = 4 / 20~15 = 3 / 15~10 = 2 / 10~0 = 1	3

※ 0점: 완전자립　1점: 감독이 필요함　2점: 약간의 도움이 필요함
3점: 도움이 필요함　4점: 상당한 도움이 필요함　5점: 전적인 도움이 필요함

5 IADL 평가도구

접수번호	○○-○○	성명	이○○	성별	여	나이	70세
면접일	○○○○. ○○. ○○.			조사자	진○○		

문항	구분	점수	내용	점수
1	대소변	① ② ③ ④ ⑤	• 화장실을 완벽하게 사용할 수 있으며, 실금 현상이 전혀 없다. • 대소변을 볼 때 도움이 필요하며, 가끔은 실금 현상이 있다. • 1주일에 1회 이상 수면 중 대소변을 지리기도 한다. • 1주일에 1회 이상 낮에 대소변을 지리기도 한다. • 대소변을 전혀 조절하지 못한다.	3
2	식사	① ② ③ ④ ⑤	• 도움 없이 혼자서 먹을 수 있다. • 식사 중이나 특별한 음식을 먹을 때 약간의 도움이 필요하거나 식후 위생을 누군가 도와주어야 한다. • 모든 식사를 다른 사람이 많이 도와주어야 한다. • 스스로는 식사하지 못해 다른 사람이 먹여 주어야 한다.	3
3	복장	① ② ③ ④ ⑤	• 스스로 입고 벗을 수 있으며, 자신의 옷장에서 옷을 고를 수 있다. • 옷이 미리 골라져 있다면 입고 벗을 수 있다. • 다른 사람이 옷을 입을 때 많이 도와주어야 하는데, 협조할 수는 있다. • 스스로는 옷을 전혀 입을 수 없으며, 다른 사람이 입혀 줄 때도 있다.	4
4	몸치장 (단정함, 머리, 얼굴)	① ② ③ ④ ⑤	• 다른 사람의 도움 없이도 항상 단정하게 옷을 입고 몸치장을 할 수 있다. • 적절한 몸치장을 스스로 할 수 있으나 면도 같은 것은 도움을 필요로 한다. • 몸치장에 다른 사람들의 도움과 규칙적인 감독을 필요로 한다. • 몸치장을 하고 유지하는 데 다른 사람들이 적극적으로 도와주어야 한다.	3
5	보행	① ② ③ ④ ⑤	• 시내를 걸어 다닐 수 있다. • 집 안이나 동네를 걸어 다닐 수 있다. • 다른 사람의 도움을 받거나 보행기, 휠체어 등을 이용하여 움직일 수 있다. • 하루의 반 이상을 침대에 누운 상태로 지낸다.	3
6	목욕하기	① ② ③ ④ ⑤	• 스스로 도움 없이 목욕할 수 있다. • 탕에 들어가고 나오는 것을 도와주면 혼자 목욕할 수 있다. • 얼굴과 손은 쉽게 씻지만 몸의 나머지 부분은 씻지 않는다. • 스스로 씻으려는 노력을 전혀 하지 않으며, 다른 사람들이 씻어 주려 해도 저항한다.	4
총점(30점)			※ 30~25 = 5 / 25~20 = 4 / 20~15 = 3 / 15~10 = 2 / 10~0 = 1	3

※ 0점 : 완전자립　1점 : 감독이 필요함　2점 : 약간의 도움이 필요함
3점 : 도움이 필요함　4점 : 상당한 도움이 필요함　5점 : 전적인 도움이 필요함

6 실행 계획서

사례번호	○○-○○	클라이언트	이○○	사례관리자	진○○
일시	○○○○. ○○. ○○.	유형	■ 신규 □ 재사정		

영역	제시된 욕구	합의된 목표	실행계획	실행자	기간
정서	외로움을 타며 외출을 꺼림	안부 확인, 말벗 서비스	안부 확인	진○○	월 1회
			가사 지원	진○○	월 1회
			말벗 서비스	진○○	월 1회
경제	생활비 부족	후원 결연, 명절/김장 지원	명절 지원	김○○	연 1회
			김장 지원	김○○	연 1회
			밑반찬 배달	윤○○	주 2회
사례관리자의 역할		• 사례관리를 통해 대상자의 욕구 파악 및 해결			
클라이언트의 역할		• 사례관리자와의 관계 형성 • 욕구 표출			

– 사례관리 동의서 –

- 귀하와 합의된 내용 이외의 목적으로 개인정보가 노출되지 않도록 하겠습니다.
- 모든 사례관리 내용은 귀하와의 합의하에 진행하도록 하겠습니다.
- 본 사회복지관은 귀하의 사회복지 요구를 해결하기 위해 최선의 사례관리 서비스를 제공하도록 노력하겠습니다.

○○○노인복지관 사례관리자 : (인)

- 본인은 사례관리 서비스의 계획 및 내용에 대한 설명을 충분히 듣고 이해했습니다.
- 본인은 계획된 목표를 성취하기 위해 적극적으로 참여하고 협력하겠습니다.
- 본 동의서 작성일로부터 귀 복지관에서 제공하는 사례관리 서비스를 제공받는 것에 동의합니다.

성명 : (인) 보호자 : / 관계 : (인)

7 과정 기록지

결재	담당	팀장	부장	관장

사례번호	○○-○○	클라이언트	이○○	사례관리자	진○○
일자	○○○○. ○○. ○○.	시간	○○:○○~○○:○○	장소	대상자 가정
방법	■ 방문(아웃리치) □ 온라인(메일, SNS 등)	□ 복지관 내방 □ 기타(　　)	□ 전화		
참석자	이○○, 김○○, 최○○, 윤○○, 진○○				
내용	□ 정보 제공 ■ 자원연계	□ 정보 탐색 □ 상담(지지, 교육 등)	■ 점검 □ 기타(　　)		
	• CT의 집에 안부 확인을 위해 방문 – 가사 지원(위생 지원) 서비스를 제공하기 위해 클라이언트를 찾음. 감기에 걸리셔서 몸 상태가 좋지 못했음. 건강 상태를 먼저 여쭤보고 오늘 위생 지원 서비스에 관한 이야기를 전함. 본격적으로 클라이언트와 이야기를 진행함. 며칠 전 자녀분께서 연락이 와 기분이 좋으셨다고 운을 떼신 후 이번 명절에는 자녀들이 오면 좋겠다고 이야기를 하셨고, 바로 옆 경로당엔 안 가시느냐는 질문엔 본인이 가면 사람들이 불편해하신다고 절대로 가지 않겠다고 이야기하심 – 공익요원들과 함께 클라이언트가 정리하기 어려운 곳부터 정리해 드렸으며, 방 곳곳 쓰레기 처리 및 마당 청소를 해 드림 – CT는 '자신이 못 하는 일을 해 줬다'며 거듭 고마움을 표현하셨고, 가사 지원을 다 끝내고 돌아가려는 순간까지 정말 고맙다고 말씀하셨음				
특이사항	• 감기에 걸리셔서 몸 상태가 안 좋으심 • 상비약을 가져다 드렸음				

결재	담당	팀장	부장	관장

<table>
<tr><th>사례번호</th><td>○○-○○</td><th>클라이언트</th><td>이○○</td><th>사례관리자</th><td>진○○</td></tr>
<tr><th>일자</th><td>○○○○. ○○. ○○.</td><th>시간</th><td>○○:○○~○○:○○</td><th>장소</th><td>대상자 가정</td></tr>
<tr><th>방법</th><td colspan="5">■ 방문(아웃리치) □ 복지관 내방 □ 전화
□ 온라인(메일, SNS 등) □ 기타( )</td></tr>
<tr><th>참석자</th><td colspan="5">이○○, 김○○, 최○○, 윤○○, 진○○</td></tr>
<tr><th rowspan="2">내용</th><td colspan="5">□ 정보 제공 □ 정보 탐색 ■ 점검
□ 자원연계 □ 상담(지지, 교육 등) □ 기타( )</td></tr>
<tr><td colspan="5">• CT의 집에 자원연계 및 관리를 위해 방문
– CT의 건강 상태가 걱정되어 방문
– 몸이 예전 같지 않다며, 소화도 안 되고 힘이 없다고 말씀하심
– CT에게 ○○월에 장수사진 촬영이 있는데 혹시 찍으실 생각이 있냐는 질문에 찍기 싫다며 장수사진 촬영 서비스를 거부하셨음
– CT와의 대화 중 건강이 좋지 않아 집이 엉망이어서, 다음 달 위생 지원을 해 드리겠다며 말씀드리고 마무리하였음
– CT에게 인사를 드리고 근황에 대한 질문에 요즘 몸이 계속 좋지 않다가 이제야 정신이 든다며 말씀을 하시고, 어제부터 경로당에 나가서 마을 어르신들과 함께 식사를 하심
– 큰아들이 방문하여 CT의 몸 상태를 보고 계속 건강 상태가 악화되면 요양병원에 입원하는 것이 어떠냐는 말씀을 하심</td></tr>
<tr><th>특이사항</th><td colspan="5">• 몸 상태가 예전보다 많이 안 좋아지셔서 장수사진 촬영 서비스를 권했으나 거부하심</td></tr>
</table>

결재	담당	팀장	부장	관장

사례번호	○○-○○	클라이언트	이○○	사례관리자	진○○
일자	○○○○. ○○. ○○.	시간	○○:○○~○○:○○	장소	대상자 가정
방법	■ 방문(아웃리치) □ 복지관 내방 □ 전화 □ 온라인(메일, SNS 등) □ 기타(　　　)				
참석자	이○○, 김○○, 최○○, 윤○○, 진○○				
내용	□ 정보 제공 □ 정보 탐색 ■ 점검 □ 자원연계 □ 상담(지지, 교육 등) □ 기타(　　　)				
	• CT의 집에 안부 확인 및 자원연계를 위해 방문 – CT는 아직까지 경계하는 모습을 보이심 – 경제적으로 힘들어 밑반찬 배달 및 김장 지원 예정 – 집에만 계시는 것을 힘들어하시는 것 같아 앞에 경로당에 나가시는 게 어떠냐는 질문에 거동이 불편하고 마을 사람들과 친하지 않아 불편하다고 이야기하셨음 – 자녀분들에 대해선 아직까지 대답을 꺼리심 – 건강 상태는 밑반찬 서비스를 지원해 주셔서 좋다고 하셨음 – 부녀회장님이 와서 경로당 프로그램을 이용하자고 권하였지만, 거동이 불편하여 경로당을 가고 싶으나 몸이 힘들어서 포기하심 – 자녀들은 오시냐는 질문에 연락이 없다며, 아마 안 오지 않을까 라는 말씀을 해 주셨음				
특이사항	• 마을 경로당 프로그램 담당자와 연락을 통해 경로당을 이용하실 수 있도록 할 예정임				

<table>
<tr><td rowspan="2">결재</td><td>담당</td><td>팀장</td><td>부장</td><td>관장</td></tr>
<tr><td></td><td></td><td></td><td></td></tr>
</table>

<table>
<tr><td>사례번호</td><td>○○–○○</td><td>클라이언트</td><td>이○○</td><td>사례관리자</td><td>진○○</td></tr>
<tr><td>일자</td><td>○○○○. ○○. ○○.</td><td>시간</td><td>○○:○○~○○:○○</td><td>장소</td><td>대상자 가정</td></tr>
<tr><td>방법</td><td colspan="5">■ 방문(아웃리치) □ 복지관 내방 □ 전화
□ 온라인(메일, SNS 등) □ 기타( )</td></tr>
<tr><td>참석자</td><td colspan="5">이○○, 김○○, 최○○, 윤○○, 진○○</td></tr>
<tr><td rowspan="2">내용</td><td colspan="5">□ 정보 제공 □ 정보 탐색 □ 점검
■ 자원연계 □ 상담(지지, 교육 등) □ 기타( )</td></tr>
<tr><td colspan="5">• CT의 집에 안부 확인을 위해 방문
– 근황에 대한 질문에 감기에 걸려 계속 누워 있었다고 하심
– 담배를 피우신 것 같아 보여 여쭤보니 가끔 피신다고 하시어, 건강을 위해 담배를 끊는 게 어떻냐는 질문에 신경 쓰지 말라며 말씀을 하셨음
아드님과 CT와 요양시설 입원에 대해 이야기한 결과 9월 초에 요양병원에 입원을 해야 될 것 같다며, 아무래도 연세가 있으셔서 점점 몸은 쇠약해져 가고 자녀들도 서로 바빠 신경을 못 써드릴 것 같다 하셨음
– 병원은 요양병원으로 갈 예정이라고 말씀을 하셨음
– CT와 따님에게 ○월초에 다시 방문하겠다는 말씀을 드리고 마무리하였음</td></tr>
<tr><td>특이사항</td><td colspan="5">• 부녀회장님에게 CT가 경로당 프로그램 이용하실 수 있도록 도움을 부탁드림</td></tr>
</table>

8 모니터링 기록지

■ 방문 □ 유선

서비스 관리번호	○○-○○	성명	이○○	모니터링 구분	■ 최초 □ 정기
전담담당자	진○○	조사자	진○○	작성일자	진○○

1. 이용자 의견조사

1) 서비스 모니터링

문항	구체적인 내용
서비스 제공 일정 지키는 정도	정서 지원 및 경제적 지원 만족
서비스 내용 정확성 및 충실도	외로움이 많았지만 경로당 프로그램 이용을 적극적으로 권해 드려 정서적 · 신체적으로 좋아져 만족
담당 사회복지사에 대한 만족도	"명절 지원, 겨울용품 지원, 김장 지원 등을 지원해 주셔서 너무 고맙다."

2) 욕구변화 모니터링

항목	구체적인 내용
기능상태 변화	저소득 독거노인세대로 경제적 · 정서적 지원이 필요한 상태
생활환경 및 능력변화	지속적인 경제적 지원은 필요함

3) 기타 불편사항 모니터링

- 없음

2. 서비스 종합계획

모니터링 결과 반영	■ 서비스 유지 □ 서비스 계획 변경 □ 재방문 면담
기타 구체적인 기록	경제적 지원(명절 지원, 김장 지원 등), 정서 지원(위생 지원, 말벗 서비스) 등 사례관리 서비스 제공

9 사례관리 종결 보고서

담당	팀장	부장	관장

○○○○년 ○○월 ○○일 ○요일

조사일시	○○○○. ○○. ○○.	사례관리자	진○○
성명	이○○	생년월일	○○○○. ○○. ○○.
주소	○○군 ○○면 ○○길 ○○	전화번호	○○○-○○○-○○○○
사례관리기간	○○○○년 ○월 ○일 ~ ○○○○년 ○월 ○일		
주요제공 서비스	■ 명절 지원 ■ 김장 지원 ■ 말벗 서비스 ■ 위생 지원 ■ 안부 확인		
종결사유	□ 클라이언트 사망 □ 거주지 이전 ■ 계획목표 달성 ■ 시설 입소 □ 서비스 본인 거부 □ 기타		
사례관리사 의견	CT의 주 욕구였던 경제적 · 정서적 서비스를 제공해 드렸으며, CT의 건강 악화로 인해 시설에 입소하여 서비스를 종결하였음		
추후계획	추후 3개월 후에 CT에게 방문하여 CT를 살펴볼 예정		
점검	3개월 후 CT에게 가서 안부를 확인하고 상태를 살펴봄		

위 대상자는 상기한 사유로 인하여 사례관리를 종결합니다.

2. 독거노인 사례관리 2

1 Case Management Intake Sheet
2 사례관리 사례계획
3 사례종결평가서
4 사례관리 동의서

1 Case Management Intake Sheet[1)]

성명		선○○(남 · 여)		상담일자		○○○○. ○○. ○○.			
주민등록번호		○○○○○○-○○○○○○○		직업		무(無)			
대상자 선정		YES / NO □ 긴급 □ 우선 ■ 일반		연락처 /긴급연락처		010-○○○-○○○○ / 010-○○○-○○○○			
기타 사항		직업		학력		종교		천주교	
주소		현주소	◇◇광역시 △△구 ○○로 ○○ ○○맨션 ○○○호						
		주민등록상	◇◇광역시 △△구 ○○동 ○○번지 ○○호 ○통 ○반 ○○맨션 ○○○호						
대상자 분류		■ 독거노인 ■ 일반수급 □ 의료보호 1종	□ 노인부부 □ 조건부수급 □ 의료보호 2종	□ 조손세대 □ 자활특례 ■ 의료보험		□ 부부+자녀 □ 저소득 □ 기타		□ 기타( ) □ 일반	
인테이크 경위		□ 대상자 발굴	□ 동사무소 의뢰	□ 타 기관 의뢰		■ 전년도대상자		□ 기타 ( )	
가족사항 및 동거 여부		성명	관계	연락처	직업	동거 여부	종교	비고	
		차○○	첫째 아들	010-○○○○-○○○○	무직	x	천주교		
		차◇◇	둘째 아들	010-○○○○-○○○○	CEO	x	천주교		
		차□□	셋째 딸	010-○○○○-○○○○	공무원	x	천주교		
		차△△	넷째 아들	010-○○○○-○○○○	CEO	x	천주교		
		차▽▽	막내아들	010-○○○○-○○○○	교수	x	천주교		
건강 상태	기본사항	건강정도	□양호 □보통 ■허약	질병명/만성질환	퇴행성 관절염	주 이용 병원	□□한의원		
		장애유무	지체장애	진단 시기	○○. ○○. ○○.	장애등급	6급		
	기능장애 여부 있다=○ 없다=× 조금 있다=△	시력	-	청력	-	치과	-	배설	-
		대화	-	보행	○				
		숨 막힘	-	마비	-	절단	-	감염증	-
		알코올	-	기타					
경제 사항	월 소득액	1,200,000원	수입내역	공적부조(1,000,000원) 친인척 지원(200,000원)		후원금(0원) 기타(0원)			
	월 지출액	700,000원	지출내역	월세(0원) 의료비(500,000원)		의식주(200,000원) 기타(0원)			
주거 사항	형태	■ 자가	□ 전세	□ 월세		□ 영구임대		□ 무료	
	구조	총 (25)평 방 (1)층 (3)칸		난방	□ 기름 □ 연탄	■ 가스 □ 기타( )			
	부엌	■ 유 □ 무 / 취사도구( )		화장실	■ 단독	□ 공동			
	주거환경	■ 청결 □ 불결 □ 보통		가전제품	■ 세탁기 ■ TV	■ 냉장고 □ 기타( )			

1) 본 내용은 조선대학교노인복지센터 사례를 재구성하였음을 밝힘.

사회적 지원망

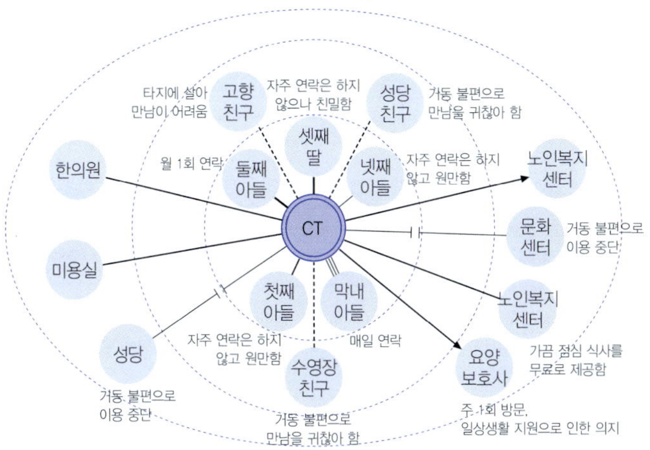

관계처(지역사회 및 이웃관계 포함)

- 평소 한의원 및 미용실을 자주 다니시며 예전에는 성당 및 문화센터에서 수영을 하러 자주 다니셨으나 건강 상태가 안 좋아져 최근에는 이용하지 않는다.
- 요양보호사와 비교적 친구 같은 관계를 유지하고 있으며, 고향 · 성당 · 수영장 친구들은 거동 불편의 이유로 사이가 소원해졌다.
- 자식들 간의 관계는 모두 좋은 편이나 특히 둘째와 막내아들과의 관계가 제일 원활하다.

가족기능

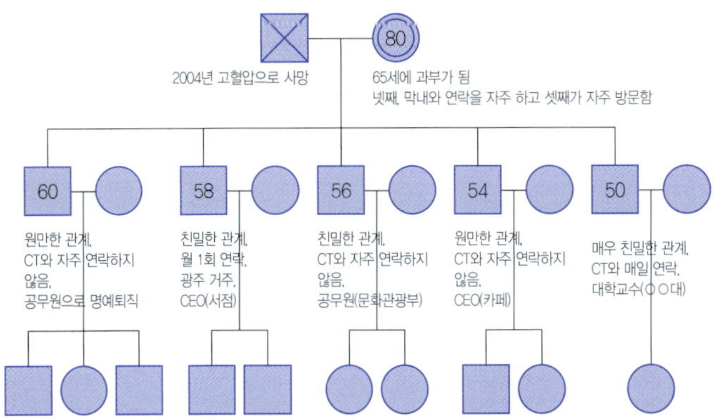

가족력(FAMILY HISTORY)

- 고위 공무원이었던 남편은 고혈압으로 사망하였고 사별 후 CT는 연금과 시장에서 일을 도맡아 하며 자녀들을 돌부았다
- CT는 자녀들과의 관계가 모두 우호적이며, 특히 막내아들과 가장 친밀하다. 다음으로 둘째 아들과 셋째 딸과 친밀하며, 첫째, 넷째 아들과는 원만한 관계이다. 또한, 막내, 둘째 아들을 제외한 남은 자녀들은 연락이 잘 되지 않는 편이다.
- 첫째는 고위 공무원으로 명예퇴직하였고, 둘째는 CEO로서 대규모 서점을 운영 중이며, 셋째는 공무원으로 문화재청에서 근무 중이고, 넷째는 둘째와 같이 CEO이지만 대규모 카페를 운영하며, 막내는 대학교 교수이다.
- 모두 사회적 · 경제적으로 인정받고 살고 있으며, 신체적으로도 건강하기 때문에 CT는 자녀들에 대해 자부심을 느끼고 있다.

의사소통 및 의사결정

상담 기간 내내 계절에 맞는 옷차림과 상담자에 대해 잊지 않고 있는 모습을 보아 인지능력에는 문제가 없다.
대화를 좋아하고 의사소통에 주도적인데 자신에 대한 정보를 서슴없이 드러내며 질문과 관련 없는 대답을 덧붙이거나 상담자에게 역으로 질문을 끌어내는 것을 확인할 수 있다. 또한, 매번 방문할 때마다 집 청결 상태가 양호한 것으로 보아 성격이 깔끔하며, 저금을 잘하시고 절약이 습관화된 모습을 통해 부지런하고 검소한 성격의 소유자다. 그리고 수영을 잘한다.
하지만 단점으로 상대방에게 말할 기회를 많이 주지 않아 의사소통이 일방적인 경향이 있고, 너무 부지런한 성격 덕에 몸을 혹사시키며, 약점으로 노쇠한 신체와 협소한 인간관계를 보유하고 있다.

<table>
<tr><th colspan="2">상담 내용</th></tr>
<tr><td rowspan="2">클라이언트의
생활력 및
상담내용
(심리/사회문제)</td><td>[1회차]

엘리베이터를 타고 올라가 초인종을 누르니 어르신께서 문을 열며 웃으면서 반갑게 맞아주셨다. 어르신은 겉보기엔 허름하나 내부는 깔끔한 아파트에 거주하고 계셨으며, 방 3개와 주방, 화장실, 주방이 있고 모두 깔끔하게 정리되어 있었고 식탁 위에 약봉지가 여러 개 있었다.

어르신의 외관은 168cm의 큰 키에 허리는 굽어 입고 마른 체격이며, 파마기가 있는 흰 머리에 두툼한 외투와 내의를 2~3겹 겹쳐 입고 있었다. 계절에 맞게 옷을 입으신 것으로 보아 인지기능에는 문제가 없어 보였다. 거실 소파에 앉아 계실 때는 허리를 곧게 펴고 계시나, 거실에서 주방으로 잠깐 이동할 때는 허리를 구부정하게 하고 이동하셨다.

처음 보는 사람에게도 "찾아와줘서 고맙다."라는 말과 함께 간식을 제공해 주셨으며, 상담자들이 추울까 봐 난방기구를 작동시키는 모습을 통해 사회성이 좋고 겸손하며, 사람을 좋아할 거라 판단되었다. 간단히 안부를 묻고 사례관리에 대한 간단한 공지 및 동의, 자기소개를 한 다음 본격적인 인테이크를 시작하였다.

어르신은 5명의 자녀를 부양하기 위해 젊은 시절 고생하느라 허리, 무릎이 안 좋아졌으며, 또한 행인과의 충돌로 인한 어깨 부상을 입어 몸 상태가 안 좋아졌다. 이를 치료하기 위해 서울에 유명한 병원을 여러 군데 찾아갔었으나 수술의 위험성 때문에 가는 병원마다 수술하기를 꺼렸던 이야기를 해 주셨다. 하지만 자녀 이야기를 시작하자 방금 전에 슬퍼했던 모습과는 달리 웃으시면서 자녀들 이야기를 해 주셨다. 딸부터 시작해서 막내, 셋째, 둘째, 첫째 순으로 직업, 결혼 과정, 자녀 수 등에 대해 사진으로 보여 주며 이야기해 주시면서 자식에 대한 자부심을 간접적으로 드러내셨다.</td></tr>
<tr><td>[2회차]

어르신 댁을 방문하기 전 길에서 전동휠체어를 타고 가시는 어르신을 만났는데 "학생들."하고 먼저 알아봐 주셨다. 아파트 입구에 도착하니 경비원이 어르신의 전동휠체어를 옮겨 주셨다. 휠체어가 무겁고 휠체어 주차공간이 따로 없는 것으로 보였다. 함께 엘리베이터를 타고 어르신의 집으로 들어갔다.

걱정과는 다르게 어르신께서 먼저 상담자의 이야기를 끌어내면서 대화를 주도적으로 끌어나갔다. 자녀분들의 성공담을 통해 자녀분들에 대한 자부심을 간접적으로 드러내었고 오늘도 역시 자녀 이야기가 나오자 얼굴이 밝아지고 쾌활한 모습을 보이셨다. 또 이에 대해 상담자에게 조언을 해 줌으로써 타인에게 관심이 많고 의사소통이 매우 원활하며 사회성을 갖추고 있는 것을 알 수 있었다.

어르신은 평소 장애인 복지카드 혜택을 받을 수 있는 여러 시설을 이용하셨다. 허리 통증을 완화시키기 위해 한의원을 이용하시고 과거에는 문화센터에 수영을 배우러 다니셨으며, 천주교를 믿기 때문에 주말에 성당을 다녔지만 요즘은 날씨도 안 좋고 허리도 많이 아파 잘 다니시지 못한다고 하셨다.

어르신은 허리와 무릎 어깨가 아프신데, 특히 허리가 안 좋으셔서 구부정하게 서서 반찬을 만들기가 매우 어렵다고 하셨다. 가끔 반찬을 만들어 먹기는 하지만 대부분은 그냥 간단히 김에다가 밥만 먹으면서 식사를 마무리할 때가 많다고 하셨다. 또한, 요양보호사를 통해 반찬 서비스를 의뢰했었지만 그게 잘 이루어지지 않았다고 하셨다. 그래서 인근 행정복지센터에 반찬 서비스가 연계될 수 있는지 알아보기로 하였다.</td></tr>
</table>

<table>
<tr><th colspan="2">상담 내용</th></tr>
<tr><td rowspan="2">클라이언트의
생활력 및
상담내용
(심리/사회문제)</td><td>[3회차]

어르신 집에 도착하니 어르신이 요양보호사와 식탁에서 이야기를 나누고 계셨다. 어르신은 이윽고 요양보호사와 이야기를 나눈 후 거실 소파로 오셨다.

저번에 방문했을 때보다 얼굴이 수척해 보이셨다. 이유를 물어보니 어르신에게 연계해 주기로 했던 반찬 지원 서비스를 위해 인근 행정복지센터 직원과 연락을 취했지만 접촉이 연기되었다고 하셨다. 어르신은 반찬 지원 서비스 진행 과정에 상당히 관심 있어 보였다. 또한, 요양보호사의 원조로 사랑의 도시락 서비스에 대해 연계하게 되었다.

어르신의 첫째 아들은 평소에는 잘 찾아오지 않았으나, 저번 주 금요일에 방문했다가 오늘 올라가셨다. 어르신은 혼자 있을 때 반찬을 만들지 않지만 자식들이 방문할 경우 맛있는 밥을 해 주고 싶어서 직접 장을 보고 요리를 대접하신다고 했다. 어르신은 첫째 아들에게 장조림, 김, 명태탕 등 국과 반찬을 만들어 대접했다고 했다.

어르신은 막내아들과 딸, 둘째 아들에 대해 이야기를 많이 하는 것으로 보아, 이들과 가장 친밀한 관계를 형성하고 있는 것으로 보였다.

어르신은 일본에서 유치원을 다니고 초등학교에 들어갈 무렵 한국으로 돌아왔기에 한글을 잘 몰라 어려움을 겪으셨으며, 과거 친했던 동네 언니의 사망과 딸의 과도한 학습 과정을 지켜보면서 공부에 관심을 잃게 되었다.

어르신께 친구 관계를 여쭤보았으나 친구에 대한 이야기는 잘 대답해 주지 않으셨다. 어르신은 친구 관계가 좋지 않으며, 이에 대해 방어적으로 보였다. 어르신이 제일 원하는 것은 반찬 서비스를 받는 것이고, 정서적 지원을 받는 것에는 긍정적이지 않으나 말벗 서비스를 통한 지속적인 방문이 필요해 보인다.</td></tr>
<tr><td>[4회차]

4회차 방문으로 마지막 방문이 이루어졌다. 어르신 댁에 방문하니 어르신은 자녀분과 통화 중이셨다. 통화 내용을 들어보니 저번에 연계한 행정복지센터 직원이 반찬 서비스를 제공받기 위한 자격 여부를 점검했다는 내용이었다.

3회차 방문 이후에 행정복지센터에 방문하여 어르신의 반찬 서비스 연계를 시도했지만, 어르신이 연금 대상자여서 연계되지 못했다. 이 사실을 알려드리자 어르신은 간접적으로 아쉬움을 표출하였고 ○○노인복지센터에서 과거에 지원해 주던 반찬 서비스로 관심을 돌리셨다. 어르신에게 그동안 ○○노인복지센터에서 지원해 주던 반찬이 전달되지 못한 연유부터 앞으로 다시 서비스가 연계될 것을 설명하였다.

또한, 붕어빵과 바나나와 같은 간식거리를 가지고 “어르신이랑 나눠 먹으려고 사 왔어요.”라고 말했더니 어르신께서 “무슨 이런 걸 사 왔어!”라고 하셨지만, 기뻐하시는 내색이 보였고 함께 먹으며 더 훈훈한 시간을 보낼 수 있었다.

간식을 먹은 후 사례관리 종결로 인해 이번이 마지막 방문이라는 것을 어르신께 알렸다. 아쉬워하실 거란 예상과 달리 앞으로 할 일이 많다며 오히려 잘되었다고 괜찮은 척하시며 우리에게 말씀하셨다. 이후에 어르신에게 그동안 제공했던 서비스와 제공하지 못했던 서비스에 대해 공지하고 향후 건강을 위해 이용을 중단했던 문화센터 수영 시설을 다시 다닐 것을 어르신에게 약속받았다.</td></tr>
</table>

<table>
<tr><td rowspan="9">욕구 및 문제점</td><td>본인(의료, 경제, 정서, 기타)</td><td>W'er의 사정</td></tr>
<tr><td colspan="2">의료적인 욕구 및 문제</td></tr>
<tr><td>• 허리와 무릎, 어깨가 많이 아프고, 이에 대해 치료 받고 싶으나 노쇠해져 치료가 불가능함
• 거동이 불편하여 활동이 제한적이고 또한 요리를 직접 할 수 없어 식사를 제대로 하지 못함</td><td>• 퇴행성 관절염으로 인해 거동 및 사회활동에 장애가 있음. 통증이 심해질 경우 사회활동 단절과 영양 결핍 등의 문제가 발생할 수 있음</td></tr>
<tr><td colspan="2">경제적인 욕구 및 문제</td></tr>
<tr><td>• 자녀들에게 경제적으로 도움을 받고 싶지 않아 저축에 대한 욕구가 강함</td><td>• 자녀들이 경제적으로 부유하나 도움을 받고 싶지 않아 저축에 대한 욕구가 강함</td></tr>
<tr><td colspan="2">정서적인 욕구 및 문제</td></tr>
<tr><td>• 말 상대가 없어 심심함을 느낌</td><td>• 자녀들과 접촉 빈도가 줄어들어 우울감이 형성됨
• 거동 불편으로 사회적 관계가 단절되어 가고 있으나 이에 대해 적극적인 해결 욕구가 없음</td></tr>
<tr><td>우선순위</td><td colspan="2">1. 반찬 서비스 제공 2. 정서적 지지 3. 사회관계망 유지</td></tr>
<tr><td>약도</td><td colspan="2">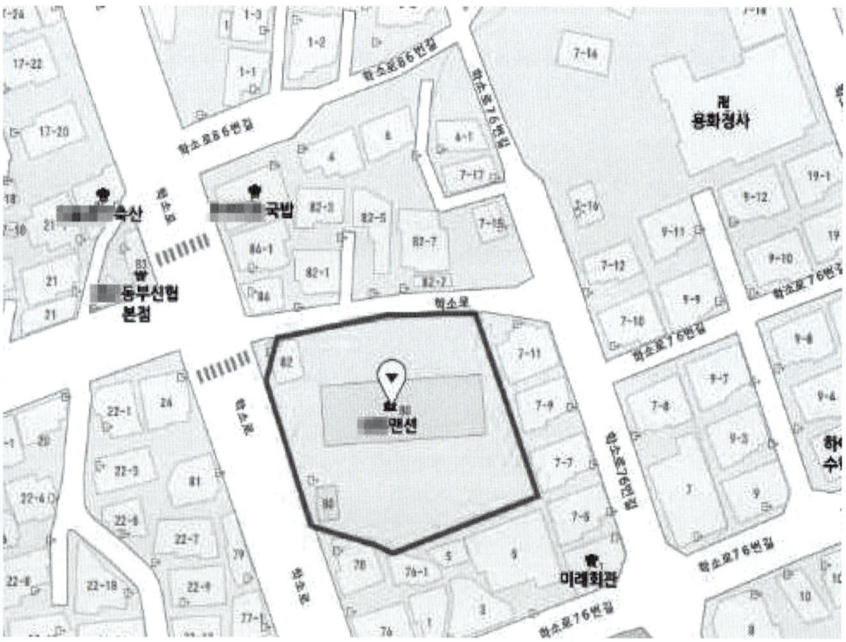</td></tr>
</table>

ㅇㅇㅇㅇ년 ㅇㅇ월 ㅇㅇ일 작성자: 하ㅁㅁ (인)

2 사례관리 사례계획

결재	담당	과장	관장

대상자	선○○	작성일자	○○○○. ○○. ○○.	Manager	
		재사정일자	○○○○. ○○. ○○.	Supervisor	

사정 내용	
클라이언트 욕구내용	• 반찬 서비스를 받고 있으나 주 1회로 부족하다. • 대화 상대가 줄어들어 우울감이 형성되고 있다. • 거동이 불편하여 사회적 관계가 단절되고 있다.
W'er 사정 내용	• 지역 행정복지센터와 연계하여 반찬 서비스를 제공한다. 또한, 연계 가능한 주변 봉사단체를 찾아 반찬 서비스를 제공한다. • 말벗 서비스를 제공하여 우울감을 감소시키고 사례관리 종결 후에도 우울감이 형성되지 않도록 말벗 서비스를 제공하는 복지센터를 연계한다. • 사회적 관계가 단절되지 않도록 산책 및 외출 시 동행을 통한 사회활동 지원 서비스를 제공한다.
자원체계 분석	[약점] • 상대방에게 말할 기회를 많이 주지 않아 의사소통이 주로 일방적이다. • 몸을 자주 혹사시켜 신체가 쇠약하고 거동이 불편하다. [강점] • 대화를 좋아하고 의사소통에 주도적이다. • 깔끔한 성격에 정리정돈을 좋아한다. • 저금을 자주 하고 검소하며 절약 정신이 투철하다. • 수영을 즐겨 한다.

사정 결과		
목적	결과목표	기대효과
• 반찬 서비스를 제공하여 지속적이고 균형적인 영양 공급을 제공한다.	• 지역 행정복지센터와 연계하여 반찬 서비스를 주 5일 제공한다. • ○○봉사단체와 연계하여 '사랑의 도시락' 반찬 서비스를 주 5일 제공한다.	• 서비스를 지속적으로 제공받음으로써 결식률이 줄어든다. • 영양가 있는 서비스를 제공받음으로써 영양 결핍을 예방한다.
• 말벗 및 안부 전화 서비스를 제공하여 어르신의 우울감을 감소시키고 종결 후에도 이를 유지할 수 있도록 기관과 연계한다.	• 주 1회 방문을 통한 말벗 서비스를 제공한다. • 주 3회 안부 전화 서비스를 제공한다. • 종결 후, ○○노인복지센터와 연계하여 사회봉사를 통한 말벗 서비스를 연계한다.	• 지속적인 말벗 서비스를 통해 우울감이 감소된다. • 사회봉사를 통한 말벗 서비스를 통하여 종결 후 우울감 향상을 막는다.
• 사회적 관계 유지 및 신체 건강 증진을 위하여 사회활동 지원 서비스를 제공한다.	• 주 1회 산책과 외출 시 동행을 통한 사회활동 지원 서비스를 제공한다.	• 사회활동 지원 서비스를 통해 신체 건강을 증진시킨다. • 지속적인 사회활동 지원 서비스를 통해 사회적 관계가 유지된다.

서비스 계획내용	우선 순위	수행자	서비스 시작일	제공 기간	비고
지역 행정복지센터와 연계하여 반찬 서비스를 제공한다.	1				미제공
♧♧봉사단체와 연계하여 '사랑의 도시락' 반찬 서비스를 제공한다.	2	하□□	○○○○. ○○. ○○.	○○○○. ○○. ○○. ~ ○○○○. ○○. ○○.	개입 기간 동안 계약이 체결되지 않음
개입 기간 동안 대화를 통한 말벗 서비스를 제공한다.	3	하□□	○○○○. ○○. ○○.	○○○○. ○○. ○○. ~ ○○○○. ○○. ○○.	
개입 기간 동안 안부 전화 서비스를 제공한다.	4	하□□	○○○○. ○○. ○○.	○○○○. ○○. ○○. ~ ○○○○. ○○. ○○.	
○○노인복지센터와 연계하여 사회봉사를 통한 말벗 서비스를 제공한다.	5				미제공
산책, 외출 시 동행을 통한 사회활동 지원 서비스를 제공한다.	6				미제공

3 사례종결평가서

<table>
<tr><td rowspan="2">결재</td><td>담당</td><td>과장</td><td>관장</td></tr>
<tr><td></td><td></td><td></td></tr>
</table>

<table>
<tr><td>성명</td><td>선○○</td><td>주민번호</td><td>○○○○○○-○○○○○○○</td><td>관리번호</td><td></td></tr>
<tr><td>주소</td><td colspan="3">◇◇광역시 △△구 ○○로 ○○ ○○○맨션 ○○○호</td><td>전화번호</td><td>010-○○○○-○○○○</td></tr>
<tr><td>사례관리기간</td><td colspan="5">○○○○년 ○○월 ○○일 ~ ○○○○년 ○○월 ○○일</td></tr>
<tr><td>주요제공
서비스</td><td colspan="5">[신체 · 건강적 측면]
신체 건강 증진을 위해 산책과 외출 시 동행을 통한 사회활동 지원 서비스를 제공하려 하였으나 급격히 추워진 날씨와 클라이언트가 서비스를 원치 않은 관계로 실시하지 못했다. 설 명절이 지난 후 문화센터의 수영시설을 재이용할 것을 권고하였다.

[사회 · 정서적 측면]
사례관리를 통해 말벗 서비스를 총 2회 제공하려 하였으나 사회활동 지원 서비스를 제공하지 못한 관계로 총 4회를 제공하였다. 또한, 안부 전화 서비스를 총 6회 제공하였고 이러한 서비스를 통해 클라이언트의 우울증세가 점차 완화되었다. 종결 후에도 완화된 우울증세를 유지하기 위해 ○○노인복지센터와 연계하여 말벗 서비스를 제공하려 하였으나 클라이언트의 거부로 인해 실시하지 못했다.

[경제적 측면]
지속적이고 균형 잡인 영양 공급을 무료로 제공하기 위하여 지역 행정복지센터와 연계하여 반찬 서비스를 제공하려 하였으나 클라이언트의 자격 미달(연금 대상자)로 인하여 실시하지 못했다. 대신 ♧♧ 봉사단체를 통하여 '사랑의 도시락' 반찬 서비스를 제공하기 위해 연계 중이고 ○○노인복지센터와 연계하여 주 1회 반찬 서비스를 제공하기로 하였다.</td></tr>
<tr><td>종결사유</td><td colspan="5">□ 클라이언트 사망   □ 거주지 이전   ■ 계획목표 달성
□ 시설 입소   □ 서비스 본인 거부   □ 기타(   )</td></tr>
<tr><td>사회복지사
의견</td><td colspan="5">• 클라이언트는 허리, 어깨, 무릎 순으로 신체가 쇠약하여 거동에 불편함이 있었고 이로 인해 불균형적인 식사습관, 사회적 관계 단절, 우울감 형성의 문제가 있었다.
• 불균형적 식사습관 문제 해결을 위해서는 지속적이고 균형적인 식사가 제공되어야 하는데 클라이언트는 거동이 불편하여 이를 실시하기 힘들다. 따라서 ♧♧ 봉사단체, ○○ 노인복지센터 등 연계 가능한 주변 시설들을 계속해서 찾아보는 것이 중요하다.
• 사회적 관계 단절 문제는 클라이언트가 거동이 불편함을 이유로 사람과의 접촉을 줄여가고 있다는 점에 초점을 두어야 한다. 신체를 무리하게 움직이지 않는 거리 안에서 산책을 한다던가 주변 시설을 자주 이용할 수 있도록 외출 시 동행해 줄 사람이 필요하다.
• 우울감 형성의 문제 역시 사회적 관계 단절 문제와 비슷하다. 거동이 불편하여 사람과의 접촉을 줄여가고 있는 클라이언트를 위해 찾아가는 서비스를 제공해야 한다.</td></tr>
</table>

위 대상자는 상기한 사유로 인하여 사례관리를 종결합니다.

종결일: ○○○○년 ○○월 ○○일   담당 사회복지사: 하□□

4 사례관리 동의서

- 본 ○○복지센터의 사업 및 사례관리 서비스에 대해 설명해 드리겠습니다.
- 본 ○○복지센터는 귀하의 사회복지 요구를 해결하기 위해 최선의 사례관리 서비스를 제공하도록 노력하겠습니다.
- 아래의 목적 이외에 귀하의 개인적인 정보가 노출되지 않도록 하겠습니다.

○○○센터 센터장 ○○○ (인)

- 본인은 귀 ○○복지센터에 관한 소개와 사례관리 서비스의 과정 및 내용에 대한 설명을 충분히 듣고 이해했습니다. (✓)
- 본 동의서 작성일로부터 귀 ○○복지센터에서 제공하는 사례관리 서비스를 제공받는 것에 동의합니다. (✓)
- 사례관리 서비스를 위해 필요한 정보를 제공하는 등 제반 활동에 함께 참여하겠습니다. (✓)
- 본인과 관련된 정보가 서비스의 질적 향상과 전문가 양성을 위한 교육 및 학문적 목적을 위해 사용되는 것에 동의합니다. (✓)

○○○○년 ○○월 ○○일
성 명: (인)
후견인: / 관계: (인)

3. 자녀 사별을 경험한 여성 노인 사례관리

1 사례관리 실태조사표
2 이용자 선정 기준표
3 Case Assessment Sheet
4 사례관리 계획표
5 서비스 개입 일지
6 사례점검표
7 종결평가서

1 사례관리 실태조사표[1)]

등록일 : ○○○○년 ○○월 ○○일　　　　조사일 : ○○○○년 ○○월 ○○일

기본사항											
기본사항	성명	문○○	성별	女	연령	90	주민등록번호	○○○○○○-○○○○○○○	학력	초졸	종교	원불교
	현주소	○○광역시 ○○구 ○○길 ○○-○					연락처	010-○○○○-○○○○				

가족사항	관계	성명	주소	생년월일	학력	직업	월 소득액	비고
가족사항	첫째 아들	김○○			대졸	건축업 종사		
	둘째 아들	김○○			대졸	교사		
	셋째 아들	김○○			대졸	건설회사원		사별
	넷째 아들	김○○			알 수 없음	알 수 없음		
	다섯째 아들	김○○			대졸	사업가		
	여섯째 아들	김○○			대졸	회사원		

보호형태		
보호형태	사업대상	□ 국민기초생활수급권자　□ 차상위계층　■ 기초노령연금수급자 □ 독거　□일반
	동거실태	□ 독거노인　□ 노인 2인 가구　■ 기타(손자와 동거)
	주거형태	■ 자가　□ 전세　□ 월세　□ 기타

건강상태			
건강상태	질환명	□ 위십이지장궤양　□ 뇌졸중(중풍)　■ 고혈압　□ 심부전증　□ 폐렴 □ 폐결핵　■ 관절염　□ 신경통　□ 골다공증　□ 백내장 □ 녹내장　□ 당뇨병　□ 치매　□ 기타	
	장애상태	■ IADL 일부 제한　□ IADL 모두 제한　■ ADL 일부 제한　□ ADL 모두 제한 * IADL 일부 제한 : 몸단장, 집안일, 외출, 교통수단 이용, 물건 사기, 금전 관리 * ADL 일부 제한 : 목욕하기, 이동	
		시각장애	눈이 침침해져 사람 구별이 힘듦
		청각장애	귀 울림(환청)으로 인해 잠을 못 잠. 점차 청력이 떨어져 의사소통이 어려움
		언어장애	
		신체장애	다리 수술로 인해 거동이 불편함
		기타	

신청 서비스 내용	■ 가사 지원　□ 개인활동　■ 우애 서비스　□ (　) 회 이용(시설목욕)		
평가결과 - 서비스 제공 여부	■ 적격　□ 부적격	부적격사유	□ 자조능력 있음　□ 경제력 있음 □ 노인의 요구와 기관의 서비스가 서로 맞지 않음 □ 노인의 거부　□ 기타(사유기재 :　　　)
평가결과 - 서비스 사유	□ 자조능력 없음　□ 수발자의 건강 악화　□ 수발자 휴식　■ 수발자 없음　□ 기타		
평가결과 - 제공서비스 내용	■ 가사 지원　□ 개인활동　■ 우애 서비스 (주 1) 회 이용　□ (　)일 보호		

의뢰인	성명	정○○	노인과의 관계	사회복지사	전화번호	010-○○○○-○○○○
비고						

사회복지사 성명 :　　　　(인)

1) 본 내용은 동구시니어클럽 사례를 재구성하였음을 밝힘.

2 이용자 선정 기준표

결재	담당	실장	관장

이용자: 문○○　　　　지역: ○○광역시 ○○구 ○○동

구분				배점	비고
1	국민기초생활보장 수급권자 여부		국민기초생활수급자	5	
			차상위계층	4	
			기초노령수급자	3	3
			독거	2	
			일반	1	
2	세대 유형		손자녀 혹은 장애인과 생활하는 경우(질환 포함)	3	3
			독거노인	2	
			노인부부세대	1	
3	부양자		부양자 및 수발자가 아무도 없다.	5	
			부양자를 돌봐야 하는 경우이다.	4	
			부양자는 있지만 교류가 없다.	3	
			부양자가 가끔 찾아오며 도움을 준다.	2	2
			부양자가 적극적으로 원조해 준다.	1	
4	연령		80세 이상	2	2
			65세 이상 ~ 80세 미만	1	
5	주거상태		무의탁 거주	3	
			전 · 월세	2	
			자가	1	1
6	KADL	옷 입기	3. 불가능　2. 다소 어려움　1. 가능		2
		세수하기	3. 불가능　2. 다소 어려움　1. 가능		2
		목욕	3. 불가능　2. 다소 어려움　1. 가능		2
		식사하기	3. 불가능　2. 다소 어려움　1. 가능		3
		이동	3. 불가능　2. 다소 어려움　1. 가능		2
		화장실 사용	3. 불가능　2. 다소 어려움　1. 가능		2
		대소변 조절	3. 불가능　2. 다소 어려움　1. 가능		1

구분				배점	비고
7	KIADL	몸단장	3. 불가능 2. 다소 어려움 1. 가능		2
		집안일	3. 불가능 2. 다소 어려움 1. 가능		2
		식사 준비	3. 불가능 2. 다소 어려움 1. 가능		2
		빨래하기	3. 불가능 2. 다소 어려움 1. 가능		2
		근거리 외출	3. 불가능 2. 다소 어려움 1. 가능		2
		교통수단 이용	3. 불가능 2. 다소 어려움 1. 가능		3
		물건 사기	3. 불가능 2. 다소 어려움 1. 가능		2
		금전 관리	3. 불가능 2. 다소 어려움 1. 가능		2
		전화 사용	3. 불가능 2. 다소 어려움 1. 가능		1
		약 챙겨 먹기	3. 불가능 2. 다소 어려움 1. 가능		1
8	사회적 지지		지역사회로부터 원조가 전혀 없다.	3	
			지역사회로부터 가끔 원조를 받는다.	2	2
			지역사회로부터 활발한 원조를 받는다.	1	
9	대상자의 욕구		도움을 원한다.	3	
			욕구를 표현하지는 않지만 도움이 필요하다.	2	2
			도움을 필요로 하지만 원하지 않는다.	1	
10	판정회의		도움이 꼭 필요하다.	5	5
			보통이다.	3	
			도움이 필요 없다.	1	
총점					53
최고점 (80)점 ~ 최저점 (27) 점					

◈ 40점 미만: 3등급 ◈ 40점 이상 ~ 60점 미만: 2등급 ◈ 60점 이상: 1등급	최종 등급	2등급

3 Case Assessment Sheet

CM No.	

평가일: ○○○○년 ○○월 ○○일　등록일: ○○○○년 ○○월 ○○일　평가자: 정○○

1. 일반사항

성명	문○○	성별	女	주민등록번호	○○○○○○-○○○○○○○
현주소	○○광역시 ○○구 ○○○○길 ○○-○○			연락처	010-○○○○-○○○○
학력	□ 무학 ■ 초졸 □ 중졸 □ 고졸 □ 대졸 이상 □ 기타( )				
결혼 여부	□ 미혼 □ 기혼 ■ 사별 □ 별거 □ 이혼 □ 기타( )				
동거	□ 독거 □ 부부 ■ 자녀 동거 □ 친척 동거 □ 기타( )				
직업	무직(과거 일 경험 있음)	종교	원불교	취미	TV 시청
등록의뢰인	□ 본인 ■ 대리인(관계: 사회복지사)			성명	정○○ 연락처: 010-○○○○-○○○○
정보제공자	■ 본인 □ 타인(관계:)			성명	문○○ 연락처: 010-○○○○-○○○○

주거상황	수거	■ 사가 □ 선세 □ 월세 □ 무료임내				
	주거형태	□ 아파트 □ 연립주택 ■ 단독주택 □ 집단가옥 □ 기타( )				
경제상황	월 소득	310,000원	정부지원금	월 204,010원	후원금	해당 사항 없음
	주 소득원	기초노령연금	친인척 지원	월 100,000원	월 지출액	50,000원 (공과금 외)
	국민기초생활보장대상자 여부	■ 아니다 □ 그렇다		의료보장 상태	□ 건강보험 □ 의료보호 1종 ■ 미가입	

2. 가족사항

	성명	연령	관계	학력	직업	동거 여부	비고(특이사항)
가족관계	김○○	71	첫째 아들	대졸	건축업 종사	X	
	김○○	60 후반	둘째 아들	대졸	교사로 재직 후 퇴직	X	
	김○○	62	셋째 아들	대졸	건설회사 재직	X	사별
	김○○	58	넷째 아들	알 수 없음	알 수 없음	X	
	김○○	50 후반	다섯째 아들	대졸	사업가	O	
	김○○	50 중반	여섯째 아들	대졸	회사원	X	한전 재직

3. 가계도 및 사회적 관계망

– 가계도

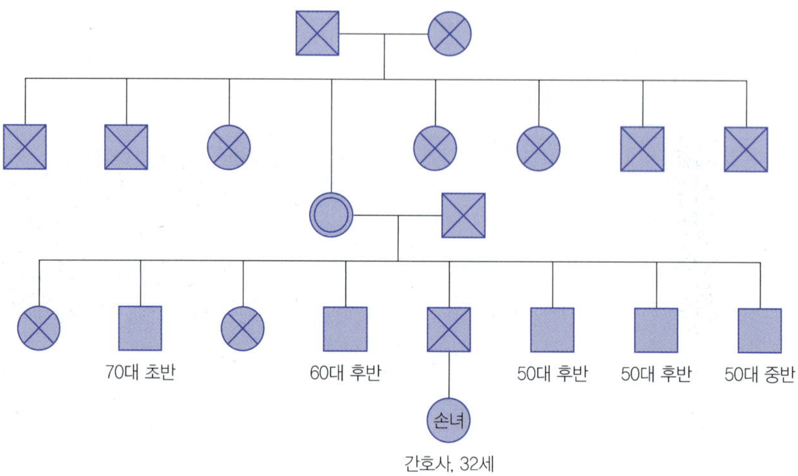

– 사회적 관계망

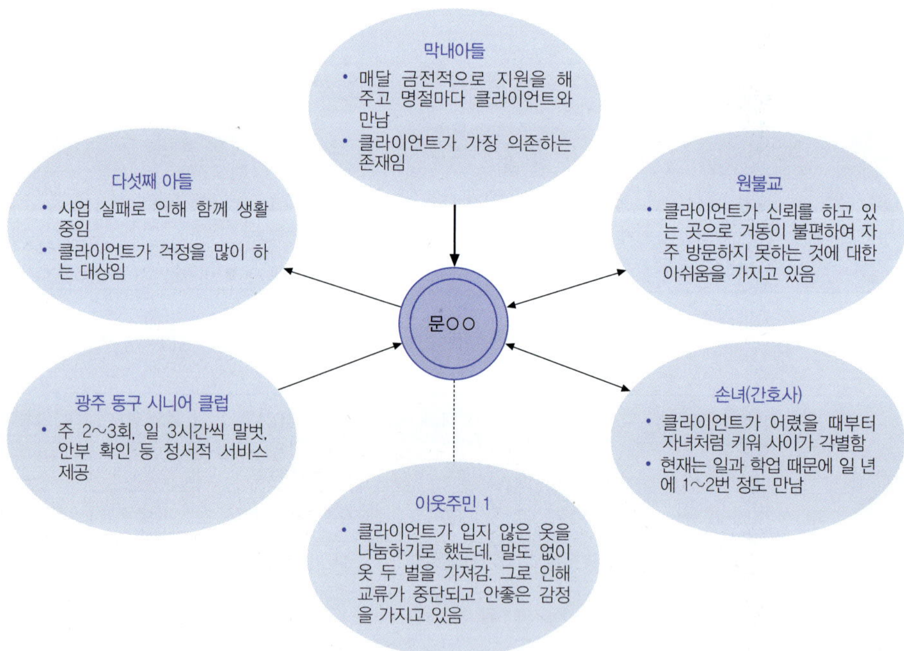

4. 개인력 및 가족력

<table>
<tr><td>개인력</td><td>[어린 시절]
대상자는 1927년(서류상 1929년) ○○에서 4남 4녀 중 넷째로 출생했다. 아버지는 어르신이 어렸을 적에 육성회장으로 일을 했으며, 집안은 넉넉한 편이어서 부족함 없이 생활을 했다. 아버지 덕분에 국민(초등)학교에 다닐 당시에 일본인 교장 선생님께 예쁨을 많이 받았다며 그에 대해 좋은 기억을 가지고 있다. 하지만 일제강점기의 영향으로 한국어보다 일본어 중심으로 교육을 받았기 때문에 한국어로 의사소통은 가능하지만 쓰고 읽는 것에는 어려움이 있다. 그래서 지금까지 한국어를 제대로 공부하지 못한 것에 대한 아쉬움을 가지고 있다. 11살 무렵, 어르신은 정신대에 강제로 징집되어 5년 동안 혹사를 당했다. 그 후, 정신대에서 나와 16세가 되던 해에 ○○ 산골짜기에 있는 집안으로 시집을 갔고 6남 2녀를 낳았지만 두 명의 딸은 사고로 인해 먼저 보내고 6형제와 함께 생활하였다.

[청년기]
시집을 갔을 때 40세 시아버지와 39세 시어머니, 갓 태어난 시누이, 시할아버지, 시할머니와 함께 지냈다. 홀로 온갖 집안일을 도맡아 하며 힘든 나날을 보냈다. 더군다나 시어머니와 남편은 어르신에게 폭력을 행사하기도 했고, 이로 인해 심리적인 스트레스를 가지고 있으며, 그들에 대한 미운 감정이 여전히 남아 있다. 26세에 자식들의 교육을 위해 시아버지에게 3,500원을 주고 현재 거주하고 있는 ○○동 집을 구입하여 이사 왔고, 그때부터 지금까지 거주 중이다. 하지만 어르신이 거주하고 있는 구역이 재개발로 인하여 집을 비워 주어야 하는데 약 70년의 세월이 담겨 있는 집이라 매우 서운해하고 있다. ○○에서 살 때 주요 수입원이 없어 돈을 벌기 위해 15년 동안 ○○산에서 나무를 해서 시장에 내다 팔며 생계를 이어나갔다.

[중년기]
그 이후에는 기존에 있던 초가집을 허물고 토목을 전공했던 셋째 아들과 함께 다세대주택을 지어 하숙집을 운영하였고, 53세에 보험회사 시험을 응시하고 합격하여 20년 동안 보험 판매원으로 재직했다. 나무 캐는 일부터 보험 판매원까지 홀로 감당하기에는 힘든 일이었지만 자식들을 바르고 좋은 사람으로 성장시키기 위해 자부심을 가지고 열심히 돈을 벌었다. 이렇게 모은 돈으로 6형제부터 손녀까지 대학을 보내고 출가시켰다. 어르신은 약 30년 동안 원불교를 믿으면서 원불교당에서 주최하는 행사에도 빠짐없이 참여하였고, 원불교에 함께 다닌 이웃들과는 우호적인 관계를 유지하며 지냈다.

[노년기]
88세 때 다리 수술을 한 이후 거동이 불편해짐으로써 자주 방문하지 못하였는데 이것에 대해 매우 아쉬워하였다. 거동뿐만 아니라 눈도 침침해져 사람을 구별하는 데 어려움이 있고, 밤이 되면 귀가 울려 잠을 제대로 잘 수 없는 불편을 가지고 있다. 그리고 현재는 죽음에 대해 늘 인지하고 있고, 벽에 걸려 있는 사진을 떼고 집수리를 하지 않는 등 죽음을 맞이하기 위해 천천히 준비하고 있다.</td></tr>
<tr><td>가족력</td><td>[가족]
어르신은 오빠 두 명, 언니 한 명, 여동생 두 명, 남동생 두 명이 있었지만, 어르신보다 나이 많은 오빠와 언니는 사망했다. 큰 오빠는 국회의원을 하셨을 정도로 똑똑했다. 하지만 나머지 형제자매에 대한 언급이 없어서 정확한 생존 여부는 알 수 없다.

[자녀]
어르신은 8남매를 자식으로 두고 있었지만 두 딸을 사고로 먼저 보내고 6형제와 함께 생활하였다. 첫째 아들은 ○○대학교 토목과 졸업 후 서울에서 회사 생활을 하며 비교적 여유롭게 살았다. 지금은 퇴직 후 다른 회사의 업무 요청에 의해 ○○도에서 근무하고 있다. 하지만 어르신과 연락 빈도수가 다른 형제들에 비해 적어 첫째 아들에 대한 이야기는 비교적 적었다. 둘째 아들은 ○○대학교 수학과 졸업 후 고등학교 수학 선생님으로 재직하였고, 그 후 교장 선생님으로 역임하였다가 현재 퇴직했다. 셋째 아들은 ○○대학교 토목과 졸업 후 ○○건설에 재직했고, 결혼한 지 9개월 만에 세상을 떠났다. 그 사유는 간 검사를 하지 않은 채 개고기를 섭취하여 간에 지방이 축적되는 질병 때문에 어르신의 곁을 떠났다. 며느리는 아들과 사별 후 친정에서 생활 중이고 가끔 왕래하고 있다. 넷째 아들은 19살에 병원에 입원하게 되어 현재까지 병원 생활을 하고 있다. 착실하고 공부도 잘했는데 사회생활을 하지 못할 정도로 몸</td></tr>
</table>

가족력	상태가 악화되어 병원 생활을 하고 있어 어르신이 많이 안타까워하고 있다. 이렇게 된 사유를 정확히 알지는 못하지만 첫째 며느리 때문에 병원 신세를 지게 되었다고 언급하며 첫째 며느리에 대한 분노를 가지고 있다. 다섯째 아들은 서울에서 진행하던 사업에 실패하여 5~6년째 어르신 집에서 함께 생활 중이다. 현재는 일을 다니고 있고 영양제, 건강식품 등을 구입하여 어르신에게 제공하고 있다. 막내아들은 서울에서 생활 중이고, 한국전력공사 본사에서 근무하고 있다. 형제들 중 어르신과 가장 연락 빈도수가 높고, 매달 용돈을 보내 드리는 등 어르신의 생활 일부를 책임지고 있다. [손주] 셋째 아들에게 딸이 있었는데 어르신이 취직하기 전까지 딸처럼 키웠고 현재는 어머니와 함께 생활 중이다. 간호사 일을 하고 있고, 간호 야간 대학원에 입학하게 되어 어르신과 연락 빈도가 예전에 비해 많이 줄어들었다. 이것에 대해 서운했지만 학업이 중요하다며 지금은 유연하게 생각하고 있다.

5. 일상생활 기능수행

항목			자립(1)	부분적 도움(2)	완전 도움(3)	보장구 사용	기타
일상생활 활동	옷 입기	상의	1				
		하의	1				
	세수하기	세수	1			○	의자
		양치질	1				
	목욕하기			2			
	식사하기			2			
	이동	일어나 앉거나 돌아눕기	1				
		방 밖으로 나오기		2			
	화장실 사용		1				
	대소변 조절	대변관리	1				
		소변관리	1				
도구적 일상생활 활동	몸단장하기		1				
	집안일하기		1				
	식사 준비하기		1				
	빨래하기		1				
	근거리 외출			2		○	지팡이
	교통수단 이용				3		
	물건 사기			2			
	금전 관리						
	전화 사용		1				
	약 챙겨 먹기		1				

6. 건강 상태

신장	158cm	체중	55kg	혈압	

영양문제	체중 감소 (지난 한 달간 5% 이상, 지난 3달간 10% 이상 감소)	□ 없음	■ 있음	
	하루 식사 횟수	□ 3회	□ 1~2회	■ 거의 먹지 않음
감각	시력 장애	□ 없음	■ 있음	
	청력 장애	□ 없음	■ 있음	
구강상태	틀니 여부	□ 하고 있지 않다	■ 하고 있다	
	음식 씹기/삼키기 장애	□ 없음	■ 있음	
생활양식	흡연	■ 안 함	□ 하고 있다	
	음주	■ 안 함	□ 하고 있다	

질병력	없다	있다	
		치료함	치료 안 함
고혈압		○	
뇌졸중/뇌경색	○		
심장질환	○		
치매	○		
관절염		○	
골절	○		
당뇨병	○		
백내장	○		
녹내장	○		
정신질환	○		
결핵	○		
암	○		
기타	○		

현재 있는 증상	없다	있다
통증		○
숨이 참	○	
마비	○	
알레르기	○	
설사	○	
현기증	○	
기타(천식)	○	

7. 정신 · 인지지능 평가

1) 정서와 행동양상

구분	우울	없다	있다
우울	원인에 관계없이 우울, 불안, 슬픔, 절망적인 감정이 자주 있다.		○
지난 3일간 나타난 문제행동	배회	○	
	다른 사람에게 욕설을 퍼붓는 행위	○	
	물리적 폭력	○	
	처치나 수발을 거부	○	

2) 인지양상(K-MMSE)

항목		질문	점수
지남력 (시간) [5]	년(1)	오늘은 ( )년 ( )월 ( )일 ( )요일입니까?	1
	월(1)		1
	일(1)		1
	요일(1)		1
	계절(1)	지금은 무슨 계절입니까?	1
지남력 (장소) [5]	나라(1)	우리나라 이름이 무엇입니까?	0
	도(1)	여기는 ( )도 입니까?	1
	현재 장소명(1)	여기는 어디입니까?	1
	무엇하는 곳(1)	여기는 무엇을 하는 곳입니까?	1
	몇 층(1)	여기는 몇 층입니까?	1
기억등록 [3]	비행기(1)	어르신, 제가 이야기한 것을 잘 기억해 두십시오. '비행기, 연필, 소나무' 어르신, 제가 방금 무엇이라고 했습니까?	1
	연필(1)		1
	소나무(1)		1
주의집중 및 계산 [5]	100 − 7(1)	어르신, 다음을 계산해 보십시오. 100 − 7 = □ − 7 = □ − 7 = □ − 7 = □ − 7(5회)	1
	− 7(1)		1
	− 7(1)		0
	− 7(1)		0
	− 7(1)		0
기억회상 [3]	비행기(1)	어르신, 제가 조금 전에 말한 3가지를 기억하시겠습니까?	1
	연필(1)		0
	소나무(1)		0
언어 및 시공간 구성 [9]	이름 대기(2)	(볼펜, 시계를 가리키며) 이것이 무엇이지요?	2
	명령시행(3)	종이를 뒤집고(1) 반으로 접은 다음(1) 저에게 주세요(1).	3
	따라 말하기(1)	어르신, 제가 말한 것을 따라 해 보십시오. '삼천리강산'	1
	오각형(1)	오각형 베끼기(⬠⬠)	1
	읽기(1)	읽고 쓰여 있는 대로 해 보세요. **'눈을 감으세요.'**	1
	쓰기(1)	오늘 날씨에 대해 써 보십시오.	1
총점	30		24
결과판정		1. 24점 이상(정상) 2. 18~23점(치매 의심) 3. 17점 이하(치매)	정상

8. 서비스 이용 및 가정환경

<table>
<tr><td rowspan="9">현재 받고 있는 공식적인 케어</td><td>구분</td><td>방문 횟수 (회/주)</td><td>기관명 1</td><td>서비스 시간 (분)</td><td>기관명 2</td><td>서비스 시간 (분)</td></tr>
<tr><td>노-노케어</td><td>3회/1주</td><td>○○구 시니어클럽</td><td>180분</td><td></td><td></td></tr>
<tr><td></td><td></td><td></td><td></td><td></td><td></td></tr>
<tr><td></td><td></td><td></td><td></td><td></td><td></td></tr>
<tr><td></td><td></td><td></td><td></td><td></td><td></td></tr>
<tr><td></td><td></td><td></td><td></td><td></td><td></td></tr>
<tr><td></td><td></td><td></td><td></td><td></td><td></td></tr>
<tr><td></td><td></td><td></td><td></td><td></td><td></td></tr>
<tr><td></td><td></td><td></td><td></td><td></td><td></td></tr>
</table>

<table>
<tr><td rowspan="13">핵심적인 비공식적 수발자</td><td>대상자와의 동거 여부</td><td colspan="3">■ 같이 산다. □ 같이 살지 않는다.
□ 비공식적 수발자가 없다(아래 항목들 생략).</td></tr>
<tr><td>대상자와의 관계</td><td colspan="3">■ 자녀, 아들, 며느리 □ 배우자
□ 기타 친척 □ 친구/이웃/자원봉사자/기타</td></tr>
<tr><td rowspan="4">도움의 영역</td><td></td><td>도움을 준다</td><td>아니다</td></tr>
<tr><td>말벗 또는 정서적 지지</td><td>○</td><td></td></tr>
<tr><td>IADL Care 측면</td><td>○</td><td></td></tr>
<tr><td>ADL Care 측면</td><td>○</td><td></td></tr>
<tr><td>도움의 시간 및 횟수</td><td colspan="3">■ 매일 □ 일주일에 3회 정도
□ 일주일에 1회 정도 □ 일주일에 1회 미만</td></tr>
<tr><td rowspan="4">수발자의 상태</td><td></td><td>아니다</td><td>그렇다</td></tr>
<tr><td>수발자가 수발을 계속할 수가 없다.</td><td>○</td><td></td></tr>
<tr><td>1차 수발자가 다른 사람에 의해 제공되는 케어에 만족하지 못한다.</td><td>○</td><td></td></tr>
<tr><td>수발자가 수발 때문에 기분이 저하되고 화가 나며, 우울한 느낌을 표현한다.</td><td>○</td><td></td></tr>
</table>

<table>
<tr><td rowspan="7">가정환경</td><td colspan="2">해당하는 모든 것에 표시한다.
1. 아니다 2. 그렇다</td></tr>
<tr><td>저녁 시간의 조명: 거실, 침식, 부엌, 화장실, 현관 등에 조명이 없거나 부적절하다.</td><td>1</td></tr>
<tr><td>마룻바닥과 장판, 카펫: 마룻바닥에 구멍이 있거나, 전선이 노출되어 대상자가 걸을 때 방해가 된다. 고정되지 않은 깔개가 있다.</td><td>1</td></tr>
<tr><td>욕실과 화장실: 고장 난 변기, 누수 되는 관, 대상자가 짚고 의지할 것이 없다. 미끄러운 욕조 바닥, 옥외 화장실</td><td>1</td></tr>
<tr><td>부엌 환경: 위험한 전열기구, 고장 난 냉장고, 쥐와 벌레</td><td>1</td></tr>
<tr><td>난방과 냉방: 여름에 너무 덥거나 겨울에 너무 춥다. 천식 환자의 경우 집에 있는 나무나 석탄 난로</td><td>2</td></tr>
<tr><td>방 출입: 문턱이나 툇마루를 오르기가 어렵다.</td><td>1</td></tr>
</table>

9. 삶의 질 평가

a. 다음 항목에 대하여 지난 1달 동안의 상태를 잘 생각하여 응답해 주십시오.

문항		응답
1. 최소 2분 이상 할 수 있는 육체적 운동은 어느 정도입니까?		
① 빠른 속도로 뛸 수 있다. ② 가볍게 뛸 수 있다. ③ 빠르게 걸을 수 있다.	④ 천천히 걸을 수 있다. ⑤ 아주 천천히 걷거나 또는 잘 걷지 못한다.	5
2. 근심이 많거나, 우울하거나, 화를 잘 내거나, 슬픈 적이 있었습니까?		
① 전혀 없다. ② 거의 없는 편이다. ③ 가끔 있는 편이다.	④ 자주 있는 편이다. ⑤ 거의 매일 그렇다.	3
3. 육체적 또는 정신적 건강 문제로 집 안이나 집 밖에서의 일상적 활동 또는 일에 어려움이 있었습니까?		
① 어려움이 전혀 없다. ② 어려움이 거의 없다. ③ 약간 어렵다.	④ 상당히 어렵다. ⑤ 일상생활을 할 수 없다.	4
4. 육체적 또는 정신적 건강 문제로 친구나 이웃과 어울리는 데(대인관계에) 어려움이 있었습니까?		
① 어려움이 전혀 없다. ② 어려움이 거의 없다. ③ 약간 어렵다.	④ 상당히 어렵다. ⑤ 매우 어렵다.	3
5. 지난 1달간 몸에 통증이 있었습니까?		
① 전혀 통증이 없었다. ② 거의 통증이 없었다. ③ 약간 아팠다.	④ 상당히 아팠다. ⑤ 매우 아팠다.	4
6. 지난 1달간 전반적으로 본인의 건강 상태가 어떠하였다고 생각하십니까?		
① 아주 좋았다. ② 좋은 편이었다. ③ 보통이다.	④ 나쁜 편이었다. ⑤ 아주 나빴다.	4
7. 어려움이나 도움이 필요할 때(예를 들면, 외롭고 우울할 때, 아플 때, 대화 상대가 필요할 때, 간호해 줄 사람이 필요할 때) 도와줄 사람이 있었습니까?		
① 내가 원하는 만큼 충분히 있다. ② 4~5명 정도 있다. ③ 2~3명 정도 있다.	④ 1명 있다. ⑤ 전혀 없다.	3
8. 지난 1달간 자신이 느끼기에 본인의 삶의 질(생활의 만족감)이 어떠하였다고 생각하십니까?		
① 아주 좋았다. ② 좋은 편이었다. ③ 보통이다.	④ 나쁜 편이었다. ⑤ 아주 나빴다.	3

10. 필요한 서비스

사회적 서비스		
가사 지원 서비스	세탁	
	식사 준비 및 보조	
	청소 및 정리정돈	○
	시장 보기 및 심부름	○
	생필품 구매	○
	수선 및 수리	
개인활동 서비스	신체 청결	○
	외출 시 동행	○
	전화대행	
	병원 동행	
우애 서비스	말벗	○
	안부 전화	○
	생활상담	
특별 서비스	용변 수발	
	이 · 미용 서비스	
	간식	
	반찬	
	도시락	
	세탁	○
	목욕	○
교육	사회교육	
	학습 지도	
	수발자에 대한 상담 및 교육	○
기타 서비스	주거환경 개선 서비스	○
	결연 후원	○
	영정사진	
	물품 지원	○

보건의료 서비스		
내과적 서비스	약물치료	
	호흡치료(산소요법 등)	
	주사	
	치료식이	○
	혈압 측정	○
	혈당 측정	○
외과적 서비스	소독	
	욕창 예방 및 관리	
	인공항문 간호	
요법	운동요법	
	작업치료	
	물리치료	○
	한방치료	○
	재활치료	○
프로그램	알코올치료	
	주간보호	
	단기보호	
	임종간호	
	의사의 왕진/외래방문	○
간병	병간호	
	투약관리	
기타 서비스	병원 후송 및 차량 지원	
	가족에 대한 교육 또는 상담	
	타병원에 의뢰	

기타 욕구

4 사례관리 계획표

- 문제파악 및 목표 설정 -

이용자 성명	문○○	작성일자	○○○○. ○○. ○○.	작성자	정○○

구분		신체 · 건강적 측면	사회 · 정서적 측면
문제 및 욕구		① 입에서 음식을 받아들일 수 없어서 식사를 못 한다. 현재 우유, 요구르트 등 액체로 된 음료로 끼니를 때우고 있다. ② 불면증으로 인해 잠을 제대로 잘 수 없다. ③ 거동이 불편하여 원불교에 방문하기 어렵다. 근거리는 혼자 다닐 수 있으나 먼 거리는 불가능하다. ④ 무릎 수술 후 세수하기, 머리 감기를 자주 하기 어렵다. ⑤ 허리 통증을 호소하신다.	① 자녀들이 직장 때문에 어르신과 함께 지내는 시간이 적다. 자녀에 대한 그리움을 가지고 있다. ② 시어머니와 남편의 학대로 인해 그들에 대한 원망이 크다. ③ 친딸처럼 키운 간호사 손녀와 각별한 사이지만, 학업과 일로 인해 자주 못 봐서 손녀를 보고 싶어 하는 마음이 크다. ④ 죽음에 대해 부정적으로 인지하고 있고, 이로 인해 무기력감을 느낀다.
목표	일반 목표	① 부족한 영양소를 섭취할 수 있도록 돕고, 불면증 및 허리 통증을 완화할 수 있도록 한다. ② 종교 활동을 재개할 수 있도록 하고 신체 청결을 유지할 수 있도록 지원한다.	① 교류가 빈번하지 않은 자녀들과 가족관계를 단단하게 형성함으로써 그리움을 완화시키고 심리적으로 안정감을 느낄 수 있도록 도모한다. ② 좋은 기억을 자극함으로써 과거에 있었던 트라우마를 해소할 수 있도록 지원한다. ③ 죽음에 대한 부정적인 생각을 긍정적으로 전환하도록 도움으로써 두려움을 완화시킨다.
	하위 목표	① 영양소가 포함되어 있는 음료 제공 – 방문 시 과일을 우유와 함께 간 과일 주스나 선식과 미숫가루와 같이 곡물이 포함된 식사대용 음료를 제공함으로써 부족한 영양소를 보충할 수 있도록 도움을 제공한다. ② 노인불면증 해소를 위해 앉아서 할 수 있는 스트레칭을 하기 – 적당한 스트레칭을 통해 신체의 피로를 유도함으로써 숙면을 취할 수 있도록 도움을 제공한다. ③ 원불교당에 동행하기 – 거동이 불편하여 단절된 종교 활동을 재개할 수 있도록 도움을 제공한다. ④ 세수하고 머리 감을 때 도와드리기 ⑤ 파스를 챙겨 드리고, 허리 통증을 완화할 수 있는 안마해 드리기	① 앨범 사진 정리하며 '추억 회상하기' – 자녀들과의 추억이 깃든 앨범을 정리하며, 함께 이야기하고 공감하며 자녀들에 대한 그리움을 완화시킬 수 있도록 도움을 제공한다. ② 시어머니와 남편에 대한 '꿈같은 기억 회상하기' – 어르신에게 시어머니와 남편에 대한 좋은 기억을 회상해내도록 끌어냄으로써 원망스러운 마음을 진정시킬 수 있도록 한다. ③ 손녀와 영상통화하기 – 손녀와 함께 영상통화를 함으로써 심리적으로 안정을 도모한다. ④ 어르신이 좋아하는 음악 듣기 – 좋아하는 음악을 함께 들으면서 죽음에 대해 긍정적으로 받아들일 수 있도록 한다.

5 서비스 개입 일지

- 일정표 -

이용자 성명	문○○	작성일자	○○○○. ○○. ○○.	작성자	정○○

내용 / 날짜	○○○○. ○○. ○○. (화요일)	○○○○. ○○. ○○. (금요일)	○○○○. ○○. ○○. (화요일)
개입 내용	• 방문 시간: 11:00 ~ 12:00 • 방문 내용 – 사례관리 서비스 대상자와 일정 및 계획 공유 – 말벗 서비스 제공(안부 묻기, 가족 이야기 듣고 공감하기)	• 방문 시간: 9:00 ~ 11:00 • 방문 내용 – 말벗 서비스 제공(안부 묻기, 젊은 시절 이야기 듣고 반응하기) – 대상자 문제 및 욕구 파악(식욕부진으로 인한 건강 악화)	• 방문 시간: 9:00 ~ 11:00 • 방문 내용 – 말벗 서비스 제공(안부 묻기, 새해에 했던 일 공유) – 새로운 욕구 파악(부족한 영양을 채우기 위해 과일을 넣은 우유를 섭취하기 원함)
	○○○○. ○○. ○○. (수요일)	○○○○. ○○. ○○. (월요일)	○○○○. ○○. ○○. (수요일)
	• 방문 시간: 9:00 ~ 11:00 • 방문 내용 – 말벗 서비스 제공(안부 묻기, 자식 이야기 듣고 반응하기)	• 방문 시간: 9:00 ~ 11:00 • 방문 내용 – 말벗 서비스 제공(안부 묻기) – 앨범 살펴보고 정리하기(옛 기억 회상하고 이에 대한 이야기 듣기)	• 방문 시간: 9:00 ~ 11:00 • 방문 내용 – 말벗 서비스 제공(안부 묻기) – 새로운 앨범에 정리되지 않은 사진 채워 넣기 – 블루베리와 우유를 함께 간 음료 제공(식사대용) – 한방의료 찜질기 제공 – 종결하기
기타			

6 사례점검표

점검 일자	OOOO. OO. OO.	점검 횟수	방문 횟수 6회
이용자	문OO	사례관리자	정OO
서비스 내용	말벗 서비스, 가사 지원, 음료 제공	점검 방법	1. 가정방문 (O) 2. 기관면접 ( ) 3. 전화접촉 ( ) 4. 기 타 ( )
점검 대상	점검 사항	점검 내용	
이용자	목표 달성을 위한 노력	쾌적한 생활환경 조성 및 건강관리에 힘씀	
	자기보호노력의 적절성	아들과 함께 생활하며 자기관리를 80% 정도 하고 있음	
	서비스의 적합성	쾌적한 생활공간, 말벗 서비스, 식사대용 음료 제공으로 청결식생활, 외로움 및 우울증, 식욕부진이 일부 개선되었으나, 장기적인 계획이 요구됨	
	서비스의 수용성	스스로 개선하기 어려운 부분에 대해 새로운 문제와 욕구를 표출하여 해결방법을 찾고자 노력함	
	서비스의 활용성	말벗도우미 서비스, 가사 지원 서비스, 음료 제공 서비스를 적극적으로 활용하고자 노력함	
	새로운 욕구의 발생	식욕부진으로 인한 건강 악화로 이를 해결할 수 있는 프로그램에 대한 요구가 증가함. 거동이 불편하여 경로당 및 이웃들과의 만남이 없어 외로움과 우울증이 나타나고 있어 심리상담이 필요함	
	새로운 문제의 발생		
서비스 제공자	서비스 계획의 수행	서비스 계획에 의거하여 서비스 지원을 하고 있음	
	서비스 제공의 적시성	말벗 서비스 및 가사 지원 서비스를 제공함으로써 정서적 · 환경적 상황 개선에 대처하고 있음. 음료 제공 서비스를 통해 신체적 상황을 유지하는 데 대처하고 있음	
	서비스 제공의 적당성	가사 지원(청소), 말벗 서비스, 음료 제공 서비스를 이용자에 적합하고 개별화된 서비스를 제공하고 있으나, 지역자원이 지역적인 조건으로 편중되어 있는 경향이 있었음	
	서비스 제공의 적절성	주거 공간 개선으로 쾌적한 환경에서 생활할 수 있도록 기여하였고, 말벗도우미 서비스를 제공함으로써 외로움과 우울증 해소에 기여하였다. 또한, 식사대용 음료 제공으로 건강이 악화되는 것을 방지하였다.	
	서비스 제공의 연속성	가사 지원, 말벗 등 이용자의 욕구에 따라 서비스를 조정하여 지원하였으나 더 체계적인 서비스 제공이 요구됨	
	서비스 제공의 필요성	식욕부진으로 인한 건강 악화 예방을 위해 음료 제공 서비스와 외로움 및 우울증을 해소하기 위한 말벗도우미 서비스는 지속적으로 필요함	
	이용자와의 갈등	서비스에 대한 만족도가 높아 갈등은 없었음	
	서비스 제공자들과의 갈등	해당 기관의 상호 정보 공유로 갈등은 없었음	
연계 서비스	연계 서비스의 적합성	해당 사항 없음	
	연계 서비스 기관의 관여	해당 사항 없음	
사례관리자의 의견	말벗도우미 서비스, 가사 지원 서비스, 음료 제공 서비스를 통하여 이용자의 욕구 및 문제를 개선할 수 있었다. 하지만, 지역사회자원을 활용할 수 없어 이용자에게 더 효과적인 서비스를 제공하는 데에는 어려움이 있었다.		

7 종결평가서

<table>
<tr><th>평가일자</th><td>○○○○. ○○. ○○.</td><th>사례관리자</th><td colspan="2">정○○</td></tr>
<tr><th>이용자</th><td>문○○</td><th>평가방법</th><td>1. 직접면접 (○)
3. 사례회의 (　)</td><td>2. 전화면접 (　)
4. 기　타 (　)</td></tr>
<tr><th>평가대상</th><th>평가 사항</th><th colspan="3">평가 내용</th></tr>
<tr><td rowspan="8">이용자 수준</td><td>서비스의 효과성</td><td colspan="3">말벗 상대가 없고 수발자의 도움이 적극적이지 않아 말벗도우미 서비스와 가사 지원 서비스에 대한 효과가 높았음</td></tr>
<tr><td>서비스의 만족도</td><td colspan="3">정기적인 방문으로 해당 서비스에 대한 만족도가 높았음</td></tr>
<tr><td>결과목표의 달성</td><td colspan="3">말벗도우미 서비스와 가사 지원 서비스는 계획대로 잘 이루어졌지만 음료 제공 서비스는 정기적으로 제공하는 데 어려움이 있어 미흡했음</td></tr>
<tr><td>서비스의 질적 수준</td><td colspan="3">쾌적한 생활환경 지원 및 정서적 안정화에 대한 서비스가 지원됨</td></tr>
<tr><td>신체적 기능의 향상</td><td colspan="3">식사대용 음료 제공으로 건강 악화를 예방하도록 함</td></tr>
<tr><td>정신적 기능의 향상</td><td colspan="3">과거에 힘들었던 일이나 행복했던 일에 대한 대화를 유도하여 이에 대한 본인의 생각을 표현하도록 끌어냄으로써 정서적 안정화를 도모함</td></tr>
<tr><td>생활 수준의 향상</td><td colspan="3">가사 지원 서비스를 통해 쾌적한 환경을 제공하도록 함</td></tr>
<tr><td>특정한 서비스의 전달</td><td colspan="3">해당 사항 없음</td></tr>
<tr><td rowspan="8">서비스 제공자</td><td>서비스 계획의 적절성</td><td colspan="3">이용자의 문제 및 욕구에 따라 서비스 계획이 적절하게 개입됨</td></tr>
<tr><td>서비스 계획의 수행방법</td><td colspan="3">계획된 서비스에 따라 적절히 수행되었음</td></tr>
<tr><td>서비스 계획의 효율성</td><td colspan="3">말벗 서비스에 대한 효율성이 높았음</td></tr>
<tr><td>자원 활용의 적절성</td><td colspan="3">지역사회자원을 활용하지 않아서 자원 활용에 대한 필요성이 높음</td></tr>
<tr><td>서비스 제공자들의 협력</td><td colspan="3">본 기관에서 이와 비슷한 서비스를 제공하는 제공자들의 업무 협조가 원활하였음</td></tr>
<tr><td>서비스 제공기관의 정책</td><td colspan="3">노인일자리 정책</td></tr>
<tr><td>서비스 제공기관의 프로그램</td><td colspan="3">노-노케어 프로그램</td></tr>
<tr><td>서비스 계획 수정의 필요성</td><td colspan="3">지역사회자원을 활용하여 이용자의 문제와 욕구를 파악하고 더 세분화된 계획을 세울 필요가 있음</td></tr>
<tr><td rowspan="2">연계 서비스</td><td>연계 서비스의 효과성</td><td colspan="3">해당 사항 없음</td></tr>
<tr><td>이용자에 대한 관여</td><td colspan="3">해당 사항 없음</td></tr>
<tr><td>종결에 대한 의견</td><td colspan="4">1. 결과목표의 달성(　)　2. 기능과 변화의 안정화(　)　3. 수용시설에의 입소(　)
4. 이용자의 서비스 거부(　)　5. 이용자의 사망(　)　6. 이용자의 비협조적인 태도(　)
7. 이용자의 이사(　)　8. 더 높은 수준의 프로그램으로의 이전(○)
9. 기타(　　　)</td></tr>
</table>

C·H·A·P·T·E·R **16**

장애인복지 영역

1. 지적 장애인 사례관리 1

1 초기 면접지
2 재가이용인 복지 서비스 욕구조사표
3 이용인 강점 관리
4 PCP 사례회의
5 사례관리 실행계획표
6 사례관리 과정기록
7 사례관리 종결보고서
8 사후관리 계획서
9 사후관리 보고서

1 초기 면접지

면접자	윤○○	면접일시	○○○○. ○○. ○○.	피면접자(관계)	본인

구분	항목	내용	항목	내용	항목	내용
인적사항	이름	김○○	생년월일	○○○○. ○○. ○○.	성별	□ 남 ■ 여
	주소	○○시 ○○구			연락처	집) ○○○)○○○-○○○○ 핸드폰) 010-○○○○-○○○○
	보호구분	□ 수급 □ 조건부수급 □ 차상위 ■ 일반				
	의료보장	□ 1종 □ 2종 □ 직장의료보험 □ 지역의료보험 □ 차상위본인부담경감				
	장애(등급)	지적장애 3급 중복장애 : 없음				
	직업	무직	결혼사항	기혼	학력	고등학교 졸업

구분	성명	연령	관계	동거유무	직업(근무처)	건강상태(질병/장애)	비고
가족사항	나○○	38	남편	○	일용직 근로	당뇨병	
	나△△	15	자녀(女)	○	중학생	지적장애 3급	
	나□□	11	자녀(男)	○	초등학생	건강	
	나◇◇	7	자녀(男)	○	유치원생	건강	

구분	주거사항	가계소득(단위 : 원)	외부자원 여부
재산사항	일반주택(월세)	1,300,000원	장애연금 100,000원

구분	항목	내용	구분	항목	내용	비고
일상생활	자기관리	□ 독립 ■ 보조 □ 의존	건강상태	질환	–	
	의사소통	□ 독립 ■ 보조 □ 의존		약 복용	우울증약 복용	
	이동	□ 독립 ■ 보조 □ 의존		외상	–	
	인지 정도	□ 독립 ■ 보조 □ 의존		중독	–	
	기타	–		기타	–	

가계도

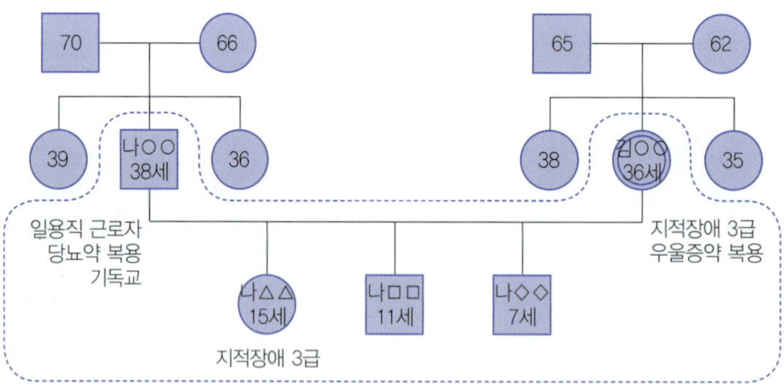

<table>
<tr><td>생태도
(사회적
지지자원)</td><td>
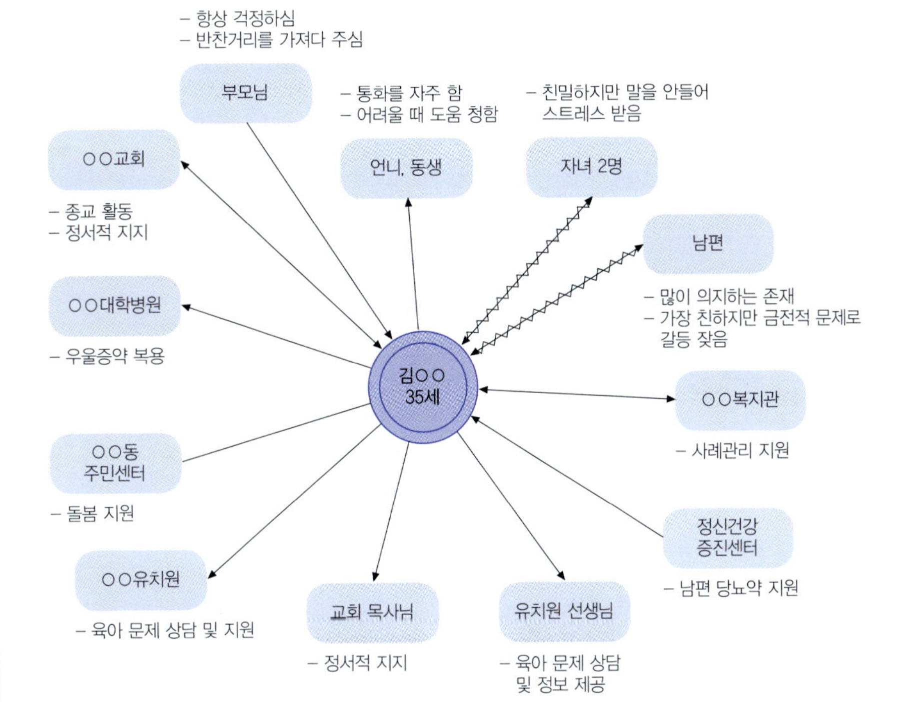

</td></tr>
<tr><td>면접
내용</td><td>• 현재 무직으로 주로 가정에서 시간을 보내며 교회에 많이 의지함
• 자녀들을 잘 양육하기를 원함. 막내아들 양육 스트레스를 많이 느낌
• 남편에게 많이 의지하며 떨어지기 싫어함. 그러나 양육문제에서는 갈등관계
• 남편과는 금전적인 문제 또한 갈등의 원인이 되어 갈등–완화 반복 상태
• 장애연금 이외에 경제적으로 도움을 받고 있는 사회자원은 없음
• 친구라 할 관계는 뚜렷하게 존재하지 않고 같은 교회 사람들과는 잘 어울림
• 언니와 동생에게 전화를 자주 함
• 3년 정도 우울증약 복용 중
• 남편은 일용직 근로자이지만 최근 무릎 부상으로 가정에서 쉬고 있음
• 딸을 제외한 아들들이 엄마를 창피해함</td></tr>
<tr><td>면접자
소견</td><td>면접 과정에서 원활한 의사소통이 진행되지 않았다. 혼잣말을 하시거나 발음이 잘 안 되는 등 의사소통에 보조가 필요하다. 어휘가 부족한 면도 있고 말을 하는 것이 어눌해 보이지만 자신의 의견과 생각을 전달한다. 이에 따라 아이들과도 의사소통이 부족하고 남편에게 많이 의지한다. 또한, 청결한 자기관리 교육이 필요해 보이며, 불안감을 많이 가지고 있는 것으로 보인다. 자녀양육 스트레스를 많이 느낀다. 현재 우울증약을 복용 중인데 우울증을 겪는 이유 중 자녀양육 스트레스가 많은 비중을 차지해 보인다. 전반적으로 의사소통과 자녀양육 스트레스가 큰 장애물로 간주된다.
교회 외 자주 교류하는 사회적 지지자원은 크게 없고 가끔 정신건강증진센터나 주민센터를 이용한다. 따라서 사회적 지지 자원으로 적합한 연계가 필요해 보인다. 또 발달장애자녀를 포함한 자녀들에 대한 서비스를 제공하고 가족상담 및 치료가 우선적으로 실행되어야 할 것 같다.</td></tr>
</table>

2 재가이용인 복지 서비스 욕구조사표

성명	김○○	생년월일	○○○○. ○○. ○○.	조사일시	○○○○. ○○. ○○.
주소	○○시 ○○구	연락처	010-○○○○-○○○○	조사자	윤○○
수급여부	□ 수급	□ 조건부 수급	□ 차상위	■ 일반	

복지 서비스 분류		해당 여부 (✓ 표기)	현재			욕구 여부	
			받은 적 있다	받고 있다	받고 있지 않다	받고 싶다	받고 싶지 않다
생계지원	국민기초생활보장 생계 및 주거급여 지원 긴급생계지원(최저생계비 120% 이하) 양육수당지원(만 0~5세 시설 미이용 아동) 장애연금 / 경증장애수당 / 장애아동수당				✓	✓	
의료지원	기초생활보장 의료급여 지원 장애인 등록 진단비 지원				✓	✓	
주거지원	영구임대주택 신청 긴급주거지원(최저생계비 150% 이하) 재가장애인 주택 개보수 저소득 전세자금 대출				✓	✓	
교육지원	장애인 자녀교육비 지원 / 학자금 대출 만 0~5세 무상보육 / 장애아 무상보육 아이돌보미지원				✓	✓	
일자리 · 창업지원	고용복지센터, 국비교육지원기관, 청년일자리사업 등				✓		✓
복지시설 이용	사회복지기관 이용 등		✓			✓	
감면지원	도시가스 요금 감면 등				✓	✓	
바우처	장애인활동보조지원사업 장애아동재활치료사업(발달재활 서비스)				✓		✓

3 이용인 강점 관리

1. 자기관리

1) 개인위생에서

내가 할 수 있는 일	평가		
화장실을 사용할 수 있다.	■ 예	□ 가끔	□ 아니오
머리를 혼자 감을 수 있다.	■ 예	□ 가끔	□ 아니오
양치질을 할 수 있다.	■ 예	□ 가끔	□ 아니오
면도(남자), 생리 처리(여자)를 할 수 있다.	■ 예	□ 가끔	□ 아니오
샤워를 할 수 있다.	■ 예	□ 가끔	□ 아니오
간단한 화장(스킨, 로션 사용 등)을 한다.	□ 예	■ 가끔	□ 아니오

2) 주방에서

내가 할 수 있는 일	평가		
라면을 끓일 수 있다.	■ 예	□ 가끔	□ 아니오
밥을 지을 수 있다.	□ 예	■ 가끔	□ 아니오
칼이나 가위를 사용할 수 있다.	■ 예	□ 가끔	□ 아니오
가스레인지를 사용할 수 있다	■ 예	□ 가끔	□ 아니오
설거지를 할 수 있다.	■ 예	□ 가끔	□ 아니오
요리를 할 수 있다. (미역국)	□ 예	■ 가끔	□ 아니오

3) 집안 관리

내가 할 수 있는 일	평가		
세탁기를 사용할 수 있다.	■ 예	□ 가끔	□ 아니오
보일러를 사용할 수 있다.	■ 예	□ 가끔	□ 아니오
청소기를 사용할 수 있다.	■ 예	□ 가끔	□ 아니오
문단속을 할 수 있다.	■ 예	□ 가끔	□ 아니오

2. 안전/건강

1) 나의 안전 관리

안전 관련 내용	예 / 아니오		
위험에 대처할 수 있는 방법을 안다. (주변 사람의 도움 청하기, 비상전화 사용 : 112, 119 등)	■ 예	□ 가끔	□ 아니오
혼자 집에서 안전하게 지낼 수 있다.	□ 예	■ 가끔	□ 아니오
낯선 사람에 대한 자기방어가 가능하다.	□ 예	□ 가끔	■ 아니오
신호등을 보고 건너거나 횡단보도를 이용한다.	■ 예	□ 가끔	□ 아니오

2) 나의 건강에 관하여

건강 관련 사항들	
1. 건강상의 특이한 점이 있습니까?	우울증과 불안감을 가짐
2. 정기적으로 복용하는 약이 있습니까? (현재, 혹은 과거)	현재 우울증약 복용 중
3. 과거의 치료, 입원 경력은 있습니까?	정신과 치료(○○대학병원)

3) 나의 감정 – 어떻게 표현하는가?

감정 상태	어떻게 표현하는가?	
	언어적 표현	신체적 표현
슬플 때	없음	울음, 입꼬리 내려감
아플 때	아프다고 말함	걸음걸이가 힘없음
긴장할 때	없음	표정과 몸이 경직되어 있음
원하는 것이 있을 때	눈빛으로 계속 바라봄	손으로 계속 가리킴
기타		화가 날 때면 종종 물건을 던짐

4) 나의 감정(화가 날 때) 표현 방법?

□ 이야기를 한다	□ 말을 하지 않는다	□ 혼자 있는다	■ 물건을 부순다	□ 소리를 지른다
□ 욕을 한다	□ 부적절하게 먹는다	□ 잠을 잔다	■ 자신을 해친다	■ 운다
□ 다른 사람을 해친다	□ 기타( )			

– 내가 화났거나 감정이 상했을 때 나를 도와주는 가장 좋은 방법은?

잔소리하지 말고 내 말을 먼저 들어 주세요. 내 물건을 만지지 마세요.

3. 나의 대인관계

1) 나의 대인관계

나는 주변에 좋은 친구가 있다.	■ 예	□ 아니오
나의 친구와 같이 집에서 시간을 보낼 수 있다.	□ 예	■ 아니오
내가 슬프거나 당황스러운 경우 집에서 나를 도와주거나 이야기해 줄 수 있는 사람이 있다.	■ 예	□ 아니오
나는 주변의 동료들, 선생님들과 원만하게 지낸다.	■ 예	□ 아니오
나는 지역사회 주민들과 원만하게 지낸다.	■ 예	□ 아니오

4. 지역사회 활용 및 참여

1) 내가 활용 및 참여하는 경험이 있는 일들?

지역사회자원 활용	가입되어 있는 단체 모임
– 유치원 선생님과 막내아들 이야기를 나눈다. – 교회에서 기도하고 찬송가를 부른다.	○○교회

5. 직업생활(직업훈련/취업 경험)

1) 내가 과거 혹은 현재 참여했던 일들은? 김 공장에서 3개월 정도 일했습니다. 교회에서 봉사활동을 해 보았습니다.

2) 내가 앞으로 하고 싶은 일은? 꽃이랑 식물을 심고 싶어요.

3) 나는 직업을 갖고 싶은가? 플로리스트

4) 만약, 일을 한다면 어떤 일들을 원하는가?

□ 앉아서 하는 일	□ 서서 하는 일	□ 혼자 일하기	■ 함께 일하기
□ 사무보조	■ 정리정돈/청소	□ 서비스업종	□ 제조업
■ 기타 텃밭 가꾸기			

6. 여가생활

감정 상태	내가 좋아하는 것
좋아하는 취미/활동	□ 좋아하는 활동 : 텔레비전 보기, 산책하기 □ 할 수 있는 활동 : 뜨개질, 만들기
스포츠 활동	□ 좋아하는 운동 : 줄넘기, 배드민턴 □ 할 수 있는 운동 : 스케이트 타기, 줄넘기
기타	□ 기타 :

7. 재정

1) 수입

수입내역	금액
개인 용돈(부모로부터 받은 돈 등)	0원
월수입(수급지원/후원금/장애연금/수당 등)	100,000원
기타(남편 일용직 한 달 평균 임금)	1,300,000원

8. 의사소통

1) 나의 의사소통 방법은?

■ 말하기	□ 수화/몸짓	□ 상징물/그림/사진	□ 글씨 쓰기
□ 전화, 핸드폰 사용	□ 서신(이메일)	□ 기타 (　　　)	

9. 선택(자율권) 사항

선택 사항	예 / 아니오	
나는 가지고 있는 돈을 마음대로 쓸 수 있다.	□ 예	■ 아니오
집에 친구를 초대할 수 있다.	■ 예	□ 아니오
자신이 원하는 물건을 구매할 수 있다.	■ 예	□ 아니오
나는 밖에 나가고 싶을 때 마음대로 나갈 수 있다.	■ 예	□ 아니오

10. 가치 있는 사회적 역할

사회적 역할	예 / 아니오	
나의 환경과 활동이 내가 생활하고 참여하는 데 긍정적인가? (비장애인들과 통합되어 함께 참여하는가?)	□ 예	■ 아니오
나의 외모는 존엄과 존경을 증진시키는가? (차림새가 단정하고 유행의 옷을 입으며 상황에 어울리는가?)	□ 예	■ 아니오
공공장소에서 나의 행동에 대해 다른 사람들이 위험하다고 생각하는가?	□ 예	■ 아니오
나의 주변의 사람들은 나의 긍정적인 사회적 이미지를 향상시켜 주는가?	□ 예	■ 아니오

11. 주간 스케줄

시간	오전	오후	저녁
월요일	• 집에서 텔레비전 시청 • 아이들 등교/등원 준비 • 집 앞 막내아들 등원 배웅	• 집 주변을 산책 • 집 앞 막내아들 하원 마중 • 집에서 점심 겸 아침 식사	• 집에서 가족들 기다림 • 막내아들과 이야기 • 집에서 가족과 저녁 식사
화요일	• 집에서 텔레비전 시청 • 아이들 등교/등원 준비 • 집 앞 막내아들 등원 배웅	• 집 주변을 산책 • 집 앞 막내아들 하원 마중 • 집에서 점심 겸 아침 식사	• 집에서 가족들 기다림 • 막내아들과 이야기 • 집에서 가족과 저녁 식사
수요일	• 집에서 텔레비전 시청 • 아이들 등교/등원 준비 • 집 앞 막내아들 등원 배웅	• 집 주변을 산책 • 집 앞 막내아들 하원 마중 • 집에서 점심 겸 아침 식사	• 자녀들과 저녁 예배 참석 • 저녁 예배 후 교회에서 자녀들과 저녁 식사
목요일	• 집에서 텔레비전 시청 • 아이들 등교/등원 준비 • 집 앞 막내아들 등원 배웅	• 집 주변을 산책 • 집 앞 막내아들 하원 마중 • 집에서 점심 겸 아침 식사	• 집에서 가족들 기다림 • 막내아들과 이야기 • 집에서 가족과 저녁 식사
금요일	• 집에서 텔레비전 시청 • 아이들 등교/등원 준비 • 집 앞 막내아들 등원 배웅	• 집 주변을 산책 • 집 앞 막내아들 하원 마중 • 집에서 점심 겸 아침 식사	• 집에서 가족들 기다림 • 막내아들과 이야기 • 집에서 가족과 저녁 식사
토요일	• 집에서 텔레비전 시청 • 집에서 가족들과 함께함	• 집에서 가족들과 함께함	• 집에서 가족들과 함께함
일요일	• 가족들과 교회 가기 • 교회에서 시간을 보냄	• 교회에서 배식 봉사 • 교회에서 가족과 점심 식사 • 오후 예배 참석	• 집에서 가족들과 함께함
정기적 혹은 비정기적 이용		• 수요일과 일요일마다 교회를 다님 • 일요일에는 교회에서 배식 봉사를 참여	

4 PCP 사례회의
(사람중심계획 - Person Centered Planning)

성명	김○○	생년월일	○○○○. ○○. ○○.
회의일시	○○○○. ○○. ○○.	기록자	윤○○

구분	내용
나의 꿈	• 아파트로 이사를 했으면 좋겠다. • 돈 걱정을 하지 않고 즐겁게 살았으면 좋겠다. • 아이들이 교육도 잘 받고 잘 자랐으면 좋겠다. • 남편과 떨어져서 지내지 않았으면 좋겠다.
나의 이야기	• 결혼하기 전에는 부모님과 ○○시 ○○동에 거주하셨음 • 남편과는 교회에서 만나 결혼하셨음 • 결혼하여 시어머니와 같이 살았으나 잦은 다툼으로 인하여 분가를 하게 됨(○○동) • 분가 후에 아이들 3명을 출산하였음 • 남편과는 금전 문제로 인해 자주 다툼이 있었음
개별적인 특성, 스타일	• 화장을 즐겨 하지 않음 • 잔소리 듣는 것을 매우 싫어함 • 다른 사람들이 자신의 일에 참견하고 자신을 무시한다는 생각을 많이 함 • 남편에게 많이 의지함 • 사람들과 어울리기를 좋아함 • 교회를 좋아하고 찬송가 부르는 것을 좋아함

영역	힘	필요성
자기관리 · 가정생활	• 기본 신변처리 가능 • 청소를 할 수 있음 • 개인위생(양치질/샤워/머리 감기/화장)은 언어적 도움이 있으면 가능 • 버스를 이용하는 능력이 매우 좋음(이동능력) • 전화와 문자 가능	• 개인위생(청결 유지) 확인 필요 • 체중 관리 필요 • 가사일에 관한 전반적인 도움 필요(요리, 청소, 빨래 등)
안전 · 건강	• 몸이 아프면 스스로 병원을 이용 가능 • 약국 이용 가능 • 112, 119 등 긴급전화 가능	• 주기적으로 약물 관리 필요
대인관계 · 의사소통	• 사람들과의 관계 형성은 기분에 따라 달라진다(좋았다, 싫었다). • 남편과의 관계가 갈등–완화 반복	• 시어머니와 원만한 관계 유지 필요 • 남편과 올바른 의사소통 지원 필요
지역사회 참여	• ○○복지관: 전반적인 사례관리(가족–가사 지원, 자녀양육지원) • 정신건강증진센터: 남편 당뇨약 약물 지원 • ○○교회: 물품 지원, 정서 지원 • ○○동 주민센터: 간헐적 물품 지원 • ○○유치원: 자녀양육 지원 및 상담	• 가족관계와 부부관계에 대해 전문기관의 지원–연계 필요: 가족상담 및 치료 • 자녀양육 방법에 대한 교육 필요
직업 · 학습	• 한글 읽고 쓰기 가능 • 숫자 계산 가능 • 대중교통 이용 가능(버스, 택시)	

영역	힘	필요성
여가생활	• 텔레비전 시청 • 헤어 스타일에 관심이 많으시고, 미용실 이용을 좋아함(머리 손질, 염색)	• 여가 시간 프로그램 지원
의사소통	• 말은 조금 어눌하나 의사소통 가능 • 본인의 의사 표현이 정확함(예 : 좋은 것, 싫은 것)	• 남편과 올바른 의사소통 방법 필요 • 자녀들과 올바른 의사소통 방법 필요

장기 목표	
	① 가족상담 및 치료를 통한 원만한 가족관계 유지 ② 자녀양육 지원을 통한 양육 스트레스 해소

단기 목표	프로그램 우선순위	실시자	실시 시기	실시 방법
	가족상담 및 치료	아동보호전문기관	○월	• 가족상담 진행 • 주 1회 부모교육 가족치료 진행
	자녀양육 지원	아동보호전문기관, ○○복지관	○월	• 아동보호전문기관 : 매주 수요일 오후 놀이치료 참여 • ○○복지관 : 발달장애아동 멘토링 프로그램 신청
	기초생활수급 신청	○○청 희망복지 지원단	○월	• 기초생활수급자 신청 • 드림스타트 연계 활용
	LH 임대아파트 신청	○○청 희망복지 지원단	○월	• LH 임대아파트 신청
	여가 프로그램 지원	○○복지관	○월	• 볼링(월요일), 파크골프(금요일) 참여
	장애인활동보조 서비스	○○복지관	○월	• 매주 월/금 보조인 활동(시장 보기, 요리, 청소 등 가사일 지원)

참석자 서명	소속-관계	서명	소속-관계	서명
	본인	김○○	○○청 사회복지공무원	오○○
	남편	나○○	○○복지관 사례관리 담당자	윤○○
	가족(어머님)	신○○	○○교회 목사님	박○○

5 사례관리 실행계획표

사례번호	○○○○-○○	이용인	김○○	사례관리자	윤○○
일시	○○○○. ○○. ○○.	유형	■ 신규 □ 재사정		

영역	제시된 욕구	합의된 목표	실행계획	실행자	기간
가족관계	• 가족들과 원활한 의사소통을 원해요. • 아이들이 교육을 잘 받았으면 좋겠는데 양육이 힘들어요.	• 올바른 의사소통 및 가족관계 개선 노력 • 가족상담 및 치료 프로그램 참여하기 • 부모교육 참여	• 아동보호전문기관: 가족상담 및 치료 진행, 주 1회 부모교육 참여, 매주 수요일 오후 발달장애아동 인지치료 • ○○복지관: 발달장애아동 멘토링 프로그램 연계	클라이언트 남편과 자녀 사례관리자 가족상담사	○○○○. ○○. ~ ○○○○. ○○.
경제적	• 아파트로 이사 가고 싶어요. • 돈 걱정 하지 않고 즐겁게 살고 싶어요.	• LH 임대아파트 신청 • 기초생활수급자 신청	• ○○청 희망복지지원단: LH 임대아파트 신청, 기초생활수급자 신청, 드림스타트 연계활용	클라이언트 사례관리자 희망복지 지원단	○○○○. ○○. ~ ○○○○. ○○.
여가생활	• 재미있게 여가 시간을 보내고 싶어요.	• 올바른 여가 시간 활용 노력 • 여가 프로그램에 적극적인 참여	• ○○복지관: 문화센터 프로그램 제공(볼링-월요일/파크골프-금요일)	클라이언트 사례관리자 사회복지사	○○○○. ○○. ~ ○○○○. ○○.
자기관리	• 아직 집안일이 많이 서툴러서 도움을 받고 싶어요.	• 장애인활동보조 서비스 신청하기 • 서비스 지원과 더불어 스스로 노력	• ○○복지관 장애인활동보조 서비스 지원(매주 월/금 보조인 활동: 요리, 청소, 장보기 등 가사일 지원)	클라이언트 사례관리자 장애인활동보조인	○○○○. ○○. ~ ○○○○. ○○.
사례관리자의 역할	클라이언트의 꿈과 욕구에 따라 적절하고 전문적인 서비스 자원을 찾아 연계하여 지원하기 위해 노력한다.				
클라이언트의 역할	제공되는 프로그램에 적극적으로 참여하고 문제 상황을 인식하고 이를 개선시키기 위해 함께 노력한다.				

상기와 같은 서비스 제공 및 이용에 동의하며, 계획된 목표를 성취하기 위해 적극적으로 참여하고 협력할 것을 상호 약속합니다.

○○○○년 ○○월 ○○일

성명: 김○○ (인) 사례관리자: 윤○○ (인)

6 사례관리 과정기록

사례번호	성명	주소	연락처	사례관리자
○○○○-○○	김○○	○○시 ○○구	010-○○○○-○○○○	윤○○

과정 기록					
일자	접촉 방법	개입 기관	접촉 대상	내용	소요 시간
○○○○. ○○.○○. (월)	복지관 방문	아동보호전문기관, ○○복지관	대상자 남편 자녀들	• 오전에 아동보호전문기관에서 가족상담 진행 • 상담 내용: 남편과 금전적 문제로 갈등을 많이 겪음. 아이들과 의사소통이 잘 이루어지지 않음. 아이들이 엄마를 창피해하는 경향이 있어 관계에 대한 어려움도 느낌 • 매주 월요일에 아동보호전문기관에서 진행하는 부모교육에 참여하기로 함 • 발달장애자녀는 매주 수요일 오후에 인지치료를 실시하도록 함 • 오후에 복지관을 방문하여 발달장애아동 멘토링 프로그램 신청 • 복지관 문화센터 프로그램 볼링(월)/파크골프(금) 신청	2시간
○○○○. ○○.○○. (금)	복지관 방문	○○복지관, ○○청 희망복지지원단	대상자	• 파크골프 프로그램 참여 일정으로 복지관 방문 • 장애인활동보조 서비스 지원 안내 및 신청 • ○○청 희망복지지원단에 연계하여 LH 임대아파트 신청 및 기초수급자 신청을 도움	2시간
○○○○. ○○.○○. (월)	복지관 방문	○○복지관, ○○청 희망복지지원단	대상자	• 볼링 프로그램 참여 일정으로 복지관 방문 • ○○청 희망복지지원단에 연계하여 드림스타트 연계 방안을 ○○청 희망복지지원단과 상담 및 이야기 나눔	2시간
○○○○. ○○.○○. (수)	전화	○○복지관	대상자	• 현재 아동보호전문기관에서 진행하는 부모교육, 가족치료 등을 잘 받고 있는지 이야기 나누었음. 남편이 일 때문에 한 번도 가지 못했지만 다음 주에는 꼭 간다고 약속함 • 발달장애자녀의 멘토링 진행에 대해 이야기를 나눔. 멘토링 선생님의 일정 소개와 일정 확인 등 이야기 나눔 • 복지관의 새로운 여가 시간 활동 프로그램 알림	20분

7 사례관리 종결보고서

<table>
<tr><td>사례번호</td><td>○○○○-○○</td><td>성명</td><td>김○○</td><td>생년월일</td><td>○○○○. ○○. ○○.</td></tr>
<tr><td>주소</td><td colspan="3">○○시 ○○구</td><td>연락처</td><td>010-○○○○-○○○○</td></tr>
<tr><td>등록일</td><td colspan="2">○○○○. ○○. ○○.</td><td>종결일</td><td colspan="2">○○○○. ○○. ○○.</td></tr>
<tr><td rowspan="4">종결 유형
및 사유</td><td>유형</td><td colspan="4">사유</td></tr>
<tr><td>■ 대상자에 의한 종결</td><td colspan="2">□ 사망
□ 이주
□ 상황 호전
□ 거절이나 포기
□ 기타</td><td colspan="2">□ 시설 입소
■ 목표 달성
□ 타 기관 이용
□ 약속 불이행</td></tr>
<tr><td>□ 사회복지사에 의한 종결</td><td colspan="2">□ 사직, 타 업무 희망
□ 대상자의 소극적 참여</td><td colspan="2">□ 본인과 부적합</td></tr>
<tr><td>□ 기타 이유에 의한 종결</td><td colspan="2">□ 기관의 업무 조정
□ 기관 또는 법인의 교체
□ 기관의 자원 또는 능력의 한계</td><td colspan="2">□ 기관의 사례기한 제한
□ 원칙 변경</td></tr>
<tr><td rowspan="4">서비스
제공현황</td><td>기관</td><td colspan="4">서비스 제공 내용</td></tr>
<tr><td>아동보호전문기관</td><td colspan="4">• 주 1회 부모교육과 가족치료 진행
• 매주 수요일 오후 발달장애자녀 인지치료 수업 제공</td></tr>
<tr><td>○○복지관</td><td colspan="4">• 발달장애자녀 멘토링 프로그램 신청 및 신행
• 볼링(월요일), 파크골프(금요일) 여가 프로그램 참여
• 장애인활동보조 서비스 신청 및 제공</td></tr>
<tr><td>○○청 희망복지지원단</td><td colspan="4">• 기초생활수급자 신청, LH 임대아파트 신청 도움
• 드림스타트 연계 활용</td></tr>
<tr><td rowspan="2">클라이언트
변화사항</td><td colspan="2">초기사항</td><td colspan="3">종결상황</td></tr>
<tr><td colspan="2">자녀와 남편, 시어머니와 올바른 의사소통이 안 되고 남편과는 돈 문제로 갈등과 완화를 반복하였다. 또한, 자녀양육문제로 인해 스트레스를 많이 받은 상태로 우울증약을 복용하였다.
여가 시간을 잘 활용하지 못하고 가족들, 특히 남편에게 많이 의존하는 모습이 보인다.</td><td colspan="3">아동보호전문기관의 가족상담 및 치료를 통해 현재 가족과 원만한 관계 유지 및 의사소통을 실천하고 있다. 또한, 발달장애자녀는 매주 수요일 인지치료에 참여하며, ○○복지관을 통해 발달장애아동 멘토링 프로그램을 진행 중이다. 이에 따라 클라이언트의 여가 시간이 많아져 자녀양육에 대한 부담이 줄어 스트레스와 우울증 수치가 감소하였다. 여가 시간에는 ○○복지관의 문화센터에 참여하여 적절히 활용 중이다.</td></tr>
<tr><td>사회복지사
종합소견</td><td colspan="5">클라이언트의 꿈과 욕구에 따라 적절한 서비스 지원과 연계가 되었으며, 클라이언트의 적극적인 참여로 사례관리가 무사히 종결되었다. 앞으로도 현재의 상태로 유지하고 ○○복지관의 상담실과 문화센터를 지속적으로 이용할 수 있도록 관찰이 요구된다.</td></tr>
<tr><td>사후계획</td><td colspan="5">서비스 종결 이후에 지속적으로 더 적합한 프로그램과 자원의 연계활동이 필요하다. 따라서 클라이언트가 가장 크게 어려움을 겪는 자녀양육문제에 대해서는 자녀들이 진학을 함에 따라 지속적인 점검을 통해 어려운 점을 파악하여 개선해 나갈 수 있도록 지원한다.</td></tr>
<tr><td>종결 결정일</td><td colspan="5">○○○○. ○○. ○○.</td></tr>
</table>

8 사후관리 계획서

<table>
<tr><td>사례번호</td><td>○○○○-○○</td><td>성명</td><td>김○○</td><td>생년월일</td><td>○○○○. ○○. ○○.</td></tr>
<tr><td>주소</td><td colspan="3">○○시 ○○구</td><td>연락처</td><td>010-○○○○-○○○○</td></tr>
<tr><td>등록일</td><td colspan="2">○○○○. ○○. ○○.</td><td>종결일</td><td colspan="2">○○○○. ○○. ○○.</td></tr>
<tr><td rowspan="4">제공된 서비스</td><td>기관</td><td colspan="4">서비스 제공 내용</td></tr>
<tr><td>아동보호전문기관</td><td colspan="4">• 주 1회 부모교육과 가족치료 진행
• 매주 수요일 오후 발달장애자녀 인지치료 수업 제공</td></tr>
<tr><td>○○복지관</td><td colspan="4">• 발달장애자녀 멘토링 프로그램 신청 및 진행
• 볼링(월요일), 파크골프(금요일) 여가 프로그램 참여
• 장애인활동보조 서비스 신청 및 제공</td></tr>
<tr><td>○○청 희망복지지원단</td><td colspan="4">• 기초생활수급자 신청, LH 임대아파트 신청 도움
• 드림스타트 연계 활용</td></tr>
<tr><td rowspan="4">영역</td><td>경제적 욕구</td><td colspan="4">• 기초수급자 신청 후, 매달 입금되는 수급지원금의 관리를 돕는다. 기초수급자로 선정됨에 따라 제공되는 지원들을 설명 후 지속적으로 연계한다.</td></tr>
<tr><td>의료 · 건강욕구</td><td colspan="4">• 남편의 당뇨약과 클라이언트의 우울증약 복용에 대해 건강가정지원센터에서 약물 지원을 지속적으로 제공하고 월 1회 우울증 진단 프로그램을 실시하여 검사결과에 따른 필요한 지원을 연계한다.</td></tr>
<tr><td>심리 · 사회적 욕구</td><td colspan="4">• ○○복지관에서 진행하는 다양한 문화생활 프로그램들을 연계한다. 또 자녀양육에 따른 스트레스 감소와 우울증 감소를 위해 월 1회 정신재활센터를 연계하여 심리검사를 실시하여 결과에 따른 필요한 서비스를 연계한다.</td></tr>
<tr><td>기타 욕구</td><td colspan="4">• 가족상담 및 치료가 종결된 후, 매달 건강가정지원센터의 가족 프로그램의 참여를 연계시켜 가족 내 원만한 관계가 꾸준히 유지되도록 한다.
• 아동보호전문기관을 통해 자녀들의 진학에 따른 욕구에 필요한 정보를 안내하며 지역아동센터를 연계하여 교육서비스를 지원한다.</td></tr>
<tr><td>사례관리자</td><td colspan="2">성명 : 윤○○ (인)</td><td>작성 날짜</td><td colspan="2">○○○○. ○○. ○○.</td></tr>
</table>

9 사후관리 보고서

<table>
<tr><td>사례번호</td><td>○○○○-○○</td><td>성명</td><td>김○○</td><td>생년월일</td><td>○○○○. ○○. ○○.</td></tr>
<tr><td>주소</td><td colspan="3">○○시 ○○구</td><td>연락처</td><td>010-○○○○-○○○○</td></tr>
<tr><td>등록일</td><td colspan="2">○○○○. ○○. ○○.</td><td>종결일</td><td colspan="2">○○○○. ○○. ○○.</td></tr>
<tr><td rowspan="3">1차
사후관리</td><td>날짜</td><td>○○○○. ○○. ○○.</td><td>접촉 방법</td><td colspan="2">□ 전화상담 □ 내방상담
■ 가정/방문상담 □ 기타</td></tr>
<tr><td>접촉대상</td><td colspan="4">□ 본인 □ 보호자 ( ) □ 기타</td></tr>
<tr><td>현 상황
요약</td><td colspan="4">최근 정신재활센터에서 스트레스와 우울감 검사를 받은 결과 보통 수준과 가까워졌다고 한다. 또한, 건강가정지원센터에서 진행하는 가족 프로그램에 참여하여 가족들과도 원만한 의사소통을 하기 위해 노력하고 있다고 한다. 화요일과 수요일에는 ○○복지관의 문화센터를 이용하고 있다.</td></tr>
<tr><td rowspan="3">2차
사후관리</td><td>날짜</td><td>○○○○. ○○. ○○.</td><td>접촉 방법</td><td colspan="2">□ 전화상담 □ 내방상담
■ 가정/방문상담 □ 기타</td></tr>
<tr><td>접촉대상</td><td colspan="4">□ 본인 □ 보호자 ( ) □ 기타</td></tr>
<tr><td>현 상황
요약</td><td colspan="4">본 사례관리를 받을 때 지원된 서비스를 각 기관을 통해 다양하게 연계하여 활용 중이다. 막내아들이 초등학교에 진학함에 따라 지역아동센터와 더욱 많은 교류를 하고 도움을 받고 있다. 다른 자녀들도 여전히 지역아동센터를 다니며 학습 도움을 받고 있다.
이번에 새로운 활동보조인이 오시면서 친해지는 과정에 있으며, 가사일에 많은 도움을 받고 있다.</td></tr>
<tr><td>사례관리자
종합의견</td><td colspan="5">본 사례관리를 받을 때 지원된 서비스를 현재의 욕구에 맞게 다양한 연계가 이루어지고 있다. 따라서 클라이언트의 원하던 꿈과 희망에 가깝다고 느끼며, 초기 상태에 비해 현재 만족함을 느끼는 상태이다. 앞으로도 지속적으로 연계된 서비스에 적극적인 참여가 기대된다.</td></tr>
<tr><td>추후계획</td><td colspan="5">□ 재개입 □ 타 기관 의뢰( ) ■종결 확정 □ 기타( )</td></tr>
<tr><td>사례관리자</td><td colspan="2">성명 : 윤○○ (인)</td><td>작성 날짜</td><td colspan="2">○○○○. ○○. ○○.</td></tr>
</table>

2. 지적 장애인 사례관리 2

1. 사례관리 실태조사표
2. 이용자 선정 기순표
3. Case Assessment Sheet
4. 사례관리 계획표
5. 서비스 개입 일지
6. 사례평가서
7. 서비스 종결평가서

1 사례관리 실태조사표

등록일: ○○○○년 ○○월 ○○일　　　조사일: ○○○○년 ○○월 ○○일

<table>
<tr><td rowspan="2">기본사항</td><td>성명</td><td>조○○</td><td>성별</td><td>여</td><td>연령</td><td>85</td><td>주민등록번호</td><td>○○○○○○-○○○○○○○</td><td>학력</td><td>초졸</td><td>종교</td><td>불교</td></tr>
<tr><td>현주소</td><td colspan="5">○○광역시 ○○구 ○○로</td><td>연락처</td><td colspan="5">○○○-○○○○-○○○○</td></tr>
<tr><td rowspan="5">가족사항</td><td>관계</td><td>성명</td><td colspan="4">주소</td><td>생년월일</td><td>학력</td><td>직업</td><td colspan="2">월 소득액</td><td>비고</td></tr>
<tr><td>자녀</td><td>최□□</td><td colspan="4">○○특별시</td><td>○○. ○○. ○○.</td><td>대졸</td><td>무직</td><td colspan="2"></td><td></td></tr>
<tr><td>자녀</td><td>최△△</td><td colspan="4">○○특별시</td><td>○○. ○○. ○○.</td><td>대졸</td><td>알 수 없음</td><td colspan="2"></td><td></td></tr>
<tr><td>손녀</td><td>최▽▽</td><td colspan="4">○○특별시</td><td>○○. ○○. ○○.</td><td>대졸</td><td>공무원</td><td colspan="2"></td><td></td></tr>
<tr><td>손자</td><td>최◇◇</td><td colspan="4">○○특별시</td><td>○○. ○○. ○○.</td><td>대학 재학</td><td>대학생</td><td colspan="2"></td><td></td></tr>
<tr><td rowspan="3">보호형태</td><td>사업대상</td><td colspan="11">□ 국민기초생활수급권자　□ 차상위계층　■ 기초노령연금수급자
□ 독거　□일반</td></tr>
<tr><td>동거실태</td><td colspan="11">■ 독거노인　□ 노인 2인 가구　□ 기타(손자와 동거)</td></tr>
<tr><td>주거형태</td><td colspan="11">■ 자가　□ 전세　□ 월세　□ 기타</td></tr>
<tr><td rowspan="7">건강상태</td><td>질환명</td><td colspan="11">□ 위십이지장궤양　□ 뇌졸중(중풍)　■ 고혈압　□ 심부전증　□ 폐렴
□ 폐결핵　■ 관절염　□ 신경통　□ 골다공증　□ 백내장
□ 녹내장　□ 당뇨병　□ 치매　□ 기타</td></tr>
<tr><td rowspan="6">장애상태</td><td colspan="11">■ IADL 일부 제한　□ IADL 모두 제한　■ ADL 일부 제한　□ ADL 모두 제한
* IADL 일부 제한: 몸단장, 집안일, 외출, 교통수단 이용, 물건 사기, 금전 관리
* ADL 일부 제한: 목욕하기, 이동</td></tr>
<tr><td colspan="2">시각장애</td><td colspan="9">노화로 인해 시력이 저하됨</td></tr>
<tr><td colspan="2">청각장애</td><td colspan="9">이상 없음</td></tr>
<tr><td colspan="2">언어장애</td><td colspan="9">이상 없음</td></tr>
<tr><td colspan="2">신체장애</td><td colspan="9">고혈압과 관절염으로 약 복용 중</td></tr>
<tr><td colspan="2">기타</td><td colspan="9"></td></tr>
<tr><td colspan="2">신청 서비스 내용</td><td colspan="11">■ 가사 지원　□ 개인활동　■ 우애 서비스　□ (　) 회 이용(시설목욕)</td></tr>
<tr><td rowspan="3">평가결과</td><td>서비스 제공 여부</td><td colspan="4">■ 적격　□ 부적격</td><td colspan="2">부적격 사유</td><td colspan="5">□ 자조능력 있음　□ 경제력 있음
□ 노인의 요구와 기관의 서비스가 서로 맞지 않음
□ 노인의 거부　□ 기타(사유 기재:　　　)</td></tr>
<tr><td>서비스 사유</td><td colspan="11">□ 자조능력 없음　□ 수발자의 건강 악화　□ 수발자 휴식　■ 수발자 없음　□ 기타</td></tr>
<tr><td>제공서비스 내용</td><td colspan="11">■ 가사 지원　□ 개인활동　■ 우애 서비스 (주 1) 회 이용　□ (　)일 보호</td></tr>
<tr><td colspan="2">의뢰인</td><td>성명</td><td colspan="3">정○○</td><td>노인과의 관계</td><td colspan="2">사회복지사</td><td colspan="2">전화번호</td><td colspan="2">010-○○○○-○○○○</td></tr>
<tr><td colspan="2">비고</td><td colspan="11"></td></tr>
</table>

사회복지사 성명: 양○○ (인)

2 이용자 선정 기준표

결재	담당	실장	관장

이용자 : 조○○　　　　지역 : ○○광역시 ○○구 ○○

구분				배점	비고
1	국민기초생활보장 수급권자 여부		국민기초생활수급자	5	
			차상위계층	4	
			기초노령수급자	3	3
			독거	2	
			일반	1	
2	세대 유형		손자녀 혹은 장애인과 생활하는 경우(질환 포함)	3	2
			독거노인	2	
			노인부부세대	1	
3	부양자		부양자 및 수발자가 아무도 없다.	5	
			부양자를 돌봐야 하는 경우이다.	4	
			부양자는 있지만 교류가 없다.	3	
			부양자가 가끔 찾아오며 도움을 준다.	2	3
			부양자가 적극적으로 원조해 준다.	1	
4	연령		80세 이상	2	2
			65세 이상 ~ 80세 미만	1	
5	주거상태		무의탁 거주	3	
			전 · 월세	2	
			자가	1	1
6	KADL	옷 입기	3. 불가능　2. 다소 어려움　1. 가능		1
		세수하기	3. 불가능　2. 다소 어려움　1. 가능		1
		목욕	3. 불가능　2. 다소 어려움　1. 가능		2
		식사하기	3. 불가능　2. 다소 어려움　1. 가능		2
		이동	3. 불가능　2. 다소 어려움　1. 가능		2
		화장실 사용	3. 불가능　2. 다소 어려움　1. 가능		1
		대소변 조절	3. 불가능　2. 다소 어려움　1. 가능		1

<table>
<tr><th colspan="4">구분</th><th>배점</th><th>비고</th></tr>
<tr><td rowspan="10">7</td><td rowspan="10">KIADL</td><td>몸단장</td><td colspan="2">3. 불가능 2. 다소 어려움 1. 가능</td><td>1</td></tr>
<tr><td>집안일</td><td colspan="2">3. 불가능 2. 다소 어려움 1. 가능</td><td>2</td></tr>
<tr><td>식사 준비</td><td colspan="2">3. 불가능 2. 다소 어려움 1. 가능</td><td>2</td></tr>
<tr><td>빨래하기</td><td colspan="2">3. 불가능 2. 다소 어려움 1. 가능</td><td>2</td></tr>
<tr><td>근거리 외출</td><td colspan="2">3. 불가능 2. 다소 어려움 1. 가능</td><td>2</td></tr>
<tr><td>교통수단 이용</td><td colspan="2">3. 불가능 2. 다소 어려움 1. 가능</td><td>3</td></tr>
<tr><td>물건 사기</td><td colspan="2">3. 불가능 2. 다소 어려움 1. 가능</td><td>2</td></tr>
<tr><td>금전 관리</td><td colspan="2">3. 불가능 2. 다소 어려움 1. 가능</td><td>1</td></tr>
<tr><td>전화 사용</td><td colspan="2">3. 불가능 2. 다소 어려움 1. 가능</td><td>1</td></tr>
<tr><td>약 챙겨 먹기</td><td colspan="2">3. 불가능 2. 다소 어려움 1. 가능</td><td>1</td></tr>
<tr><td rowspan="3">8</td><td colspan="2" rowspan="3">사회적 지지</td><td>지역사회로부터 원조가 전혀 없다.</td><td>3</td><td rowspan="3">2</td></tr>
<tr><td>지역사회로부터 가끔 원조를 받는다.</td><td>2</td></tr>
<tr><td>지역사회로부터 활발한 원조를 받는다.</td><td>1</td></tr>
<tr><td rowspan="3">9</td><td colspan="2" rowspan="3">대상자의 욕구</td><td>도움을 원한다.</td><td>3</td><td rowspan="3">3</td></tr>
<tr><td>욕구를 표현하지는 않지만 도움이 필요하다.</td><td>2</td></tr>
<tr><td>도움을 필요로 하지만 원하지 않는다.</td><td>1</td></tr>
<tr><td rowspan="3">10</td><td colspan="2" rowspan="3">판정회의</td><td>도움이 꼭 필요하다.</td><td>5</td><td>5</td></tr>
<tr><td>보통이다.</td><td>3</td><td></td></tr>
<tr><td>도움이 필요 없다.</td><td>1</td><td></td></tr>
<tr><td colspan="4">총점</td><td></td><td>47</td></tr>
<tr><td colspan="6">최고점 (80)점 ~ 최저점 (27) 점</td></tr>
<tr><td colspan="4">◈ 40점 미만 : 3등급
◈ 40점 이상 ~ 60점 미만 : 2등급
◈ 60점 이상 : 1등급</td><td>최종
등급</td><td>2등급</td></tr>
</table>

3 Case Assessment Sheet

CM No.	

평가일: ○○○○년 ○○월 ○○일　등록일: ○○○○년 ○○월 ○○일　평가자: 양○○

1. 일반사항

<table>
<tr><td>성명</td><td colspan="2">조○○</td><td>성별</td><td>여성</td><td>주민등록번호</td><td colspan="2">○○○○○○-○○○○○○○</td></tr>
<tr><td>현주소</td><td colspan="4">○○광역시 ○○구 ○○로 ○○○번 길 ○○-○○</td><td>연락처</td><td colspan="2">010-○○○○-○○○○</td></tr>
<tr><td>학력</td><td colspan="7">□ 무학　■ 초졸　□ 중졸　□ 고졸　□ 대졸 이상
□ 기타(　　)</td></tr>
<tr><td>결혼 여부</td><td colspan="7">□ 미혼　□ 기혼　■ 사별　□ 별거　□ 이혼
□ 기타(　　)</td></tr>
<tr><td>동거</td><td colspan="7">■ 독거　□ 부부　□ 자녀 동거　□ 친척 동거　□ 기타(　　)</td></tr>
<tr><td>직업</td><td colspan="2">무직(과거 일 경험 있음)</td><td>종교</td><td>원불교</td><td>취미</td><td colspan="2">TV 시청</td></tr>
<tr><td>등록의뢰인</td><td colspan="4">□ 본인　■ 대리인(관계: 사회복지사)</td><td>성명</td><td colspan="2">양○○　연락처: 010-○○○○-○○○○</td></tr>
<tr><td>정보제공자</td><td colspan="4">■ 본인　□ 타인(관계:　　)</td><td>성명</td><td colspan="2">조○○　연락처: 010-○○○○-○○○○</td></tr>
<tr><td rowspan="2">주거상황</td><td>수거</td><td colspan="6">■ 사가　□ 진세　□ 월세　□ 무료인대</td></tr>
<tr><td>주거형태</td><td colspan="6">□ 아파트　□ 연립주택　■ 단독주택　□ 집단가옥
□ 기타(　　)</td></tr>
<tr><td rowspan="3">경제상황</td><td>월 소득</td><td>없음</td><td>정부지원금</td><td>월 204,010원</td><td>후원금</td><td colspan="2">없음</td></tr>
<tr><td>주 소득원</td><td>기초노령연금</td><td>친인척 지원</td><td>월 35,000원</td><td>월 지출액</td><td colspan="2"></td></tr>
<tr><td colspan="2">국민기초생활보장대상자 여부</td><td>■ 아니다　□ 그렇다</td><td>의료보장 상태</td><td colspan="3">□ 건강보험　□ 의료보호 1종
■ 미가입</td></tr>
</table>

2. 가족사항

<table>
<tr><td rowspan="7">가족관계</td><td>성명</td><td>연령</td><td>관계</td><td>학력</td><td>직업</td><td>동거 여부</td><td>비고(특이사항)</td></tr>
<tr><td>최☆☆</td><td>70대 초반</td><td>시누이</td><td>알 수 없음</td><td>알 수 없음</td><td>×</td><td></td></tr>
<tr><td>최□□</td><td>56세</td><td>딸</td><td>대졸</td><td>무직</td><td>×</td><td></td></tr>
<tr><td>최△△</td><td>55세</td><td>아들</td><td>대졸</td><td>알 수 없음</td><td>×</td><td></td></tr>
<tr><td>정○○</td><td>50대 중반</td><td>며느리</td><td>대졸</td><td>무직</td><td>×</td><td></td></tr>
<tr><td>최▽▽</td><td>28세</td><td>손녀</td><td>대졸</td><td>공무원</td><td>×</td><td></td></tr>
<tr><td>최◇◇</td><td>26세</td><td>손자</td><td>대학교 재학</td><td>학생</td><td>×</td><td></td></tr>
</table>

– 가계도

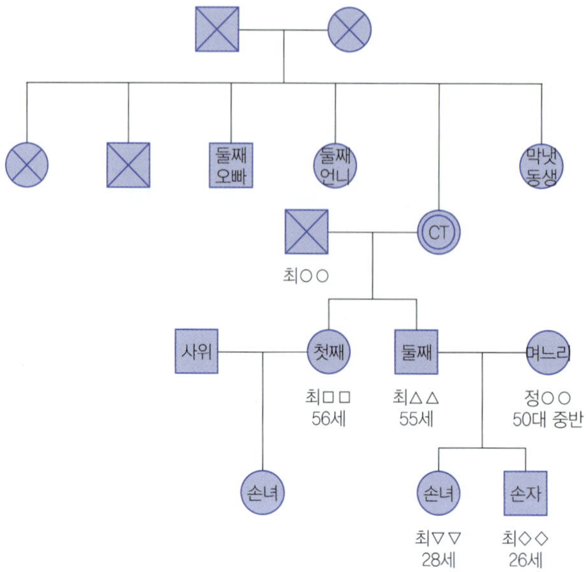
둘째 오빠
둘째 언니
막냇 동생
CT
최○○
사위
첫째
최□□ 56세
둘째
최△△ 55세
며느리
정○○ 50대 중반
손녀
손녀
최▽▽ 28세
손자
최◇◇ 26세

– 사회적 관계망

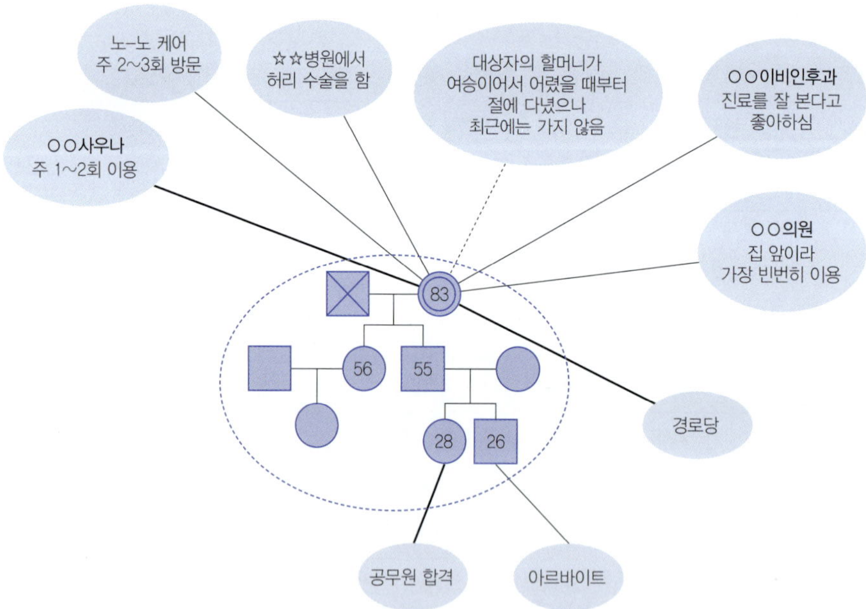
노-노 케어 주 2~3회 방문
☆☆병원에서 허리 수술을 함
대상자의 할머니가 여승이어서 어렸을 때부터 절에 다녔으나 최근에는 가지 않음
○○이비인후과 진료를 잘 본다고 좋아하심
○○사우나 주 1~2회 이용
○○의원 집 앞이라 가장 빈번히 이용
83
56
55
28
26
경로당
공무원 합격
아르바이트

4. 개인력 및 가족력

<table>
<tr><td>개인력</td><td>[어린 시절]
대상자는 ◇◇에서 2남 4녀 중 다섯째로 출생하였다. 초등학교 2학년 때까지는 대한민국이 일본 치하에 있어 일본인 선생님에게 일본어를 배웠던 기억이 있다고 했다. 그러고는 6 · 25전쟁이 일어났고 그때 총소리도 들어 봤으며, 인민군들이 집에 들어와 밥해 먹는 것을 몰래 보기도 하고 굴속으로 피난 간 적도 있다며 당시를 생각하면 본인의 어머님이 참 대단하게 느껴진다고 말했다. 어르신의 할머니가 여승이어서 어렸을 때부터 절에 다녔는데 할머니가 세상을 떠나신 이후로 절에 다니고 있지 않다고 했다.

[성인기]
성인이 되어서는 시골에 남아 있고 싶지 않아 ○○로 나왔고 중매로 결혼을 해 남매를 낳았다. 결혼 초에는 시부모님을 모시고 지냈으며, 두 분 모두 좋은 분이셨다고 했다. 이후 독립을 했고 현재 거주하고 있는 곳으로 이사를 왔는데 그때 남편이 하숙집을 하자고 이 집을 골랐고 본인은 따라 왔다고 했다. 하숙을 시작하고는 ○○대학교 학생들과 함께 살았고 아이들에게 밥을 해 주고 함께 이불 빨래도 했던 그때가 즐거웠다고 했다. 하지만 원룸이 생긴 이후로는 더 이상 학생들이 오지 않게 되었다며 아쉬워했다. 남편은 10년 전쯤 사별하였고 풍채도 좋고 키도 크고 잘생긴 사람이었는데 병으로 떠나보냈다며 술과 담배를 좋아해서 그런 것 같다고 짐작하면서 절대 술, 담배를 좋아하면 안 된다고 당부했다.

[현재 상황]
현재 어르신은 고혈압과 관절염을 앓고 있으며, 특히 왼쪽 연골이 닳아서 거동이 불편하다고 했다. 한 번은 혈압약을 잘 챙겨 먹지 않아 시장에 갔다 집에 오는 길에 쓰러져 머리에서 피가 난 적이 있어 지금은 꼬박꼬박 약을 잘 챙겨 먹고 있다고 했다. 작년에는 허리 수술을 한 적이 있는데 근처 병원으로 갔더니 큰 병원으로 가야 한다고 해서 ▽▽지구에 있는 병원에 가게 됐고 그때 시누이가 많이 도와줬다고 말했다. 대상자는 오후에는 거의 빠짐없이 경로당에 가는데 가서 점심도 먹고 다른 사람들을 만나 이야기도 나누고 고스톱도 치며 놀다가 4~5시쯤 다시 집으로 온다고 했다.</td></tr>
<tr><td>가족력</td><td>[남매]
언니 두 명과 오빠 두 명 그리고 여동생이 한 명 있으나 첫째 언니와 첫째 오빠는 사망하였고 둘째 오빠는 서울에, 막냇동생은 부산에 거주 중이다. 대상자는 둘째 오빠에 대한 자랑을 많이 했는데 공부를 잘하지 못했던 본인과는 달리 어렸을 때부터 똑똑하고 영어를 잘해서 통역 일을 하시다가 주변의 시기 질투가 너무 많아 서울로 올라가서 영어 선생님을 했었다고 말했다. 지금도 둘째 오빠와 연락을 주고받는데 현재 혈압약과 관절약을 복용 중인 본인과는 달리 오빠는 아무 약도 먹지 않고 매우 정정하다며 약을 먹지 않는 것이 부럽고 그것은 아마도 올케가 건강하게 식사를 잘 챙겨 줘서 그런 것 같다고 했다. 그래서 올케에게 전화가 오면 본인에게 밥을 건강하게 잘 챙겨 먹으라고 하는데 본인은 혼자 살기 때문에 잘 차려 먹는 것이 어렵다고 했다. 둘째 언니는 집 근처에 거주 중이며 가끔 만나기는 하나 서로가 아프고 힘들기 때문에 크게 도움을 주고받지는 못한다고 했다. 막냇동생은 현재 △△에 거주 중인데 거리가 멀어지다 보니 요즘은 연락도 안 된다고 했다. 그리고 시누이 이야기를 많이 했는데 시누이는 70세 초반으로 본인이 멀리 있는 병원을 갈 때면 차로 데려다주고 입원을 했을 때도 병간호를 해 줬으며, 가끔 필요한 것이 있는지 물어보고 가져다준다고 했다. 활동 중에도 전화가 왔었는데 경로당이 쉬는 날이니 같이 점심을 먹자고 시누이가 전화를 한 것이라고 말해 주었다.

[자녀]
어르신은 남매를 자식으로 두고 있고 둘 다 ◇◇에 거주 중이라고 했다. 그중 맏딸은 손녀를 두고 있어 손녀를 돌보느라 바빠 먼저 연락을 자주 하지 않고 오히려 본인이 딸에게 전화를 건다고 했으며, 아들은 본인이 아플 때면 병원비를 보태 주고 자주 연락도 하고 있다고 했다. 특히, 아들을 통해 손녀와 손자를 보았는데 둘을 본인이 키우셔서 매우 예쁘다고 하시며, 활동인이 방문할 때마다 마치 우리 손녀같이 예쁘다는 말을 빠짐없이 여러 번 말한다. 손녀는 현재 공무원이며, 손자는 아르바이트를 하고 있다고 했다. 종종 며느리 이야기도 하는데 처가는 보성이며, ○○대학교를 졸업하고 일을 하다가 결혼하고 집에서 살림을 하고 있다고 했다. 그러면서 처음 시집올 때는 아무것도 못 했는데 지금은 혼자서 반찬도 많이 만들 수 있게 되었고 가끔 용돈도 준다고 자랑하셨다.</td></tr>
</table>

5. 일상생활 기능수행

항목			자립 (1)	부분적 도움(2)	완전 도움(3)	보장구 사용	기타
일상생활 활동	옷 입기	상의	○				
		하의	○				
	세수하기	세수	○				
		양치질	○				
	목욕하기			○			
	식사하기			○			
	이동	일어나 앉거나 돌아눕기	○				
		방 밖으로 나오기		○			
	화장실 사용		○				
	대소변 조절	대변 관리	○				
		소변 관리	○				
도구적 일상생활 활동	몸단장하기		○				
	집안일 하기			○			
	식사 준비하기			○			
	빨래하기			○			
	근거리 외출			○		○	지팡이
	교통수단 이용			○			
	물건 사기		○				
	금전 관리		○				
	전화 사용		○				
	약 챙겨 먹기		○				

6. 건강 상태

신장	○○○cm	체중	○○kg	혈압	

영양문제	체중 감소 (지난 한 달간 5% 이상, 지난 3달간 10% 이상 감소)	■ 없음	□ 있음	
	하루 식사 횟수	■ 3회	□ 1~2회	□ 거의 먹지 않음
감각	시력 장애	■ 없음	□ 있음	
	청력 장애	■ 없음	□ 있음	
구강상태	틀니 여부	□ 하고 있지 않다	■ 하고 있다	
	음식 씹기/삼키기 장애	■ 없음	□ 있음	
생활양식	흡연	■ 안 함	□ 하고 있다	
	음주	■ 안 함	□ 하고 있다	

질병력	없다	있다	
		치료함	치료 안 함
고혈압		○	
뇌졸중/뇌경색	○		
신장질환	○		
치매	○		
관절염		○	
골절	○		
당뇨병	○		
백내장	○		
녹내장	○		
정신질환	○		
결핵	○		
암	○		
기타	○		

현재 있는 증상	없다	있다
통증		○
숨이 참	○	
마비	○	
알레르기	○	
설사	○	
현기증	○	
기타(천식)	○	

7. 정신 · 인지지능 평가

1). 정서와 행동양상

구분	우울	없다	있다
우울	원인에 관계없이 우울, 불안, 슬픔, 절망적인 감정이 자주 있다.	○	
지난 3일간 나타난 문제행동	배회	○	
	다른 사람에게 욕설을 퍼붓는 행위	○	
	물리적 폭력	○	
	처치나 수발을 거부	○	

2) 인지양상(K-MMSE)

항목		질문	점수
지남력 (시간) [5]	년(1)	오늘은 (　　)년 (　　)월 (　　)일 (　　)요일입니까?	1
	월(1)		1
	일(1)		1
	요일(1)		1
	계절(1)	지금은 무슨 계절입니까?	1
지남력 (장소) [5]	나라(1)	우리나라 이름이 무엇입니까?	0
	도(1)	여기는 (　)도 입니까?	1
	현재 장소명(1)	여기는 어디입니까?	1
	무엇을 하는 곳(1)	여기는 무엇을 하는 곳입니까?	1
	몇 층(1)	여기는 몇 층입니까?	1
기억등록 [3]	비행기(1)	어르신, 제가 이야기한 것을 잘 기억해 두십시오. '비행기, 연필, 소나무' 어르신, 제가 방금 무엇이라고 했습니까?	1
	연필(1)		1
	소나무(1)		1
주의집중 및 계산 [5]	100 – 7(1)	어르신, 다음을 계산해 보십시오. 100 – 7 = □ – 7 = □ – 7 = □ – 7 = □ – 7(5회)	1
	– 7(1)		1
	– 7(1)		0
	– 7(1)		0
	– 7(1)		0
기억회상 [3]	비행기(1)	어르신, 제가 조금 전에 말한 3가지를 기억하시겠습니까?	1
	연필(1)		0
	소나무(1)		0
언어 및 시공간 구성 [9]	이름 대기(2)	(볼펜, 시계를 가리키며) 이것이 무엇이지요?	2
	명령시행(3)	종이를 뒤집고(1) 반으로 접은 다음(1) 저에게 주세요(1).	3
	따라 말하기(1)	어르신, 제가 말한 것을 따라 해 보십시오. '삼천리강산'	1
	오각형(1)	오각형 베끼기(⬠⬠)	1
	읽기(1)	읽고 쓰여 있는 대로 해 보세요. **'눈을 감으세요.'**	1
	쓰기(1)	오늘 날씨에 대해 써 보십시오.	1
총점	30		24
결과판정		1. 24점 이상(정상)　2. 18~23점(치매 의심)　3. 17점 이하(치매)	정상

8. 서비스 이용 및 가정환경

<table>
<tr><td rowspan="7">현재 받고 있는 공식적인 케어</td><td>구분</td><td>방문 횟수 (회/주)</td><td>기관명 1</td><td>서비스 시간 (분)</td><td>기관명 2</td><td>서비스 시간 (분)</td></tr>
<tr><td>노-노케어</td><td>2~3회/1주</td><td>○○광역시
○○구 ○○클럽</td><td>180분</td><td></td><td></td></tr>
<tr><td></td><td></td><td></td><td></td><td></td><td></td></tr>
<tr><td></td><td></td><td></td><td></td><td></td><td></td></tr>
<tr><td></td><td></td><td></td><td></td><td></td><td></td></tr>
<tr><td></td><td></td><td></td><td></td><td></td><td></td></tr>
<tr><td></td><td></td><td></td><td></td><td></td><td></td></tr>
<tr><td rowspan="11">핵심적인 비공식적 수발자</td><td>대상자와의 동거 여부</td><td colspan="5">□ 같이 산다. ■ 같이 살지 않는다.
□ 비공식적 수발자가 없다(아래 항목들 생략).</td></tr>
<tr><td>대상자와의 관계</td><td colspan="5">□ 자녀, 아들, 며느리 □ 배우자
■ 기타 친척 □ 친구/이웃/자원봉사자/기타</td></tr>
<tr><td rowspan="4">도움의 영역</td><td colspan="3"></td><td>도움을 준다</td><td>아니다</td></tr>
<tr><td colspan="3">말벗 또는 정서적 지지</td><td>○</td><td></td></tr>
<tr><td colspan="3">IADL Care 측면</td><td>○</td><td></td></tr>
<tr><td colspan="3">ADL Care 측면</td><td></td><td>○</td></tr>
<tr><td>도움의 시간 및 횟수</td><td colspan="5">□ 매일 □ 일주일에 3회 정도
■ 일주일에 1회 정도 □ 일주일에 1회 미만</td></tr>
<tr><td rowspan="4">수발자의 상태</td><td colspan="3"></td><td>아니다</td><td>그렇다</td></tr>
<tr><td colspan="3">수발자가 수발을 계속할 수가 없다.</td><td>○</td><td></td></tr>
<tr><td colspan="3">일차 수발자가 다른 사람에 의해
제공되는 케어에 만족하지 못한다.</td><td>○</td><td></td></tr>
<tr><td colspan="3">수발자가 수발 때문에 기분이 저하되고
화가 나며, 우울한 느낌을 표현한다.</td><td>○</td><td></td></tr>
<tr><td rowspan="7">가정환경</td><td colspan="6">해당하는 모든 것에 표시한다.
1. 아니다 2. 그렇다</td></tr>
<tr><td colspan="5">저녁 시간의 조명 : 거실, 침식, 부엌, 화장실, 현관 등에 조명이 없거나 부적절하다.</td><td>1</td></tr>
<tr><td colspan="5">마룻바닥과 장판, 카펫 : 마룻바닥에 구멍이 있거나, 전선이 노출되어 대상자가 걸을 때 방해가 된다. 고정되지 않은 깔개가 있다.</td><td>1</td></tr>
<tr><td colspan="5">욕실과 화장실 : 고장 난 변기, 누수 되는 관, 대상자가 짚고 의지할 것이 없다. 미끄러운 욕조 바닥, 옥외 화장실</td><td>1</td></tr>
<tr><td colspan="5">부엌 환경 : 위험한 전열기구, 고장 난 냉장고, 쥐와 벌레</td><td>1</td></tr>
<tr><td colspan="5">난방과 냉방 : 여름에 너무 덥거나 겨울에 너무 춥다, 천식 환자의 경우 집에 있는 나무나 석탄 난로</td><td>1</td></tr>
<tr><td colspan="5">방 출입 : 문턱이나 툇마루를 오르기가 어렵다.</td><td>2</td></tr>
</table>

9. 삶의 질 평가

1) 다음 항목에 대하여 지난 1달 동안의 상태를 잘 생각하여 응답해 주십시오.

1. 최소 2분 이상 할 수 있는 육체적 운동은 어느 정도입니까?		
① 빠른 속도로 뛸 수 있다. ② 가볍게 뛸 수 있다. ③ 빠르게 걸을 수 있다.	④ 천천히 걸을 수 있다. ⑤ 아주 천천히 걷거나 또는 잘 걷지 못한다.	5
2. 근심이 많거나, 우울하거나, 화를 잘 내거나, 슬픈 적이 있었습니까?		
① 전혀 없다. ② 거의 없는 편이다. ③ 가끔 있는 편이다.	④ 자주 있는 편이다. ⑤ 거의 매일 그렇다.	2
3. 육체적 또는 정신적 건강 문제로 집 안이나 집 밖에서의 일상적 활동 또는 일에 어려움이 있었습니까?		
① 어려움이 전혀 없다. ② 어려움이 거의 없다. ③ 약간 어렵다.	④ 상당히 어렵다. ⑤ 일상생활을 할 수 없다.	3
4. 육체적 또는 정신적 건강 문제로 친구나 이웃과 어울리는 데(대인관계에) 어려움이 있었습니까?		
① 어려움이 전혀 없다. ② 어려움이 거의 없다. ③ 약간 어렵다.	④ 상당히 어렵다. ⑤ 매우 어렵다.	2
5. 지난 1달간 몸에 통증이 있었습니까?		
① 전혀 통증이 없었다. ② 거의 통증이 없었다. ③ 약간 아팠다.	④ 상당히 아팠다. ⑤ 매우 아팠다.	4
6. 지난 1달간 전반적으로 본인의 건강 상태가 어떠하였다고 생각하십니까?		
① 아주 좋았다. ② 좋은 편이었다. ③ 보통이다.	④ 나쁜 편이었다. ⑤ 아주 나빴다.	2
7. 어려움이나 도움이 필요할 때(예를 들면 외롭고 우울할 때, 아플 때, 대화 상대가 필요할 때, 간호해 줄 사람이 필요할 때) 도와줄 사람이 있었습니까?		
① 내가 원하는 만큼 충분히 있다. ② 4~5명 정도 있다. ③ 2~3명 정도 있다.	④ 1명 있다. ⑤ 전혀 없다.	3
8. 지난 1달간 자신이 느끼기에 본인의 삶의 질(생활의 만족감)이 어떠하였다고 생각하십니까?		
① 아주 좋았다. ② 좋은 편이었다. ③ 보통이다.	④ 나쁜 편이었다. ⑤ 아주 나빴다.	3

10. 필요한 서비스

사회적 서비스		
가사 지원 서비스	세탁	○
	식사 준비 및 보조	
	청소 및 정리정돈	○
	시장보기 및 심부름	○
	생필품 구매	
	수선 및 수리	○
개인활동 서비스	신체청결	
	외출 시 동행	
	전화대행	
	병원 동행	
우애 서비스	말벗	○
	안부 전화	○
	생활상담	
특별 서비스	용변 수발	
	이 · 미용 서비스	
	간식	
	반찬	
	도시락	
	세탁	
	목욕	
교육	사회교육	
	학습 지도	
	수발자에 대한 상담 및 교육	
기타 서비스	주거환경 개선 서비스	○
	결연 후원	
	영정사진	
	물품 지원	

보건의료 서비스		
내과적 서비스	약물치료	○
	호흡치료(산소요법 등)	
	주사	
	치료식이	
	혈압 측정	○
	혈당 측정	
외과적 서비스	소독	
	욕창 예방 및 관리	
	인공항문 간호	
요법	운동요법	○
	작업치료	
	물리치료	○
	한방치료	
	재활치료	
프로그램	알코올치료	
	주간보호	
	단기보호	
	임종간호	
	의사의 왕진/외래방문	
간병	병간호	
	투약 관리	
기타 서비스	병원 후송 및 차량 지원	○
	가족에 대한 교육 또는 상담	
	타 병원에 의뢰	

기타 욕구

4 사례관리 계획표

- 문제파악 및 목표 설정 -

이용자 성명	조○○	작성일자	○○○○. ○○. ○○.	작성자	양○○

구분		신체 · 건강적 측면	사회 · 정서적 측면	환경적 특면
문제 및 욕구		① 허리와 무릎 통증을 호소하시며 매일 약을 복용 중이라고 말함 ② 몸이 불편해서 집 안 청소가 너무 힘이 들고 필요한 물건을 사서 들고 오기에 어려움이 많음 ③ 혼자 밥을 챙겨 먹는 것을 좋아하지 않아 대충 식사를 해결함	① 사회적 관계를 맺고자 하는 욕구가 있으나 이를 충족시킬만한 수단이 부족함 ② 고독사에 대한 두려움과 불안감을 느낌 ③ 스마트폰(효도폰)을 가지고 있지만 사용방법을 모르고 배우고 싶어도 알려 줄 사람이 없어 집 전화기만 쓴다고 함	① 툇마루의 턱이 너무 높아 방에 들어가기 위해 기어서 올라감 ② 화장실 세면대 수도꼭지가 녹이 슬고 부러져 다칠 위험이 큼
목표	일반 목표	① 허리와 무릎 통증을 완화하고 신체적 기능 저하와 독거 생활에 따른 가사활동의 어려움과 균형적인 영향 섭취를 지원하고자 함	① 고독사에 의한 불안감 완화를 위해 정서적 서비스를 제공함으로써 심리적 안정감을 도모함	① 일상생활 환경을 개선함으로써 잠재적 위험을 제거할 수 있도록 지원함
	하위 목표	① 파스 챙겨 드리기 ② 기능 유지를 위한 스트레칭(앉아서 가능한 것) ③ 안마하기 ④ 경로당 동행 ⑤ 장보기 동행 ⑥ 청소 서비스 제공 ⑦ 이불 털어 드리기 ⑧ 청소기 먼지 필터 청소 ⑨ 식사 함께 하기 ⑩ 건강음료 나눠 마시기	① 어르신께 말벗 지원 서비스 제공 ② 액자에 함께 찍은 사진 넣어 드리기 ③ 노노-케어 서비스 제공(동년배와의 관계망 형성) ④ 안부 전화하기 ⑤ 위급 시 긴급신고를 할 수 있는 벨 설치 ⑥ 스마트폰 사용 교육	① 보조 계단 설치 ② 화장실 수도꼭지 교체

5 서비스 개입 일지

- 일정표 -

이용자 성명	조○○	작성일자	○○○○. ○○. ○○.	작성자	양○○

내용 / 날짜	○○○○. ○○. ○○. (화요일)	○○○○. ○○. ○○. (금요일)	○○○○. ○○. ○○. (화요일)
개인 내용	• 방문 시간: 11:00~12:00 • 방문 내용 – 첫 사례 방문을 하여 방문 목적 및 일정에 대해 공유 – 어르신께 말벗 서비스 제공: 손자녀에 대한 이야기를 나눔 – 안마해 드리기	• 방문 시간: 10:00~12:00 • 방문 내용 – 겨울 바지 챙겨 드리기 – 새해 달력 챙겨 드리고 사례 방문 날짜와 대상자 생일 표기하기 – 어르신께 말벗 서비스 제공: 과거 수술 경험, 핵심적인 비공식적 수발자, 사회적 관계망 등에 대한 이야기를 나눔	• 방문 시간: 10:00~12:00 • 방문 내용 – 파스 챙겨 드리기 – 안마해 드리기 – 기능 유지 스트레칭하기 – 함께 식사하기(새해맞이 떡국) – 주거 환경 점검: 화장실, 부엌 – 어르신께 말벗 서비스 제공: 죽음 불안, 취미 생활, 새로운 사회적 관계망 등 파악
	○○○○. ○○. ○○. (목요일)	○○○○. ○○. ○○. (월요일)	○○○○. ○○. ○○. (수요일)
	• 방문 시간: 10:00~12:00 • 방문 내용 – 경로당 동행 – 안마해 드리기 – 함께 과일 먹기(사과) – 인지양상(K-MMSE) 테스트 진행 – 어르신께 말벗 서비스 제공: 어린 시절 추억 나눔 – 스마트폰(효도폰) 사용 방법 교육: 전화해 보기, 사진 찍어 보기, 앨범 사진 확인해 보기	• 방문 시간: 10:00~12:00 • 방문 내용 – 기능 유지 스트레칭하기 – 우편물 확인하기 – 가사 지원 서비스 제공: 방 청소, 이불 털기, 청소기 먼지 필터 청소 – 스마트폰(효도폰) 사용 방법 교육: 전화해 보기, 사진 찍어 보기, 앨범 사진 확인해 보기 – 안마해 드리기 – 기념사진 촬영 – 어르신께 말벗 서비스 제공	• 방문 시간: 10:00~12:00 • 방문 내용 – 기능 유지 스트레칭하기 – 건강음료 나눠 마시기(복분자, 매실 원액 제공) – 추억 남기기: 액자에 함께 찍은 사진을 넣고 서비스 제공 기간 동안 좋았던 이야기 나누기 – 의료기기 제공: 황토 맥반석 찜질기 – 어르신께 말벗 서비스 제공
기타			

6 사례평가서

점검 일자	○○○○. ○○. ○○.	점검 횟수	방문 횟수 6회
이용자	조○○	사례관리자	양○○
서비스 내용	일상생활 지원 서비스	점검 방법	1. 가정방문 (○) 2. 기관면접 ( ) 3. 전화접촉 ( ) 4. 기 타 ( )

점검 대상	점검 사항	점검 내용
이용자	목표 달성을 위한 노력	기능 유지 스트레칭을 지속적으로 실시하며 건강관리에 힘씀
	자기보호노력의 적절성	주변 자원을 활용하여 자기관리를 하고 있음(기관, 봉사원, 가족)
	서비스의 적합성	청결한 생활환경을 위해 가사 지원서비스를 제공하고, 신체기능 유지를 위해 스트레칭을 하였으며, 거동 불편 완화를 위한 보조기 지원 계획이 요구됨
	서비스의 수용성	사례방문 서비스에 적극적으로 참여하여 문제해결 및 욕구충족을 도모함
	서비스의 활용성	기능 유지 스트레칭 및 지원 물품을 적극적으로 활용함
	새로운 욕구의 발생	서울에 거주하는 딸에게 먼저 연락이 오지 않아 서운한 감정을 느낌
	새로운 문제의 발생	자녀 관계 개선 욕구 증대
서비스 제공자	서비스 계획의 수행	서비스 계획에 의거하여 서비스 지원을 하고 있음
	서비스 제공의 적시성	스트레칭 방법 및 가사 지원 서비스를 제공함으로써 이용자의 신체기능 유지에 적절히 대처하고 있음
	서비스 제공의 적당성	가사 지원, 기능 유지 스트레칭, 말벗 지원 등 개별화된 서비스를 제공하고 있음
	서비스 제공의 적절성	주거 공간 개선 및 가사 서비스 지원으로 쾌적한 환경에서 생활할 수 있도록 하며 말벗 지원, 안부 전화, 추억 만들기 서비스를 통해 고독감 감소에 기여하였음
	서비스 제공의 연속성	가사 지원, 말벗 등 이용자의 욕구에 따라 서비스를 조정하여 지원하였으나 더 체계적이고 지속적인 서비스 제공이 요구됨
	서비스 제공의 필요성	자녀관계 약화에 따른 전문적인 관계 개선 서비스가 지속적으로 필요함
	이용자와의 갈등	사례관리 서비스에 대한 만족도가 높아 갈등이 없었음
	서비스 제공자들과의 갈등	기관, 봉사회 활동은 상호 정보 공유로 갈등이 없었음
연계 서비스	연계 서비스의 적합성	해당 사항 없음
	연계 서비스 기관의 관여	해당 사항 없음
사례관리자의 의견	가사 지원, 주거환경 개선, 말벗 지원, 추억 만들기 등의 서비스를 통해 이용자의 문제 및 욕구를 개선할 수 있었으나 지역사회자원의 집중 투여와 이용자의 잔존능력을 적극적으로 활용하는 측면은 미흡하였음	

7 서비스 종결평가서

<table>
<tr><td>평가일자</td><td>○○○○. ○○. ○○.</td><td>사례관리자</td><td>양○○</td></tr>
<tr><td>이용자</td><td>조○○</td><td>평가방법</td><td>1. 직접면접 (○)　2. 전화면접 (　)
3. 사례회의 (　)　4. 기　타 (　)</td></tr>
<tr><td>평가대상</td><td>평가 사항</td><td colspan="2">평가 내용</td></tr>
<tr><td rowspan="8">이용자 수준</td><td>서비스의 효과성</td><td colspan="2">신체기능 저하와 고독감 증가에 따라 가사 지원과 말벗 지원 서비스의 효과가 높았음</td></tr>
<tr><td>서비스의 만족도</td><td colspan="2">대상자의 문제 및 욕구에 근거한 서비스를 제공으로 만족도가 높았음</td></tr>
<tr><td>결과목표의 달성</td><td colspan="2">계획대로 서비스 지원이 잘 이루어짐</td></tr>
<tr><td>서비스의 질적 수준</td><td colspan="2">대상자의 욕구에 적합한 일상생활 지원 및 관계 형성 서비스가 지원됨</td></tr>
<tr><td>신체적 기능의 향상</td><td colspan="2">기능장애에 따라 스트레칭과 의료기기 제공으로 거동의 원활함을 도모함</td></tr>
<tr><td>정신적 기능의 향상</td><td colspan="2">대화를 유도하여 과거의 추억들을 회상하도록 함</td></tr>
<tr><td>생활 수준의 향상</td><td colspan="2">주거환경 개선으로 일상생활 수준이 향상됨</td></tr>
<tr><td>특정한 서비스의 전달</td><td colspan="2">겨울옷, 파스, 의료기기 지원</td></tr>
<tr><td rowspan="8">서비스 제공자</td><td>서비스 계획의 적절성</td><td colspan="2">문제 및 욕구와 주변 자원 파악으로 서비스 계획이 적절하였음</td></tr>
<tr><td>서비스 계획의 수행방법</td><td colspan="2">계획된 서비스에 따라 적절히 수행되었음</td></tr>
<tr><td>서비스 계획의 효율성</td><td colspan="2">가사 지원 및 말벗 지원 서비스에 대한 효율성이 높았음</td></tr>
<tr><td>자원 활용의 적절성</td><td colspan="2">물품 후원 서비스의 자원 활용성이 높았음</td></tr>
<tr><td>서비스 제공자의 협력</td><td colspan="2">본 기관 내의 사회복지사, 슈퍼바이저 및 노-노케어 참여자 간에 정보 공유 및 업무 협조가 원활하였음</td></tr>
<tr><td>서비스 제공기관의 정책</td><td colspan="2">노인일자리 정책</td></tr>
<tr><td>서비스 제공기관의 프로그램</td><td colspan="2">노-노케어 프로그램</td></tr>
<tr><td>서비스 계획 수정의 필요성</td><td colspan="2">이용자의 문제와 욕구를 세분화하여 지속적인 서비스 계획을 수립할 필요성이 있음</td></tr>
<tr><td rowspan="2">연계 서비스</td><td>연계 서비스의 효과성</td><td colspan="2">해당 사항 없음</td></tr>
<tr><td>이용자에 대한 관여</td><td colspan="2">해당 사항 없음</td></tr>
<tr><td>종결에 대한 의견</td><td colspan="3">1. 결과목표의 달성(　)　2. 기능과 변화의 안정화(　)　3. 수용시설에의 입소(　)
4. 이용자의 서비스 거부(　)　5. 이용자의 사망(　)　6. 이용자의 비협조적인 태도(　)
7. 이용자의 이사(　)　8. 더 높은 수준의 프로그램으로의 이전(○)
9. 기타(　　　　)</td></tr>
</table>

3. 청각 · 언어 장애인 사례관리

1 ○○복지관 사례관리 절차
2 인테이크 기록지
3 사정도구틀
4 사례회의 기록
5 서비스 계획
6 사례관리 종결보고서

1 ○○복지관 사례관리 절차[1)]

구분	세부 구분		시간 기한	비고
접수단계	사례발견			
	인테이크	스크리닝		긴급사례는 이 단계에서 우선조치
		자료수집		정보 수집 및 인테이크지 작성
사정 · 사례회의	사정			사정도구틀 활용
	사례회의			단순형/일반형/집중형 판정 개입 방향 개괄
계획	계획			관리카드 작성, 사전측정
	동의			동의서(계약서) 작성
개입				월 1회 이상 case load 확인 이용 progress 기록
점검 · 재사정	점검			유형별로 정기 점검 (각 3개월, 6개월, 1년 단위)
	재사정			점검에서 재사정 의뢰 시 실행 정기적 재사정은 위기개입의 경우 6개월 단위 일반대상의 경우 1년 단위 재사정 결과는 종결/재계획/유지 (재계획 시 인테이크 단계로 회부)
평가 · 종결	평가			평가결과는 종결/재사정/유지
	종결			서비스종결과 사례관리종결 구분 사례관리종결은 7일 이내 보고

1) 본 내용은 광주광역시립장애인복지관 사례를 재구성하였음을 밝힘.

2 인테이크 기록지

담당	수퍼바이저
신○○	이○○

접수 년월일 : 20○○년 ○○월
담 당 직 원 : 신○○

1. 기본사항

<table>
<tr><td>접수경로</td><td colspan="8">■ 내부 발굴 □ 기관 의뢰 □ 내담자 □ 이웃 □기타</td></tr>
<tr><td>성명
(client)</td><td>남○○</td><td>생년월일</td><td colspan="2">○○○○. ○○. ○○.</td><td>성별</td><td>여</td><td>연령</td><td>만 73세</td></tr>
<tr><td rowspan="2">주소</td><td colspan="4" rowspan="2">○○광역시 ○○구 ○○동 ○○○○-○○</td><td rowspan="2">연락처</td><td colspan="3">집 : ○○○-○○○-○○○○</td></tr>
<tr><td colspan="3">HP : 010-○○○○-○○○○</td></tr>
<tr><td>대상구분</td><td colspan="8">■ 기초생활수급권자 ■ 장애인 □ 보훈클라이언트 □ 일반</td></tr>
<tr><td>세대유형</td><td colspan="8">□ 부모자녀 □ 부부 ■ 독거 □ 조손 □ 기타</td></tr>
<tr><td rowspan="2">경제 상황</td><td>월 수입액</td><td colspan="7">(25) ■ 연금(기초생활수급비. 장애연금)</td></tr>
<tr><td>월 지출액</td><td colspan="7">(20 / 의료비 5만 원, 주거비 X, 생활비 15만 원, 기타 X)</td></tr>
<tr><td>주거 상황</td><td colspan="8">□ 자가 □ 전세 □ 월세 ■ 무료임대 □ 기타</td></tr>
<tr><td>건강 상황</td><td colspan="8">■ 현재 주요 질환(무릎 통증) ■ 장애유형 및 등급(청각 · 언어장애 1급) □ 주요 병력( )
□ ADL/IADL 혹은 주요 관련 척도( ) □ 건강 관련 관리 현황</td></tr>
<tr><td rowspan="8">가족
사항</td><td>이름</td><td>관계</td><td>나이</td><td>동거 여부</td><td>직업</td><td>종교</td><td>거주지</td><td>비고</td></tr>
<tr><td>남○○</td><td>본인</td><td>76</td><td></td><td>무직</td><td>불교</td><td>○○광역시</td><td></td></tr>
<tr><td>석○○</td><td>남편</td><td></td><td></td><td></td><td></td><td></td><td>사망(자살)
1938~1977</td></tr>
<tr><td>석○○</td><td>딸</td><td>53</td><td>X</td><td>주부</td><td>무교</td><td>○○도 ○○군</td><td></td></tr>
<tr><td>석○○</td><td>딸</td><td>50</td><td>X</td><td>주부</td><td>기독교</td><td>○○광역시</td><td></td></tr>
<tr><td>석○○</td><td>아들</td><td>47</td><td>X</td><td>개인 사업</td><td>무교</td><td>○○도 ○○군</td><td></td></tr>
<tr><td>석○○</td><td>아들</td><td>45</td><td>X</td><td>어업</td><td>무교</td><td>○○도 ○○군</td><td></td></tr>
<tr><td>석○○</td><td>아들</td><td></td><td></td><td></td><td></td><td></td><td>사망
1972~1977</td></tr>
<tr><td>주호소
내용</td><td colspan="8">○○광역시장애인종합복지관을 이용하는 부분에 대해서는 프로그램 신청과 셔틀버스 운행에 대하여 불편하다고 하셨다. ○○구에 거주하시는 클라이언트는 셔틀버스가 좌석제이기에 그 전 동네에서 다른 어르신께서 모두 탑승하여 탈 수 없다고 하셨다. 이 외에 클라이언트께서는 어깨가 계속 아프다고 하신다. 또한, 스마트폰을 이용하는데 요금이 많이 나올까 봐 전화만 사용한다고 하셨고, 사용하는 방법을 잘 모른다고 하셨다. 스마트폰 프로그램을 신청한 적이 있으나 합격하지 못하였다.</td></tr>
</table>

2. 스크리닝 결과 및 판정사유

판정결과	■ 잠재적 사례관리 대상 □ 의뢰 대상 □ 정보 제공 대상 □ 제외 대상 □ 기타
판정사유	클라이언트는 지속적으로 이어진 일용직 생활로 인해 신체적으로 어려움(어깨 통증, 무릎 통증)을 겪고 있다. 또한, 최근 손자들을 보면 죽은 아들이 자꾸 떠오른다고 한다. 이로 미루어 보아 독거노인의 우울증 예방 차원에 클라이언트로 선정하게 되었다.
조치내용	

3. 가계도/생태도

– 가계도

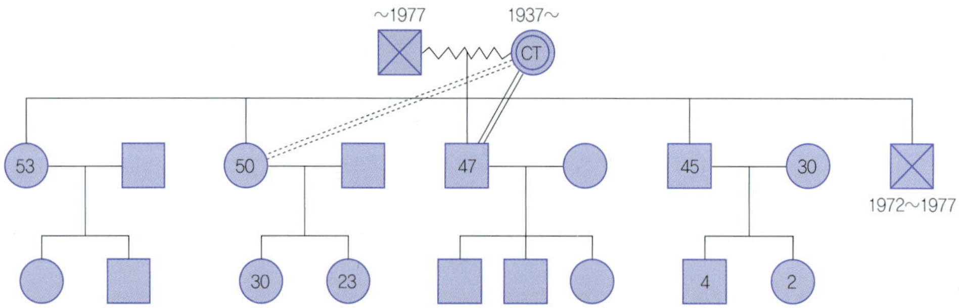

남편은 농약을 먹고 자살을 하였고 같은 해에 막내아들이 알 수 없는 병으로 사망하였다. 홀로 딸 2명과 아들 2명을 키웠다. 큰아들과는 한 달에 3~4 정도 통화를 하며, 명절 때 항상 집에 방문한다. 둘째 딸과는 금전적인 이유로 사이가 멀어지게 되었으며, 클라이언트에게 가장 마음 아픈 자식이라고 하셨다. 그래도 최근에 둘째 딸 식구를 볼 수 있고 가끔 사위가 용돈도 준다며 예전보다는 많이 나아진 것 같아 다행이라고 하셨다.

– 생태도

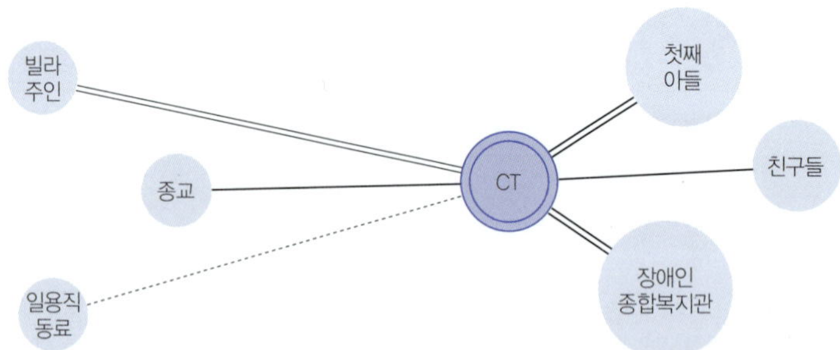

첫째 아들은 지속적인 연락으로 클라이언트가 많은 의지를 하고 있다. 이사 오기 전 동네 친구들과 가끔 연락을 하며, 이사 오고 난 후에도 연락을 지속적으로 주고받는다고 하였다. 장애인 종합복지관은 최근 찾는 횟수가 잦아졌으며, 많은 도움을 받는다고 하였다. 현재 클라이언트가 이사를 가고 싶어 빌라 주인에게 보증금을 빼달라고 하였지만 조금만 기다리라고 할뿐 아직 빼 주지 않아 많은 어려움이 있는 것 같다.

4. 개인력 및 가족력

개인력	클라이언트는 ○○도 ○○군에서 태어났다. 남편과 일찍 결혼하여 10대 후반에 살림을 꾸리게 되었고 5명의 자식을 낳았다. 클라이언트는 남편의 돈 씀씀이가 큰 것에 잔소리를 많이 하였고 남편은 스트레스를 많이 받아 농약을 먹고 자살을 하였다고 한다. 같은 해에 5살인 막내아들이 알 수 없는 병에 걸려 죽게 되었다. 손녀가 아프다고 하여 굿을 한 적이 있는데 그 이후 병이 나은 모습을 보고 막내아들이 떠올랐다고 한다. 클라이언트는 '굿을 하지 않아서 죽은 것이다.'라고 하며 무속인에게 의지하는 점이 있다. 빨리 찾아갔어야 했다며 한참을 말을 하지 않았다. 이후 클라이언트는 ○○로 이사를 오게 되었고 4명의 자식을 하숙과 부업을 하며 키웠다고 하였다. 클라이언트는 둘째 딸과 사이가 좋지 않다고 하였다. 하숙을 그만둔 후 클라이언트는 일용직(밭일) 일을 하게 되었고, 그 당시 클라이언트와 둘째 딸 가족은 같이 살았는데 금전적인 이유로 많이 싸웠다고 한다. 결국, 집을 팔고 둘째 딸 식구는 가게를 한다고 집을 나가고 클라이언트도 그 이후 이사를 가게 되었다. 현재 거주하고 있는 빌라는 집주인이 빌라를 담보 잡고 대출을 받았는데, 돈을 갚지 못하여 자기가 계약한 집이 가압류 상태라고 하였고 이를 어떻게 해결해야 할지 모르겠다고 하였다. 3년 전까지만 해도 일용직으로 일하였는데 어깨가 아파서 더 이상 일을 하지 못하고 혼자 있기에는 심심하여 ○○광역시장애인종합복지관을 방문하게 되었다고 한다. 그리고 빌라 4층에 거주하는데 계단으로 오르락내리락하는 것이 힘들다고 하셨다. 클라이언트는 주로 목욕탕, 식사, 노래방을 주로 이용한다고 한다. 셔틀버스를 타고 싶은데 클라이언트가 탑승하기 전 동네에 45석이 모두 차서 이용할 수 없다고 불편하다고 하셨다. 또한, 스마트폰 강의를 듣고 싶어서 수강 신청을 했는데 합격하지 못하여 아쉽다고 한다. 많이 신청하는 프로그램은 늘려 주었으면 좋겠다고 하였다.
가족력	젊은 시절 클라이언트와 남편은 ○○에서 소 장사를 하였다고 한다. 남편이 돈을 흥청망청 쓰고 다녀 클라이언트와 자주 싸웠다고 한다. 결국, 남편은 농약을 먹고 자살을 하였고 같은 해에 막내아들이 알 수 없는 병으로 죽었다. 클라이언트는 ○○로 이사 오게 되었고 홀로 딸 2명과 아들 2명을 키웠다고 하셨다. 집에서 도라지를 까고 하숙을 하며 생계를 이어나갔다고 하셨다. 큰아들과는 한 달에 3~4 정도 통화를 하며, 명절 때 항상 집에 방문한다. 둘째 딸과는 금전적인 이유로 사이가 멀어졌으며, 클라이언트에게 가장 마음 아픈 자식이라고 하셨다. 그래도 최근에 둘째 딸 식구를 볼 수 있고 가끔 사위가 용돈도 준다며 예전보다는 많이 나아진 것 같아 다행이라고 하셨다. 막내아들은 결혼을 계속 못 하다가 외국 여자와 결혼을 했다고 하셨다. 며느리랑 말이 잘 통하지 않아 불편하다고 하셨다.

5. 가족 및 사회적 관계

클라이언트는 큰아들과 연락을 자주 하는 편이다. 큰아들에게 한 달에 50만 원 정도의 용돈을 받는다고 하셨다. 클라이언트는 거주 이전으로 인해 친했던 이웃들과 관계가 소홀해졌고 같은 지역에 거주하는 둘째 딸과 연락이 잘 되지 않는다. 명절에 둘째 딸이 오는 경우도 있고 오지 않는 경우도 있는데 오면 사위가 가끔 용돈을 준다고 하였다. 현재는 친구와 함께 건강 타운에 방문하는 것이 즐겁다고 하셨다. 무엇보다도 저렴한 가격으로 목욕탕, 식사를 한꺼번에 해결할 수 있다는 점에서 만족하고 계신다. 대부분은 동네 어르신과 같이 방문하시고, 그렇지 않은 경우에는 혼자라도 오신다고 하셨다. 일용직을 같이 다니던 친구분께서 같이 일하러 가자고 연락이 온다고 하셨다. 클라이언트는 일용직 동료에게 건강 타운에 다니자고 권하셨지만 거리가 멀어서 망설인다고 하셨다. 또한, 예전에는 무속인(스님)과 자주 연락을 하였지만 점점 횟수가 줄어들고 부처님 오신 날에만 절에 다녀오신다고 하셨다. 둘째 딸이 자꾸 교회에 가자고 해서 같이 다녀 볼까 고민 중이라고 하셨다. 빌라 주인에게는 보증금을 돌려주라고 하였지만 아직까지 문제해결이 되지 않고 있는 상황이다.

6. 사회심리적 상황

일용직으로 일이 있을 경우 연락을 받아서 일을 하시다가 현재는 어깨 통증이 심해지셔서 일을 쉬고 있다고 하셨다. 이사를 함으로써 전 노인당 친구들과 자주 못 보고 현재 동네에 마땅한 노인당을 찾지 못하여 장애인종합복지관에 다니신다고 하셨다. 주 보호자는 아들이며, 항상 주 3~4회 이상 전화로 연락을 주고받고 있다. 또한, 막내아들이 ○○에서 수산업에 종사하여 멸치를 보내 주는데 이것을 지인들에게 팔아서 용돈을 번다고 하셨다. 건강 타운은 동네 친구분과 다니신다고 하셨는데 친구가 오지 않을 경우는 혼자 올 경우도 많다고 하셨다. 외국인 며느리와의 의사소통이 불편하여 영어 수업을 듣고 싶지만 따라가지 못할까 봐 하는 걱정이 크다고 하셨고, 스마트폰 수업은 합격하지 못하여 듣고 싶어도 못 듣는 상황이라고 하셨다.

7. 사회복지 서비스 욕구

구분	내용	우선순위	비고
경제적 욕구	X		
주거욕구	보증금 문제 해결	1	• 현재 거주하는 빌라는 전세인데 빌라 주인이 클라이언트의 집을 담보로 잡고 대출을 받은 상태. 전세금을 돌려받고 이사를 가고 싶으나 빌라 주인은 기다리라고만 함
건강욕구	어깨통증 치료를 원함	4	• 오랜 일용직 근무로 인해 어깨 통증과 무릎 통증이 심해짐 • 집이 4층에 있는데 엘리베이터가 없어서 계단으로 다니기 힘들다고 함
사회심리적 욕구	아들이 자꾸 떠오름	2	• 손자, 손녀들을 보면 죽은 아들이 생각나며 계속 미안하다고 생각함 • ○○광역시장애인종합복지관을 친구들과 함께 다니고 싶은데 거리가 멀어서 친구들이 꺼림
교육	스마트폰 교육 / 영어 회화	3	• 아이들과 영상통화도 하고 싶고 사진도 받아 보고 싶은데 요금이 많이 나올까 봐 스마트폰으로 전화통화만 한다고 함 • 외국인 며느리와 의사소통이 되지 않아 기본적인 영어 회화를 배우고 싶다고 함

8. 욕구 관련 클라이언트 자원 활용상황

공식적 자원	비공식적 자원
• ○○광역시장애인종합복지관 내 전문상담실	• 일용직 동료 • 동네 동료 • 이사 오기 전 노인당 동료 • ○○광역시장애인종합복지관 동료 • ○○절 스님

9. 클라이언트의 강점 활용방안

클라이언트의 강점	활용방안
• 배우고자 하는 욕구가 강함 • 사람들과 어울리는 걸 좋아함 • 비슷한 연령과 비교했을 때, 수화능력이 탁월함 • 주변 정리를 잘함	• 장애인종합복지관 교육 프로그램 참여 • 요리교실 프로그램 연계 • 복지관 수화교육 프로그램 보조

10. 자료수집 과정에서의 클라이언트 태도와 반응

○○대학교 학생이라고 하니 자기 손녀와 같은 대학교라고 하셨다. 꼭 손녀를 보는 것만 같다며 적극적으로 참여하셨고, 항상 밥은 먹었냐고 물어보며 간식거리를 함께 나누고 싶어 하셨다. 또한, 종합복지관은 잘사는 사람들도 많이 다니는 것 같은데 클라이언트와 같은 사람이 다녀도 되는지 물어보셨다. 이 외에 클라이언트는 죽은 아들을 이야기할 때 말을 계속 이어 하지 못하기도 하였다.

11. 개입과 관련한 인테이크 담당자 전반적 의견

심리적 안정과 건강 관련 지원을 받을 수 있는 서비스 유형을 조사하여 심신 안정이 이루어지면 차순위 욕구에 대한 문제해결을 들어갈 수 있도록 사례관리를 진행

〈부수첨가서식〉 ADL, IADL 척도

성명: 남○○

동작유형		상태		
KADL 척도	1) 옷 벗고 입기	■ 전혀 불편 없음	□ 약간 불편	□ 매우 불편
	2) 세수하기	■ 전혀 불편 없음	□ 약간 불편	□ 매우 불편
	3) 양치질하기	■ 전혀 불편 없음	□ 약간 불편	□ 매우 불편
	4) 목욕하기	□ 전혀 불편 없음	■ 약간 불편	□ 매우 불편
	5) 식사하기	■ 전혀 불편 없음	□ 약간 불편	□ 매우 불편
	6) 체위 변경하기	■ 전혀 불편 없음	□ 약간 불편	□ 매우 불편
	7) 일어나 앉기	□ 전혀 불편 없음	■ 약간 불편	□ 매우 불편
	8) 옮겨 앉기	□ 전혀 불편 없음	■ 약간 불편	□ 매우 불편
	9) 방 밖으로 나오기	□ 전혀 불편 없음	■ 약간 불편	□ 매우 불편
	10) 화장실 사용하기	■ 전혀 불편 없음	□ 약간 불편	□ 매우 불편
	11) 대변 조절하기	■ 전혀 불편 없음	□ 약간 불편	□ 매우 불편
	12) 소변 조절하기	■ 전혀 불편 없음	□ 약간 불편	□ 매우 불편
IADL 척도	13) 전화 사용	□ 전혀 불편 없음	■ 약간 불편	□ 매우 불편
	14) 청소/설거지/세탁	□ 전혀 불편 없음	■ 약간 불편	□ 매우 불편
	15) 금전 관리	□ 전혀 불편 없음	■ 약간 불편	□ 매우 불편
	16) 교통수단 이용	□ 전혀 불편 없음	■ 약간 불편	□ 매우 불편
	17) 장보기	□ 전혀 불편 없음	□ 약간 불편	■ 매우 불편
전체 합계: 10점		□ 전혀 불편 없음 8개(0점)	□ 약간 불편 8개(8점)	□ 매우 불편 1개(2점)

※ 사정도구틀 일반형
하: 26~34 / 중: 17~25 / 상: 16 미만

3 사정도구틀

영역	내용	평가기준	배점기준	평가	비고
욕구긴급성 (15)	욕구긴급성	욕구긴급성 상	15		
		욕구긴급성 중	10		
		욕구긴급성 하	5	✓	
경제 (15)	실제 수입 (5)	최저생계비 120% 이하	5		
		최저생계비 150% 이하	3		
		최저생계비 200% 이하	1	✓	
	지출 (5)	수입 100% 이상	5		
		수입 80% 이상	4	✓	
		수입 80% 미만	3		
	경제 여건의 위기성 (5)	경제여건위기 상	5		
		경제여건위기 중	3		
		경제여건위기 하	1	✓	
주거 (10)	주거점유 형태 (5)	가건물	5		
		월세	4		
		무료임대	3	✓	
		전세	2		
		자가	1		
	주거 상태 (5)	매우 열악	5	✓	
		다소 열악	4		
		보통	3		
		양호한 편	2		
		매우 양호	1		
의료 및 건강 (25)	장애 및 질병 (10)	중증장애/만성질환	10	✓	
		경증장애/만성질환	8		
		단기경증질환	6		
	ADL (5)	하	5		
		중	3	✓	
		상	1		
	건강 상태 판단 (10)	매우 심각	10		
		심각한 편	8		
		보통	6		
		양호한 편	4	✓	
		매우 양호	2		
심리사회 (25)	가구 구성(5)	독거	5	✓	
		보호가 필요한 동거가족	4		
		동거가족	3		
	사회관계망 (10)	전혀 없음	10		
		비공식지원체계	8	✓	
		공식지원체계	6		
		공식+비공식지원체계	4		
	심리정서 상태 (10)	매우 불안	10		
		불안	7	✓	
		양호	4		
사회복지사 평가(10)		전반적 사항 종합검토	0~10		
총점(100)		56			
판정결과		집중형(80~100)) / 일반형(70~79) / 단순형(70점 미만)			
서비스 계획 주요 내용 지시					

4 사례회의 기록

<table>
<tr><th>일시</th><td>○○○○. ○○. ○○.</td><th>장소</th><td>상담실</td><th>기록자</th><td>신○○</td></tr>
<tr><th>참석인원</th><td colspan="5">실습 담당자, 실습자, 문화교육팀장님</td></tr>
<tr><th>대상자</th><td colspan="5">남○○</td></tr>
<tr><th>사례안건</th><td colspan="5">클라이언트 욕구에 관한 서비스 계획</td></tr>
<tr><th>회의내용</th><td colspan="5">1. 주거욕구
• 현 거주하는 빌라는 전세인데 빌라 주인이 클라이언트의 집을 담보로 잡음. 전세금을 돌려받고 싶으나 빌라 주인은 기다리라고만 함
– 기관 내 상담실에서 진행하는 전문상담 프로그램을 안내 / 전문상담을 받을 경우 아들에게도 알려 줄 수 있도록 함(법률 & 주택금융상담).

2. 건강욕구
• 오랜 일용직 근무 생활로 인해 어깨통증이 심해짐. 집이 4층에 있는데 엘리베이터가 없어서 계단으로 다니기 힘들다고 함
– 클라이언트는 물리치료실을 환자들만 이용 가능하다고 생각하였다고 함. 물리치료실과 통증클리닉에 대해 안내하고 이용하도록 권장(무료/유료).
– 바른 몸 만들기 프로그램에 대해 안내하고 현재 클라이언트의 관절 치료에 도움이 될 수 있다고 안내

3. 사회심리적 욕구
• 손자/손녀들을 보면 죽은 아들이 생각나고 계속 미안하다고 생각함 / 친구들과 함께 다니고 싶은데 거리가 멀어서 망설임
– 웃음치료 프로그램을 안내하도록 하여 우울증 예방
– 클라이언트에게 셔틀버스 운행에 대해 안내

4. 교육
• 아이들과 영상통화도 하고 싶고 사진도 받아보고 싶은데 요금이 많이 나올까 봐 스마트폰으로 전화통화만 한다고 함. 또한, 외국인 며느리와 의사소통이 되지 않아 기본적인 회화를 배우고 싶다고 함
– 프로그램이 아니더라도 기관 내 스마트폰 교육에 대해 안내. 와이파이 설정을 알려드리고 어떻게 하면 요금이 많이 나오게 되는지 알려 드림. 카카오톡 설치를 하여 자녀들과 연락할 수 있도록 도와드릴 수 있도록 함
– 기초 영어 회화 프로그램에 대해 안내</td></tr>
<tr><th>회의결과</th><td colspan="5">• 클라이언트는 식사와 목욕탕을 주로 이용하고 현재 프로그램은 수강하지 않음. 이로 미루어 보아 건강 타운 내 프로그램이나 시설에 대해 잘 알지 못하고 있음. 신규 회원 안내 교육을 한 번 더 받도록 권하고, 클라이언트에게 필요로 하는 프로그램과 장소를 따로 안내하도록 함. 또한, 처음 전문상담을 받는다고 수락할 경우 클라이언트와 사전에 연락을 하여 상담을 잡도록 함</td></tr>
<tr><th>Supervision 및 확인</th><td colspan="5">• 욕구조사를 토대로 회의결과에 따라 진행
• 클라이언트의 심리적 상황을 면밀히 체크하길 바람</td></tr>
</table>

5 서비스 계획

담당	수퍼바이저
신○○	이○○

계획 년월일 : ○○○○년 ○○월
담 당 직 원 : 신○○

클라이언트의 문제 및 욕구	결과목표	서비스목표	서비스실행방법
어깨 통증 / 무릎 통증 치료	통증 개선	현재 클라이언트의 건강 상태 및 치료 방향 파악	• 타운 내 물리치료실 이용 • 통증클리닉 이용 (매월 셋째 주 수요일 2~4시) • 프로그램 중 바른 몸 만들기 수강 권유 (인체의 중심을 잡아 주고 근육과 뼈를 보호하며 신체의 근육과 밸런스를 잡아 주는 프로그램)
건강 타운 이용 시 교통수단 불편	셔틀버스 이용	클라이언트 거주지와 더 가까운 노선 안내	• ○○구청 방면 4회차 탑승 (4회차는 마지막에 ○○구청 거쳐 감) • ☞ 1회차 탑승 (1회차는 ○○구청에서 출발)
주거 문제 해결	법적 해결방안 제시	현 클라이언트 주거 상황의 궁금증 해결 및 법적 해결방안 제시	• 전문상담 프로그램 참여 • 주택금융(셋째 주 수요일 10~12시) & 법률(셋째 주 화요일 12시) * 가능하다면 자녀와 함께 참여
죽은 아들에 대한 죄책감, 낮은 자존감	우울증 예방	웃음치료 프로그램 참여로 인해 우울증 예방	• 전문상담 프로그램 참여 • 마음상담 짝수 달 (2, 4째주 수요일- 9:30~12:00) • 웃음치료 프로그램 안내
스마트폰 교육	교육 훈련	스마트폰 교육을 통하여 기본적인 사용법 안내	• 스마트폰 활용 교육 안내(대강당)

6 사례관리 종결보고서

담당	수퍼바이저
신○○	이○○

일　　　시 : ○○○○년 ○○월
담 당 직 원 : 신○○

<table>
<tr><td>관리번호</td><td></td><td>성명</td><td>백○○</td><td>생년월일</td><td>○○○○. ○○. ○○.</td></tr>
<tr><td>주소</td><td colspan="3">○○광역시 ○○구 ○○동</td><td>연락처</td><td>010-○○○○-○○○○</td></tr>
<tr><td>등록일</td><td colspan="2"></td><td>종결일</td><td colspan="2"></td></tr>
<tr><td rowspan="4">종결 유형
및 사유</td><td colspan="2">유형</td><td colspan="3">사유</td></tr>
<tr><td colspan="2">□ 대상자에 의한 종결</td><td colspan="2">□ 사망
□ 이주
□ 상황 호전
□ 거절이나 포기
□ 기타(</td><td>□ 시설 입소
■ 목표 달성
□ 타 기관 이용
□ 약속 불이행
)</td></tr>
<tr><td colspan="2">□ 사회복지사에 의한 종결</td><td colspan="2">□ 사직 · 타 업무 희망
□ 대상자의 소극적 참여</td><td>□ 본인과 부적합</td></tr>
<tr><td colspan="2">□ 기타 이유에 의한 종결</td><td colspan="2">□ 기관의 업무 조정
□ 기관 또는 법인의 교체
□ 기관의 자원 또는 능력의 한계</td><td>□ 기관의 사례기한 제한
□ 원칙 변경</td></tr>
<tr><td>서비스
제공 현황</td><td colspan="5">클라이언트의 욕구에 관한 서비스를 제공하도록 함. 클라이언트는 기관의 프로그램이나 시설에 대해 자세히 알지 못하여 효과적으로 이용하지 못하고 있는 상황임. 타운 내 물리치료실과 통증클리닉을 이용하여 어깨 통증과 무릎 통증 치료를 받음. 또한, 바른 몸 만들기 프로그램 수강을 권유하였고 공석이 있다면 신청하기로 함. 클라이언트는 ○○구청에서 셔틀버스를 탑승함. ○○구청을 마지막으로 방문하는 차에 탑승했었는데, ○○구청을 제일 처음에 탑승하는 1회차 셔틀버스 탑승을 안내함. 주거 문제 해결을 위해 주택금융 & 법률 전문상담 프로그램을 안내함. 법적 · 전문적인 문제를 다루기 때문에 자녀와 함께 프로그램에 참여하는 것을 권장함. 죽은 아들에게 죄책감을 느낀 클라이언트에게 마음상담 프로그램과 웃음치료 프로그램을 안내하여 참여하도록 함. 스마트폰 프로그램을 수강하지 못한 클라이언트에게 대강당에서 진행하는 스마트폰 활용 교육을 수강하도록 안내함</td></tr>
<tr><td rowspan="2">클라이언트
변화사항</td><td colspan="2">초기 상황</td><td colspan="3">종결 상황</td></tr>
<tr><td colspan="2">손자, 손녀나 어린아이들을 보면 죽은 아들 생각이 많이 난다고 함. 어깨 통증과 무릎 통증이 심함. 셔틀버스보다 시내버스를 타고 건강 타운에 오는 경우가 더 많았음</td><td colspan="3">죽은 아들 이야기를 꺼내지 않으면 평상시에는 생각나는 것이 줄어들었다고 함. 초기 상황보다 웃는 모습을 많이 보여 줌. 어깨 통증과 무릎 통증은 물리치료를 꾸준히 받고 있고, 더욱 일찍 나와야 하지만 셔틀버스를 타고 건강 타운에 오는 것이 좋다고 함</td></tr>
<tr><td>사회복지사
종합소견</td><td colspan="5">향후 클라이언트에게 본 기관에서 운영 중인 전문상담실을 통해 지속적인 서비스를 이용할 수 있도록 유도하고 권장함</td></tr>
<tr><td>종결 결정일</td><td colspan="5"></td></tr>
</table>

C·H·A·P·T·E·R **17**

청소년복지 영역

1. 지적 장애 청소년 사례관리

1 접수/의뢰서
2 기초현황 기록지
3 사정 기록지
4 실행계획서
5 과정기록지
6 사례종결평가서
7 사후관리 계획서
8 사후관리 보고서

1 접수/의뢰서

<table>
<tr><th colspan="7">의뢰대상</th></tr>
<tr><td>성명</td><td>서○○</td><td>성별</td><td>여</td><td colspan="2">생년월일</td><td>○○○○. ○○. ○○.</td></tr>
<tr><td rowspan="3">주소</td><td rowspan="3" colspan="3">○○광역시 ○구 ○로 7, ○동 ○호</td><td rowspan="3">연락처</td><td>전화</td><td>○○)○○○-○○○○</td></tr>
<tr><td>휴대폰</td><td>010-○○○○-○○○○</td></tr>
<tr><td>이메일</td><td></td></tr>
<tr><td>직업</td><td>학생</td><td>방법</td><td colspan="4">■ 자진 □ 인터넷 □ 홍보물
□ 주변 권유( ) □ 기타(○○복지관)</td></tr>
</table>

가족사항					
성명	관계	나이	직업	동거여부	기타
서○○	부	50	회사원	○	
이◇◇	모	45	가정주부	○	
서○○	본인	18	학생	○	
서◇◇	동생	16	학생		

해결하고 싶은 내용 및 욕구 (무엇이 달라지기 원하십니까?)

- 형제들끼리 사이가 좋지 않아요. 사이좋게 지냈으면 좋겠어요.
- 주변에 친구들이 없어서 외로워해요. 여행을 가고 싶어 해요.
- 자주 이가 썩어요. 교육을 받았으면 좋겠어요.

<table>
<tr><th colspan="7">의뢰자</th></tr>
<tr><td>이름</td><td>서○○</td><td>직업</td><td>회사원</td><td colspan="2">소속</td><td>○○물산</td></tr>
<tr><td rowspan="3">주소</td><td rowspan="3" colspan="3">○○광역시 ○○동 ○○로</td><td rowspan="3">연락처</td><td>전화</td><td>○○)○○○-○○○○</td></tr>
<tr><td>휴대폰</td><td>010-○○○○-○○○○</td></tr>
<tr><td>이메일</td><td></td></tr>
<tr><td>방법</td><td colspan="6">■ 자진 □ 인터넷 □ 홍보물 □ 주변 권유( ) □ 기타(담당 클라이언트)</td></tr>
</table>

※ 첨부 자료 :

본인은 귀 기관을 통해서 받은 상담 내용이 본인(또는 의뢰한 분)에 대한 도움의 목적과 전문가 양성을 위한 훈련 및 학문적 목적에 사용하는 것과 효과적인 도움을 위하여 필요한 유관기관과 개인정보를 공유하는 것에 대하여 허락하고 동의합니다.

신청일 : ○○○○년 ○○월 ○○일 신청인 : 서○○ (서명 또는 인)

○○복지관 귀중

<table>
<tr><th colspan="3">결과</th></tr>
<tr><td>결과</td><td>■ 진행 □ 타 기관 의뢰 □ 기타( )</td><td>담당자: 서○○</td></tr>
<tr><td>특기사항</td><td colspan="2">클라이언트의 문제를 해결하기 위하여 자진해서 사례관리를 신청함</td></tr>
</table>

2 기초현황 기록지

담당	팀장	부관장	관장

사례번호	○○-○○-○○	사례관리자	류○○	작성일자	○○○○. ○○. ○○.
최초접수일	○○○○. ○○. ○○.	사례종결일	○○○○. ○○. ○○.	작성회차	1
접수방법	■ 방문 □ 내방 □ 전화 □ 기타(　)				
접수경로	■ 클라이언트 직접 요청(방법:　) □ 사례관리자가 직접 발굴 □ 기관 내 타 부서 의뢰(　) □ 타 기관 의뢰(　) □ 기타(○○복지관)				

클라이언트 및 가족 현황

성명	서○○	성별	□ 남 ■ 여	생년월일	○○○○. ○○. ○○.
주소	○○광역시 ○구 ○로 7, ○동 ○호				
연락처	집전화 ○○)○○○-○○○○	휴대폰	010-○○○○-○○○○	이메일	x
종교	□ 기독교 □ 천주교 □ 불교 ■ 없음 □ 기타(　)				
결혼관계	□ 기혼 ■ 미혼 □ 이혼 □ 동거 □ 사별 □ 재혼 □ 별거 □ 기타(　)				

가족사항

연번	관계	성명	생년월일	직업	학력	장애/질병	동거 여부	비고
1	부	서○○	○○.○○.○○.	회사원	고졸	X	○	
2	모	이◇◇	○○.○○.○○.	아르바이트	고졸	X	○	
3	본인	서○○	○○.○○.○○.	학생	재학	○	○	
4	동생	서◇◇	○○.○○.○○.	중학생	중재	X	○	

특기사항: CT가 부모님과 동생과 함께 살고 있음. 클라이언트의 할아버지와 할머니와 함께 거주하였지만 돌아가시면서 지금의 형태를 유지하게 됨

세대유형

□ 독거노인 □ 노인세대 □ 조손세대
□ 한부모 세대 ■ 장애인세대 □ 부모자녀세대
□ 기타(　)

특기사항: CT가 손자와 손녀들과 함께 살고 있음. CT의 손자와 손녀들이 어머니는 같고 아버지가 달라 성(최 씨, 이 씨)이 다름. CT의 딸이 ○○년 ○○월에 간경화로 사망. CT의 사위들이 경제적으로 지원을 하지 않고, 어린 시절부터 교류도 하고 있지 않음

수급사항

□ 일반수급자 □ 조건부수급자 □ (　)특례자
□ 비법정대상자 ■ 기타(장애연금)

특기사항: 장애연금 5만 원

주거사항

주거 형태	□ 일반주택(지상/지하) ■ 아파트 □ 공공임대(아파트) □ 기타(주거환경:　)
소유 형태	■ 자가 □ 전세(　만 원) □ 월세 □ 무료임대 □ 영구임대(보증금: 200만 원, 월세: 4만 원) □ 기타(　)

특기사항: 아파트에서 4인이 거주하며 부모님이 한 방을 사용하고 클라이언트와 동생이 한 방을 사용하고 있음

<table>
<tr><td rowspan="3">경제사항</td><td>총수입</td><td>월 385만 원</td><td>수입원</td><td>□ 공공급여
■ 기타</td><td>■ 가족수입
□ 후원금(5만 원)</td></tr>
<tr><td>총지출</td><td>월 210만 원</td><td>부채</td><td>■ 유( )</td><td>□ 무</td></tr>
<tr><td colspan="5">• 특기사항: 클라이언트의 부가 회사원으로서 버는 300만 원과 모가 소일거리삼아서 하는 아르바이트로 받는 돈 80만 원, 장애연금 5만 원으로 생활한다고 함. 경제적으로 크게 어려운 점은 없다고 함
• 수입: 월급 300만 원, 아르바이트 80만 원, 장애연금 5만 원
• 지출: 식료품비 60만 원, 공과금 20만 원, 통신비 30만 원, 교육비 · 용돈 40만 원
• 의료비 10만 원, 기타 등등 50만 원</td></tr>
<tr><td rowspan="3">건강상태</td><td>질병 유무</td><td>■ 무</td><td colspan="2">□ 유(질환명:</td><td>발생 시기:)</td></tr>
<tr><td>장애 유무</td><td>□ 무</td><td colspan="2">■ 유(장애명: 지적장애 3급</td><td>발생/진단 시기: 20○○년)</td></tr>
<tr><td colspan="5">특기사항: 태어날 때부터 지적장애를 가지고 태어남</td></tr>
</table>

가계도	생태도
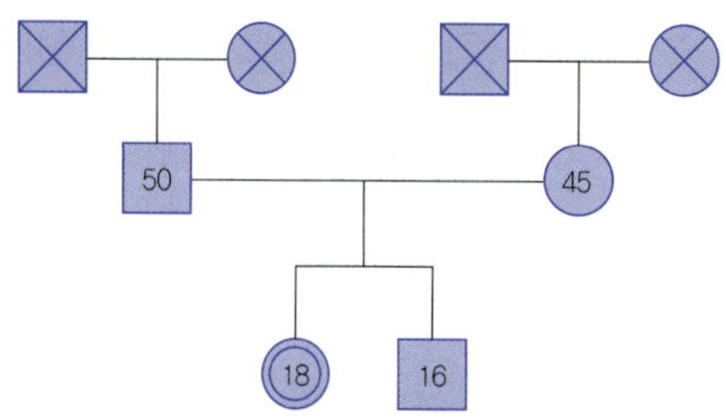	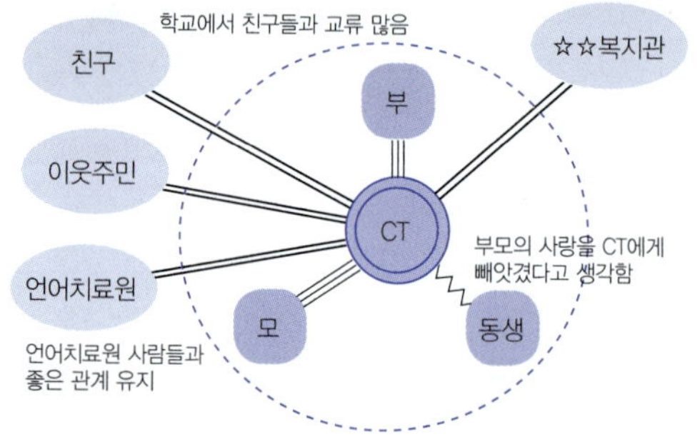

가족사회 관계망

- CT: 태어나면서부터 장애를 가지고 태어났음. 부모와의 관계는 매우 돈독한 편. 하루에 한 번 이상 전화하며, 부모뿐만 아니라 외할아버지와 삼촌 등 모든 가족에게도 자주 연락하고 있으며, 동생을 제외한 가족 모두 클라이언트에게 호의적인 마음을 가지고 있음. 또한, 주변 이웃에게도 학교와 학원을 통학하면서 매일 인사하며 좋은 관계를 유지하고 있지만 주위에 같은 학교에 다니는 또래 친구가 한 명뿐이어서 그 친구에게 많이 의지하고 있고 가끔 외로움을 느끼기도 함
- CT의 부: 회사에 다니며 가족의 경제적인 부분을 책임지고 있음. 클라이언트와 관계가 매우 좋은 편이고 다른 친지들과도 좋은 관계를 유지하고 있음. 주중에는 일이 바빠 클라이언트와 얼굴을 보면서 많은 대화를 하지는 못하지만 퇴근 후 이야기하려고 노력하고 주말이 되면 가족들이 모두 모여서 자주 여행을 가려고 노력함
- CT의 모: 클라이언트와 집에서 가장 오랜 시간을 같이 보내며, 가장 친근하고 긴밀한 관계를 유지하고 있음. 클라이언트가 학교에 다닐 때나 계절학교에 다닐 때 아이를 위해서 반에 떡이나 햄버거 등의 먹을 것을 자주 보낼 정도로 클라이언트를 생각하고 있음. 클라이언트를 낳기 전에는 회사에 다녔지만 클라이언트를 낳은 후 집에서 클라이언트를 보는 일에 집중하였다고 함
- CT의 동생: 클라이언트와 유일하게 마찰이 있는 가족. 클라이언트의 동생은 가족들이 클라이언트만 너무 아낀다고 생각하여 부모를 뺏겼다는 생각을 가지고 있음

클라이언트가 바라는 것	클라이언트의 강점과 근거
• 친구를 사귀고 싶어 함 • 학교를 졸업하고 직장을 가지고 싶어 함 • 동생과 사이가 좋아지기를 희망함 • 충치가 자꾸 생겨서 칫솔질 교육을 받고 싶어 함	• 클라이언트는 활발한 성격 • 배움에 대한 욕망이 큼 • 근처에 병원과 복지관이 많음 • 가족 간의 사이가 끈끈한 편임

3 사정 기록지

결재	담당	팀장	부관장	관장

사례번호	○○–○○–○○	클라이언트	서○○	사례관리자	류○○
사정일자	○○○○. ○○. ○○.	유형	■신규 □ 재사정	정보제공자	서○○

영역	제시된 욕구	강점	이용 가능한 자원	척도질문 1~10점
가족	동생과의 사이가 좋지 않아서 동생과 사이가 좋아졌으면 좋겠어요.	• 부모와의 관계는 매우 좋은 편	• 부모님 • 교회	8
건강	치아가 자주 썩고 치료할 곳이 마땅치 않아요.	• CT의 부모님이 이 닦기의 중요성을 계속 교육하고 있음	• ○○복지관 보건 서비스 • ○○보건지소 • ○○대학교 치과병원	3
일상생활	주변에 친구가 없어서 너무 외로워요.	• 학교에는 친구가 많은 편 • 성격이 활발한 편	• 자원봉사자 • 이웃	7
고용	클라이언트가 학교교육을 끝내면 취직이 되었으면 좋겠어요.	• 클라이언트가 취직에 대한 의지가 있음 • 배우는 것에 대하여 긍정적인 반응을 보임	• ○○광역시 청년정책과 • 국제직업전문학교 ○○대점 • 고용노동부 구직자 지원사업	6
강점	• 클라이언트와 부모 사이가 친밀함 • 클라이언트가 매우 활발하고 적극적임 • 학교에서의 친구 사이나 이웃 간의 사이가 좋음 • 클라이언트가 다른 것에 대하여 배우는 것에 대하여 거부감이 없음 • CT와 가족들이 짐 정리를 하고 싶은 의지가 있음 • 경제적으로 어려운 상황이 아님			
척도이용 사정	척도명	결과		
	우울척도	12/84 가벼운 우울		
사례관리 여부	■ 사례관리 진행 □ 서비스 단순 이용			
강점 활용방안	• 가족 간의 애정이 깊어서 가족회의를 실시하여 대화의 시간을 가질 수 있음 • 주변의 복지관을 이용하여 자원봉사자와 연계할 수 있음 • 복지관과 병원이 연계하여 칫솔질 교육을 할 수 있음			

4 실행계획서

결재	담당	팀장	부관장	관장

사례번호	○○-○○-○○	클라이언트	서○○	사례관리자	류○○
사정일자	○○○○. ○○. ○○.	유형	■신규 □ 재사정		

영역	제시된 욕구	합의된 목표	실행계획	실행자	기간	비용
가족	클라이언트와 동생과의 사이가 좋지 않아요.	• 가족회의 진행 • 여행 가기	• ○○건강가정지원센터 월 2회 방문	가족상담사 사례관리자	○○. ○○. ○○. ~ ○○. ○○. ○○.	무료
건강	치아가 자주 썩고 썩으면 치료받을 장소가 마땅치 않아요.	• 이 닦는 방법 교육하기 • 치료받을 수 있는 치과 구하기	• ○○보건지소와 ○○복지관이 연계하여 칫솔질 교육 • ○○대학교 치과대학병원에서 치료	교육강사 사례관리자 의사	○○. ○○. ○○. ~ ○○. ○○. ○○.	무료 소정 회비
		• 치료받을 수 있는 치과 구하기	• ○○대학교 치과대학병원에서 치료	의사 사례관리자	○○. ○○. ○○. ~ ○○. ○○. ○○.	치료비
일상생활	집 근처에 또래 친구가 없어서 외로워요.	• 자원봉사자를 통한 친구 만들기	• ○○종합사회복지관을 통하여 일대일 자원봉사자 파견	자원봉사자 사례관리자	○○. ○○. ○○. ~ ○○. ○○. ○○.	무료
고용	의무교육이 끝나고 취직을 했으면 좋겠어요.	• ○○청년드림수당에서 6개월 지원금을 받기로 함 • 직업교육 수강 비용 지원을 해 주는 곳을 찾음	• ○○청년드림수당에서 지원받는 것을 보조해 주기 • 취업성공패키지(고용보험 공단) 연계를 통한 취업 활용	사례관리자 국제직업 전문학교강사	○○. ○○. ○○. ~ ○○. ○○. ○○.	무료

클라이언트의 역할	• 적극적으로 교육받기
사회복지사의 역할	• 교육강사, 직업전문학교 선생님, 복지관 프로그램 담당자 등과 협력 • CT 손자 취업 준비 지원 서비스 연계 • 프로그램이 잘 진행되고 있는지 수시로 확인

사례관리 동의서

- 귀하와 합의된 내용 이외의 목적으로 개인정보가 노출되지 않도록 하겠습니다.
- 모든 사례관리 내용은 귀하와의 자기결정을 존중하고 합의하에 진행시키도록 하겠습니다.
- 본 사회복지관은 귀하의 생명과 인권을 존중하고 사회복지 요구를 해결하기 위해 최선의 사례관리 서비스를 제공하도록 노력하겠습니다.

○○종합사회복지관 사례관리자: (인)

- 본인은 사례관리 서비스의 계획 및 진행 내용에 대한 설명을 충분히 듣고 이해했습니다.
- 본인은 계획된 목표를 성취하기 위해 적극적으로 참여하고 협력하겠습니다.
- 본 동의서 작성일로부터 귀 복지관에서 제공하는 사례관리 서비스를 제공받는 것에 동의합니다.

성명: 서○○ (인) 보호자: 서○○ (인)

5 과정기록지

결재	담당	팀장	부관장	관장

사례번호	클라이언트	주소	연락처	사례관리자
○○-○○-○○	서○○	○○광역시 ○구 ○로 7, ○동 ○호	010-○○○○-○○○○	류○○

일시	개입 방법	개입 기관	접촉 대상	내용	기타
○○. ○○. (수)	방문	○○ 종합사회복지관		• 클라이언트에게 사례관리에 대해 설명함 • 클라이언트에 욕구를 물어보았는데 주변에 친구가 없어 생기는 외로움이 가장 크다고 말함 • 학교에는 친구들이 많은데 집 근처에는 친구가 없다고 말함 • 부모님에게 많이 의존하고 있음 • 사례관리 도중에도 친척들에게 전화함. 친척들에게 자주 전화한다고 함 • 가리는 음식도 없고 신체적으로는 아주 건강하다고 함	
○○. ○○. (금)	방문	○○ 종합사회복지관	CT와 가족 (서○○)	• 클라이언트와 동생과의 관계는 좋지 않음. 동생이 부모님이 형만 편애한다고 생각함 • 치과치료를 받아야 한다고 말함. 자주 충치가 생긴다고 부모님이 걱정하심 • 친척뿐만 아니라 학교 선생님 등 자신이 아는 많은 사람에게 계속 전화함. 집 근처의 친구들은 잘 놀아 주지 않는다고 함 • 학교 가는 것을 좋아함. 친구는 물론 학교에서 배우는 것 또한 좋아함	
○○. ○○. (월)	방문	○○ 종합사회복지관	CT와 가족 (서○○)	• 주변에 떡 등을 돌리는데도 친구 만들기가 어렵다고 함 • 언어치료를 위해 병원에 다니는데 매우 성실함. 배우는 것이 좋다고 함 • 노래 부르는 것을 좋아하고 사람들과 어울리는 것을 좋아함 • 부모님은 교육과정이 끝나고 취업하는 것을 원함. 클라이언트 미래에 대한 걱정이 큼	
○○. ○○. (월)	방문	○○ 종합사회복지관	CT와 가족 (서○○)	• 학교에 갔다가 다쳐서 옴. 장애학교 특성상 기분 조절이 안 되어 다치는 경우가 많아서 걱정이 된다고 함 • 동생과 한 방을 사용하여 TV 프로그램 때문에 싸우는 경우가 종종 있다고 함	

6 사례종결평가서

결재	담당	과장	관장

성명	서○○	주민등록번호	○○○○○○-○○○○○○○	사례번호	○○-○○-○○
주소	○○광역시 ○구 ○로 7, ○동 ○호			전화번호	○○)○○○-○○○○
사례 관리기간	○○○○. ○○. ○○. ~ ○○○○. ○○. ○○.				
주요제공 서비스	[신체 · 건강적 측면] – 보건소와 복지관이 연계하여 칫솔질 교육을 실시하였고 치과치료를 위해 ○○대학교 치과병원과 연계함 [사회 · 정서적 측면] – 복지관의 자원봉사자와 연계하여 친구 만들기 프로그램을 진행함 – 동생과 사이를 좋게 하기 위해서 가족회의와 가족이 함께 광주 근교로 여행을 가는 프로그램을 진행함 – 길을 지나다닐 때마다 집을 들여다보는 이웃 어르신에게 지속적으로 관심을 가져 주실 것을 부탁드림 [취업적 측면] – 국제직업학교와 취업성공패키지를 연결하여 직업을 구하고자 노력하였다. 득하여 다른 아파트로 독립할 예정이어서 공간 확보에 용이함				
종결사유	□ 클라이언트 사망　□ 거주지 이전　□ 계획목표 달성 □ 시설 입소　□ 서비스 본인 거부　■ 기타(　　　)				
사회복지사 의견	정서적으로 클라이언트는 집 주변에 친구가 없어서 외로운 생활을 하고 있었는데 자원봉사자와 연계하여 이야기할 친구를 만들어 주니 매우 만족함 또한, 동생과의 불화를 매우 걱정하였는데 가족들과 함께 이야기하는 시간이 많아지면서 부모님이 만족하는 모습을 보임 신체적으로는 치아와 관련되어 걱정이 많았는데 칫솔질 교육을 받은 이후 치아를 세밀하게 닦는 것 같다고 만족함				
종결일	○○○○. ○○. ○○.		담당 사회복지사	류○○	

7 사후관리 계획서

결재	담당	과장	관장

대상자성명	서○○	주무담당자	직위	
			성명	류○○
이용일자	○○○○. ○○. ○○.	종결일자	○○○○. ○○. ○○.	
사후관리 개시 일자	○○○○. ○○. ○○.	연락처	집	○○○)○○○-○○○○
			핸드폰	010-○○○○-○○○○
사례대상자 지원유형	□ 긴급개입사례대상자 ■ 일반사례대상자	□ 위기개입사례대상자 □ 보류대상자	□ 제외대상자	
사후관리 기간	○○○○. ○○. ○○. ~ ○○○○. ○○. ○○.			
사후관리 방법	■ 전화상담	■ 방문상담	□기타지원	
가정방문 또는 상담 시기	가정방문과 상담은 월 2회 3달간 진행			
사후관리 지원내용	• 주기적으로 사례관리가 진행된 후 문제가 없는지 확인 • ○○보건소와 연계하여 주기적으로 ○○학교에서 칫솔질 교육을 실시한다. 복지관의 물품을 연계하여 하루에 세 번 이를 닦으면 칭찬 스티커를 받게 하여 상품을 주는 방법을 사용하여 이 닦기를 생활화함 • ○○직업학교와 연계하여 취업에 필요한 자격증을 따는 데 필요한 것을 교육 및 지원함. 자원봉사자와 연계하여 직업학교에 있는 시간이 아니더라도 공부를 계속할 수 있도록 도와줌 • ○○교회와 연계하여 주기적으로 동생과 사이좋게 다니고 있는지 확인함. 두 형제는 원래 계속 교회를 다니고 있었기 때문에 교회에서 진행하는 캠프나 1박 2일 여행 등을 꾸준히 다님으로써 남매간의 우애가 좋아지는 것을 유도			
사후관리 협조기관	• ○○학교 • ○○보건소 • ○○직업학교 • ○○교회			
비고	전화상담과 방문상담을 모두 사용하여 사후사례관리를 진행			

8 사후관리 보고서

결재	담당	과장	관장

<table>
<tr><td>등록번호</td><td colspan="2">OO-OO-OO</td><td>등록일</td><td>OOOO. OO. OO.</td></tr>
<tr><td>성명</td><td colspan="2">서OO</td><td>종결일</td><td>OOOO. OO. OO.</td></tr>
<tr><td>주소</td><td colspan="2">OO광역시 O구 O로 7, O동 O호</td><td>전화번호</td><td>OO)OOO-OOOO</td></tr>
<tr><td rowspan="3">1차
사후관리</td><td>날짜</td><td>OOOO. OO. OO.</td><td>접촉방법</td><td>□ 전화상담 ■ 가정/방문상담
□ 내소상담 □ 공공급여 기타</td></tr>
<tr><td>접촉대상</td><td colspan="3">□ 공공급여 ■ 가족/보호자( ) □ 기타</td></tr>
<tr><td>현 상황
요약</td><td colspan="3">교회에서 진행하는 1박 2일 캠프에 CT와 동생이 함께 다녀온 후 전보다 사이가 좋아졌음을 느낌. 집에서 다투는 횟수가 줄어들었다고 함</td></tr>
<tr><td rowspan="3">2차
사후관리</td><td>날짜</td><td>OOOO. OO. OO.</td><td>접촉방법</td><td>■ 전화상담 □ 가정/방문상담
□ 내소상담 □ 공공급여 기타</td></tr>
<tr><td>접촉대상</td><td colspan="3">□ 공공급여 ■ 가족/보호자( ) □ 기타</td></tr>
<tr><td>현 상황
요약</td><td colspan="3">직업을 위한 자격증을 따기 위해 자원봉사자를 학습도우미로 파견했는데 CT의 반응이 매우 좋음. 공부는 물론 새로운 선생님이 생겼다며 좋아함</td></tr>
<tr><td>사례관리자
종합의견</td><td colspan="4">□ 욕구재조사 ■ 종결</td></tr>
<tr><td>추후계획</td><td colspan="4">□ 재개입 □ 타 기관 사례관리 의뢰( )
■ 종결 확정 □ 기타</td></tr>
<tr><td>사례관리자</td><td colspan="2">류OO</td><td>작성날짜</td><td>OOOO. OO. OO.</td></tr>
</table>

2. 청소년 사례관리 1

1 자료수집
2 문제 사정
3 개입 과정
4 종결 및 평가
5 사후계획

1 자료수집[1)]

1. 개인적 차원

<table>
<tr><td>대상자명</td><td>박○○</td><td>종교</td><td>기독교</td><td>주민등록번호</td><td colspan="4">○○○○○○-○○○○○○○</td></tr>
<tr><td rowspan="3">대상자 분류</td><td colspan="8">아동 · 청소년 (○) 노인( ) 장애인( ) 가족구성형태(한부모 확대가족)</td></tr>
<tr><td colspan="8">일반수급( ) 조건부수급( ) 자활특례( ) 차상위( ) 저소득(○) 일반( )</td></tr>
<tr><td>의료보장</td><td colspan="7">의료보호 1종( ) 2종( ) 직장의료보험( ) 지역의료보험(○)</td></tr>
<tr><td>주소</td><td colspan="8">○○광역시 △△구 ◇◇동 □□아파트</td></tr>
<tr><td>전화번호</td><td colspan="3">○○○)○○○-○○○○</td><td colspan="2">의뢰경위</td><td colspan="3">○○복음병원 의료사회사업가</td></tr>
<tr><td rowspan="6">가족사항</td><td>관계</td><td>성명</td><td>생년월일</td><td>학력</td><td>직업</td><td>종교</td><td>동거여부</td><td>비고</td></tr>
<tr><td>본인</td><td>박○○</td><td>○○. ○○. ○○.</td><td>고재</td><td>고등학생</td><td>기독교</td><td>○</td><td></td></tr>
<tr><td>부</td><td>박◇◇</td><td>○○. ○○. ○○.</td><td>고졸</td><td>일용직</td><td></td><td>○</td><td>알코올 중독</td></tr>
<tr><td>조모</td><td>이○○</td><td>○○. ○○. ○○.</td><td></td><td></td><td></td><td>○</td><td>치매 증상 발견</td></tr>
<tr><td>모</td><td>윤○○</td><td>○○. ○○. ○○.</td><td>중졸</td><td>식당주방보조</td><td></td><td>○</td><td>스트레스 지수 높음</td></tr>
<tr><td>누나</td><td>박△△</td><td>○○. ○○. ○○.</td><td>대재</td><td>대학생</td><td></td><td>X</td><td></td></tr>
</table>

1) 가계도 및 생태도

가계도

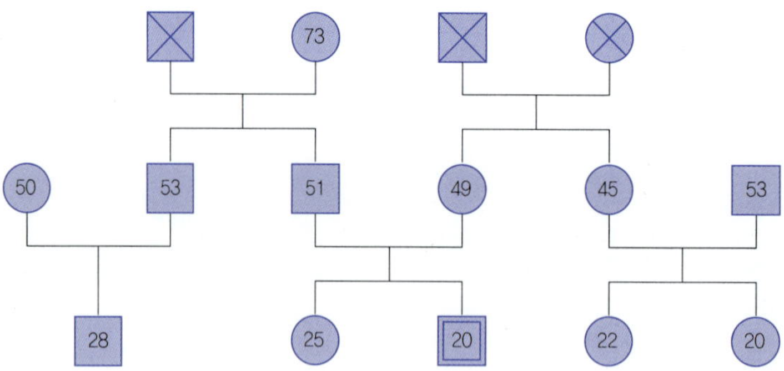

1) 본 사례는 권진숙 외(2012)의 『사례관리 전문가 교육-실무자 기초과정』과 김성경(2017)의 『사회복지 사례관리론』의 내용을 재구성한 내용임을 밝힘.

생태도

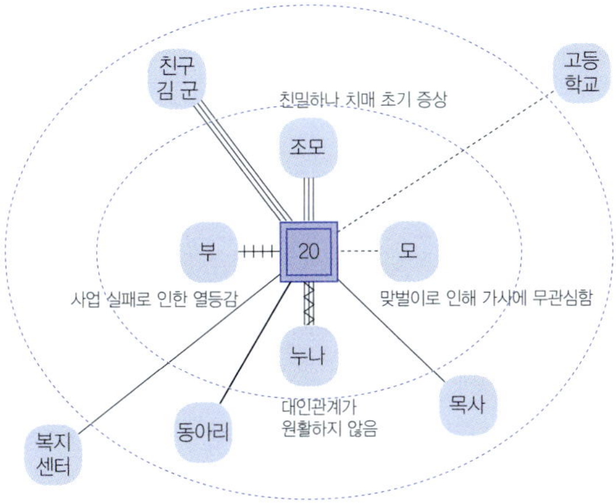

2) 개인력 및 가족력

개인력	클라이언트는 어렸을 때부터 누나의 월등한 성적에 부모님으로부터 많은 관심과 사랑을 받지 못하는 상태로 초등학교에 입학하였다. 그러한 상황 속에서 누나보다 공부를 잘하고 싶은 욕구를 갖게 되었다. 초등학교 졸업 전 부의 사업 실패와 조모의 치매 증상으로 인해 정신적 충격을 안고 중학교에 입학하였고 중학교 1학년 때 학교 일진 무리와 어울리진 않았지만 조용히 흡연, 금품 갈취 등 방황을 하기 시작했다. 클라이언트는 초등학교 성적은 상위권이었으나 중학교 입학 후 성적이 크게 떨어져 부모의 관심과 사랑은 누나에게 더욱더 집중되었다. 클라이언트는 친구 사귀는 방법을 몰라서 친구가 없었고 혼자 방황을 하였다. 특히, 클라이언트가 중학생 때 집안의 경제 사정과 조모의 치매로 놀림을 받기 시작했으며, 그 놀림은 결국 클라이언트가 완전한 일탈을 결심하게 되는 결과를 초래하였다. 그러던 와중 고등학교 1학년 때, 여느 때와 같이 늦은 시간에 돌아다니다가 일진 무리를 만났고 클라이언트는 피하지 않고 대응하다가 전치 12주의 폭력을 당하게 된다. 이후, 학교에서는 클라이언트가 또래 아이들에게 맞고 다닌다는 소문이 흘렀고 그 후로 클라이언트는 무기력함과 우울 증세, 약물 중독 증세를 보였다.
가족력	클라이언트의 부는 19○○년 ▽▽ 출생으로 고등학교 졸업 후 건설 현장에서 일을 하며 돈을 모으던 중 클라이언트의 모를 만나 19○○년 결혼하였다. 클라이언트 부는 전문적인 건축기술을 보유하고 있었고 그 기술을 앞세워 사업을 시작하였으나 클라이언트가 초등학교 졸업할 때쯤 완전한 실패로 끝나버렸다. 그 이후 성적이 좋은 클라이언트 누나에게만 관심과 사랑을 주고 위험한 상황이 있을 시엔 항상 술을 마셨다. 클라이언트의 조모는 가족 중에서 유일하게 클라이언트 누나보다 클라이언트에게 더욱 사랑과 관심을 주는 대상이었다. 그러나 클라이언트가 중학교 입학과 동시에 치매 증상이 나타났고 이는 클라이언트에게 정신적인 충격을 줬다. 클라이언트의 모는 19○○년 ◇◇ 출신으로 클라이언트 부의 사업 실패에 따라 원하지 않는 맞벌이를 하게 되었다. 클라이언트 모는 고노동 저임금의 대표적인 직업인 식당보조 일을 하고 있어 일이 너무 힘들기 때문에 자식들의 성적이나 학교생활에 관심을 줄 여력이 없었다. 클라이언트의 누나는 어렸을 때부터 두뇌가 명석하다는 소리를 많이 듣고 자랐으며, 클라이언트보다 자신에게 집중되는 관심과 사랑이 좋아 공부를 더욱더 열심히 해 왔다. 하지만 사춘기에 접어들고 부모의 관심과 사랑은 오히려 자신에게 성적이 높아야만 한다는 강박감을 주었고, 죽기 살기로 책만 보았다. 이는 대인관계능력의 저하로 이어졌으며, 성격이 매우 소극적으로 다른 사람과 일반적인 의사소통을 하는 데도 어려움을 겪는 정도이다.

2. 상황 및 사회적 지지망

경제 상황	클라이언트의 모는 식당보조를 통한 월평균 110만 원의 수입이 있지만 이에 대해 생활비 50만 원, 월세 20만 원, 자녀 용돈 5만 원, 부채 40만 원, 기타 5만 원을 종합한 월평균 120만 원의 지출이 있다. 그리고 부채로 40만 원의 빚이 있으며, 법정 기준에 의한 저소득 가정으로 인정받은 상황이다.
주거 상황	클라이언트의 집은 영구임대 24평의 방 3개, 화장실 1개, 주방 1개로 된 주공 아파트에서 거주하고 있다. 외부는 낡고 오래되어 보이나 내부는 월세에 비해 비교적 깔끔한 편이다. 그러나 환기 시설이 미약하여 클라이언트의 부가 술을 마신 다음 날이면 집 안이 술 냄새로 가득하다. 거실 벽지에는 술로 인한 얼룩이 있고 곰팡이도 보인다. 냉난방 시스템은 갖추어져 있으나 생활비 절약을 위해 거의 사용하지 않고 집에는 주로 커튼이 쳐져 있다.
건강 상황	현재 클라이언트는 약물 중독 증세가 있으나 그에 대한 병력은 없으며, 조모의 경우 7년 전부터 치매 증상이 나타나 2014년부터 증상이 심해져 ○○병원에서 치료를 받고 있다. 경제적인 문제로 약은 투여하지 않고 있는 상황이다.
자원 활용 상황	클라이언트 주변의 공식적 자원으로는 학교가 있으며, 비공식적 자원으로는 친구 김 군 등이 있다.
사회적 지지망	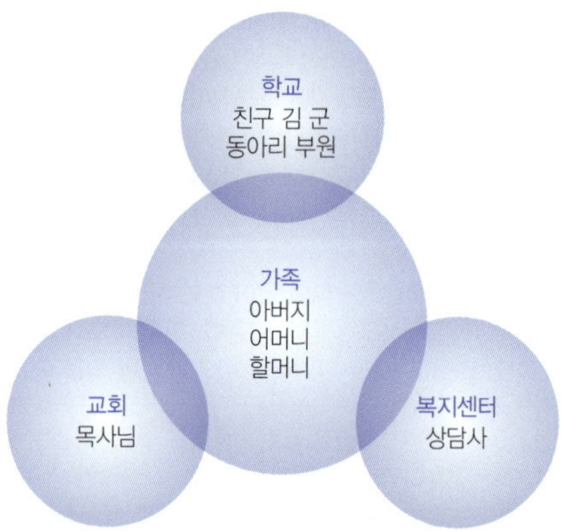

2 문제 사정

1. 클라이언트

<table>
<tr><th>대상</th><th>분류</th><th>문제 사정</th><th>강점</th><th>서비스개입계획</th></tr>
<tr><td rowspan="4">클라이언트
(박○○)</td><td>미시체계</td><td>• 흡연으로 인한 건강 문제
• 잦은 폭력과 금품 갈취 문제
• 부모의 무관심과 누나와의 비교로 인한 낮은 자존감
• 또래에게 맞았다는 인식에서 나오는 무기력함</td><td rowspan="4">• 학업성취 욕구
• 기타 연주에 관심이 많음
• 동아리 활동 경력
• 내집단에서 사교성이 좋음</td><td rowspan="4">• 개별 상담
• 자아개념 증진 프로그램 활용
• 분노조절 프로그램 연계
• 약물남용 프로그램 진행
• 학교폭력 재발생 방지 프로그램 진행
• MBTI</td></tr>
<tr><td>중간체계</td><td>• 가족들의 무관심과 방치로 극심해지는 비행
• 누나에 대한 편중적인 관심이 스트레스 및 비행 유발
• 부모님의 맞벌이와 조모의 치매 증상으로 인한 가족 간의 대화 단절</td></tr>
<tr><td>외체계</td><td>• 아버지의 안정적이지 않은 직업으로 인한 경제적 불안정
• 오래된 옷을 입는다고 놀리는 또래 아이들</td></tr>
<tr><td>거시체계</td><td>• 흡연교육시설 지원 부족
• 비행 청소년을 낙인시키는 사회 풍토
• 무조건 처벌만 하려는 풍토
• 학교에서의 클라이언트에 대한 노력과 관심 부족
• 경제적 어려움이 있는 학생들에게 공부시켜 줄 수 있는 여건 부족
• 피해 학생을 놀리는 또래 아이들의 풍속</td></tr>
</table>

2. 조모

<table>
<tr><th>대상</th><th>분류</th><th>문제 사정</th><th>강점</th><th>서비스개입계획</th></tr>
<tr><td rowspan="4">조모
(이○○)</td><td>미시체계</td><td>• 알츠하이머 치매</td><td rowspan="4">• 치매 초기 증상 예방 가능성
• 자신의 치매 증상 인지</td><td rowspan="4">• 현실감각훈련
• 삶의 평가와 회상 치료
• 사회기술 훈련
• 작업치료</td></tr>
<tr><td>중간체계</td><td>• 치매로 인한 가족과 의사소통 불가</td></tr>
<tr><td>외체계</td><td>• 자식과 며느리의 맞벌이로 인한 부양 불가
• 부부간의 책임감 결여로 부양책임 전가
• 지역사회 내 치매노인 지원 센터 부족</td></tr>
<tr><td>거시체계</td><td>• 치매질환 예방체계 부족</td></tr>
</table>

3. 부

<table>
<tr><th>대상</th><th>분류</th><th>문제 사정</th><th>강점</th><th>서비스개입계획</th></tr>
<tr><td rowspan="4">부
(박◇◇)</td><td>미시체계</td><td>• 위기 상황마다 음주로 대처하는 습관
• 비행을 일삼는 아들에 대한 무관심
• 가정경제에 대한 무관심</td><td rowspan="4">• 전문적 건축 기술 보유
• 공경심과 효심
• 강한 근로의식
• 자녀에 대한 애착 및 사랑</td><td rowspan="4">• 알코올 자조집단 참여 유도
• 희망근로 프로젝트 연계</td></tr>
<tr><td>중간체계</td><td>• 치매에 걸린 어머니 부양문제로 소원해진 형과의 갈등과 배우자와의 소통 단절
• 타지에서의 잦은 근무와 음주로 인한 가족과의 대화 단절
• 아들의 비행으로 인한 부자간의 갈등</td></tr>
<tr><td>외체계</td><td>• 일정치 않은 근무시간과 수입
• 치매를 앓고 있는 어머니에 대한 부양 및 치료비 문제
• 지역사회 내 알코올 예방센터의 부재</td></tr>
<tr><td>거시체계</td><td>• 건설경기의 불안정함으로 인한 취업 일수 감소
• 가정불화를 숨기려는 사회적 풍토</td></tr>
</table>

4. 모

<table>
<tr><th>대상</th><th>분류</th><th>문제 사정</th><th>강점</th><th>서비스개입계획</th></tr>
<tr><td rowspan="4">모
(윤○○)</td><td>미시체계</td><td>• 고노동 저소득 직업(주방보조)으로 인한 육체적 피로와 경제적 빈곤
• 가족들에 대한 소홀함</td><td rowspan="4">• 뛰어난 음식 솜씨
• 음식점 경영 욕구</td><td rowspan="4">• 복지관 내 요리 프로그램 실시
• 희망 플러스 등장</td></tr>
<tr><td>중간체계</td><td>• 남편의 잦은 출타와 수입으로 인한 불화
• 시어머니의 치매로 인한 불화
• 자녀와의 대화 부재
• 아들의 비행에 대한 무관심</td></tr>
<tr><td>외체계</td><td>• 남편의 불안정한 수입에 따른 맞벌이</td></tr>
<tr><td>거시체계</td><td>• 학력에 따른 직업군 선택 기회 불평등
• 치매노인에 대한 가족에게 경제적 부담</td></tr>
</table>

5. 누나

<table>
<tr><th>대상</th><th>분류</th><th>문제 사정</th><th>강점</th><th>서비스개입계획</th></tr>
<tr><td rowspan="4">누나
(박△△)</td><td>미시체계</td><td>• 의대 재학 중으로 학업성취 강박감
• 소극적인 성격으로 다른 사람과 의사소통의 어려움을 겪음</td><td rowspan="4">• 우수한 학업성취도
• 과외 아르바이트를 통한 경제적 자립
• 큰아버지의 금전적 지원</td><td rowspan="4">• 장학재단 연계
• 의료봉사활동으로 사회 경험 증진</td></tr>
<tr><td>중간체계</td><td>• 학교생활로 가족들과 의사소통 단절
• 경제적 지원 부족에 따른 부모님과의 갈등
• CT에 대한 무관심</td></tr>
<tr><td>외체계</td><td>• 부모의 학비 지원 부재로 장학금과 아르바이트로 지원</td></tr>
<tr><td>거시체계</td><td>• 차상위계층과 기초생활수급자가 아닌 이유로 국가 지원 불가</td></tr>
</table>

3 개입 과정

1. 서비스 계획표

사례번호	○○-○○	대상자	박○○	사례관리자	정□□
유형	□ 단순형	■ 일반형	□ 집중형	구분	■ 신규 □ 재사정

욕구	합의된 목표	서비스		
		실천계획	담당(기관/부서)	
			내부	외부
경제적 욕구	국가에서 제공하는 저소득층을 위한 정책을 확인하여 경제적 지원을 제공한다.	저소득층을 위한 수급 조건을 확인하여 이에 맞는 지원을 연계한다.	○○종합 사회복지관	보건복지부
의료 · 건강 욕구	치료재활 프로그램을 통해 피해로 인한 상처 수용 및 치유한다.	정기적인 치료재활 프로그램을 통해 경험을 공유하고 공감을 주고받는다.	○○종합 사회복지관	◇◇병원
심리 · 사회적 욕구	사회에 적응하기 위하여 사회적 능력을 증진시킨다.	사회적 기술 훈련 프로그램을 통해서 기본적인 사회 기술을 배운다.	○○종합 사회복지관	○○청소년 복지센터
기타 욕구	피해 경험의 후유증을 해결하기 위해 위축, 불안, 분노 등 감정조절능력을 회복한다.	감정표현 프로그램을 통해 감정을 구체화한다.	○○종합 사회복지관	○○정신재활센터

2. 월별 계획표

대상자	프로그램	1월	2월	3월	4월	5월	6월	7월	8월	9월	10월	11월	12월
박○○	급식비 지원 프로그램 (매달 1회기)			●	●	●	●	●		●	●	●	
	치료재활 프로그램 (매달 2회)		●	●	●	●		●	●	●	●	●	
	사회적 기술훈련 프로그램 (매달 2회)		●	●	●	●	●		●	●	●		●
	감정표현 프로그램 (매달 1회)			●	●		●	●	●		●	●	

4 종결 및 평가

사례관리 점검일지

사례번호	○○-○○	대상자	박○○	사례관리자	안○○
점검일시	○○○○. ○○. ○○.	사례관리 기간	○○○○. ○○. ○○.~ ○○○○. ○○. ○○.	회차	1, 2

목표		서비스 제공기관 / 나용				서비스 이행 및 목표 성취 정도	사례관리자 의견
욕구	합의된 목표	실천계획	내용	빈도	기간		
경제적 욕구	국가에서 제공하는 저소득층을 위한 정책을 확인하여 경제적 지원을 제공한다.	저소득층을 위한 수급 조건을 확인하여 이에 맞는 지원을 연계한다.	급식비 지원 프로그램을 통한 한 달 치 급식비를 무료로 제공한다.	주 1회	○○.○○.○○. ~ ○○.○○.○○.	• 서비스 이행 (상) • 목표 성취 (중) • 이용자 만족도 (상)	클라이언트의 경제적 욕구를 해결하여 경제적으로 안정된 생활을 할 수 있었다.
의료 · 건강 욕구	치료재활 프로그램을 통해 피해로 인한 상처를 수용 및 치유한다.	정기적인 치료재활 프로그램을 통해 경험을 공유하고 공감을 주고받는다.	치료재활프로그램을 통해 경험을 공유한다.	주 2회	○○.○○.○○. ~ ○○.○○.○○.	• 서비스 이행 (상) • 목표 성취 (중) • 이용자 만족도 (상)	치료재활 프로그램을 통해 클라이언트의 상처를 공유하고 공감하는 시간을 통해서 조금씩 변화되어 가는 클라이언트의 모습을 봤다.
심리 · 사회적 욕구	사회에 적응하기 위하여 사회적 능력을 증진시킨다.	사회적 기술 훈련 프로그램을 통해 기본적 사회 기술을 배운다.	사회적 기술 훈련 프로그램을 통해 사회에 대한 불안감을 없앤다.	주 2회	○○.○○.○○. ~ ○○.○○.○○.	• 서비스 이행 (중) • 목표 성취 (중) • 이용자 만족도 (상)	사회적으로 소속감에 대한 거부감과 불안감을 가지고 있어 프로그램 진행하는 데 어려움을 가진다.
기타 욕구	피해 경험의 후유증을 해결하기 위해 위축, 불안, 분노 등 감정조절능력을 회복한다.	감정표현 프로그램을 통해 감정을 구체화한다.	감정표현 프로그램 조원들과 라포를 형성한다.	주 1회	○○.○○.○○. ~ ○○.○○.○○.	• 서비스 이행 (중) • 목표 성취 (하) • 이용자 만족도 (하)	클라이언트가 낯선 사람과의 라포 형성을 원치 않아 프로그램 진행이 어려웠다.

사례번호	OO-OO	대상자	박OO	사례관리자	안OO
점검일시	OOOO. OO. OO.	사례관리 기간	OOOO. OO. OO.~ OOOO. OO. OO.	회차	3, 4

목표		서비스 제공기관 / 내용				서비스 이행 및 목표 성취 정도	사례관리자 의견
욕구	합의된 목표	실천계획	내용	빈도	기간		
경제적 욕구	국가에서 제공하는 저소득층을 위한 정책을 확인하여 경제적 지원을 제공한다.	저소득층을 위한 수급 조건을 확인하여 이에 맞는 지원을 연계한다.	급식비 지원 프로그램을 통한 한 달 치 급식비를 무료로 제공한다.	주 1회	OO.OO.OO. ~ OO.OO.OO.	• 서비스 이행 (상) • 목표 성취 (중) • 이용자 만족도 (상)	클라이언트의 경제적 욕구를 해결하여 경제적으로 안정된 생활을 할 수 있었다.
의료 · 건강 욕구	치료재활 프로그램을 통해 피해로 인한 상처를 수용 및 치유한다.	정기적인 치료재활 프로그램을 통해 경험을 공유하고 공감을 주고받는다.	공유한 경험을 바탕으로 공감하는 시간을 가진다.	주 2회	OO.OO.OO. ~ OO.OO.OO.	• 서비스 이행 (중) • 목표 성취 (하) • 이용자 만족도 (하)	치료재활 프로그램 경험을 공유하였지만 서로 다른 감정을 느껴 공감하는 데 어려움을 가진다.
심리 · 사회적 욕구	사회에 적응하기 위하여 사회적 능력을 증진시킨다.	사회적 기술 훈련 프로그램을 통해 기본적 사회 기술을 배운다.	사회적 기술 훈련 프로그램을 통해 사회에 대한 불안감을 없앤다.	주 2회	OO.OO.OO. ~ OO.OO.OO.	• 서비스 이행 (중) • 목표 성취 (하) • 이용자 만족도 (하)	사회적 기술 훈련 프로그램의 기본 훈련을 받고 사회에 대한 거부감이 낮아졌다.
기타 욕구	피해 경험의 후유증을 해결하기 위해 위축, 불안, 분노 등 감정조절능력을 회복한다.	감정표현 프로그램을 통해 감정을 구체화한다.	감정표현 프로그램 조원들과 라포를 형성한다.	주 1회	OO.OO.OO. ~ OO.OO.OO.	• 서비스 이행 (중) • 목표 성취 (하) • 이용자 만족도 (중)	클라이언트와 조원들과의 라포 형성을 위해 다과 시간을 만들었다.

사례번호	○○-○○	대상자	박○○	사례관리자	안○○
점검일시	○○○○. ○○. ○○.	사례관리 기간	○○○○. ○○. ○○.~ ○○○○. ○○. ○○.	회차	5, 6

목표		서비스 제공기관 / 내용				서비스 이행 및 목표 성취 정도	사례관리자 의견
욕구	합의된 목표	실천계획	내용	빈도	기간		
경제적 욕구	국가에서 제공하는 저소득층을 위한 정책을 확인하여 경제적 지원을 제공한다.	저소득층을 위한 수급 조건을 확인하여 이에 맞는 지원을 연계한다.	급식비 지원 프로그램을 통한 한 달 치 급식비를 무료로 제공한다.	주 1회	○○.○○.○○. ~ ○○.○○.○○.	• 서비스 이행 (상) • 목표 성취 (중) • 이용자 만족도 (상)	클라이언트의 경제적 욕구를 해결하여 경제적으로 안정된 생활을 할 수 있었다.
의료 · 건강 욕구	치료재활 프로그램을 통해 피해로 인한 상처를 수용 및 치유한다.	정기적인 치료재활 프로그램을 통해 경험을 공유하고 공감을 주고받는다.	공유한 경험을 바탕으로 공감하는 시간을 가진다.	주 2회	○○.○○.○○. ~ ○○.○○.○○.	• 서비스 이행 (상) • 목표 성취 (상) • 이용자 만족도 (상)	치료재활 프로그램 시간을 반복할수록 조원들 간의 공감능력이 향상되어 서로의 상처를 수용해 주었다.
심리 · 사회적 욕구	사회에 적응하기 위하여 사회적 능력을 증진시킨다.	사회적 기술 훈련 프로그램을 통해 기본적 사회 기술을 배운다.	사회적 기술 훈련 프로그램을 통해 사회에 대한 불안감을 없앤다.	주 2회	○○.○○.○○. ~ ○○.○○.○○.	• 서비스 이행 (중) • 목표 성취 (하) • 이용자 만족도 (하)	사회에 대한 기본 지식을 통해 성공적인 또래 집단 사귀기에 도전하였으나 또래 집단에 큰 반감을 가지고 있어 어려움을 보인다.
기타 욕구	피해 경험의 후유증을 해결하기 위해 위축, 불안, 분노 등 감정조절능력을 회복한다.	감정표현 프로그램을 통해 감정을 구체화한다.	감정표현 프로그램 조원들과 라포를 형성한다.	주 1회	○○.○○.○○. ~ ○○.○○.○○.	• 서비스 이행 (중) • 목표 성취 (상) • 이용자 만족도 (중)	클라이언트의 감정표현을 통해 스트레스의 원인을 발견하고 대처방법을 논의했다.

사례번호	○○-○○	대상자	박○○	사례관리자	안○○
점검일시	○○○○. ○○. ○○.	사례관리 기간	○○○○. ○○. ○○.~ ○○○○. ○○. ○○.	회차	7, 8

목표		서비스 제공기관 / 내용				서비스 이행 및 목표 성취 정도	사례관리자 의견
욕구	합의된 목표	실천계획	내용	빈도	기간		
경제적 욕구	국가에서 제공하는 저소득층을 위한 정책을 확인하여 경제적 지원을 제공한다.	저소득층을 위한 수급 조건을 확인하여 이에 맞는 지원을 연계한다.	급식비 지원 프로그램을 통한 한 달 치 급식비를 무료로 제공한다.	주 1회	○○.○○.○○. ~ ○○.○○.○○.	• 서비스 이행 (상) • 목표 성취 (중) • 이용자 만족도 (상)	클라이언트의 경제적 욕구를 해결하여 경제적으로 안정된 생활을 할 수 있었다.
의료 · 건강 욕구	치료재활 프로그램을 통해 피해로 인한 상처를 수용 및 치유한다.	정기적인 치료재활 프로그램을 통해 경험을 공유하고 공감을 주고받는다.	공유한 경험을 바탕으로 공감하는 시간을 가진다.	주 2회	○○.○○.○○. ~ ○○.○○.○○.	• 서비스 이행 (상) • 목표 성취 (상) • 이용자 만족도 (상)	치료재활 프로그램 시간을 반복할수록 조원들 간의 공감능력이 향상되어 서로의 상처를 수용해 주었다.
심리 · 사회적 욕구	사회에 적응하기 위하여 사회적 능력을 증진시킨다.	사회적 기술 훈련 프로그램을 통해 기본적 사회 기술을 배운다.	사회적 기술 훈련 프로그램을 통해 사회에 대한 불안감을 없앤다.	주 2회	○○.○○.○○. ~ ○○.○○.○○.	• 서비스 이행 (상) • 목표 성취 (상) • 이용자 만족도 (중)	또래 집단에 대한 반감을 줄이기 위하여 또래 친구 1명 사귀기를 실현하였다. 처음에는 어색하고 반감을 가졌으나 기본적인 사회훈련을 통한 의사소통능력으로 친분을 쌓았다.
기타 욕구	피해 경험의 후유증을 해결하기 위해 위축, 불안, 분노 등 감정조절능력을 회복한다.	감정표현 프로그램을 통해 감정을 구체화한다.	감정표현 프로그램 조원들과 라포를 형성한다.	주 1회	○○.○○.○○. ~ ○○.○○.○○.	• 서비스 이행 (중) • 목표 성취 (상) • 이용자 만족도 (중)	클라이언트의 학교폭력 재발을 방지하기 위하여 반대의사 표현하기 수업을 진행하였다.

5 사후계획

욕구	내용
경제적 욕구	프로그램 종결 후, CT의 수급 조건을 월 1회 조사하여 급식비 지원을 지속적으로 받을 수 있게 지원을 연계시킨다.
의료 · 건강 욕구	프로그램 종결 후, 치료재활 프로그램 검사를 월 1회 실시하여 공감능력과 상처 수용 정도를 알아보고 치료재활 프로그램이 다시 필요할 경우 재연계시킨다.
심리 · 사회적 욕구	프로그램 종결 후, 사회에 잘 적응하고 있는지 심리검사를 통해 파악하여 문제 발견 시에는 스트레스 요인을 조사하고 사회적 기술 프로그램 심화훈련을 통해 스트레스 요인을 분석하고 스트레스에 대한 방어를 강화하는 활동을 연계한다.
기타 욕구	프로그램 종결 후, 피해 학생이 후유증 완치를 위해 월 1회 ○○정신재활센터에서 심리검사를 실시한다. 또한, 정서관리 기능, 자기수용능력 회복, 인지기능의 회복, 대인관계능력의 회복을 위해 여러 기관을 연계한다.

3. 청소년 사례관리 2

1 기초 상담 일지
2 사례관리 계획서
3 개별 상담 일지
4 관찰 일지
5 부모 상담 일지

1 기초 상담 일지[1]

<table>
<tr><th>상담자</th><td>장○○</td><th>e-mail</th><td colspan="3"></td></tr>
<tr><th>연락처</th><td>010-○○○○-○○○○</td><th>조사일</th><td>○○○○. ○○. ○○.</td><th>작성일</th><td>○○○○. ○○. ○○.</td></tr>
</table>

<table>
<tr><th rowspan="3">인적사항</th><th>이름</th><td colspan="3">송○○</td><th>연령</th><td colspan="2">18</td></tr>
<tr><th>주소</th><td colspan="6">○○광역시 ○○구 ○○○○○</td></tr>
<tr><th>성장배경</th><td colspan="6">부모님과 할머니, 작은아버지 식구와 함께 대가족을 이루고 살고 있으며, ○○는 4남매 중 둘째 딸이다. ○○지역아동센터를 통해 연계해서 센터를 이용하기로 하였다. ○○지역아동센터에서 도벽과 거친 언행으로 적응하지 못하였고, 아버님께서 폭언과 폭행이 있었다고 전해 들었다.</td></tr>
<tr><th rowspan="2">인지 및 정서</th><th>인지</th><td colspan="6">학습능력이 현저히 떨어지는 것 같다.</td></tr>
<tr><th>정서 및 행동</th><td colspan="6">친화력이 있으며, 적극적으로 참여를 하고 싹싹하고 밝은 모습으로 또래들과 어울리고 있다. 친구들과 거친 행동을 하기는 하지만 크게 문제 되는 행동을 보이지는 않는다.</td></tr>
<tr><th>건강상태</th><td colspan="7">특별히 건강에 문제가 있지는 않으며, 자주 허리 통증을 호소하는 경향이 있다.</td></tr>
<tr><th>대인관계</th><td colspan="7">또래들과 잘 어울리지는 못하지만 동생들을 잘 보살핀다.</td></tr>
<tr><th rowspan="6">가족사항</th><th>관계</th><th>성명</th><th>연령</th><th>학력</th><th>직업</th><th>연락처</th><th>비고</th></tr>
<tr><td>부</td><td>송○○</td><td>46</td><td>-</td><td>건설업</td><td>010-○○○○-○○○○</td><td>-</td></tr>
<tr><td>모</td><td>이○○</td><td>47</td><td>-</td><td>주부</td><td>010-○○○○-○○○○</td><td>별거</td></tr>
<tr><td>언니</td><td>송○○</td><td>21</td><td>중졸</td><td>학생</td><td>010-○○○○-○○○○</td><td>검정고시 준비</td></tr>
<tr><td>동생</td><td>송○○</td><td>17</td><td>고등학교 재학</td><td>학생</td><td>010-○○○○-○○○○</td><td>-</td></tr>
<tr><td>동생</td><td>송○○</td><td>15</td><td>중학교 재학</td><td>학생</td><td>010-○○○○-○○○○</td><td>-</td></tr>
<tr><th>주
호소사항</th><td colspan="7">다른 기관에서 도벽으로 인한 문제가 많이 있었으며, 친구들과 밤에 많이 어울리고 학교도 잘 가지 않는 등 비행 행동을 많이 하고 있다. 또한, 또래 친구들과 늦은 시간까지 어울리는 경우가 많다.</td></tr>
</table>

1) 청소년 단체 인디고아이들 사례를 재구성하였음을 밝힘.

2 사례관리 계획서(1/2)

클라이언트명	송○○	성별	여	조사일	○○○○. ○○. ○○.
주소	○○광역시 ○○구 ○○○○○	전화번호	010-○○○-○○○○	작성일	○○○○. ○○. ○○.
직업	학생	학력	고등학교 재학	연령	18
의뢰경위	–	경제상태	□ 일반 □ 저소득 ■ 수급자		

경제적 욕구			
욕구	생필품		
목표	• 클라이언트가 실제로 필요한 물품에 대한 지원		
실천계획	• 클라이언트가 생활하면서 필요한 생필품을 다른 기관들과 연계하여 지원		
내용	• 여성용품(생리대)의 지원은 ○○구 보건소를 통해 지원 • 교회 및 ○○○○ 클럽을 통한 생필품 지원		
빈도	월 1회	비고	

의료 · 건강 욕구			
욕구	금연		
목표	• 금연 프로그램을 통해 건강 유지		
실천계획	• 정기적 금연 프로그램에 참여 지원 • 클라이언트가 스스로 금연을 할 수 있도록 심리적 · 정서적 지원		
내용	• 클라이언트의 금연 상태 점검 • 흡연의 위험성과 금연의 필요성 교육 및 안내		
빈도	주 1회	비고	○○금연지원센터와 연계

경제적 욕구			
욕구	가정폭력		
목표	• 클라이언트의 심리적 문제 해결 지원 • 클라이언트 부모에 대한 부모 역할 확립		
실천계획	• 심리치료와 상담을 통한 클라이언트의 심리적 문제 해결 • 클라이언트 부모에 대한 부모교육 실시		
내용	• 부모교육을 통한 클라이언트 부모 역할 교육 실시 • 심리치료 · 상담을 통해 클라이언트 심리적 욕구 해결		
빈도	월 1회	비고	

사회적 욕구			
욕구	• 도벽 및 친구 관계		
목표	• 클라이언트의 친구 관계 완화 및 도벽 해결		
실천계획	• 도벽을 하는 이유에 대해 확인하고 해당 문제 해결		
내용	• 도벽과 친구 관계가 서로 연결되어 있어 친구 관계와 도벽 문제를 해결		
빈도	월 1회	비고	

사례관리 계획서(2/2)

가계도

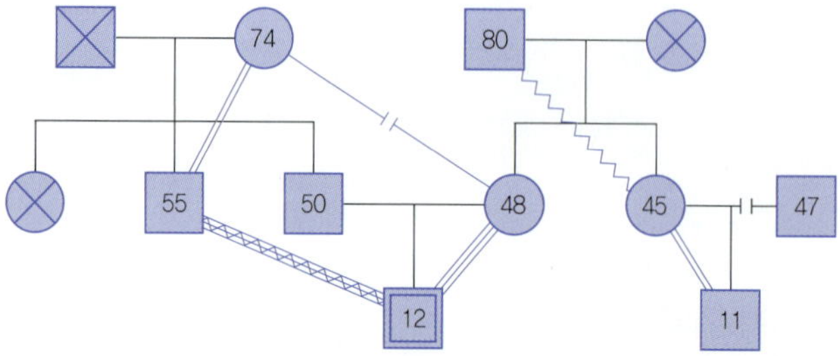

클라이언트는 20○○년 출생한 18살 여성이다. 가족관계로는 아버지, 어머니, 언니, 남동생 2명이 있다. 부모님은 19○○년에 결혼하여 20○○년부터 별거 중이다. 아버지는 클라이언트는 동거 중이며, 알코올 중독 판정을 받았다. 19○○년 출생 46세로 클라이언트와 갈등 관계에 놓여 있다. 어머니는 클라이언트와 별거 중이며, ○○에서 혼자 살고 있다. 19○○년 출생 47세로 클라이언트와 매우 친밀한 관계를 유지하고 있다. 큰언니는 고등학교 자퇴 이후 집을 나가 혼자 살고 있다. 19○○년 출생 21세로 클라이언트와는 갈등 관계이다. 남동생은 20○○년 출생 17세이다. 클라이언트와는 소원한 관계이다. 막냇동생은 20○○년 출생 15세로 클라이언트와 친밀한 관계이다. 외가 쪽 할아버지와 할머니는 모두 돌아가셨으며, 현재 친가 할머니만 살아 계시며, 클라이언트와 동거 중이다.

생태도

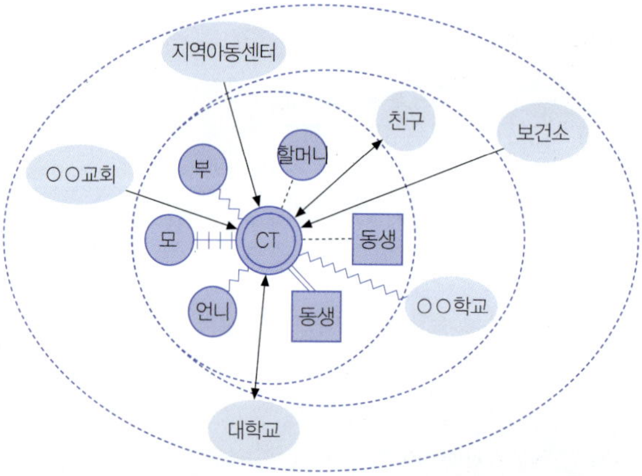

클라이언트는 ○○학교에 다니고 있지만 등교 거부를 하고 있다. 또한, 학교 선생님들과의 마찰이 많아 이 또한 클라이언트의 등교를 가로막는 장애물이다. 친구들과의 관계는 괜찮게 유지되고 있지만, 클라이언트의 도벽 등의 이유로 갈라섰다 만났다를 반복하고 있다. 지역사회에서 클라이언트에게 많은 부분을 지원해 주고 있다. 우선 지역아동센터를 이용하면서 기본적인 생필품과 저녁 식사를 제공하고 있으며, 클라이언트와의 상담을 꾸준히 진행하고 있다. ○○대학교에서는 지역아동센터와 연계하여 클라이언트에게 멘토링을 실시하고 있다. 2년 정도 지속되어 왔으며, 클라이언트와 멘토들 간의 관계가 매우 친밀하다. ○○구 보건소에서는 월 1회 여성용품을 제공받고 있다. ○○교회에서 월 50만 원가량의 장학금을 지원받고 있으며, 이 장학금의 대부분을 생필품을 구매하는 데 사용하고 있다.

3 개별 상담 일지

클라이언트명	송○○	성별	여	조사일	○○○○. ○○. ○○.
주소	○○광역시 ○○구 ○○○○○	전화번호	010–○○○–○○○○	작성일	○○○○. ○○. ○○.
직업	학생	학력	고등학교 재학	연령	18
의뢰경위	–	경제상태	□ 일반 □ 저소득 ■ 수급자		
상담일시	○○○○. ○○. ○○.(○○:○○~○○:○○)				
상담장소	△△△△ 상담실				
상담주제	학교폭력 금품 갈취 피해				
상담자	장○○				
상담사유	예전에 상담을 받을 때 조금 귀찮게 한다는 복학생 언니의 횡포가 더 심해져서 학교에 연락을 하고 ○○ 어머님과 통화 후 사건으로 문제를 삼기로 하였다.				
상담내용	○○가 학교를 일찍 나오는 이유 중 하나가 같은 반 복학생 언니의 금품 요구가 너무 심해서였다고 한다. 선생님께 얘기하면 ○○ 자신만 더 괴롭힘을 당할까 봐 그냥 피하고만 있었는데 너무 힘들고 돈도 줄 수 없어서 담임 선생님께 이야기했다고 한다. 어머니와도 통화했더니 마음이 많이 아프시다고 이야기하셔서 우리 기관이 어머니를 대신해서 학교와 이야기해 보기로 하였다. 그런데 ○○ 친구들이 연락이 와서 그 언니가 ○○에게 사과하고 더이상 괴롭히지 않겠다며 신고를 하지 말라고 했다. 그러나 이미 우리가 말하기 전에 학교에 신고 접수가 되어서 어쩔 수 없다고 하였더니 아이들이 걱정을 하는 것 같다. 특히, ○○도 혹시 그 언니가 보복할까 봐 걱정을 해서 어머니께 마중 나오라고 연락을 드리기도 하였다.				
조치내용	학교에 연락을 해서 사건이 접수되었냐고 묻자 그 가해 학생이 방학이어서 학교에 나오지 않으므로 학교에 나오면 확인을 하고 사건을 처리하겠다고 전달받았다. 당분간은 어머니나 선생님들이 밤에 집에 가는 것을 돕기로 했다.				

4 관찰 일지

클라이언트명	송○○	성별	여	연령	18
주소	○○광역시 ○○구 ○○○○○	직업	학생	학력	고등학교 재학
의뢰경위	–	경제상태	□ 일반	□ 저소득	■ 수급자

일시	○○○○. ○○. ○○.	비고	
관찰내용	○○가 계속 친구들의 담배나 다른 것들을 마련해 주거나 심지어는 돈도 빌려주는 등의 행동이 이어진다. 담배를 사는 곳이 어딘지 신고를 하겠다고 하면서 ○○를 강하게 야단도 치고 달래도 보지만 그 친구들의 손아귀에서 벗어나기가 쉽지 않다. 이성 교제도 하고 심지어는 다른 지역에 사는 이성 친구를 만나겠다고 할 때는 가슴이 철렁 내려앉는다. 문제 행동을 하는 모습과 센터에서 착실한 모습의 괴리감이 너무 커서 걱정이 된다.		

일시	○○○○. ○○. ○○.	비고	
관찰내용	○○를 지속적으로 불러내던 친구들이 ○○가 센터의 보호에 들어와서 친구들의 요구를 거부하자 센터 입구에 찾아오고 전화를 하거나 집으로 찾아가는 등의 협박을 한다. 결국, 센터에서 집에 갈 때도 어머니나 센터 선생님들이 집 앞에까지 데려다주고 집에 들어가는 것을 확인하는 것을 지속적으로 하고 있다. 얼마나 계속해야 할지 고민이 되지만 ○○가 스스로 마음을 챙기고 확실하게 정리를 하는 것이 필요할 것 같다.		

일시	○○○○. ○○. ○○.	비고	
관찰내용	아버님께서 폭력과 폭언이 심하시다고 해서 ○○를 따로 불러서 차를 마시며 이야기를 나누었다. 폭언은 있는 편이지만 폭력은 없고 ○○가 늦게 돌아다니거나 문제가 있을 때 나타나는 현상이라고 한다. 오히려 고모나 할머니가 어머니한테 함부로 말하거나 행동하는 것이 속상하다고 한다. 어머니께서 아버님이 술을 드시고 집에 오시면 ○○를 찾는다. ○○가 귀가 아프다고 이비인후과에 다니고 있다. 계속 아프고 좋아지지 않으면 큰 병원을 가야 할 것 같다.		

일시	○○○○. ○○. ○○.	비고	
관찰내용	○○를 향한 아이들의 폭력 상황이 더욱 악화되었다. 센터에는 찾아오지 않지만 학교에서 담배를 빼앗아 간다든지 담배를 사 오라고 시킨다든지, 흔히 말하는 담배 셔틀을 당하는 것 같다. 친구라고 말하지만 ○○를 함부로 대하고 자신이 필요에 따라 부리는 사람처럼 행동하였다. 센터의 대학생들 혹은 부모님, 선생님들이 관리하면서 보호하고 있지만 시내에 나갔다가 몇 번을 도망쳤다고 한다. 사건으로 하자니 증거가 불충분하다고 하여 조심하도록 주의를 주는 것이 필요할 것 같다.		

5 부모 상담 일지

클라이언트명	송○○	성별	여	연령	18
주소	○○광역시 ○○구 ○○○○○	직업	학생	학력	고등학교 재학
의뢰경위	–	경제상태	□ 일반	□ 저소득	■ 수급자

일시	○○○○. ○○. ○○.	비고	모 / 전화상담
상담내용	○○가 학교폭력으로 입원을 해서 어머니와 통화를 하였다. 병원에 입원해 있고 가해자들이 다시 찾아올까 봐 걱정을 많이 하셨다. 입원 후 어떻게 해야 하는지와 ○○가 퇴원 후에 어떻게 해야 할지 모르겠다고 걱정하셨다.		

일시	○○○○. ○○. ○○.	비고	모 / 전화상담
상담내용	○○가 같은 반 친구에게 괴롭힘과 갈취를 당하고 있음을 알고 어머니와 통화를 하였다. 어머니께서도 걱정을 하시면서 학교에 이야기해 달라고 하셨으며, ○○를 보호해 달라고 부탁하셨다. 어머니께서 ○○가 자꾸 친구들과 밖에서 늦게까지 다니는 것을 걱정하셨다.		

일시	○○○○. ○○. ○○.	비고	모 / 센터 내 방문
상담내용	어머님께서 센터로 ○○를 마중 나오셨다. ○○가 만드는 간식을 보시고 흐뭇해하시며, 요즘 집에 늦게 들어오고 자꾸 짜증을 내거나 말을 안 들으려 한다고 걱정하시면서 이런저런 이야기를 하고 가셨다.		

일시	○○○○. ○○. ○○.	비고	모 / 전화상담
상담내용	어머니께서 ○○가 늦은 시간까지 연락이 안 된다고 걱정하시며 센터에 전화를 하셨다. 센터에서 출발하면 문자를 드리는데 시간이 되어도 집에 오지 않는다고 한다. ○○가 오는 시간과 가는 시간을 어머니와 함께 연락하며 관리해 주기로 하였다.		

참고문헌

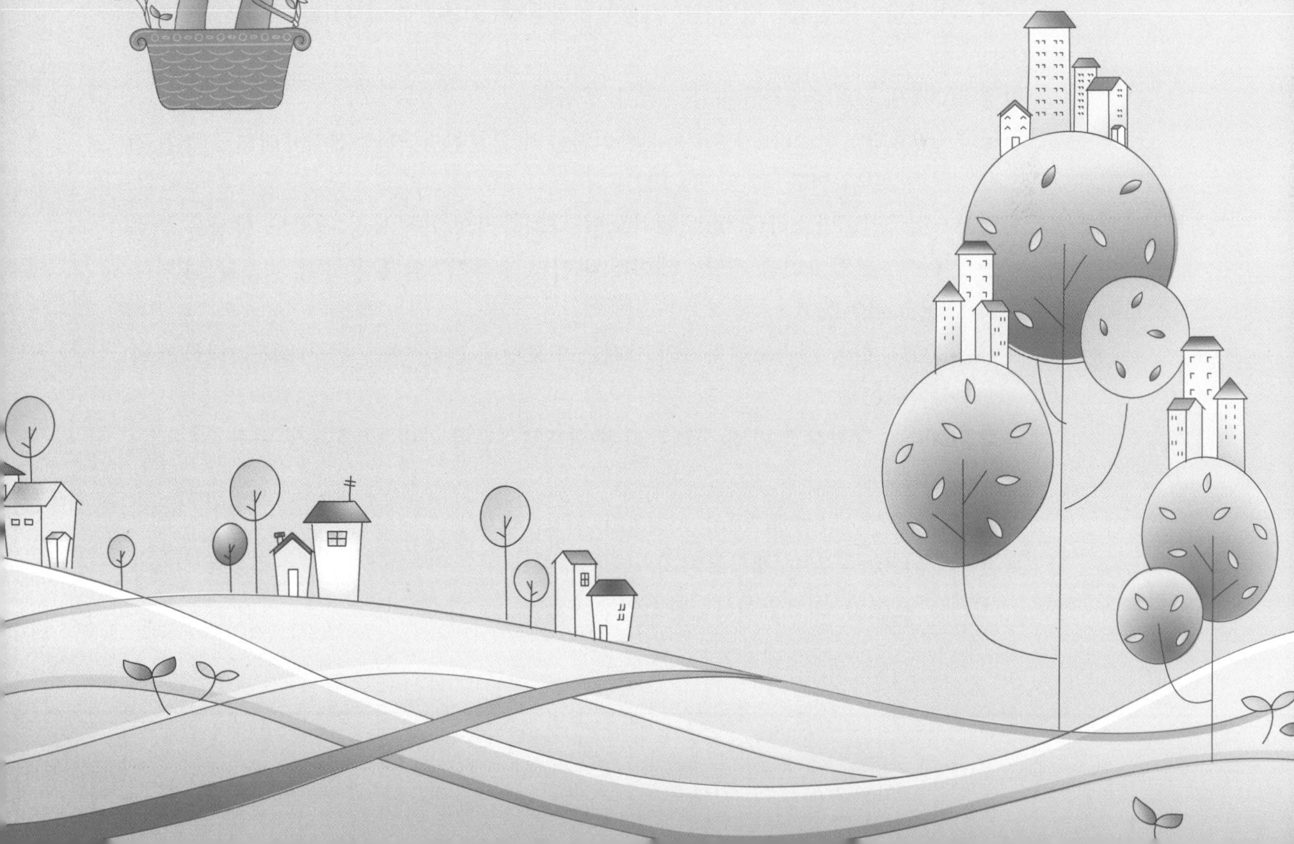

경기도 무한돌봄센터(2016). 무한돌봄센터 업무안내.

곽미정(2016). 사례관리론. 서을: 창지사.

곽미정 · 홍희석(2016). 사례관리론. 서울: 창지사

권진숙(2004). 사례관리: 개념과 기술. 서울: 학지사.

_____(2007). 사례관리 이론과 실제. 경기: 공동체.

권진숙 · 김상곤 · 김성경 · 김성천 · 김혜성 · 민소영 · 박선영 · 박지영 · 백은령 · 유명이 · 유서구 · 이기연 · 조미숙 · 조현순 · 황성철(2012). 사례관리론. 서울: 학지사.

권진숙 · 김상곤 · 김성천 · 박지영 · 유명이 · 유서구 · 이기연 · 조현순(2009). 인천광역시 사회복지관 사례관리실천을 위한 매뉴얼 연구보고서. 인천광역시사회복지관협회. 사례관리연구회.

권진숙 · 박지영(2008). 사례관리의 이론과 실제. 서울: 학지사.

권진숙 · 전석균(1999). 사례관리. 서울: 하나의학사.

권진숙 · 김상곤 · 조현순(2011). 인천광역시 종합사회복지관 사례관리 운영체계 평가. 사례관리연구. 2(1), 31-66.

김건희(2016). 사회복지 사례관리론. 서울: 동문사.

김건희 · 안외자 · 양정안 · 이대주 · 이태숙(2016). 사회복지 사례관리론. 서울: 동문사.

김병 · 이인순 · 이진향 · 정명환 · 조승석 · 황은혜(2018). 지역사회복지론. 서울: 창지사.

김성경(2017). 사회복지 사례관리론. 경기: 공동체.

김영숙 · 임효연 · 신소라(2009). 사례관리자들의 실천경험 연구: 질적사례연구 방법 접근. 사회복지연구. 40(2), 89-122.

김영숙 · 정국인 · 박소라(2008). 재가노인 사례관리의 욕구사정 정확도 향상을 위한 욕구추출 알고리즘 개발 : 데이터 마이닝 분석기법을 활용하여. 한국사회복지학, 60(1), 187-209.

류명원(2005). 한국 재가노인복지의 사례관리 모형에 관한 연구. 원광대학교 대학원 박사학위논문.

민소영(2008). 강점관점 반영 사례관리 훈련프로그램의 개발 및 효과성 연구. 한국사회복지행정학. 10(1), 39-65.

박용순 · 송진영 · 권성애(2016). 사례관리. 서울: 창지사.

보건복지부(2016). 2016 희망복지지원단 업무안내.

_________(2018). 의료급여사례관리업무매뉴얼.

사례관리연구회 · 인천광역시사회복지관협회(2009). 사례관리메뉴얼연구보고서.

서울시복지재단(2005). 사례관리 매뉴얼.

______(2009). 사회복지관 프로그램 매뉴얼. 지역사회보호사업: 사례관리실천 매뉴얼.

______(2015). 사례관리실천 매뉴얼.

______(2015). 사례관리 점검 및 평가 매뉴얼.

설진화(2016). 사례관리론. 경기: 양서원.

안산통합서비스네트워크(2009). 안산통합서비스 네트워크 사례관리 매뉴얼.

양정남 · 권구영 · 김화선 · 최은정 · 한혜경(2009). 사례관리. 경기: 양서원.

엄명용 · 김성천 · 오혜경 · 윤혜미(2015). 사회복지실천의 이해 3판. 서울: 학지사.

______(2016). 사회복지실천의 이해 4판. 서울: 학지사.

엄명용 · 노충래 · 김용석(2008). 사회복지 실천기술의 이해. 서울: 학지사.

우국희(2016). 사례관리론. 경기: 공동체.

우국희 · 성정현 · 좌현숙 · 장연진 · 최승희(2015). 사회복지실천론. 서울: 신정.

우국희 · 김영숙 · 임효연(2007). 지역사회복지관에서의 사례관리에 대한 사회복지사들의 주관적 경험과 인식. 사회복지정책. 30, 287-310.

이근홍(2001). 케이스 매니지먼트. 대학출판사.

______(2008). 케어매니지먼트. 경기: 공동체.

______(2014). 사례관리 개정. 경기: 양서원.

이영분 · 김유숙 · 정혜정 역(2011). 가계도: 사정과 개입. 서울: 학지사.

이윤로(2007). 최신 사회복지실천론. 서울: 학지사.

이재용(2016). 통합사례관리. 서울: 창지사

이준우 · 최희철(2014). 사례관리론. 서울: 신정.

이채식(2017). 사회복지 사례관리. 경기: 어가.

이현주(2012). 사회복지사는 어떻게 전문직 정체성을 찾아가는가. 중앙대학교 박사학위논문.

이효선 · 남화수(2017). 사회복지실천을 위한 사례관리: 사례중심실천 접근. 서울: 학지사.

장인협 · 우국희(2007). 지역사회기반 사회복지실천 케어 · 케이스 매니지먼트. 서울대학교출판부.

정순둘(2005). 강점모델:노인 장기요양보호과 사례관리실천. 서울: 집문당.

______(2007). 사례관리실천의 이해: 한국적 경험. 서울: 학지사.

주경희 · 맹두열 · 임중철(2015). 사례관리 이해와 적용. 경기: 공동체.

최은정(2017). *사례관리론*. 경기: 양서원.

최은정 · 박은아 · 배은경 · 양정남 · 이재경 · 조혜정(2017). *사례관리론*. 경기: 양서원.

한국사례관리학회(2012). *사례관리론*. 서울: 학지사.

__________(2014). *사례관리 전문가 교육: 실무자 기초과정*. 서울: 학지사.

한국사회복지관협회(2012). 사회복지관 사례관리 매뉴얼.

홍선미(2010). 위기가구 지원을 위한 지역사례관리체계 구축방안: 경기도의 통합사례관리 모형을 중심으로. *한국사회복지행정학*. *12*(1), 337-362.

홍선미 · 하경희(2009). 지역사회 네트워크 중심 통합 사례관리에 대한 탐색적 연구: 안산 통합서비스 네트워크를 중심으로. *한국사회복지행정학*. *11*(1), 29-61.

홍혜경(2016). 임파워먼트에 기반한 초등사회와 협동학습 원리의 재탐색. 한국교운대학교 대학원 석사학위논문.

황성철(1995). 사례관리실천을 위한 모형개발과 한국적 적용에 관한 연구. *한국사회복지학*. *27*, 275-304.

Ballew, J. R., & Mink, G. (1986). *Case Management in the Human Services*. Springfield, IL: Charles C Thomas · Publisher.

Brindis, C., Barth, R. P., & Loomis, A. B. (1987). Continuous Counseling: Case Management with Teenage Parents. *Social Casework*, *68*(3), Milwaukee, WI: Family Service America.

Bronfenbrenner. U. (1979). *The ecology of human development*. Cambridge, MA: Harvard Univ. Press.

Challis, D., & Davies, B. (1986). *Case Management in Community Care* (2nd ed.). Gower Publishing Company.

Cormier, W. H., & Cormier, L. S. (1991). *Interviewing Strategies for Helper: Fundamental Skills and Cognitive Behavioral Intervention*. Pacific Grove. CA: Brooks/Cole.

Fiene, J. I., & Taylor, P. A. (1991). Serving Rural Families of Developmentally Disabled Children: A Case Management Model. *Social Work*, *36*(4), Silver Spring, MD: National Association of Social Workers, Inc.

Frankel, A. J., & Gelman, S. R. (2004). *Case Management: An Introduction to Concepts and Skills* (2nd ed.). Chicago, IL: Lyceum Books Inc.

Holt, B. (2000). *The Practice of Generalist Case Management*. Boston: Allyn and Bacon.

Intagliata, J. (1982). Improving the quality of community care for the chronically mentally disabled : The role of case management. *Schizophrenia Bullentin*, *8*(4).

Kadushin, A. (1972). *The Social Work Interview* (4th ed.). New York: Columbia University Press.

Kelman, H. R., Thomas, C., & Tanaka, J. S. (1994). Longitudinal Patterns of Formal and Informal Social Support in an Urban Elderly Population. *Social Science Medicine*, *38*(7), 905-914.

L, M. H., McAnally, P., & Wieck, C.(Eds)(1989). *Case Management :Historical, Current, and Futyre Perspectives*. Cambridge, MA : Brookline Books, Inc.

Moore, W. P.(1990). A social work practice model of case management: The case management grid. *Social Work*, *35*(5), 424-445.

Moxely, D. P. (1989). *The Practice of Case Management*. CA: SAGE Publications.

Netting F. F. (1992). Case Management : Service or Symptom?. *Social Work*, *37* (2), 160-164.

Onyett, S. (1988). *Case Management in Mental Health*. UK: Stanly Tomas.

Rapp, C. A. & Kirsthardt, W. (1996). *Bridging the gap between principles and practice: Implementing a strengths perspective. In S. M. Rose* (2nd ed.). Case management and Social Work. NY: Longman.

Rappaort, J. (1987). Terms of Empowerment exemplars of prevention: Toward a Theory for Community Psychology. *American Journal of Communty Psycholgy*, *15*, 121-148.

Rothman, J. (1991). A Model of Case Management: Toward Empirically Based Practice. *Social Work*, *36*(6), 520-528.

Rothman, J. C. (2002). An overview of case management. In Robert, AR., & Greene, G. J. (Eds), *Social workers' desk reference*, NY: Oxford University press.

Rothman, J. & Sager, J. S. (2017). *Case management: Integrating individual and community practice* (4th ed.). Pearson.

Steinberg, R. M. & Carter, G. W. (1983). *Case Management and the Elderly*. Lexington, MA: Lexington Books.

Summers, N. (2006). *Fundamentals of Case Management Practice: Skills for the Human Services* (2nd ed.). CA: Thomson Brooks/Cole.

Weil, M. & Karls, J. M.(1985). *Case Management in Human Service Practice*. San Fransico:

Jossey-Bass.

Wiener, Y. (1982). Commitmentin Prganization: A Normative View. *The Academy of Management Review*. *7*(3).

Williams, D. B.(1998). Case management and job satisfaction. *Nursing Case Management*. *3*(1), 1.

Woodside, M. & McClarm, T. (2006). *Generalist Case Management: A Method of Human Service Delivery* (3th ed.). Belmont, CA: Thomsom Brooks/Cole.

Zimmerman, M. A. (1995). Psychological Empowerment: Issues and illustrations. *American Journal of Community Psychology*. *23*, 581-60.

한국가족법학회. http://www.ksfl.or.kr/. 가정폭력 문제의 심각성 및 복지 방안. (접근일 : 2018. 11. 27.)

사회복지위원회. http://www.peoplepower21.org/Welfare/651999. 가족폭력방지 종합대책 방안. (접근일 : 2018. 11. 26.)

건강가정지원센터. http://www.familynet.or.kr. (접근일: 2018. 11. 29.)

네이버 지식백과. https://terms.naver.com/entry.nhn?docId=43076&cid=42120&categoryId=42120. 슈퍼비전. (접근일: 2018. 10. 1.)

보건연구정보센터. https://synapse.koreamed.org/Synapse/Data/PDFData/1006JKAN/jkan-29-1233.pdf. 치매노인을 돌보는 며느리의 삶. (접근일: 2018. 11. 12.)

한국보건사회연구원. 아동학대 실태와 정책방안. (접근일: 2018. 11. 27.)

한국건강가정진흥원. http://www.kihf.or.kr. (접근일: 2018. 12. 1.)

SBS뉴스 https://news.sbs.co.kr/news/endPage.do?news_id=N1002959319&plink=COPYPASTE&cooper=SBSNEWSEND. '아빠가 무서워요' … 남매 상습 폭행 알코올 중독 아버지. (접근일: 18. 11. 21.)

저 자 소 개

정성배

대전대학교 일반대학원 사회복지학 박사

조선대학교 행정복지학부 교수

장연식

공주대학교 사회복지대학원 사회복지학 박사

대전보건대학교 사회복지학과 조교수

조승석

건국대학교 일반대학원 사회복지학 박사

경인여자대학교 사회복지학과 조교수

김학재

건국대학교 일반대학원 사회복지학 박사

서정대학교 글로벌융합복지과 조교수

맹두열

경기대학교 일반대학원 사회복지학 박사

사회적협동조합 양주도우누리 이사장

2판

사회복지 사례관리의 이론과 실제

초 판 1쇄 발행 2019년 2월 25일
초 판 3쇄 발행 2023년 3월 2일
제2판 1쇄 발행 2025년 8월 29일

지 은 이 | 정성배 · 장연식 · 조승석 · 김학재 · 맹두열
펴 낸 이 | 김기섭
편 집 인 | 이혜란 · 이윤희
펴 낸 곳 | 창지사 www.changjisa.com
08589 서울시 금천구 가산디지털 1로 83 파트너스타워 1차 9층
전화 (02)719-2211~3
팩스 (02)701-9386
등 록 | 1977년 4월 28일 · 제1-421호

ISBN 978-89-426-1940-5 (93330)

값 25,000원